高等政法院校法学系列教材

产品安全法

主　编：王兴运

撰稿人：（以撰写章节先后为序）

王兴运　薛　亮　倪　楠

冯婷艳　陈红霞

中国政法大学出版社

2013·北京

图书在版编目（CIP）数据

产品安全法／王兴运主编．--北京：中国政法大学出版社，2013.7
ISBN 978-7-5620-4851-0

Ⅰ.①产...Ⅱ.①王...Ⅲ.①产品质量法-中国-教材 Ⅳ.①D922.292

中国版本图书馆CIP数据核字(2013)第151208号

出版发行	中国政法大学出版社
经　　销	全国各地新华书店
承　　印	固安华明印刷厂

720mm×960mm 16开本 19.75印张 365千字
2013年7月第1版 2013年7月第1次印刷
ISBN 978-7-5620-4851-0/D·4811
印　数：0 001-3 000 定　价：35.00元

社　　址	北京市海淀区西土城路25号
电　　话	(010)58908435(教材编辑部) 58908325 (发行部) 58908334(邮购部)
通信地址	北京100088信箱8034分箱 邮政编码 100088
电子信箱	fada.jc@sohu.com
网　　址	http://www.cuplpress.com （网络实名：中国政法大学出版社）

主编简介

王兴运　西北政法大学教授、硕士生导师，中国经济法学研究会理事，中国商业法研究会常务理事，陕西省经济法学研究会秘书长，西安市物价协会副会长，西北政法大学经济法研究中心主任。

主要著作有：《弱势群体权益保护法论纲》（专著）、《经济法若干问题研究》（专著）、《市场三法诸论》（专著）、《经济法学》（主编）、《经济法学原理》（主编）、《竞争法学》（合著）、《消费者权益保护法条文释义与典型案例》（主编）、《经济法权研究》（合著）、《中国质检法教程》（副主编）等。

前　言

　　产品安全法是经济法的重要组成部分。为更好地反映产品安全法学的最新研究成果，全面介绍产品安全法学的基础知识，如基本概念、理论和制度等，理论联系实际，培养同学们发现问题、分析问题和解决问题的能力，我们特组织了从事多年产品安全法教学和研究的教师编写了这本《产品安全法》教材。

　　本教材编写立足我国社会主义市场经济实际，以现行的《产品质量法》、《农产品质量安全法》、《食品安全法》和《矿山安全法》为蓝本，力求主线清晰、重点突出、结构合理、概念准确、表达简练、介绍通俗。

　　本教材除绪论外由四编组成，即：第一编"产品质量法律制度"，第二编"农产品质量安全法律制度"，第三编"食品安全法律制度"，第四编"特种产品、设备（施）安全法律制度"，共十五章。

　　本教材由西北政法大学王兴运教授担任主编。撰写分工如下：

　　王兴运（西北政法大学）：绪论，第一、二、三、四章，第六章第三、四、五、六、七、八节，第十三章。

　　薛　亮（西北政法大学）：第五章，第六章第一、二节，第七章。

　　倪　楠（西北政法大学）：第八章，第九章第一、二节，第十章，第十一章。

　　冯婷艳（陕西警官职业学院）：第十二章，第十四章。

　　陈红霞（西北政法大学）：第九章第三、四节，第十五章。

　　由于编者的水平有限，书中的错误和不妥之处在所难免，敬请学界同仁和读者批评指正。

作　者
2013 年 3 月 23 日

| 目　录 |

绪　论 ………………………………………………………………………… 1

第一编　产品质量法律制度

第一章　产品质量法律制度概述 ……………………………………… 11

　第一节　产品、产品质量与产品质量标准 / 11

　第二节　产品质量法 / 15

　　思考题 / 24

第二章　产品质量监督法律制度 ……………………………………… 25

　第一节　产品质量监督体制和监督形式 / 25

　第二节　产品质量监督管理基本法律制度 / 28

　第三节　认证认可法律制度 / 45

　第四节　缺陷产品召回法律制度 / 60

　　思考题 / 72

第三章　生产者、销售者的产品质量义务 ………………………… 73

　第一节　生产者的产品质量义务 / 73

　第二节　销售者的产品质量义务 / 78

　　思考题 / 80

第四章　产品质量法律责任 …………………………………………… 81

　第一节　产品质量法律责任概述 / 81

第二节　产品质量民事责任 / 84

第三节　产品质量行政责任与刑事责任 / 92

　　思考题 / 95

第二编　农产品质量安全法律制度

第五章　农产品质量安全法律制度概述 ……………………………… 99

　第一节　农产品、农产品质量与农产品质量安全 / 99

　第二节　农产品质量安全法 / 102

　　思考题 / 109

第六章　农产品质量安全监督管理法律制度 …………………… 110

　第一节　我国农产品质量安全监督管理体制 / 110

　第二节　农产品质量安全监管基本法律制度 / 113

　第三节　种子生产经营法律制度 / 123

　第四节　化肥生产经营法律制度 / 134

　第五节　农膜生产经营法律制度 / 140

　第六节　农药生产经营法律制度 / 145

　第七节　兽药生产经营法律制度 / 149

　第八节　饲料、饲料添加剂生产经营法律制度 / 157

　　思考题 / 161

第七章　农产品质量安全责任制度 ………………………………… 162

　第一节　农产品经营者的农产品质量安全义务 / 162

　第二节　农产品质量安全法律责任 / 167

　　思考题 / 170

第三编　食品安全法律制度

第八章　食品安全法律制度概述 ·· 173

第一节　食品与食品安全 / 173

第二节　食品安全法 / 177

思考题 / 182

第九章　食品安全监督管理法律制度 ·· 183

第一节　食品安全监督管理体制 / 183

第二节　食品安全质量监督管理基本法律制度 / 187

第三节　惩罚性赔偿法律制度 / 201

第四节　食品安全事故应急预案制度 / 208

思考题 / 211

第十章　食品生产经营者的食品安全义务 ···································· 212

第一节　食品生产经营者的保障性义务 / 212

第二节　食品生产经营者的禁止性义务 / 221

思考题 / 222

第十一章　食品安全法律责任 ·· 223

第一节　食品安全法律责任概述 / 223

第二节　食品安全民事责任 / 224

第三节　食品安全行政责任 / 226

第四节　食品安全刑事责任 / 228

思考题 / 231

第十二章　乳品、肉制品质量安全法律制度 ································ 232

第一节　乳品质量安全法律制度 / 232

第二节　肉制品质量安全法律制度 / 242

思考题 / 251

第四编　特种产品、设备（施）安全法律制度

第十三章　特种设备安全法律制度 ················· 255

第一节　特种设备安全法律制度概述　/ 255

第二节　特种设备的生产　/ 258

第三节　特种设备的使用　/ 260

第四节　特种设备的检验检测与监督检查　/ 263

第五节　违反特种设备安全监察条例的法律责任　/ 266

思考题　/ 271

第十四章　药品与医疗器械质量安全法律制度 ············· 273

第一节　药品质量安全法律制度　/ 273

第二节　医疗器械质量安全法律制度　/ 281

思考题　/ 293

第十五章　保健食品与化妆品质量安全法律制度 ··········· 294

第一节　保健食品质量安全法律制度　/ 294

第二节　化妆品质量安全法律制度　/ 299

思考题　/ 304

绪　论

一、产品安全

产品安全是由产品和安全所派生的、具有特定内涵和外延的专门术语，在经济学、社会学、法学等领域应用广泛，同时，也是全球各国、各阶层的热议话题。

（一）产品

产品可以从自然属性和法律属性两个不同的领域进行界定。

1. 自然属性的产品。从自然属性来讲，产品（Product）概括来讲是指用来满足人们需求和欲望的物体或无形的载体。具体来讲，产品是劳动工具作用于劳动对象的结果，这种结果能够满足人类的生产和生活需要。产品是人类生存和发展的基本物质条件。

从形态上来讲，产品具有以下四种形态：

（1）有形产品。有形产品是产品的基础形态，一般可认为是不连续的具有特定形状的产品。如手表、汽车、电脑、电视机、元器件、建筑物、机械零部件等，其量具有计数的特性，往往用计数特性描述。

（2）无形产品。无形产品是产品的重要形态。一般可认为是为满足顾客的需求，供方（提供产品的组织和个人）和顾客（接受产品的组织和个人）之间在接触时的活动以及供方内部活动所产生的结果，并且是在供方和顾客接触上至少需要完成一项活动的结果，如医疗、运输、咨询、金融、贸易、旅游、教育等。服务的提供可涉及：为顾客提供的有形产品（如维修的汽车）上所完成的活动；为顾客提供的无形产品（如为准备税款申报书所需的收益表）上所完成的活动；无形产品的交付（如知识传授方面的信息提供）；为顾客创造氛围（如在宾馆和饭店）。服务特性包括：安全性、保密性、环境舒适性、信用、文明礼貌以及等待时间等。

（3）信息产品。由信息组成，是通过支持媒体表达的信息所构成的一种智力创作，通常是无形产品，并可以方法、记录或程序的形式存在。如计算机程序、字典、信息记录等。

（4）流程性材料产品。流程性材料通常是有形产品，是将原材料转化成某一特定状态的有形产品，其状态可能是流体、气体、粒状、带状。如润滑油、布匹，其量具有连续的特性，往往用计量特性描述。

2. 法律属性的产品。从法律属性来讲，各国对"产品"一词的解释和定义是不完全相同的。概括来讲，有广义和狭义两种解释。广义的"产品"是指一些经过工业处理过的东西，不论是可以移动的还是不可以移动的、工业的还是农业的、经过加工的还是非经过加工的，任何可销售的或可使用的制成品，只要由于使用它或通过它引起了伤害，都可视为发生产品质量责任的"产品"。美国的产品责任法中对"产品"的界定就采用广义的说法。狭义的"产品"概念则仅指可移动的工业制成品，如1976年欧洲共同体《产品责任指令草案》中就把"产品"界定为"工业生产的可移动产品"。但是，随着经济的发展，人类可利用的资源和生产出的产品的种类愈来愈广泛，因而，各国立法和司法实践也趋向于把产品作广义的解释。

（二）安全

安全的内涵十分丰富，涉及所有法律主体及所有现实内容。从时间上来看，从古到今，安全无时不有，自从有了人类的社会经济活动，就有安全问题；从空间上来讲，安全无处不在，每个人、每个家庭、每项工作、每个单位、每个行业、每个地方、每个民族、每个国家都有一个安全问题。

概括而言，安全是指一种状态，这种状态使人感到舒适、安逸，没有危险、没有恐惧，人的健康与生命不会受到伤害，财产不会受到损害，经济和社会的发展能够顺利进行。这种状态是在人类生产过程中，将系统的运行状态对人类的健康、生命、财产、环境可能产生的损害控制在人类能接受水平以下的最佳状态。

（三）产品安全

产品安全，即产品的状态之一，与不安全相对。概括而言，产品安全包括以下两层含义：

1. 产品本身的安全。产品本身的安全，即产品在使用、储运、销售等过程中，应当具有保障人体健康和人身、财产安全免受伤害或损失的能力。能力越高，产品越安全。

2. 产品生产过程的安全。产品生产过程的安全是指生产者在生产产品过程中有严格的保障产品安全生产的制度、措施与办法。这些制度、措施、办法包括安全生产制度、劳动者培训制度、质量检查制度、安全事故处理制度、责任追究制度等。

产品本身的安全与产品生产过程的安全互为表里,相辅相成。产品生产过程的安全是产品本身安全的保障,没有产品生产过程的安全就不会有产品本身的安全;产品本身的安全是产品生产过程安全的具体体现和最终结果,无法生产出安全产品的生产过程就是不安全的生产过程。

限于篇幅,本书重点研究产品本身的安全问题。

二、产品安全法

产品安全法是经济法律的重要组成部分,有其特定的调整对象和完整的法律规范体系,在社会主义经济法律体系中占有重要的地位。

（一）产品安全法的含义

产品安全法是一个内涵十分丰富的概念,概括来讲,产品安全法是调整产品安全关系的法律规范的总称。就其调整的产品安全关系来讲,包括以下两方面的内容:

1. 产品本身安全关系的法律调整。产品本身安全关系在产品安全关系中起主导性和决定性作用。展开来看,产品本身安全关系包括产品内在性安全关系和产品外在性安全关系两方面内容。其中,产品内在性安全关系主要是指产品的可用性、能用性、维修性、经济性等特性;产品外在性安全关系主要是指产品的对人、对动物、对他物、对环境的影响性。

2. 产品生产过程安全关系的法律调整。产品生产过程安全关系在产品安全关系中起保障作用。就保障内容来看,包括制度保障、措施保障、技术保障、设计保障、操作保障、检验保障、包装保障、卫生保障、人员保障、场所（地）保障、环境保障等;就保障环节来讲,包括生产前环节保障（如原料、原材料采购等）、生产过程环节保障（如生产程序、步骤、要求、检验等）、生产后环节保障（如储运、维修等）。

（二）产品安全法法律体系

产品安全法法律体系是指产品安全法律规范内在的有机构成和逻辑联系。产品质量法律、产品质量法规和产品质量规章是产品安全法法律体系的基本组成部分。

1. 产品安全法律。法律是指拥有立法权的国家权力机关依照立法程序制定的规范性文件。目前,我国的产品安全法律主要有:①产品质量法。即1993年2月22日第七届全国人民代表大会常务委员会审议通过、2000年7月8日第九届全国人民代表大会常务委员会审议修订的《产品质量法》。②农产品质量安全法。即2006年4月29日第十届全国人民代表大会常务委员会审议通过的《中华人民共和国农产品质量安全法》。③食品安全法。即 2009 年 2 月 28 日第十一届全国人民代表大会常务委员会审议通过的《中华人民共和国食品安全法》。④矿山安全法。即 1992 年 11 月 7 日第七届全国人民代表大会常务委员会第二十八次会议通过、2009 年 8 月 27 日第十一届全国人民代表大会常委委员会审议修订的《中华人民共和国矿山安全法》。⑤特种设备安全法。目前，我国《特种设备安全法》已经纳入全国人大的立法计划，调研、座谈、草案拟订、征求意见、汇报等工作正在紧张进行之中。

2. 产品安全法规。法规，即行政法规，由中央人民政府和地方人民政府制定。属于产品安全法法律体系中的行政法规为数众多，仅国务院制定的就有很多，如《工业产品质量责任条例》（1986 年 4 月 5 日颁布）、《饲料和饲料添加剂管理条例》（1999 年 5 月 18 日通过，2001 年 11 月 29 日、2011 年 11 月 3 日两次修订）、《农药管理条例》（1997 年 5 月 8 日颁布、2001 年 11 月 29 日修订）、《农业转基因生物安全管理条例》（2001 年 5 月 23 日颁布）、《棉花质量监督管理条例》（2001 年 8 月 3 日颁布、2006 年 7 月 4 日修订）、《兽药管理条例》（2004 年 3 月 24 日颁布）、《生猪屠宰管理条例》（1997 年 12 月 19 日颁布、2008 年 5 月 25 日修订）、《特种设备安全监察条例》（2003 年 3 月 11 日颁布、2009 年 1 月 24 日修改）、《生产安全事故报告和调查处理条例》（2007 年 4 月 9 日颁布）、《国务院关于特大安全事故行政责任追究的规定》（2001 年 4 月 21 日颁布）等均属于该层次。

3. 产品安全规章。规章主要指国务院组成部门及直属机构，省、自治区、直辖市人民政府及省、自治区政府所在地的市和经国务院批准的较大的市的人民政府，在它们的职权范围内，为执行法律、法规，需要制定的事项或属于本行政区域的具体行政管理事项而制定的规范性文件。属于产品安全法法律体系中的行政规章为数众多，仅国务院组成部门制定的就有很多，如国家质量技术监督检验检疫总局 2011 年 2 月 23 日发布的《关于实施〈中华人民共和国产品质量法〉若干问题的意见》，农业部发布的《绿色食品标志管理办法》（2012 年 7 月 30 日发布）、《"绿色证书"制度管理办法》（1997 年 4 月 22 日发布）、《农作物商品种子加工包装规定》（2001 年 2 月 26 日发布）、《农业转基因生物安全评价管理办法》（2001 年 7 月 11 日通过）、《无公害农产品管理办法》（2002 年 4 月 29 日发布）、《无公害农产品标志管理办法》（2002 年 11 月 25 日发布）、《农产品包装和标识管理办法》（2006 年 10 月 17 日发布）、《农产品地理标志管理办法》（2007 年 12 月 25 日发布）、《农垦农产品质量追溯标识管理办法（试行）》（2009 年 4 月 21 日发布）、《主要农作物品种审定办法》（2001 年 2 月 26 日发布、2007 年 11 月 8 日修改）等均属于该层次。

（三）我国产品安全法立法简况

改革开放以后，以 1993 年市场经济体制确立为界，我国产品安全立法可以分为两个阶段。

1. 1993 年市场经济确立之前阶段。该阶段跨度 15 年，涵括计划经济阶段 8 年（1978 年～1986 年）和有计划的商品经济 7 年（1986 年～1993 年）。

该阶段是市场经济的准备阶段，市场要素在产品安全立法中体现的比较少，产品安全立法性不明显。这一阶段的产品安全立法呈现出以下两个特点：

（1）以保护职工人身安全为宗旨，强调生产过程的安全。在这一阶段，直接涉及产品安全的立法比较少，即使有，调整的产品范围也很窄。如 1986 年 4 月 5 日国务院颁布的《工业产品质量责任条例》，仅对工业产品的质量进行调整，范围较窄。相反，立法者更注重以保护职工人身安全为宗旨的生产过程安全问题。如 1992 年颁布的《矿山安全法》就强调制定该法的目的是"为了保障矿山生产安全，防止矿山事故，保护矿山职工人身安全，促进采矿业的发展，制定本法"。基于这样的立法思路，很多调整产品安全关系的法律规范在这一阶段都处于空白。

（2）立法层级比较低，以法规和规章居多。在这一阶段，涉及产品安全的立法不仅少，而且层级低，除《矿山安全法》外，绝大多数为行政法规，如《民用核设施安全监督管理条例》、《工业产品质量责任条例》、《军工产品质量管理条例》等。这样少而低的立法状况对产品安全关系的调整作用是明显不足的。

2. 1993 年市场经济确立之后阶段。该阶段自 1993 年至今已 20 年。这一阶段，又可细分为以下三个阶段：

（1）质量立法阶段。其代表性法律是 1993 年 2 月 22 日第七届全国人民代表大会常务委员会审议通过的《产品质量法》。

1993 年是我国市场经济和市场经济立法元年。当年我国颁布了包括《产品质量法》在内的一系列规范市场经济秩序、促进市场经济发展的市场类法律，如《反不正当竞争法》、《消费者权益保护法》、《公司法》等。《产品质量法》第 1 条开宗明义，明确了其立法目的是"为了加强对产品质量的监督管理，提高产品质量水平，明确产品质量责任，保护消费者的合法权益，维护社会经济秩序"。由此可以看出，在《产品质量法》的制定过程中，立法者是将质量、质量问题、质量责任作为立法基点加以考虑，并以这些问题为立法主线来制定《产品质量法》。

在《产品质量法》中，质量从内在质量和外在质量两个方面被重点考虑和考察，立法者强调产品本身合乎标准和不含不合理的危险性，强调产品的不致危害性，同时将标准分为国家标准、行业标准和企业标准，并以此确定产品质量的等级和优劣程度。以此立法为基点，执法者也重点检查产品本身是否合乎标准和是否不含不合理的危险性，是否给消费者的人身和财产造成了损害，除此之外的问题不在检查和处罚之列。所有这些，都表明了该法立法的初级性和局限性。这种立法认识上的不足一直延续到 2000 年《产品质量法》修正时。

（2）质量及安全立法阶段。其代表性法律是 2006 年 4 月 29 日第十届全国人民代表大会常务委员会审议通过的《中华人民共和国农产品质量安全法》。

《农产品质量安全法》与《产品质量法》相比，无论是在立法理念、指导思想上，还是在基本概念、基本制度的设计上都有了很大的进步。这种进步概括来讲表现在：①强调产品安全。和《产品质量法》仅强调产品质量相比，《农产品质量安全法》在立法理念上有了很大的突破和进步，这种突破和进步主要表现在明确提出了"产品安全"这一概念——尽管"产品安全"前面还冠有"质量"一词。如该法第 1 条就强调，制定本法的目的是为保障农产品质量安全。②强调产品质量与产品安全的关系。该法不仅提出了产品安全的概念，而且也特别强调了质量与安全的关系，强调指出提高产品质量是促进产品安全的唯一途径。③强调对社会公众身体健康的保护。在 1993 年的《产品质量法》中，立法者强调对消费者权益的保护，而《农产品质量安全法》在此基础上更加强调对社会公众权益，尤其是身体健康权益的保护，保护面更宽，保护内容更加明确。

（3）安全立法阶段。其代表性法律是 2009 年 2 月 28 日，第十一届全国人大常委会第七次会议通过的《中华人民共和国食品安全法》。

在我国，国家高度重视食品安全，早在 1995 年就颁布了《中华人民共和国食品卫生法》。在此基础上，2009 年 2 月 28 日，第十一届全国人大常委会第七次会议通过了《中华人民共和国食品安全法》。食品安全法是适应新形势发展的需要，为了从制度上解决现实生活中存在的食品安全问题，更好地保证食品安全而制定的。同《产品质量法》和《农产品质量安全法》相比，贯彻以人为本的安全观是其最大特色。这一特色主要表现在：①以人为本，更加强调公众的身体健康和生命安全。《食品安全法》在《产品质量法》、《农产品质量安全法》强调保护消费者的合法权益和保护社会公众身体健康的基础上，强调对社会公众身体健康和生命安全的保护，比之《产品质量法》和《农产品质量安全法》更加人性，更能体现以人为本的思想精神。这种寓人文关怀于法律之中的立法思想和立法精神正是现代立法所需要和彰显的立法思想和立法精神。②以安全为立法基点和立法主线，不再强调质量对安全的唯一性。在《农产品质量安全法》立法阶段，立法者强调质量之于安全的唯一性，即强调质量是安全的唯一决定因素和决定力量。而在《食品安全法》立法阶段，立法者则认为，质量是决定产品的重要因素，但绝不是唯一因素，因而认为应当从标准、质量、管理、环境、责任等多方面、多角度保障产品安全。这也是《食品安全法》没有走《农产品质量安全法》的老路而称为《食品质量安全法》的重要原因之一。

（四）我国产品安全法的基本特点

我国产品安全法立足于社会主义市场经济，坚持贯彻党在新时期的路线方针，特色鲜明，任务明确。

1. 坚持以人为本的立法思想。以人为本是科学发展观的核心。"坚持以人为本"，是中国共产党十六届三中全会《决定》提出的一个新要求。坚持以人为本，就是要以实现人的全面发展为目标，从人民群众的根本利益出发谋发展、促发展，不断满足人民群众日益增长的物质文化需要，切实保障人民群众的经济、政治和文化权益，让发展的成果惠及全体人民。

我国产品安全法始终关注人的问题，尤其是新世纪的立法，如《农产品质量安全法》、《食品安全法》等更是坚持以人为本，把社会公众的身体健康和生命安全问题放在首要位置。我国产品安全法坚持以人为本的立法思想主要体现在《矿山安全法》、《产品质量法》、《农产品质量安全法》、《食品安全法》等一系列产品安全立法的立法目的上。《矿山安全法》、《产品质量法》、《农产品质量安全法》、《食品安全法》从不同的角度和方面贯彻着以人为本的法治思想，如《矿山安全法》强调"保护矿山职工人身安全"，《产品质量法》强调"保护消费者的合法权益"，《农产品质量安全法》强调"维护公众健康"，《食品安全法》强调"保障公众身体健康和生命安全"。这种以立法目的形式贯彻以人为本的法治思想具有高度的指导性和统领性。从指导性来讲，指导产品安全法的立法、执法和守法；从统领性来讲，统领产品安全立法的全部框架、结构、制度，有深度和宽度，使党的政策、法律的精神与具体立法达到了高度的统一。

2. 坚持政府主导的法治道路。我国社会主义市场经济是政府主导型的市场经济，强调政府作用的发挥和政府对市场的引导、干预。我国产品安全法坚持走政府主导的法治道路，使政府对产品安全市场的引导、干预法治化、制度化，切实保障社会公众的身体健康和生命安全。

我国政府依法对产品安全市场的引导和干预是全面的，主要体现在以下制度上：①风险预测和评估制度。我国产品安全法重视产品安全风险的预测和评估工作。如《食品安全法》就规定，国家建立食品安全风险监测制度，对食源性疾病、食品污染以及食品中的有害因素进行监测。国家建立食品安全风险评估制度，对食品、食品添加剂中生物性、化学性和物理性危害进行风险评估。②产品安全标准的制定和修订制度。我国产品安全法重视产品安全标准的制定和修订工作。《产品质量法》、《农产品质量安全法》、《食品安全法》都对产品安全标准的制定和修改作出了专门规定，尤其是《食品安全法》更是设专章对食品安全标准的制定和修订作出了规定。③产品生产的市场准入制度。我国产品安全法重视抓产品生产源头工作，十分重视产品生产的市场准入工作。《产品质量法》、《农产品质量安全法》、《食品安全法》通过行政审批制度、生产许可证制度、营业执照申办制度等法律制度保障产品生产源头的安全。④安全生产制度。我国产品安全法重视产品安全工作。《产品质量法》、《农产品质量安全法》、《食品安全法》、《矿山安全法》通过安全生产规范制度、职工劳动保障制度、进货检查验收制度、产品出厂验收登记制度、环境保护制度等法律制度保障生产过程的安全，进而保障产品安全。⑤监督检查制度。我国产品安全法重视产品生产的监督检查工作。《产品质量法》、《农产品质量安全法》、《食品安全法》中都有政府对产品生产进行监督检查的规定，尤其是《食品安全法》更是设专章对产品生产的监督检查作出了规定。⑥责任追究制度。我国产品安全法重视责任追究工作。《产品质量法》、《农产品质量安全法》、《食品安全法》都对责任追究作出了专门性的规定。这种责任追究十分严厉，既有对直接责任人的追究，也有对领导人的追究；既有行政责任的追究，也有刑事责任的追究。

3. 坚持综合治理的法治模式。综合治理是党和国家解决社会治安问题的战略方针。坚持综合治理的法治模式是我国法治的基本特色和基本原则，也是实践证明了的正确的法治模式。

我国产品安全法在坚持政府主导的法治道路的同时，也坚持综合治理的法治模式。在产品安全法中，综合治理主要主要表现在以下几个方面：①充分发挥行业协会的作用。行业协会是指介于政府、企业之间和商品生产业与经营者之间，并为其提供咨询、沟通、监督、公证、自律、协调等服务的社会中介组织。我国产品安全法重视行业协会作用的发挥，如《食品安全法》就规定："食品行业协会应当加强行业自律，引导食品生产经营者依法生产经营，推动行业诚信建设，宣传、普及食品安全知识。"②充分发挥消费者协会的作用。消费者协会是对商品和服务进行社会监督，保护消费者合法权益的社会团体。我国产品安全法重视行业协会作用的发挥，如《产品质量法》就规定："保护消费者权益的社会组织可以就消费者反映的产品质量问题建议有关部门负责处理，支持消费者对因产品质量造成的损害向人民法院起诉。"③重视其他社会组织和人民群众作用的发挥。如《食品安全法》就规定："任何组织或者个人有权举报食品生产经营中违反本法的行为，有权向有关部门了解食品安全信息，对食品安全监督管理工作提出意见和建议。"

第一编　产品质量法律制度

第一章
产品质量法律制度概述

■ **内容提要**

　　产品质量法是产品质量的守护神，是重要的市场经济法律制度，在社会主义市场经济法律体系中占有重要的地位，对促进市场经济的发展和产品质量的提高发挥着重要的作用。具体来讲，产品质量法是调整在生产、流通和消费过程中因产品质量所发生的社会关系的法律规范的总称。本章以我国《产品质量法》的总则为蓝本，通过对产品、产品质量、产品质量法的逐层解析，对产品质量法的基本理论问题进行了广泛而深入的探讨。

■ **学习重点**

　　产品的含义与范围；产品质量的含义与分类；产品质量法的实施主体和实施客体。

第一节　产品、产品质量与产品质量标准

一、产品

　　产品是产品质量法的核心词和基础词之一，之于产品质量法的意义十分重大，必须首先明白其含义、结构和范围问题。

　　我国《产品质量法》第 2 条从广义的角度将产品界定义为"经过加工、制作，用于销售的产品"。该定义采取了"既要＋又要"的结构，即产品质量法上的产品是既要经过加工、制作，又要经过销售的产品，二者缺一不可。但是，应当注意的是，该模式只是一个必要模式，而不是一个充分模式，即不具备该模式的产品肯定不是产品质量法上的产品，但是，具备了该模式也不一定就是

产品质量法上的产品。

根据规定，下列产品不受《产品质量法》的调整：①天然产品，如原煤、原油、原木等。该类产品的质量与质量责任受自然资源法调整。②农产品，如小麦、玉米、大豆、高粱、棉花等。该类产品的质量与质量责任受《农产品质量安全法》调整。③军工产品。《产品质量法》第 73 条明确规定："军工产品质量监督管理办法，由国务院、中央军事委员会另行制定。因核设施、核产品造成损害的赔偿责任，法律、行政法规另有规定的，依照其规定。"④建筑工程。《产品质量法》第 2 条第 3 款明确规定："建设工程不适用本法规定；但是，建设工程使用的建筑材料、建筑构配件和设备，属于前款规定的产品范围的，适用本法规定。"⑤药品与食品。该类产品的质量与质量责任受《药品管理法》和《食品安全法》调整。

二、产品质量

产品质量是产品质量法中最为重要的关键词和基础词，之于产品质量法的意义十分重大，从词语构成来讲，系质量之派生词。

（一）质量

"质量"一词包含多种含义，在不同的语境中含义不同。概括而言，"质量"一词的含义有四：一是指资质器量；二是指事物、产品或工作的优劣程度；三是指事物的程度和数量；四是指物体中所含物质的量，亦即物体惯性的大小。产品质量法中质量的含义具有高度的概括性，集合了上述质量的四种内涵，用来描述、判断、形容产品（包括产品本身、产品生产企业、产品生产软硬环境）的等级、优劣和好坏。

（二）产品质量

产品质量是指产品在正常使用的条件下，能够满足合理使用的要求所必须具备的特征和特性的总和。根据国际标准化组织[1]颁布的 ISO8402—86 标准，产品质量的含义为"产品或服务满足规定或潜在需要的能力特征的总和"。定义

---

〔1〕　国际标准化组织（International Organization for Standardization）简称 ISO，是世界上最大的非政府性标准化专门机构，是国际标准化领域中一个十分重要的组织。ISO 的任务是促进全球范围内的标准化及其有关活动，以利于国际间产品与服务的交流，以及在知识、科学、技术和经济活动中发展国际间的相互合作。国际标准化组织的前身是国家标准化协会国际联合会和联合国标准协调委员会。1946 年 10 月，25 个国家标准化机构的代表在伦敦召开大会，决定成立新的国际标准化机构，定名为 ISO。1947 年 2 月 23 日，国际标准化组织正式成立。ISO 质量体系标准包括 ISO9000、ISO10000 及 ISO14000 三种系列。ISO9000 标准明确了质量管理和质量保证体系，适用于生产型及服务型企业。ISO10000 标准为从事和审核质量管理和质量保证体系提供了指导方针。ISO14000 标准明确了环境质量管理体系。

中所称的"需要"往往随时间、空间的变化而变化，与科学技术不断进步有着密不可分的关系。"需要"可以转化为具体指标的特征和特性。我国《产品质量法》对产品质量的界定是通过三项要求进行的：

1. 产品的安全性。这是指产品应该不存在危及人身、财产安全的不合理危险，该产品具有在保障人体健康、人身、财产安全方面的国家标准或者行业标准的，应当符合该标准。

2. 产品的适用性。这是指产品必须具备其应该具备的使用性能，比如保温瓶最起码的性能是应当保温，一旦失去该性能，就是不符合产品质量要求。但是，如果事先对产品存在使用性能方面的瑕疵作出说明的除外。

3. 担保性。产品应该符合生产者在产品或者其包装上注明采用的产品标准，符合以产品说明、实物样品等方式表明的质量状况。生产者的说明或者实物都是生产者对产品质量的明示或者默示的担保，产品如果不符合其担保，就被认为是不符合质量要求的。

综上所述，我们认为，产品质量是指产品在正常使用的条件下，能够满足广大用户和消费者合理使用的要求所必须具备的各种特征和特性的总和。一般来讲，产品质量是一个相对的概念，人们对产品质量的要求会因时间、地点、产品以及用途等方面的差异而有所不同。

三、产品质量标准

标准乃产品质量的判断依据，是产品生产和质量监督的依据，也是产品质量法的重要关键词之一，不可或缺。

（一）标准

标准原意为目的，也就是标靶。其后由于标靶本身的特性，衍生出一个"如何与其他事物区别的规则"的意思。法律意义上的标准就是一种以文件形式发布的统一协定，其中包含可以用来为某一范围内的活动及其结果制定规则、导则或特性定义的技术规范或者其他精确准则，其目的是确保材料、产品、过程和服务能够符合需要。一般而言，标准是科学、技术和实践经验的总结。

标准按照使用范围划分有国际标准、区域标准、国家标准、专业标准、企业标准；按内容划分有基础标准（一般包括名词术语、符号、代号、机械制图、公差与配合等）、产品标准、辅助产品标准（工具、模具、量具、夹具等）、原材料标准、方法标准（包括工艺要求、过程、要素、工艺说明等）；按成熟程度划分有法定标准、推荐标准、试行标准、标准草案。我国《产品质量法》第6条规定："国家鼓励推行科学的质量管理方法，采用先进的科学技术，鼓励企业产品质量达到并且超过行业标准、国家标准和国际标准。对产品质量管理先进和产品质量达到国际先进水平、成绩显著的单位和个人，给予奖励。"从该条规定可以看出，我国产品质量法所采用的产品标准体系为国家标准、行业标准、企业标准和国际标准。其中，国家标准由国务院标准化行政主管部门制定；行业标准由国务院有关行政主管部门制定；企业生产的产品没有国家标准和行业标准的，应当制定企业标准，作为组织生产的依据，并报有关部门备案；国际标准由国际标准化组织（ISO）理事会审查，ISO 理事会接纳国际标准并由中央秘书处颁布。

标准的制定应当有利于合理利用国家资源，推广科学技术成果，提高经济效益，保障安全和人民身体健康，保护消费者的利益，保护环境，有利于产品的通用互换及标准的协调配套等。

（二）产品质量的标准判断

运用标准对产品质量作出判断，可将产品质量分为两类：一类是合乎质量标准的（简称合格），一类是不合乎质量标准的（简称不合格）。

1. 合格。合格是指该产品符合法律规定的标准，或者能够满足用户和消费者的需求。在产品质量日益标准化的今天，是否符合标准已经成为判断产品是否合格的主要依据。根据产品是否符合标准和符合程度之不同，合格一般可以分为符合国家标准、符合行业标准、符合企业标准和符合国际标准等四类。我国鼓励推行科学的质量管理方法，采用先进的科学技术，鼓励企业产品质量达到并且超过行业标准、国家标准和国际标准。对产品质量管理先进和产品质量达到国际先进水平、成绩显著的单位和个人，给予奖励。

2. 不合格。不合格与合格相对，是指该产品不符合法律规定的标准，或者不能够满足用户和消费者的需求。按照产品是否符合标准以及符合的程度，是否能够满足广大用户和消费者的需求以及满足的程度，不合格可以分为以下四类：

（1）瑕疵。指该产品不符合法律规定的标准，或者不能够满足用户和消费者的需求，但是不含不合理危险的产品。

不合理的危险是指产品存在明显的或者潜在的，以及被社会普遍公认不应当具有的危险。由于这种产品不含不合理的危险，不会给用户和消费者造成人身或者财产方面的损害，因此，我国《产品质量法》规定，该类产品的瑕疵经经营者明示以后可以销售。

（2）缺陷。指该产品不符合法律规定的标准，或者不能够满足用户和消费者的需求，而且含有不合理危险的产品。该类产品含有不合理的危险，必然或者极易给用户或者消费者造成人身或者财产方面的损害，因此，我国《产品质量法》明令禁止此类产品的销售。

根据形成的原因不同，缺陷可以分为设计缺陷、制造缺陷和指示缺陷。设计缺陷是指产品在设计上存在着不安全、不合理的因素。如结构设置不合理，设计选用的材料不适当，没有设计附加应有的安全装置。制造缺陷是指产品在加工、制作、装配过程中，不符合设计规范，或者不符合加工工艺要求，没有完善的控制和检验手段，致使产品存在不安全的因素。指示缺陷是指在产品的警示说明上或者在产品的使用指示标志上未能清楚地告知使用人应当注意的使用方法，以及应当引起警惕的注意事项；或者产品使用了不真实、不适当的甚至是虚假的说明，致使使用人遭受损害。如油漆具有易燃性，生产者应附警示标志，提醒该危险，并告知如何避免，如果未告知，就属指示缺陷。

（3）劣质。指该产品不符合法律规定的标准，或者不能够满足用户和消费者的需求，而且掺有异质的产品。掺入的异质是导致产品不合格的根本原因，这是劣质产品的实质。如"三鹿奶粉"的劣质性就是由加入的三聚氰胺造成的。一般而言，掺入的异质或者是非法添加剂，或者是添加剂过量，或者是添加剂的不当配伍和错误配伍。

劣质产品同缺陷产品一样含有不合理的危险，极易给用户和消费者的人身或财产造成损害，因此，我国《产品质量法》明令禁止生产和销售劣质产品。

（4）假冒。假冒产品是指使用不真实的厂名、厂址、商标、产品名称、产品标识等，从而使客户、消费者误以为该产品就是正版的产品。假冒产品的主要表现有：伪造或者冒用认证标志、名牌产品标志、免检标志等质量标志和许可证标志的；伪造或者使用虚假的产地的；伪造或者冒用他人的厂名、厂址的；假冒他人注册商标的；失效、变质的；存在危及人体健康和人身、财产安全的不合理危险的；所标明的指示与实际不符的。

假冒产品同缺陷产品、劣质产品一样含有不合理的危险，极易给用户和消费者的人身或财产造成损害，因此，我国《产品质量法》明令禁止生产和销售假冒产品。

第二节 产品质量法

一、产品质量法的含义及其调整对象

产品质量法是调整在生产、流通和消费过程中因产品质量所发生的社会关系的法律规范的总称。在市场经济较为发达的工业国家，大多以产品责任立法为主，而我国则表现为全面的产品质量管理立法，既包括生产者或销售者如何管理产品质量、如何对其生产或销售的产品承担责任，也包括国家各级管理部

门、社会组织、单位和个人如何监督产品质量的制度。

具体而言，我国产品质量法调整两类性质不同的社会关系：

（一）产品质量监督关系

产品质量监督关系发生在国家质量监督部门、社会组织、单位、个人与产品生产者、销售者之间。国家质量监督部门、社会组织、单位、个人是产品质量监督主体，有权根据法律的规定对产品质量进行国家监督和社会监督；产品生产者和销售者是产品质量被监督主体，有义务接受产品质量监督主体的监督。

（二）产品质量责任关系

产品质量责任关系发生在产品生产者、销售者和用户、消费者之间，产品生产者和销售者是产品质量责任的主体。依据责任性质的不同，产品质量责任可以分为产品质量合同责任和产品质量侵权责任。产品质量合同责任的责任主体主要是销售商，责任形式主要是"三包"责任，产品质量侵权责任的责任主体主要是生产者，责任形式主要是赔偿。

二、立法简况

产品质量立法无论是在我国，还是在其他国家都有着悠久的历史。目前，产品质量法已经成为一个重要的经济法律部门，发挥着越来越重要的作用。

（一）国外产品质量立法

国外的产品质量立法历史悠久，早在公元前 18 世纪，古巴比伦的《汉谟拉比法典》便有建筑师建造房屋和船工制造船舶质量不合格应当受到处罚的规定。罗马法为了确保产品的质量，确保正常的经济秩序，确定了卖方对标的物的瑕疵担保责任，即当产品有瑕疵时，买方有权请求解除契约或者减少价金。

现代产品质量法是随着现代工业生产的发展和广泛、复杂的社会分工而逐步形成和发展起来的。其中美国产品责任法的发展是最迅速、最完备、最有代表性的，先后制定了《美国统一商法典》、《美国买卖法》和联邦立法，如《麦格森—摩斯法案》、《统一消费者买卖实物法案》等诸多的专门调整产品质量关系的法律规范。这些众多的法律规范，特别是产品责任原则的应用，对各主要工业发达国家开展产品责任的立法及对国际产品责任的立法都有较大影响。

继美国之后，欧盟各国也加快了产品质量立法的步伐。1985 年 7 月欧共体理事会正式通过了《产品责任指令》，并要求各成员国通过本国立法程序将其纳入国内法予以实施，欧洲国家的产品责任立法从此发生了根本性转变。1987 年英国率先立法，当年 5 月颁布的《消费者保护法》使英国成为第一个与欧共体《产品责任指令》相一致的立法国家。德国联邦议会于 1989 年 11 月 5 日通过了《产品责任法》，从此，该法体系与《德国民法典》成为并存于德国国内的两套产品责任法。

由于贸易的全球化趋势日益加强，世界上陆续出现了一些区域性或全球性的国际产品责任公约，这些公约在不同的国际范围内协调各国有关产品责任的法律规定，呈现出规定明确、内容固定、约束力强、应用方便等特点，主要有《斯特拉斯堡公约》和《欧洲共同体产品责任指令》。《斯特拉斯堡公约》于1977 年 1 月 27 日由欧洲理事会的成员签字，该公约在产品责任原则、范围及其确定方面作了详细的规定。《欧洲共同体产品责任指令》规定了产品责任原则、生产者的免责条件和关于损害赔偿范围及赔偿限额等内容。

（二）我国产品质量立法

新中国成立以后，尤其是改革开放以来，我国十分注重产品质量的立法工作，比较完善的产品质量立法体系正在形成。

1. 立法概况。新中国成立以来，我国颁布了一系列有关产品质量监督管理的法律法规。从 1951 年中央人民政府颁布《兵工总局组织条例》，到 1957 年全国各企业建立起从准备生产到产品出厂的整套技术检验监督制度，再到 1978 年我国推行全面质量管理制度，产品质量的立法工作逐步得到重视。此后的 10 余年时间陆续颁布了《工业产品质量责任条例》、《中华人民共和国计量法》及其实施细则、《中华人民共和国标准化法》及其实施细则等 10 多个与产品质量有关的法律。在此基础上，1993 年第七届全国人大常委会颁布了《中华人民共和国产品质量法》。这部法律吸收和借鉴了外国的先进立法经验，如采用严格产品责任制、明确损害赔偿的范围等，同时又符合我国的国情，它调整的是产品质量关系，规定的是产品质量的法律责任，比西方国家单纯的产品责任立法的调整范围要广泛。该法的颁布实施使得中国产品质量法律制度得到了进一步的完善。2000 年 7 月 8 日第九届全国人大常委会第十六次会议又对该法作了较大的修订，成为我国产品质量法制建设的里程碑。

2000 年 7 月 8 日修订的《产品质量法》共分 6 章 74 条。其中：第一章：总则；第二章：产品质量的监督；第三章：生产者、销售者的产品质量责任和义务；第四章：损害赔偿；第五章：罚则；第六章：附则。

（三）立法体系

经过长时间的努力，我国比较完备的、具有中国特色的社会主义产品质量法法律体系已经基本形成，已经形成一个相对独立的法律部门，是经济法的重要法律部门之一。概括而言，我国产品质量法法律体系由以下三部分组成：

1. 法律。产品质量法法律体系的法律部分就是 1993 年 2 月 22 日颁布、2000 年 7 月 8 日修订的《中华人民共和国产品质量法》。《产品质量法》是产品质量法法律体系中的基本法，居于核心位置，起统领作用。除此之外，其他基本法律中有关产品质量法律调整的内容也属于产品质量法法律体系中法律的重要组成部分,如《刑法》第三章"破坏社会主义市场经济秩序罪"中"生产、销售伪劣商品罪"的规定。

2. 行政法规。产品质量法法律体系中的行政法规为数众多,《工业产品质量责任条例》、《产品质量监督试行办法》等均属于该层次。产品质量行政法规是《产品质量法》的重要落实和补充,在产品质量法法律体系中也占有十分重要的地位。

3. 行政规章。行政规章是国务院部委等职能部门所发布的一些关于产品质量法律、行政法规的实施办法、意见、通知等,如国家质量监督检验检疫总局 2011 年 2 月 23 日发布的《关于实施〈中华人民共和国产品质量法〉若干问题的意见》就是典型的行政规章。这些行政规章为数众多,是产品质量法律体系不可或缺的组成部分,对于产品质量法的贯彻和落实也具有十分重要的意义。

三、立法宗旨与基本原则

立法宗旨和基本原则是立法精神的重要体现,二者相辅相成,统领产品质量生产、经营与监督活动,是应当予以深入研究和重点探讨的产品质量法理论问题。

（一）立法宗旨

立法宗旨,又称立法目的,是一部法律基本精神的集中体现,也是该部法律的灵魂所在。关于《产品质量法》的立法宗旨,该法第 1 条规定,为了加强对产品质量的监督管理,提高产品质量水平,明确产品质量责任,保护消费者的合法权益,维护社会经济秩序,制定本法。根据该条规定,产品质量法的立法宗旨包括以下四层含义:

1. 加强对产品质量的监督管理。"有法可依、有法必依、执法必严、违法必究"是我国社会主义法制的基本原则之一。产品质量法的制定为产品质量的监督管理提供了坚实的法律依据和保障。《产品质量法》对产品质量监督管理机关的设置与地位、职责与权限、制度与措施、程序与处置等诸多执法问题都作了相应的规定,详细而具体,操作性强,对于加强管理、提升监督管理水平具有十分重要的意义。

2. 保障并提高产品质量。保障和提高产品质量是制定产品质量法的直接目的。在市场竞争中,有些企业为了牟取非法利益,无视产品质量,对消费者的人身和财产造成了巨大的威胁。因此,通过产品质量法律制度对无视产品质量法规,生产和销售粗制滥造、掺杂掺假、以次充好、以假充真产品的行为进行法律制裁，通过产品质量责任的承担来矫正其行为，并以此保护消费者的合法权益是极为必要的。

3. 保护消费者的合法权益。消费者的消费行为是产品生产和再生产得以持续进行的源泉，没有消费者的消费就没有产品生产者的生产，这也是消费者被称为上帝的原因。因此，产品质量法必须把保护消费者合法权益放在首要位置。综观各国产品质量（责任）立法，不管是西方国家的产品责任法，还是发展中国家新建立的产品质量管理法律制度，都把消费者权益保护列为产品质量法的立法宗旨之一。我国《产品质量法》第三章明确规定了产品生产者和销售者的产品质量义务与责任，并引入客观无过错责任制度，其目的就是为了更好地保护消费者的合法权益。

4. 规范社会主义市场竞争秩序。维护良好的市场秩序是现代市场经济法制建设的重要内容，因此，围绕着市场秩序制度的优化，现代市场经济法制的每一项立法都有使命实现这一神圣的目标，并把它细化在法律规范的设计中。产品质量法与广告法、反不正当竞争法等都是市场秩序法律制度体系中的一部分，有着共同的立法宗旨，当然应当把规范社会主义市场竞争秩序作为该法的立法宗旨。

（二）基本原则

基本原则是指导产品质量活动的基本指导思想，贯穿于产品质量法的始终，是所有产品质量活动都应当贯彻和遵守的行为准则，对于产品质量法的意义非常重大。

1. 事先预防与事后惩治相结合的原则。预防与惩治相结合是我国法制的基本原则之一，在产品质量法中的具体体现就是事先预防与事后惩治相结合。为贯彻这一原则，产品质量法要求各级人民政府应当把提高产品质量纳入国民经济和社会发展规划，加强对产品质量工作的统筹规划和组织领导，引导、督促生产者、销售者加强产品质量管理，提高产品质量，组织各有关部门依法采取措施，制止产品生产、销售中违反本法规定的行为，保障本法的施行；要求产品质量监督机关建立健全标准化制度、企业质量认证制度、产品质量认证制度、工业产品生产许可证制度和产品抽查检查制度等监督管理制度；要求产品生产者、销售者应当建立健全内部产品质量管理制度，严格实施岗位质量规范、质量责任以及相应的考核办法，禁止伪造或者冒用认证标志等质量标志，禁止伪造产品的产地，禁止伪造或者冒用他人的厂名和厂址，禁止在生产、销售的产品中掺杂、掺假，以假充真，以次充好。同时对不履行和不完全履行上述职责和义务的主体规定了详细、具体而且严格的法律责任。这样一前一后的制度设计能够切实地贯彻事先预防与事后惩治相结合的基本原则，也从根本上保证了产品质量。

2. 国家监督与社会监督相结合的原则。一个法制健全的国家，必须有强有力的监督手段。法律监督从监督主体上来讲可以分为：①国家机关的监督，包括国家权力机关的监督、行政机关的监督和司法机关的监督。这种监督是以国家的名义进行的，具有法律强制力，在一国的法律监督体系中处于核心地位。②社会组织的监督，包括各政党、社会团体、群众组织和企业、事业单位。这种监督不同于国家机关的监督，它不以国家名义进行，不具有法律效力，但是它有组织性、广泛的代表性，因而是监督体系中的重要力量。③公民个人的监督，这种监督广泛、直接而具体，所起的作用不可忽视，是法律监督体系的基础。我国产品质量法坚持国家监督与社会监督相结合的基本原则，在第二章中对国家监督作了具体的规定，不仅规定了国家监督的主体、职权范围，还规定了监督检查的基本法律制度，使国家监督制度细致而具体。同时，产品质量法还对社会监督问题作了具体规定，如第 10 条就明确规定，任何单位和个人有权对违反本法规定的行为，向产品质量监督部门或者其他有关部门检举。产品质量监督部门和有关部门应当为检举人保密，并按照省、自治区、直辖市人民政府的规定给予奖励。

3. 国内标准与国际标准相结合的原则。标准是产品生产和质量监督的依据，也是质量评判和责任承担的依据，在产品质量法中具有十分重要的意义和价值。新中国成立以后，尤其是改革开放以后，我国政府十分注重标准化法的制定工作，1988 年就颁布了《中华人民共和国标准化法》。根据《标准化法》的规定，我国的标准体系由国家标准、行业标准和企业标准组成。这样的标准体系对于产品的生产和质量监督发挥了重要的作用，也促进了产品质量的提高和经济的发展，功不可没。但是，随着世界经济一体化时代的到来，我国原有的标准体系逐渐显现出其不适应性，影响和阻碍了我国民族经济融入世界经济的步伐，因此，在标准体系的构成上，我国产品质量法在原有国内标准的基础上，提出了国际标准的概念，并鼓励推行科学的质量管理方法，采用先进的科学技术，鼓励企业产品质量达到并且超过行业标准、国家标准和国际标准。对产品质量管理先进和产品质量达到国际先进水平、成绩显著的单位和个人，给予奖励。

四、实施主体与客体

法律实施是法律发生法律效力的关键。实施主体和实施客体是产品质量法实施的重要内容。

（一）实施主体

产品质量问题关乎所有法律主体的权益，一直都是国家重视、政府关注和百姓关心的社会问题，因而其实施主体也十分广泛。概括而言，产品质量法的实施主体包括以下几类：

1. 产品质量监督机关及其工作人员。产品质量监督机关及其工作人员是产品质量法的重要实施主体，居于执法者的地位。根据《产品质量法》第8条的规定，我国产品质量监督机关包括两类：一类是国务院产品质量监督部门，一类是县级以上地方产品质量监督部门。其中，国务院产品质量监督部门主管全国产品质量监督工作，国务院有关部门在各自的职责范围内负责产品质量监督工作。县级以上地方产品质量监督部门主管本行政区域内的产品质量监督工作，县级以上地方人民政府有关部门在各自的职责范围内负责产品质量监督工作。

为确保产品质量监督工作的顺利进行，《产品质量法》第9条规定，各级人民政府工作人员和其他国家机关工作人员不得滥用职权、玩忽职守或者徇私舞弊，包庇、放纵本地区、本系统发生的产品生产、销售中违反本法规定的行为，或者阻挠、干预依法对产品生产、销售中违反本法规定的行为进行查处。各级地方人民政府和其他国家机关有包庇、放纵产品生产、销售中违反本法规定的行为的，依法追究其主要负责人的法律责任。

2. 产品生产者。产品生产者，又称产品制造商（者），是指完成了产品生产行为的人。产品生产者可依不同的标准进行分类：

依据主体形态之不同，产品生产者可以分为法人型生产者和非法人型生产者。

依据是否实际完成产品生产之不同，产品生产者可以分为实际的产品生产者和非实际的产品生产者。前者是指该产品生产者的的确确、实实在在的完成了产品生产行为；后者是指该产品生产者只是以商标、标签或口头等形式宣称是该产品的生产者。

依据生产的产品不同，产品生产者可以分为成品的生产者和半成品的生产者。前者是指完成了产品生产的全部工序，使产品的全部使用性能得以展现的生产者；后者是指完成了产品的部分工序，使产品的部分性能得以展现的生产者。

无论是何种标准下的生产者，其生产行为都受产品质量法的约束和规范，都应当对其产品质量负责，都是产品质量责任的直接责任人。

3. 产品销售者。产品销售者，又称产品销售商，是指完成了产品销售行为的人。产品销售者也可依不同的标准进行分类：依据主体形态之不同，产品销售者可以分为法人型销售者和非法人型销售者；依据销售方式之不同，产品销售者可以分为产品批发商、产品零售商和批发零售兼营商。目前，随着流通环节改革的不断深入，批发与零售的界限正在淡化和模糊，批发商也可零售，零售商也可批发。

在产品销售商的主体资格上，值得重点探讨的问题是生产商充当销售商的问题。目前，很多生产商都直接进入销售领域销售商品，比如市场上常见的厂家直销等。有的研究者认为，生产商进入销售领域减少了流通环节，加快了产品的流通速度，降低了销售成本和价格，有利于保证产品的质量和消费者的合法权益，因而应当支持；有的研究者则认为，生产商直接进入流通领域妨碍了正常流通秩序，侵犯了销售商的利益和利润，因而应当禁止。我们认为，只要生产商办理了产品销售许可证和营业执照便可以直接进入商品销售领域。

4. 社会组织。《产品质量法》第 58 条规定："社会团体、社会中介机构对产品质量作出承诺、保证，而该产品又不符合其承诺、保证的质量要求，给消费者造成损失的，与产品的生产者、销售者承担连带责任。"该条确立了社会组织产品质量法实施主体的法律地位。社会组织主要是指消费者协会和用户委员会。

（1）消费者协会是由政府有关部门发起，经国务院或地方各级人民政府批准，依法成立的，专门从事消费者权益保护工作的公益性社会团体组织。中国消费者协会于 1984 年 12 月经国务院批准成立。根据《消费者权益保护法》的规定，消协享有如下职能：①向消费者提供消费信息和咨询服务；②参与有关行政部门对商品和服务的监督、检查；③就有关消费者合法权益的问题，向有关行政部门反映、查询，提出建议；④受理消费者的投诉，并对投诉事项进行调查、调解；⑤投诉事项涉及商品和服务质量问题的，可以提请鉴定部门鉴定，鉴定部门应当告知鉴定结论；⑥就损害消费者合法权益的行为，支持受损害的消费者提起诉讼；⑦对损害消费者合法权益的行为，通过大众传播媒介予以揭露、批评。

（2）用户委员会，又称中国质量协会用户委员会，成立于 1983 年 8 月，是中国质量协会领导下的社会团体分支机构。全国用户委员会是我国最早成立的消费者组织，也是中国质量协会推进我国质量事业的一个重要工作平台。其宗旨是，反映用户心声，发挥用户作用，维护用户合法权益，以广大用户为依托，推动、引导、促进企业实施用户满意工程，促进全社会产品、工程、服务质量的不断提高。

5. 中介机构。《产品质量法》第 58 条规定："社会团体、社会中介机构对产品质量作出承诺、保证，而该产品又不符合其承诺、保证的质量要求，给消费者造成损失的，与产品的生产者、销售者承担连带责任。"该条确立了中介机构产品质量法实施主体的法律地位。中介机构主要是指产品质量检验机构、认证机构。

（1）从事产品质量检验的社会中介机构，是指经省级以上人民政府产品质量监督部门或者其授权的部门考核合格，经依法注册登记，依靠自己的知识、技术设备和经验，提供产品质量监督抽查检验、生产许可证产品的质量检验、产品质量的认证检验、产品质量争议的仲裁检验等检验服务的社会组织。从事产品质量认证的社会中介机构，是指经中国产品质量认证机构国家认可委员会审查评定，并经国务院产品质量监督部门批准，从事产品质量认证工作的社会组织。上述两类社会中介机构与政府机关、权力机关、司法机关等国家机关，不得存在上下级关系、领导与被领导关系等，不得承担政府行政管理方面的任何职能；中介机构在人、财、物方面完全独立，与国家机关没有任何关系，即《产品质量法》所规定的"不得与行政机关和其他国家机关存在隶属关系或者其他利益关系"。

（2）认证机构是指经国务院认证认可监督管理部门批准，并依法取得法人资格，可从事批准范围内的认证活动的机构。根据《中华人民共和国认证认可条例》的规定，认证机构的设立要件包括以下几个：①有固定的场所和必要的设施；②有符合认证认可要求的管理制度；③注册资本不得少于人民币 300 万元；④有 10 名以上相应领域的专职认证人员。从事产品认证活动的认证机构，还应当具备与从事相关产品认证活动相适应的检测、检查等技术能力（可外包）。

根据《产品质量法》的规定，产品质量检验机构、认证机构必须依法按照有关标准，客观、公正的出具检验结果或者认证证明。产品质量检验机构、认证机构的作用和任务，决定了他们在产品质量监督管理中处于一种"中间人"、"裁判员"的位置，它们能否依法客观、公正的履行职责，对于生产者、销售者，对于国家检验、认证制度，对于广大的消费者都有着直接关系。因此，修改后的《产品质量法》专门增加词条，要求产品质量检验机构、认证机构必须依法按照有关标准，客观、公正的出具检验结果或者认证证明。

6. 单位和个人。上述主体之外的任何单位和个人也都是产品质量的实施主体。《产品质量法》第 10 条明确规定，任何单位和个人有权对违反本法规定的行为，向产品质量监督部门或者其他有关部门检举。同时要求产品质量监督部门和有关部门应当为检举人保密，并按照省、自治区、直辖市人民政府的规定给予奖励。这些规定都表明，上述主体之外的单位和个人是产品质量法的重要实施主体，不可或缺。该类主体中的个人主要是指消费者。

我国 1993 年颁布的《中华人民共和国消费者权益保护法》未对消费者进行专门的界定，只是规定"消费者为生活消费需要购买、使用商品或者接受服务，其权益受本法保护；本法未作规定的，受其他有关法律、法规保护"。由于我国 1993 年的《消费者权益保护法》未对消费者作出直接而明确的规定，进而引发了学术界对消费者含义的大讨论。有的研究者认为，消费者的含义包括以下几方面内容：①消费者是购买、使用商品或者接受服务的自然人；②消费者购买、使用的商品或接受的服务是由经营者提供的；③消费者是为满足生活需要而进行生活消费活动的人。[1] 有的研究者认为，"消费者是指非以营利为目的的购买商品或者接受服务的人"[2] 有的研究者认为，"消费者是指为满足个人或家庭的生活需要而购买、使用商品或接受服务的自然人"[3] 有的研究者认为，"消费者即法学意义上的消费者，专指从事生活消费活动的人，即为满足生活消费需要购买、使用商品或者接受服务的个体社会成员"[4]

我们认为，消费者是为生活需要合法取得、使用生活资料或者接受生活服务的自然人。

（二）实施客体

我国《产品质量法》第2条第1款规定："在中华人民共和国境内从事产品生产、销售活动，必须遵守本法。"从此条规定可以看出，我国产品质量法的实施客体包括两个方面的内容：

1. 产品生产活动。产品生产活动包括产品生产者从原材料投入到成品出厂的全过程，具体包括工艺过程、检验过程、运输过程、等待停歇过程和自然过程。

2. 产品销售活动。产品销售活动包括所有形式的销售产品的活动，如直销、代销、赊销、批发、零售等活动。

值得注意的是，产品生产活动和产品销售活动有时是分离的，有时则是合而为一的，如有些企业既从事产品生产活动也从事产品销售活动。对于同时从事产品生产活动和产品销售活动的企业，应当分别领取产品生产（销售）许可证和产品生产（销售）营业执照。

思考题

1. 简述我国《产品质量法》规定的产品范围。

2. 何谓质量？产品质量可以分类哪几类？具体含义如何？

3. 谈谈你对我国《产品质量法》基本原则的认识。

4. 试析《产品质量法》中的生产者和销售者。

---

〔1〕 李昌麒主编：《经济法学》，中国政法大学出版社2008年版，第310～311页。

〔2〕 王利明："消费者的概念及消费者权益保护法的调整范围"，载《政治与法律》2002年第2期。

〔3〕 张严方：《消费者保护法研究》，法律出版社2003年版，第119页。

〔4〕 符启林主编：《消费者权益保护法概论》，南海出版公司2002年版，第2页。

第二章
产品质量监督法律制度

■ **内容提要**

产品质量监督法律制度是产品质量法的重要法律制度之一，也是我国产品质量法的特色制度之一，更是贯彻我国产品质量法"事先预防与事后惩治"相结合基本原则的法律制度之一，对于产品质量法的意义非常重大。根据我国《产品质量法》第二章的规定，产品质量监督的基本法律制度有标准化制度、企业质量认证制度、产品质量认证制度、抽查检查制度、生产许可证制度、产品质量检验制度、缺陷产品召回制度等。本章从产品质量的监督体制、监督方式和基本监督制度等方面对我国产品质量法监督制度进行了探讨和研究。

■ **学习重点**

标准化制度；产品质量认证制度。

第一节 产品质量监督体制和监督形式

一、质量监督体制

我国质量监督体制由中央质量监督部门和地方质量监督部门两部分组成。其中，中央质量监督部门和地方质量监督部门中的质量监督主管部门是我国质量监督管理体制的核心。

（一）中央质量监督部门

国务院直属的质量监督部门是中央质量监督部门，包括质量监督主管部门和行业质量监督部门。

1. 质量监督主管部门。国家质量监督检验检疫总局（简称国家质检总局）是我国的中央质量监督主管部门。它是主管全国质量、计量、出入境商品检验、出入境卫生检疫、出入境动植物检疫、进出口食品安全和认证认可、标准化等工作，并行使行政执法职能的国务院直属机构。

国家质检总局内设办公厅、法规司、质量管理司、计量司、通关业务司、卫生检疫监管司、动植物检疫监管司、检验监管司、进出口食品安全局、特种设备安全监察局、产品质量监督司、食品生产监管司、执法督查司（国家质检总局打假办公室）、国际合作司（WTO 办公室）、科技司、人事司、计划财务司、机关党委和离退休干部局等 19 个司（厅、局）。

国家质检总局的职责是：①组织起草有关质量监督检验检疫方面的法律、法规草案，研究拟定质量监督检验检疫工作的方针政策，制定和发布有关规章、制度；组织实施与质量监督检验检疫相关法律、法规，指导、监督质量监督检验检疫的行政执法工作；负责全国与质量监督检验检疫有关的技术法规工作。②宏观管理和指导全国质量工作，组织推广先进的质量管理经验和方法，推进名牌战略的实施；会同有关部门建立重大工程设备质量监理制度；负责组织重大产品质量事故的调查；依法负责产品防伪的监督管理工作。③统一管理计量工作。④拟定出入境检验检疫综合业务规章制度；负责口岸出入境检验检疫业务管理。⑤组织实施出入境卫生检疫、传染病监测和卫生监督工作；管理国外疫情的收集、分析、整理，提供信息指导和咨询服务。⑥组织实施出入境动植物检疫和监督管理；管理国内外重大动植物疫情的收集、分析、整理，提供信息指导和咨询服务；依法负责出入境 转基因生物及其产品的检验检疫工作。⑦组织实施进出口食品、化妆品、锅炉、压力容器、电梯等特种设备的安全、卫生、质量监督检验和监督管理。⑧组织实施进出口商品法定检验和监督管理，监督管理进出口商品鉴定和外商投资财产价值鉴定；管理国家实行进口许可制度的民用商品入境验证工作，审查批准法定检验商品免验和组织办理复验；组织进出口商品检验检疫的前期监督和后续管理；管理出入境检验检疫标志（标识）、进口安全质量许可、出口质量许可，并负责监督管理。⑨依法监督管理质量检验机构；依法审批并监督管理涉外检验、鉴定机构（含中外合资、合作的检验、鉴定机构）。⑩管理产品质量监督工作；管理和指导质量监督检查；负责对国内生产企业实施产品质量监控和强制检验；组织实施国家产品免检制度，管理产品质量仲裁的检验、鉴定；管理纤维质量监督检验工作；管理工业产品生产许可证工作；组织依法查处违反标准化、计量、质量法律、法规的违法行为，打击假冒伪劣违法活动。⑪制定并组织实施质量监督检验检疫的科技发展、实验室建设规划，组织重大科研和技术引进；负责质量监督检验检疫的统计、信息、宣传、教育、培训及相关专业职业资格管理工作；负责质量监督检验检疫的情报信息的收集、分析、整理，提供信息指导和咨询服务。

2. 行业质量监督部门。中央质量监督部门除质量监督主管部门之外，还有各行业质量监督管理部门。行业质量监督部门是中央质量监督部门的重要组成部分，他们在各自的职权范围内负责质量监督工作。

国务院有关部门是中央行业质量监督部门。根据我国现行法律的规定，国家卫生和计划生育委员会、农业部、商务部、工业和信息化部、国家工商行政管理总局、国家食品药品监督管理局、环境保护部是主要的行业质量监督部门。

（二）地方质量监督部门

地方质量监督部门由两个部分组成，一是地方质量监督主管部门，一是地方行业质量监督部门。

1. 地方质量监督主管部门。县级以上地方质量监督部门是地方质量监督的主管部门，主管本行政区域内的产品质量监督工作。

地方质量技术监督部门按照国家质检总局的统一部署和要求，在各自职责范围内负责组织质量监督工作。

2. 地方行业质量监督部门。同中央质量监督部门一样，地方质量监督部门除质量监督主管部门之外，还有各行业质量监督部门。各行业质量监督部门是地方质量监督部门的重要组成部分，他们在各自的职权范围内负责质量监督工作。

县级以上地方人民政府有关部门是地方行业质量监督部门。地方行业质量监督部门受中央行业质量监督部门的行政领导和业务指导，有些还是垂直领导关系。他们在中央行业质量监督部门的领导和指导下，在各自的职权范围内，根据授权具体负责本部门职权范围内的质量监督工作。

二、产品质量监督方式的法律规定

产品质量监督的基本方式有国家监督、社会监督和企业监督等三种。

（一）国家监督

国家监督是指由代表国家的政府专职机构进行监督。国家监督可以分为抽查型质量监督和评价型质量监督。抽查型质量监督是指国家质量监督机构在市场上通过抽取样品进行监督检验，对照标准检验其是否合格的活动；评价型质量监督是指国家质量监督部门通过对企业的生产条件、产品质量考核合格后，颁布某种证书，确认和证明这一产品已经达到某种要求的质量水平的活动。我国《产品质量法》第二章"产品质量的监督"对抽查型质量监督和评价型质量监督均作了具体规定。

（二）社会监督

所谓社会监督，就是广泛动员和组织全社会各方力量，对产品质量进行关注、监督和评议，以促进企业提高产品质量，维护国家和消费者利益的活动。社会监督的主体众多，如行业协会、经营者、消费者等均有权进行产品质量的社会监督；社会监督的形式多种多样，消费者投诉、群众评议、舆论监督等方式是常见的社会监督方式。

（三）企业自我监督

企业自我监督是指企业（生产商、销售商）自身对产品质量进行把关、评价的活动。企业自我监督的主要任务是按照产品质量要求、产品技术标准或产品订货合同对产品质量进行严格检验，包括对原材料、外购件、半成品、成品以及主要工序的质量检验，并在此基础上作出是否使用、是否签发合格证、是否出厂的判断。

第二节　产品质量监督管理基本法律制度

一、标准化法律制度

为在一定的范围内获得最佳秩序，对实际的或潜在的问题制定共同的和重复使用的规则的活动，称为标准化。标准化包括制定标准和贯彻标准的全部过程。各国对于标准化的管理以及标准的性质，基本上有两种类型：①在经济集中管理的国家（如前苏联等），标准化是由政府的一个部门集中管理。在这类国家里，每一种标准都具有一个法律上的地位。②在经济上不集中管理的国家（如美国、日本等），除少数国家外，多数国家的标准不是强制性的，而主要是自愿性的。这些国家中的标准化管理机构，有的是政府的一个部门或办事机构，有的是政府参与的民间团体，有的则是纯粹的民间团体。

标准化法和经济建设的关系极为密切。因此，许多国家都很重视标准化的立法。我国的标准化立法起步于中华民国时期，国民党政府 1946 年曾制定《标准法》。中华人民共和国成立后，我国政府十分关心标准化工作。1957 年，在国家科学技术委员会内设立标准局，主管全国的标准化工作。1958 年，颁布了第一批国家标准。1962 年 11 月 10 日，国务院通过了《工农业产品和工程建设技术标准管理办法》。改革开放以后，我国政府更加重视标准化法制建设工作，1979 年 7 月，国务院颁发了《中华人民共和国标准化管理条例》；1988 年 12 月 29 日，中华人民共和国第七届全国人民代表大会常务委员会第五次会议通过并颁布了《中华人民共和国标准化法》，极大地促进了我国经济的发展和产品质量的提高。

产品质量标准的制定和实施是产品标准化制度的两项基本内容。

1. 产品质量标准的制定。按照我国标准化法的规定，凡工业产品的品种、规格、质量、等级或者安全、卫生要求，工业产品的设计、生产、检验、包装、储存、运输、使用方法或者生产、储存、运输中的安全、卫生要求，工业生产的技术术语、符号、代号和制图方法等，需要统一的技术要求，应当制定标准。产品质量标准按其制定的部门或单位以及适用范围的不同，分为国家标准、行业标准、地方标准和企业标准。国家标准是指由国务院标准化行政主管部门制定的，对全国经济、技术发展有重大意义而必须在全国范围内统一的标准。行业标准是指由国务院有关行政主管部门制定并在全国某个行业范围内统一实施的标准。对没有国家标准而又需要在全国某个行业范围内统一的技术要求，应制定行业标准，行业标准应报国务院标准化行政主管部门备案。地方标准是由省级标准化行政主管部门制定并在本省、直辖市、自治区范围内统一实施的标准。制定标准应当有利于产品质量的全面提高，并做到有关标准的协调、配套。

2. 产品质量标准的实施。按性质的不同，我国标准化法将标准分为强制性标准和推荐性标准。强制性标准是必须执行的标准，它包括部分国家标准和行业标准以及全部地方标准，主要有：药品标准，食品卫生标准，兽药标准，产品及产品生产、储运和使用中的安全、卫生标准，劳动安全、卫生标准，运输安全标准，国家需要控制的重要产品质量标准，等等。推荐性标准是不具有强制执行效力，由执行者自愿采用的标准，强制性标准以外的标准是推荐性标准，国际标准也是推荐性标准。为了保证强制性标准的实施，引导人们执行推荐性标准，《产品质量法》规定，可能危及人体健康和人身、财产安全的工业产品，必须符合保障人体健康和人身、财产安全的国家标准、行业标准；未制定国家标准、行业标准的，必须符合保障人体健康和人身、财产安全的要求。

二、企业质量体系认证制度

企业质量体系认证，是由国际标准化组织（ISO）提出，并为国际社会所普遍接受的质量管理措施，它是指依据国家质量管理和质量保证系列标准，经过认证机构对企业质量体系进行审核，通过颁发认证证书的形式，证明企业质量保证能力符合相应要求的活动。推行企业质量体系认证制度的意义主要在于，通过开展质量体系认证工作，有利于促进企业在管理和技术等方面采取有效措施，在企业内部建立起可靠的质量保证体系，以保证产品质量；而对企业自身来讲，通过质量体系认证机构的认证，即意味着企业的质量保证能力获得了有关权威机构的认可，从而可以提高企业的质量信誉，扩大企业的知名度，增强企业竞争优势。

产品质量是企业的生命，是企业多方面活动的综合反映。在质量形成过程中，影响质量的因素很多，企业要确保产品质量，必须建立相应的质量体系。质量体系认证则是促进企业建立质量体系的重要措施。为使企业质量体系认证制度化、法制化，《产品质量法》规定，国家根据国际通用的质量管理标准，推行企业向质量管理部门或者国务院产品质量监督管理部门授权的部门所认可的认证机构申请企业质量体系认证，经认证合格的，由认证机构颁发企业质量体系认证证书。

企业质量体系认证制度的主要内容如下：

1. 认证原则。在我国，企业质量体系认证遵循自愿原则，任何单位或者个人都不得强制要求企业申请质量体系认证。

2. 认证程序。企业申请质量体系认证的，可以向国务院产品质量监督部门或者国务院产品质量监督部门授权的部门认可的认证机构提出申请。需要注意的是，企业质量体系认证与产品质量认证是两个不同的概念，仅获得质量体系认证的企业不得在其产品上使用产品质量认证标志。

3. 基本工作。企业要取得质量体系认证，主要应作好两方面的工作：一是建立健全质量保证体系，二是做好与质量体系认证直接有关的各项工作。

三、工业产品生产许可证制度

工业产品生产许可证制度是国家为了加强质量管理，确保危及人体健康、人身财产安全的重要工业产品的质量，配合国家产业政策的实施，促进市场经济的健康发展而实施的一项政府行政审批制度。一方面，政府通过对企业的生产必备条件进行审查，并对产品质量进行型式试验和全项目抽样检验，审查企业是否具备连续生产合格产品的能力。对符合条件的企业，由政府颁发证书，准予生产。另一方面，通过执法监督对无证生产、销售无证产品以及有证但生产不合格产品等违法行为，依法予以查处。因此，生产许可证制度是政府依法对产品质量实行强制管理的一项有效措施。

（一）工业产品生产许可证制度的历史沿革

工业产品生产许可证制度经历了起始阶段、发展和统一管理阶段。

20 世纪 80 年代初期，在我国经济体制改革的变化时期，出现了一个比较突出的问题，主要是一些低压电器、民用电度表等紧缺产品的生产企业，不具备基本生产条件，盲目上马，管理混乱，产品质量低劣，浪费了大量的国家资源，并且导致恶性事故屡屡发生，社会反映强烈。鉴于这种情况，国务院于 1984 年 4 月颁布了《工业产品生产许可证试行条例》，决定对重要工业产品实施强制性的生产许可证管理。低压电器、电度表等 87 类产品被列入第一批实施生产许可证管理的产品目录。《条例》颁布后，原国家经委又于同年发布了《工业产品生产许可证管理办法》，并成立了全国工业产品生产许可证办公室，设在原国家标准局，承担全国生产许可证管理的日常工作。初步形成了国家统一管理、部门审核发证、地方技术监督局负责监督执法的管理体制。这种管理体制从 1984 年一直延续到 1998 年，这 14 年间随着政府机构变动也有若干变化。

1998 年国务院机构改革，原国家质量技术监督局具有"管理工业产品生产许可证工作"的职能。随后，原国家质量技术监督局发布了《关于进一步做好工业产品生产许可证管理工作的通知》（质技监局质发［1999］143 号），决定从 1999 年 1 月 1 日起，将原国家经贸委各委管工业局，劳动部、建设部、原中国兵器工业总公司、原电力部等部门负责的工业产品生产许可证发放工作进行统一管理。2001 年，国务院决定撤销国家经贸委各委管国家局，成立各行业协会。同年，国家质检疫总局成立，根据国家质检总局"三定"方案，明确了该局管理全国工业产品生产许可证工作的职能。2002 年 3 月，国家质检疫总局发布了《工业产品生产许可证管理办法》（国质检［2002］19 号令）（以下简称办法）。至此，工业产品生产许可证管理工作逐步实现了在新时期的规范化管理。

为了保证直接关系公共安全、人体健康、生命财产安全的重要工业产品的质量安全，贯彻国家产业政策，促进社会主义市场经济健康、协调发展，2005 年 6 月 29 日国务院第 97 次常务会议通过了新的《中华人民共和国工业产品生产许可证管理条例》（以下简称《条例》）。该条例共 7 章 70 条。它的颁布和实施使我国工业产品生产许可证管理工作迈上了新的台阶。

（二）工业产品生产许可证管理工作现状

目前，全国生产许可证管理的体制是，国家质检总局统一管理，省级质量技术监督局负责组织实施，有关行业部门、协会参与，地方质量技术监督局负责依法查处。具体是：

1. 国家质检总局负责全国工业产品生产许可证的统一管理，概括起来为"五个统一"，即：①依据国家有关的法律、法规修订工业产品生产许可证管理办法及有关工作文件，商同有关部门统一制定并公布工业产品生产许可证产品目录；②统一批准设立产品审查部、审批产品实施细则、批准产品检验单位；③统一组织审查部和地方质量技术监督局对企业进行审查；④统一向符合条件的企业颁发证书并公告获证企业名录；⑤统一组织地方质量技术监督局对获证企业的监督管理和对无证企业的查处等。

2. 国务院有关部门在各自职责范围内配合国家质检总局做好相关领域的生产许可证管理工作。具体工作有：①提出实行生产许可证管理的产品、项目建议；②按照总局要求起草相关产品标准和技术规范，根据需要起草实施细则；

③向总局推荐相关产品审查部和产品质量检验单位；④确认符合取证条件企业名单等。

3. 省（自治区、直辖市）质量技术监督局负责生产许可证工作的组织实施。具体工作有：①受理企业申请；②根据工作需要组织实施细则的宣贯和对企业的审查；③将相关材料上报国家质检总局审查发证；④负责组织所辖市、县质量技术监督局对本辖区的无证产品查处和获证企业的监督管理等。目前，全国 31 个省级质量技术监督局除西藏外均设立了工业产品生产许可证办公室。

4. 产品审查部由国家质检总局同有关部门确定，由国家质检总局批准设立，主要负责起草各类产品实施细则。产品实施细则由国家质检总局批准发布。除省（自治区、直辖市）质量技术监督局负责审查的产品外，其他产品的实施细则的宣传贯彻和企业审查工作均由审查部负责，并将相关材料上报国家质检总局审查发证。

5. 工业产品生产许可证产品质量的检验机构由国家质检总局全国工业产品生产许可证办公室批准并发布，按照有关规定，该办公室承担相关产品的生产许可证检验任务，并依法出具合格的检验报告。

（三）实施生产许可证管理的产品范围

根据《条例》第 2 条的规定，国家对生产下列重要工业产品的企业实行生产许可证制度：①乳制品、肉制品、饮料、米、面、食用油、酒类等直接关系人体健康的加工食品；②电热毯、压力锅、燃气热水器等可能危及人身、财产安全的产品；③税控收款机、防伪验钞仪、卫星电视广播地面接收设备、无线广播电视发射设备等关系金融安全和通信质量安全的产品；④安全网、安全帽、建筑扣件等保障劳动安全的产品；⑤电力铁塔、桥梁支座、铁路工业产品、水工金属结构、危险化学品及其包装物、容器等影响生产安全、公共安全的产品；⑥法律、行政法规要求依照本条例的规定实行生产许可证管理的其他产品。

（四）企业办理生产许可证的工作程序

企业办理生产许可证的工作由申请、审查、产品质量检验、审核发证等程序构成。

1. 申请。根据工业产品生产许可证发证产品目录，企业向所在省（自治区、直辖市）质量技术监督局申请，填写统一的申请书。根据财政部门有关规定由各省（自治区、直辖市）质量技术监督局代收审查费和公告费。省（自治区、直辖市）质量技术监督局受理企业申请后，根据产品实施细则的规定，由审查部或省（自治区、直辖市）质量技术监督局对企业进行生产条件审查和产品抽封样品。

2. 审查。产品审查部或各省（自治区、直辖市）质量技术监督局对申请取证企业进行工厂条件审查，主要审查企业连续稳定生产合格产品的必备条件和质量保证能力，以确认它是否符合发证产品实施细则的要求。根据产品实施细则的规定，企业必须具备必要的生产设备和检测设备，必须具有完善的质量保证体系。

3. 产品质量检验。在审查组进行工厂生产条件审查的同时，按照产品实施细则的要求抽封样品，由企业送国家质检总局批准的产品质量检验机构进行检验。产品质量检验机构根据规定进行检验，并出具合法的产品质量检验报告。

4. 审核发证。企业工厂生产条件和产品质量检验完成后，由产品审查部或省（自治区、直辖市）质量技术监督局将符合发证要求的企业的申请书、生产条件审查报告、产品质量检验报告等相关材料汇总报国家质检总局，由国家质检总局颁发证书并向社会公告。

（五）发证后的监督管理

根据《条例》和《办法》的有关规定，目前对获证企业的监督管理工作主要采取国家监督抽查、地方监督抽查、日常执法监督和生产许可证年度监督审查等方式。对无证生产、销售无证产品以及有证但生产不合格产品的违法行为，将依据有关规定进行处罚。

四、认可认证制度

鉴于认可认证制度在产品质量监督制度体系中的地位和作用，我们设专节予以介绍。

五、产品质量国家监督抽查制度

产品质量国家监督抽查制度是由国务院产品质量监督部门依法组织有关省级质量技术监督部门和产品质量检验机构对生产、销售的产品，依据有关规定进行抽样、检验，并对抽查结果依法公告和处理的活动。国家监督抽查是国家对产品质量进行监督检查的主要方式之一。

（一）产品质量国家抽查制度概述

为规范产品质量监督抽查工作，根据《中华人民共和国产品质量法》等法律法规的规定，2010 年 11 月 23 日国家质检总局局务会议审议通过了《产品质量监督抽查管理办法》。该办法共 5 章 63 条，自 2011 年 2 月 1 日起施行。《产品质量监督抽查管理办法》是规范产品质量国家抽查制度的基本法律规范。该《办法》总则对产品质量国家监督抽查制度作出了一般性规定，其内容涉及适用范围、抽查方式、样品提供、质量判断、检验费用、组织管理等方面。

1. 适用范围。即国家监督抽查的对象。目前，我国产品质量国家监督抽查的对象主要是涉及人体健康和人身、财产安全的产品，影响国计民生的重要工业产品，以及用户、消费者、有关组织反映有质量问题的产品，并不是对所有的产品都进行国家监督抽查。

2. 抽查方式。国家监督抽查分为定期实施的国家监督抽查和不定期实施的国家监督专项抽查两种。定期实施的国家监督抽查每季度开展一次，国家监督专项抽查根据产品质量状况不定期组织开展。

3. 样品提供。国家监督抽查的样品，由被抽查单位无偿提供，抽取样品的数量不得超过检验的合理需要。对不便携带的样品，必须由被抽查企业负责寄、送至检验机构。企业无正当理由不得拒绝国家监督抽查和寄、送被封样品。

4. 质量判断。国家监督抽查的质量判定依据是被检产品的国家标准、行业标准、地方标准和国家有关规定，以及企业明示的企业标准或者质量承诺。

当企业明示采用的企业标准或者质量承诺中的安全、卫生等指标低于强制性国家标准、强制性行业标准、强制性地方标准或者国家有关规定时，以强制性国家标准、强制性行业标准、强制性地方标准或者国家有关规定作为质量判定依据。除强制性标准或者国家有关规定要求之外的指标，可以将企业明示采用的标准或者质量承诺作为质量判定依据。没有相应强制性标准、企业明示的企业标准和质量承诺的，以相应的推荐性国家标准、行业标准作为质量判定依据。

5. 检验费用。国家监督抽查不向企业收取检验费用，国家监督抽查所需费用由财政部门安排专项经费解决。财政部专项拨付的国家监督抽查经费由国家质检总局统一管理、使用。

6. 组织实施。国家监督抽查工作由国家质检总局负责组织和实施。为保证国家监督抽查工作的统一性和权威性，《产品质量监督抽查管理办法》规定：①国家质检总局负责制定年度国家监督抽查计划，并通报省级质量技术监督部门。省级质量技术监督部门负责制定本行政区域年度监督抽查计划，报国家质检总局备案。②组织监督抽查的部门应当依据法律法规的规定，指定有关部门或者委托具有法定资质的产品质量检验机构（以下简称检验机构）承担监督抽查相关工作。③国家质检总局依据法律法规、有关标准、国家相关规定等制定并公告发布产品质量监督抽查实施规范（以下简称实施规范），作为实施监督抽查的工作规范。组织监督抽查的部门，可以根据监管工作需要，依据实施规范确定具体抽样检验项目和判定要求。对尚未制定实施规范的产品，需要组织实施监督抽查时，组织监督抽查的部门应当制定实施细则。④组织监督抽查的部门应当根据监督抽查计划，制订监督抽查方案，将监督抽查任务下达所指定的部门或者委托的检验机构。

（二）抽查计划和抽查方案的确定

抽查计划是抽查范围的具体化，而抽查方案则是对抽查计划的贯彻和实施。《产品质量监督抽查管理办法》对抽查计划和抽查方案的确定作了具体的规定。

1. 抽查计划的确定。《国家监督抽查重点产品目录》是抽查计划的具体表现形式。《国家监督抽查重点产品目录》由国家质检总局负责制定并根据产品发展和质量变化情况，进行修订和调整。

《国家监督抽查重点产品目录》确定后，国家质检总局在征求有关方面意见的基础上，制订国家监督抽查计划，并向有关单位下达国家监督抽查任务。

2. 抽查方案的确定。抽查方案，由省级质量技术监督部门、检验机构根据抽查计划制订。一般情况下，省级质量技术监督部门、检验机构在接受国家监督抽查任务后应当立即制订抽查方案。

抽查方案应当包括以下内容：①抽样。说明抽样依据的标准，抽样数量和样本基数，检验样品和备用样品数量。②检验依据。检验依据应当符合《产品质量监督抽查管理办法》第7条规定的原则。③检验项目。检验项目应当突出重点，主要选择涉及人体健康和人身、财产安全的项目及主要的性能、理化指标等。④判定规则。有关国家标准或者行业标准中有判定规则的，原则上按标准的规定进行判定。标准中没有综合判定的，可以由承担国家监督抽查任务的检验机构提出方案，经标准化技术委员会同意并征求行业主管部门意见，报国家质检总局同意后施行。⑤提出被抽查企业名单。确定抽查企业时，应当突出重点并具有一定的代表性，大、中、小型企业应当各占一定的比例，同时要有一定的跟踪抽查企业的数量。必要时，可以专门指定被抽查企业的范围。⑥抽查经费预算。抽查经费预算应当按照不盈利的原则制订，主要包括检验费、差旅费、样品运输费、公告费等。国家监督抽查方案中的抽样、检验依据、检验项目、判定规则等内容应当坚持科学、公正、公平、公开原则。

抽查方案经国家质检总局审查批准并开具《国家监督抽查任务书》、《产品质量国家监督抽查通知书》和《国家监督抽查情况反馈单》后，承检机构方可进行产品抽查。

（三）抽样

样品，通常是指从一批商品中抽取出来的，或由生产、使用部门加工、设计出来的，足以反映和代表整批商品品质的少量实物。样品有参考样品和标准样品之分。抽样，即抽取样品，它是抽查检验的前提和基础。抽样应当按照一定的标准有组织地进行，抽取的样品也应当有代表性。《产品质量监督抽查管理办法》对抽样的组织、标准、方法等问题作了具体的规定。

1. 抽样组织。抽样由被抽查企业所在地的省级质量技术监督部门组织进行，其抽样人员由其指派的人员和承检单位的人员组成。省级质量技术监督部门在组织抽样时应当遵守以下规定：①抽样人员应当是承担监督抽查的部门或者检验机构的工作人员。抽样人员应当熟悉相关法律、法规、标准和有关规定，并经培训考核合格后方可从事抽样工作。②到企业进行抽样时，至少应当有2名以上（含2名）抽样人员参加。③严禁抽样人员事先通知被抽查企业，严禁被抽查企业或者与其有直接、间接关系的企业参与接待工作。④抽样人员抽样前，应当出示国家质检总局开具的《产品质量国家监督抽查通知书》和有效身份证件（身份证和工作证），向企业介绍国家监督抽查的性质和抽样方法、检验依据、判定规则等，再进行抽样。

被抽查企业遇有下列情况之一的，可以拒绝接受抽查：①抽样人员少于2人的；②抽样人员无法出具监督抽查通知书、相关文件复印件或者有效身份证件的；③抽样人员姓名与监督抽查通知书不符的；④被抽查企业和产品名称与监督抽查通知书不一致的；⑤要求企业支付检验费或者其他任何费用的。

2. 样品标准。抽查的样品应当在市场上或者企业成品仓库内的待销产品中抽取，并保证样品具有代表性。抽取的样品应当是经过企业检验合格近期生产的产品。遇有下列情况之一的，不得抽样：①被抽查企业无监督抽查通知书或者相关文件复印件所列产品的；②有充分证据证明拟抽查的产品不是用于销售的；③产品不涉及强制性标准要求，仅按双方约定的技术要求加工生产，且未执行任何标准的；④有充分证据证明拟抽查的产品为企业用于出口，并且出口合同对产品质量另有规定的；⑤产品或者标签、包装、说明书标有"试制"、"处理"或者"样品"等字样的；⑥产品抽样基数不符合抽查方案要求的。

3. 样品抽取。样品抽取，应当按照法律规定的程序和要求进行。《产品质量监督抽查管理办法》要求，抽样人员在抽取样品时，应当遵守以下规定：①抽样人员不得少于2名。②抽样前，应当向被抽查企业出示组织监督抽查的部门开具的监督抽查通知书或者相关文件复印件和有效身份证件，向被抽查企业告知监督抽查性质、抽查产品范围、实施规范或者实施细则等相关信息后，再进行抽样。③抽样人员应当核实被抽查企业的营业执照信息，确定企业持照经营。对依法实施行政许可、市场准入和相关资质管理的产品，还应当核实被抽查企业的相关法定资质，确认抽查产品在企业法定资质允许范围内后，再进行抽样。④抽样人员现场发现被抽查企业存在无证、无照生产等不需检验即可判定明显违法的行为，应当终止抽查，并及时将有关情况报送当地质量技术监督部门和相关部门进行处理。⑤抽样人员抽样时，应当公平、公正，不徇私情。⑥监督抽查的样品应当由抽样人员在市场上或者企业成品仓库内待销的产品中随机抽取，不得由企业抽样。抽取的样品应当是有产品质量检验合格证明或者以其他形式表明合格的产品。⑦监督抽查的样品由被抽查企业无偿提供，抽取样品应当按有关规定的数量抽取，没有具体数量规定的，抽取样品不得超过检验的合理需要。

4. 样品确认。样品应当由生产企业予以确认。确认样品是生产企业承认检查结果进而承担检查结果的必要要件。关于样品的确认，《产品质量监督抽查管理办法》规定：①抽取的样品需要封存在企业的，由被检企业妥善保管。企业不得擅自更换、隐匿、处理已抽查封存的样品；②在市场抽取样品的，抽样单位应当书面通知产品包装或者铭牌上标称的生产企业，依据第16条第2款规定确认企业和产品的相关信息。生产企业对需要确认的样品有异议的，应当于接到通知之日起15日内向组织监督抽查的部门或者其委托的异议处理机构提出，并提供证明材料。逾期无书面回复的，视为无异议。

5. 样品保存。样品，包括备用样品，应当按照法律的规定和检验的实际要求进行保存。一般情况下，抽样的样品应当在国家监督抽查结果发布后继续保留3个月。到期后，样品退还被抽查企业。因检验造成破坏或者损耗而无法退还的样品可以不退还，但应当向被抽查企业说明情况。如果企业要求样品不退还的，可以由双方协商解决。

（四）检验

检验是指检验机构借助于某种手段或方法，按照一定的标准和要求，测定产品的质量特性，然后把测定结果同规定的质量标准进行比较，从而对产品或半成品作出合格与否判断的一系列活动的总称。《产品质量监督抽查管理办法》对检验机构和检验要求作出了明确的规定和严格的要求。

1. 检验机构。国家监督抽查的检验工作一般委托依法设置和依法授权的国家级或者省级产品质量检验机构承担；经国家实验室认可的产品质量检验机构可优先选用。为保证抽查结果的科学性和权威性，国家监督抽查工作禁止分包。检验机构在承担国家监督抽查任务过程中，对抽查涉及的所有检验项目不得以任何形式进行分包。

检验机构按照国家质检总局的授权独立开展产品质量检验工作，不受任何机关、团体和个人的干涉。

2. 检验要求。检验是一项技术性很强的科学技术活动，只有严格地按照法律规定的程序、标准和要求进行，才能确保检验结果的科学性，也才能对产品的质量作出符合科学的判定。《产品质量监督抽查管理办法》对检验机构从事检验活动提出了如下要求：①检验机构接收样品时应当检查、记录样品的外观、状态、封条有无破损及其他可能对检验结果或者综合判定产生影响的情况，并确认样品与抽样文书的记录是否相符，对检验和备用样品分别加贴相应标识后入库。在不影响样品检验结果的情况下，应当尽可能将样品进行分装或者重新包装编号，以保证不会发生因其他原因导致不公正的情况。②检验机构应当妥善保存样品，制定并严格执行样品管理程序文件，详细记录检验过程中的样品传递情况。③检验过程中遇有样品失效或者其他情况致使检验无法进行的，检验机构必须如实记录即时情况，提供充分的证明材料，并将有关情况上报组织监督抽查的部门。④检验原始记录必须如实填写，保证真实、准确、清晰，并留存备查，不得随意涂改。更改处应当经检验人员和报告签发人共同确认。⑤对需要现场检验的产品，检验机构应当制定现场检验规程，并保证对同一产品的所有现场检验遵守相同的规程。⑥除本办法第28条所列情况外，检验机构应当出具抽查检验报告，检验报告应当内容真实齐全、数据准确、结论明确。检验机构应当对其出具的检验报告的真实性、准确性负责。禁止伪造检验报告、检验数据或检验结果。⑦检验工作结束后，检验机构应当在规定的时间内将检验报告及有关情况报送组织监督抽查的部门。国家监督抽查同时抄送生产企业所在地的省级质量技术监督部门。⑧检验结果为合格的样品应当在检验结果异议期满后及时退还被抽查企业，检验结果为不合格的样品应当在检验结果异议期满3个月后退还被抽查企业。样品因检验造成破坏或者损耗而无法退还的，应当向被抽查企业说明情况，被抽查企业提出样品不退还的，可以由双方协商解决。

（五）异议的处理与汇总

抽查异议，即被抽查企业对抽查所持的不同或反对的意见。在抽查活动中，出现抽查异议是十分正常的，正视和处理好被抽查企业的异议，有利于监督检验机构公正、公开地行使产品质量监督检查权，更有利于检验机构检验水平的提高。《产品质量监督抽查管理办法》对异议的提出和处理作出了具体的规定。

1. 异议的提出。被抽查企业或者确认了样品的生产企业对检验结果有异议的，应当在接到《产品质量国家监督抽查检验结果通知单》之日起15日内，向组织实施国家监督抽查的国家质检总局提出书面报告，并抄送检验机构。逾期未提出异议的，视为承认检验结果。

2. 异议的处理。异议一般由国家质检总局委托的省级质量技术监督部门、检验机构处理。

《产品质量监督抽查管理办法》对异议及其处理作了如下规定：①被抽查企业对检验结果有异议的，可以自收到检验结果之日起15日内向组织监督抽查的部门或者其上级质量技术监督部门提出书面复检申请。逾期未提出异议的，视为承认检验结果。②质量技术监督部门应当依法处理企业提出的异议，也可以委托下一级质量技术监督部门或者指定的检验机构处理企业提出的异议。③对需要复检并具备检验条件的，处理企业异议的质量技术监督部门或者指定检验机构应当按原监督抽查方案对留存的样品或抽取的备用样品组织复检，并出具检验报告，于检验工作完成后 10 日内作出书面答复。④复检结论为最终结论。⑤复检结论表明样品合格的，复检费用列入监督抽查经费。复检结论表明样品不合格的，复检费用由样品生产者承担。⑥检验机构应当将复检结果及时报送组织监督抽查的部门，国家监督抽查应当同时抄报企业所在地省级质量技术监督部门。

（六）监督抽查结果的处理

监督抽查结果的处理应当与监督抽查结果保持一致。监督抽查结果的多样性决定了对监督抽查结果的处理的多样性。《产品质量监督抽查管理办法》针对不同的检查结果，规定了不同的处理措施。主要措施有：

1. 公开抽查结果。公开抽查结果是抽查公开性的当然要求，也是保护社会公众知情权的当然要求。国家质检总局通过发布产品质量国家监督抽查通报，发布国家监督抽查公告；对危及人体健康、人身财产安全和环保的不合格产品，影响国计民生并且质量问题严重的不合格产品，以及拒检企业，通过公开曝光等方式公开抽查结果。

2. 责令企业整改。这是针对国家监督抽查不合格产品的生产、销售企业的一种处理措施。《产品质量监督抽查管理办法》规定，凡国家监督抽查不合格产品的生产、销售企业，除因停产、转产等原因不再继续生产的以外，必须进行整改，并对整改要求作出了具体规定。

企业整改工作完成后，应当向当地省级质量技术监督部门提出复查申请，由省级质量技术监督部门委托符合《产品质量法》规定的有关产品质量检验机构，按原方案进行抽样复查。复查申请期限自国家质检总局发布国家监督抽查通报之日起，一般不得超过 6 个月。

3. 限期收回产品。这是针对危险产品生产和销售企业的一种处理措施。《产品质量监督抽查管理办法》规定，对直接危及人体健康、人身财产安全的产品和存在致命缺陷的产品，由国家质检总局通知被抽查的生产企业限期收回已经出厂、销售的该产品，并责令经销企业将该产品全部撤下柜台。

4. 撤销许可和认证证书。这是针对取得生产许可证、安全认证生产企业的一种处理措施。《产品质量监督抽查管理办法》规定，取得生产许可证、安全认证的不合格产品生产企业，责令立即限期整改；整改到期复查仍不合格的，由发证机构依法撤销其生产许可证、安全认证证书。

5. 吊销营业执照。这是针对企业主导产品的一项处理措施。《产品质量监督抽查管理办法》规定，企业的主导产品在国家监督抽查中连续两次不合格的，由省级以上质量技术监督部门向工商行政管理部门提出吊销企业法人营业执照的建议，并向社会公布。

（七）工作纪律

良好的纪律是检验工作顺利开展的根本保障。为保证检验工作的顺利开展，保证检验结果的真实性和科学性，《产品质量监督抽查管理办法》设专章规定了检验工作的工作纪律，要求检验机构以及参与国家监督抽查的工作人员必须严格遵守检验工作纪律。

工作纪律，其实也就是检验机构和检验工作人员应当履行的法定义务。主要内容包括：①必须严格遵守国家法律、法规的规定，严格执法、秉公执法、不徇私情，对被抽查的产品和企业名单必须严守秘密；②应当严格按照国家监督抽查工作有关规定承担抽样及检验工作，应当保证检验工作科学、公正、准确；③应当如实上报验检结果和检验结论，不得瞒报，并对检验工作负责。同时，在承担国家监督抽查任务期间不得接受被抽查企业同类产品的委托检验。④不得利用国家监督抽查结果参与有偿活动。⑤未经国家质检总局同意，不得擅自将抽查结果及有关材料对外泄露；不得擅自向企业颁发国家监督抽查合格证书。

检验机构和参与国家监督抽查的工作人员不履行或不完全履行上述法定义务的，国家质检总局可以责令其改正，限期整改；情节严重的，可以依法撤销有关证书和证件，取消从事产品质量监督检验工作的资格；对有关责任人员可依法给予行政处分，构成犯罪的，还可依法追究刑事责任。

六、产品质量检验制度

产品质量检验是指检验机构根据特定标准对产品品质进行检测，并判断其合格与否的活动。根据检验主体的不同，可分为第三方检验和生产经营者的自我检验；根据检验性质的不同，可分为国家检验和民间检验；根据被检查产品销售范围的不同，可分为国内产品检验和进口产品检验；根据检验程序的不同，可分为出厂检验和入库检验；根据检验方式的不同，可分为抽样检验和全数检验。

产品质量检验制度是指由产品质量法所确定的关于产品质量检验的方法、程序、要求和法律性质的各项内容的总称。我国《产品质量法》第12条规定，产品质量应当检验合格，不得以不合格产品冒充合格产品。

企业产品质量检验是产品质量的自我检验，与第三方检验不同，它具有自主性和合法性的特点。自主性是指这种检验是企业为保障产品质量合格，使其能够使用并满足消费者的要求，依法主动进行的检验。除法律强制要求的以外，企业有权选择检验范围、方法和标准，有权规定检验程序和设置检验机构。所谓合法性，是指企业产品质量检验必须依法进行，遵循国家有关规定。

产品出厂时，可由企业自行设置的检验机构进行合格检验，企业也可委托有关产品质量检验机构进行合格检验。按照我国法律规定，产品质量检验机构必须具备相应的检测条件和能力，并须经省级以上人民政府产品质量监督管理部门或者其授权的部门考核后，方可承担产品质量检验工作。法律、行政法规若有规定，则依照有关法律、行政法规的规定执行。

七、缺陷产品召回法律制度

鉴于缺陷产品召回法律制度在产品质量监督制度体系中的地位和作用，我们设专节予以介绍。

八、奖励制度

奖励制度是世界各国普遍采用的一项产品质量调控措施。《产品质量法》规定，国家鼓励推行科学的质量管理方法，采用先进的科学技术，鼓励企业产品质量达到并超过行业标准、国家标准。对产品质量管理先进和产品质量达到国际先进水平、成绩显著的单位和个人，给予奖励。

中国名牌产品管理制度是目前我国主要的产品质量奖励制度。

中国名牌产品是指实物质量达到国际同类产品先进水平、在国内同类产品中处于领先地位、市场占有率和知名度居行业前列、用户满意程度高、具有较强市场竞争力的产品。为推进名牌战略的实施，加强中国名牌产品的监督管理，规范中国名牌产品的评价，推动企业实施名牌战略，引导和支持企业创名牌，指导和督促企业提高质量水平，增强我国产品的市场竞争力，2001 年 12 月 29 日国家质量监督检验检疫总局审议通过了《中国名牌产品管理办法》。《中国名牌产品管理办法》的颁布和实施，标志着我国名牌产品管理制度的正式确立。该办法共分 7 章 33 条：第一章，总则；第二章，组织管理；第三章，申请条件；第四章，评价指标；第五章，评价程序；第六章，监督管理；第七章，附则。

以市场评价为基础，以社会中介机构为主体，以政府积极推动、引导、监督为保证，以用户（顾客）满意为宗旨，是中国名牌产品管理制度的基本特色。包括以下基本内容：

（一）申请条件

申请人申请中国名牌产品必须具备一定的条件。根据《中国名牌产品管理办法》的规定，申请中国名牌产品称号，应具备下列条件：①符合国家有关法律法规和产业政策的规定；②实物质量在同类产品中处于国内领先地位，并达到国际先进水平；市场占有率、出口创汇率、品牌知名度居国内同类产品前列；③年销售额、实现利税、工业成本费用利润率、总资产贡献率居本行业前列；④企业具有先进可靠的生产技术条件和技术装备，技术创新、产品开发能力居行业前列；⑤产品按照采用国际标准或国外先进标准的我国标准组织生产；⑥企业具有完善的计量检测体系和计量保证能力；⑦企业质量管理体系健全并有效运行，未出现重大质量责任事故；⑧企业具有完善的售后服务体系，顾客满意程度高。

为维护中国名牌产品称号的信誉，确保中国名牌产品称号的含金量，《中国名牌产品管理办法》同时规定，凡有下列情况之一者，不能申请"中国名牌产品"称号：①使用国（境）外商标的；②列入生产许可证、强制性产品认证及计量器具制造许可证等管理范围的产品而未获证的；③在近 3 年内，有被省（直辖市、自治区）级以上质量监督抽查判为不合格经历的；④在近 3 年内，出口商品检验有不合格经历的；或者出现出口产品遭到国外索赔的；⑤近 3 年内发生质量、安全事故，或者有重大质量投诉经查证属实的；⑥有其他严重违反法律法规行为的。

（二）组织管理

中国名牌产品评选工作由国家质检总局统一负责，由中国名牌战略推进委员会和各省（自治区、直辖市）质量技术监督部门具体组织实施。在组织中国名牌产品评选工作中，国家质检总局、中国名牌战略推进委员会和各省（自治区、直辖市）质量技术监督部门应坚持企业自愿申请，科学、公正、公平、公开，不搞终身制，不向企业收费，不增加企业负担的原则，各司其职，各负其责。

1. 国家质检总局的职责。在中国名牌产品评选工作中，国家质检总局负责制定中国名牌产品推进工作的目标、原则、计划、任务和范围，对中国名牌战略推进委员会的工作进行监督和管理，并依法对创中国名牌产品成绩突出的生产企业予以表彰。

2. 中国名牌战略推进委员会的职责。中国名牌战略推进委员会是由有关全国性社团组织、政府有关部门、部分新闻单位以及有关方面专家组成的非常设机构。中国名牌战略推进委员会秘书处设在国家质检总局质量管理司，负责中国名牌战略推进委员会的组织、协调及日常管理工作。

中国名牌战略推进委员会根据国家质检总局的授权，统一组织实施中国名牌产品的评价工作，并推进中国名牌产品的宣传、培育工作。中国名牌战略推进委员会每年根据工作需要，聘任有关方面专家组成若干专业委员会，各专业委员会在中国名牌战略推进委员会的组织下，根据产品类别分别提出中国名牌产品评价实施细则和方案，进行具体评价工作。评价工作结束后，各专业委员会自动解散。

3. 省（自治区、直辖市）质量技术监督部门的职责。各省（自治区、直辖市）质量技术监督部门在本行政区域内负责中国名牌产品的申报和推荐工作，并组织实施对中国名牌产品的监督管理。

（三）评价指标

评价指标，亦即评价标准。我国建立了以市场评价、质量评价、效益评价和发展评价为主要评价内容的评价指标体系。

评价指标体系中，市场评价主要评价申报产品的市场占有水平、用户满意水平和出口创汇水平；质量评价主要评价申报产品的实物质量水平和申报企业的质量管理体系；效益评价主要对申报企业实现利税、工业成本费用利润水平和总资产贡献水平等方面进行评价；发展评价主要评价申报企业的技术开发水平和企业规模水平，评价指标向拥有自主知识产权和核心技术的产品适当倾斜。

评价指标体系中，不同产品评价细则的制定、综合评价中评分标准的确定、不同评价指标权数的分配、不能直接量化指标的评价方法、评价中复杂因素的简化以及综合评价结果的确定等，均由中国名牌战略推进委员会确定。

（四）评价程序

中国名牌产品评价工作每年进行一次。每年一季度由中国名牌战略推进委员会公布开展中国名牌产品评价工作的产品目录及受理中国名牌产品申请的开始和截止日期。评选程序分申请、推荐、审定、公示四个阶段。

1. 申请。中国名牌产品评选采取自愿原则。符合参评条件的企业可以在自愿的基础上向本省（自治区、直辖市）质量技术监督局提出申请。申请时，申请人应当如实填写《中国名牌产品申请表》，并提供有关证明材料。

2. 推荐。推荐工作由各省（自治区、直辖市）质量技术监督局负责。根据《中国名牌产品管理办法》的规定，各省（自治区、直辖市）质量技术监督局受理申请人的申请后，应当在规定的期限内组织本省（自治区、直辖市）有关部门及有关社会团体对申请企业是否符合申报条件、企业申报内容是否属实等有关方面提出评价意见，并形成推荐意见，统一报送中国名牌战略推进委员会秘书处。

3. 审定。中国名牌产品的审定工作由中国名牌战略推进委员会负责。审定包括初审、综合评价、确定初选名单、征求社会意见、确定四个环节。

（1）初审。初审由中国名牌战略推进委员会秘书处负责。初审程序为：中国名牌战略推进委员会秘书处汇总各地方推荐材料后，组织有关部门和社会团体对企业的申报材料进行初审，确定初审名单，并将初审名单及其申请材料分送相应的专业委员会。

（2）综合评价。综合评价由中国名牌战略推进委员会专业委员会负责。综合评价程序为：各专业委员会按照评价细则对申请产品进行综合评价，形成评价报告，并据此向中国名牌战略推进委员会秘书处提交本专业的中国名牌产品建议名单。

（3）确定初选名单。确定初选名单工作由中国名牌战略推进委员会全体委员会负责。确定初选名单的程序为：中国名牌战略推进委员会秘书处将各专业委员会提出的建议名单汇总分析后，提交全体委员会审议确定初选名单。

（4）征求社会意见。即通过新闻媒体向社会公示并在一定限期内征求意见。征求社会意见工作由中国名牌战略推进委员会负责。

（5）确定。即将经过广泛征求意见确定的名单再次提交中国名牌战略推进委员会全体会议审议，并最终确定授予产品名单。中国名牌产品名单确定工作由中国名牌战略推进委员会负责。

4. 公示。公示是中国名牌产品评比的最后一个环节，也是结果性环节。根据《中国名牌产品管理办法》的规定，对于最终确定的授予产品，中国名牌战略推进委员会应当进行公布，并应以国家质检总局的名义授予"中国名牌产品"称号，颁发中国名牌产品证书及奖牌。

（五）中国名牌产品证书和标志

中国名牌产品证书和标志是国家质检总局给予"中国名牌产品"的精神奖励，是名牌产品生产企业的荣誉。中国名牌产品证书和标志是企业的无形资产，对提升产品生产企业的产品信誉，增强企业的市场竞争力，具有重要的作用，其经济效应和社会效应都很大。

名牌产品生产企业有权使用中国名牌产品证书和标志。《中国名牌产品管理办法》对中国名牌产品证书和标志的使用作了如下规定：①中国名牌产品证书的有效期为 3 年。在有效期内，企业可以在获得中国名牌产品称号的产品及其包装、装潢、说明书、广告宣传以及有关材料中使用统一规定的中国名牌产品标志，并注明有效期间。超过有效期限未重新申请或重新申请未获通过的，则不能继续使用该中国名牌产品证书。②中国名牌产品标志是质量标志。中国名牌产品称号、标志只能使用在被认定型号、规格的产品上，不得扩大使用范围。未获得中国名牌产品称号的产品，不得冒用中国名牌产品标志；被暂停或撤销中国名牌产品称号的产品、超过有效期未重新申请或重新申请未获通过的产品，不得继续使用中国名牌产品标志；禁止转让、伪造中国名牌产品标志及其特有的或者与其近似的标志。违者按《中华人民共和国产品质量法》对冒用质量标志的规定进行处理。

（六）中国名牌产品的保护

中国名牌产品依法受到法律的保护。《中国名牌产品管理办法》对保护名牌产品的法律措施作了如下规定：

1. 中国名牌产品在有效期内，免于各级政府部门的质量监督检查。对符合出口免检有关规定的，依法优先予以免检。

2. 中国名牌产品在有效期内，列入打击假冒、保护名优活动的范围；中国名牌产品生产企业应配合执法部门做好产品真假鉴别工作。

3. 对已经获得中国名牌产品称号的产品，如产品质量发生较大的波动，消费者（用户）反映强烈，出口产品遭国外索赔，企业发生重大质量事故，企业的质量保证体系运行出现重大问题等，国家质检总局可以暂停或者撤销该产品的中国名牌产品称号。

4. 参与中国名牌产品评价工作的有关机构和人员，必须保守企业的商业和技术秘密，保护企业的知识产权。对于违反规定的单位或者个人，将取消其评价工作资格。存在滥用职权、玩忽职守、徇私舞弊等违法行为的人，尚未构成犯罪的，由其所在的工作单位给予行政处分；构成犯罪的，依法追究刑事责任。

第三节　认证认可法律制度

一、认证认可法律制度概述

认证认可制度由认证制度和认可制度组成，是一项重要的质量监督检验检疫制度。《中华人民共和国认证认可条例》（以下简称《认证认可条例》）是认证认可行业的基本法律制度，它的颁布和实施为认证认可工作提供了法律保障，也使我国认证认可工作走上了统一化、法制化和国际化的道路。

（一）认证认可的含义及其特征

认证认可是指认证认可机构依据一定的标准和要求，按照法定程序，对产品、服务、管理体系的质量和标准，对认证机构、检查机构、实验室以及从事评审、审核等认证活动人员的能力和职业资格进行合格评定的活动的总称。认证认可活动由认证活动和认可活动组成，是一项重要的质量监督检验检疫活动。

同其他质量监督检验检疫活动相比，认证认可活动具有以下两个明显特征：

1. 唯一性。唯一性是指根据我国有关认证认可法律规范的规定，认证认可机构是我国法定的、唯一有资格从事认证认可活动的主体。也就是说，认证认可活动只能由认证认可机构来实施，其他任何组织和个人都不得直接或者变相从事认证认可活动。《认证认可条例》第9条第2款明确规定："未经批准，任何单位和个人不得从事认证活动。"第 37 条第 2 款也规定："除国务院认证认可监督管理部门确定的认可机构外,其他任何单位不得直接或者变相从事认可活动。其他单位直接或者变相从事认可活动的,其认可结果无效。"

2. 特定性。特定性是说认证认可活动是一项特定的质量监督检验检疫活动。这种特定性表现在三个方面:①标准和要求的特定性。即认证认可活动是依据国家、行业协会或认证认可机构事先制定的标准和要求进行的,其本身就是一项标准活动。②内容的特定性。根据《认证认可条例》的规定,认证是由认证机构证明产品、服务、管理体系符合相关技术规范、相关技术规范的强制性要求或者标准的合格评定活动;认可是指由认可机构对认证机构、检查机构、实验室以及从事评审、审核等认证活动人员的能力和执业资格,予以承认的合格评定活动,内容都十分具体明确。③结果的特定性。根据《认证认可条例》的规定,认证认可仅仅是"合格"评定,其认证认可结果也只能是对认证认可对象作出"合格"与否的确认。正是由于认证认可结果的这种特定性,国际社会才将认证认可活动又称之为合格评定活动。

国际合格评定活动始于 20 世纪 70 年代。我国于 1981 年 4 月开始了认证试点工作,并建立了第一个认证机构——中国电子元器件认证委员会。社会主义市场经济体制确立以后,我国的合格评定工作得到了迅速的发展,认证也已由过去单纯地对产品质量进行认证拓展到服务和管理体系领域;认可机构对认证机构、认证培训机构、实验室和检查机构以及对认证人员的认可也逐步发展起来。为适应加入世界贸易组织的需要,规范和促进认证认可活动的健康发展,进一步提高我国产品竞争力、服务质量和管理水平,促进经济和社会的发展,2003 年 9 月 3 日,国务院颁布了《中华人民共和国认证认可条例》。该条例共分 7 章 78 条,具体包括:第一章,总则;第二章,认证机构;第三章,认证;第四章,认可;第五章,监督管理;第六章,法律责任;第七章,附则。《认证认可条例》是认证认可行业的基本法律制度,为认证认可工作提供了坚实可靠的法律保障,在我国认证认可活动史上具有里程碑意义。

(二) 认证认可的基本原则

认证认可的基本原则,即认证认可活动的指导思想和基本准则,贯穿于整个认证认可活动。认证认可的基本原则,既可以规定于认证认可法律规范之中,也可以寓意于认证认可法律规范之中。《认证认可条例》确立了认证认可活动的三项基本原则。

1. 客观独立原则。客观独立是指认证机构、认可机构及其审核员、评审员在开展认证认可活动的过程中,不带个人偏见,不受任何可能会影响认证或认可结果的商业、财政和其他压力,其业务活动也不受他人的干扰。

认证认可机构作为技术评价机构，只有具有中立的性质，才可以在认证认可活动中保持不偏不倚的地位和态度，对认证认可事项作出客观的合格评定，因此，国际通行规则都要求从机制上确保认证认可机构具有相对于政府部门和其他认证认可利害关系人的独立性。《认证认可条例》也根据我国认证认可行业的实际情况，结合国际通则的相关内容，规定认证机构不得接受任何可能对认证活动的客观公正产生影响的资助，不得从事任何可能对认证活动的客观公正产生影响的产品开发、营销等活动，也不得与认证委托人存在资产、管理方面的利益关系，认可机构也不得接受任何可能对认可活动的客观公正产生影响的资助。需要说明的是，目前还有一些认证机构与行政机关存在隶属关系，考虑到完全脱钩还需要一段时间，因此，《认证认可条例》仅规定认证机构不得与行政机关存在利益关系。但是，值得特别强调的是，认证认可机构的独立性并不排斥有关行政机关参与认证认可制度的建立和实施。如《国家认可机构监督管理办法》第5条就规定："国务院有关行政主管部门通过以下方式参与国家认可制度的建立和实施：①在国家认监委统一管理、监督和综合协调下，通过全国认证认可工作部联席会议制度，向国家认监委提出有关认可方面的建议和意见；②通过参加设立在国家认可机构的相关委员会，对国家认可机构的工作进行指导和监督；③推动本行业、本部门适用国家认可制度，促进认证工作的发展。"

2. 公开公正原则。公开公正是指认证认可基本规范、规则应当透明，认证认可活动应当以使人们信任、合乎道德规范和没有歧视的方式进行。公开是针对认证认可机构的相对人和社会公众而言的，其最重要的价值是建立透明的认证认可机构，保障相对人和社会公众的知情权，防止暗箱操作，杜绝腐败滋生；公正是针对认证认可机构而言的，旨在维护法律正义和认证认可的中立，防止徇私舞弊。

公开才能公正，公正要求公开。为了确保认证认可机构的公正，《认证认可条例》要求认证认可机构必须保持"中立"，依法独立地开展认证工作，不得以委托人未参加认证咨询或者认证培训等为理由，拒绝提供本认证机构业务范围内的认证服务，也不得向委托人提出与认证活动无关的要求或者限制条件。

关于认证认可的公开，我国《认证认可条例》作了明确而具体的规定，内容非常广泛，既包括认证机构的公开、认证认可程序的公开，也包括认证基本规范、认证规则、认证标准、收费标准等信息的公开，还包括认证认可结果的公开。

3. 诚实信用原则。诚实信用原则是市场经济活动的一项基本道德准则，是现代法治社会的一项基本法律规则，同时也是我们贯彻党中央依法治国基本方略的一项基本行为准则。它要求人们在市场经济活动中讲究信用、恪守诺言、童叟无欺，在不损害他人利益和社会利益的前提下，追求自己的利益。

诚实信用原则具体到认证认可活动中，就是要求参与认证认可活动的各方都应当以诚相待，以诚为本，重信誉，讲信用。

客观独立原则、公开公正原则与诚实信用原则是三个既相互独立又相互联系的基本原则，客观独立原则是实现认证认可公开公正原则的前提，公开公正原则为诚实信用原则树立了判断的基准。

（三）认证认可基本法律制度

所谓基本法律制度，是指贯穿认证认可活动始终，对整个认证认可活动具有指导意义的法律制度。统一的认证认可监督管理制度和认证认可国际互认制度是我国《认证认可条例》所确立的两项认证认可基本法律制度。

1. 统一的认证认可监督管理制度。为了适应社会主义市场经济发展的需要，我国建立了统一的认证认可监督管理制度，从而实现了与国际制度和惯例的接轨。这是我国认证认可管理体制改革的重要成果，也是我国兑现加入世贸组织承诺的积极举措。

统一的认证认可监督管理制度是在国务院认证认可监督管理部门统一管理、监督和综合协调下，各有关方面共同实施的一项工作机制。"统一"包括认可体系的统一和认可机构的统一。而认可体系的统一则包括统一产品目录，统一技术规范的强制性要求、标准和合格评定程序，统一标志，统一收费标准等内容。

统一的认证认可监督管理制度是认证认可工作和活动的基本法律制度，我国《认证认可条例》明确规定："国家实行统一的认证认可监督管理制度。国家对认证认可工作实行在国务院认证认可监督管理部门统一管理、监督和综合协调下，各有关方面共同实施的工作机制。"它的建立和实施，有利于促进经济贸易的发展，提高产品质量和服务水平，增强产品在国际市场上的竞争力，维护公众的人身安全和健康，保护环境；有利于减少行政审批，推动政府职能转变；有利于社会信用制度的建立。

为了统一监督、管理和综合协调全国认证认可工作，2001 年 8 月 29 日，国务院决定成立中国国家认证认可监督管理委员会。中国国家认证认可监督管理委员会是履行行政管理职能，统一管理、监督和综合协调全国认证认可工作的主管机构。

在统一的认证认可监督管理制度下，行使政府职能的中国国家认证认可监督管理委员会对认证认可机构和认证认可活动的监督管理，主要表现在以下几个方面：①对认可机构的管理。根据授权协议，如果认可机构违反了授权，政府将视情况作出处理决定，轻者予以警告，重者予以取消认可资格。②对认证机构、检测机构和人员注册机构的管理。对认证机构、检测机构和人员注册机构的行为，政府有权随时抽查。发现违法行为后，轻者予以警告、教育，重者予以取消资格。③通过投拆机制实施管理。对于认可机构、认证机构、检测机构和人员注册机构的不当行为，任何单位和个人都可以向政府投诉。政府将根据投诉，及时予以调查取证并采取相应的措施。这种监督管理机制，相比于过去的多头管理体制，既可以使政府从大量的行政审批、培训、考核、发证等行政事务中解脱出来，又可以使政府与企业的关系简单、透明，有利于防止腐败，因而可以说统一的认证认可监督管理制度是一种更高层次的认证认可管理体制。

但是，我们应当注意我国的市场化程度还比较低，尤其是企业的产品质量、技术标准、管理水平等普遍偏低，社会信用需要完善。因此，我国在建立统一的认证认可制度时，应采取如下策略：一方面积极推进这一制度的建立，履行我国的入世承诺，包括制定这方面的法律、法规；另一方面要趋利避害，有选择地采用国际标准。当然，这并不意味着保护落后，相反，应当借机积极推进企业的技术进步，不断提高产品质量和管理水平，使其尽快达到并参与到国际竞争的大环境中去。

2. 认证认可国际互认制度。为适应国际经济一体化的要求，加强认证认可领域的国际合作，提升我国企业和产品以及服务的国际竞争力，我国积极推动认证认可国际互认制度的实施，鼓励平等互利地开展认证认可国际互认活动。

所谓国际互认，是指一个供应商的质量体系只要获得一个属于国际标准化组织和国际电工组织质量体系评定和承认特别委员会系统中的某一个体系认证机构的认证，则质量体系评定和承认特别体系中的任何国家都要承认该认证的效力。

认证认可国际互认的提出最初是为了减少技术壁垒，被互认后，各自评定机构的结果被相互承认，又可以在各个成员方内互设合格评定机构，形成一个合格评定市场公平竞争的格局，使合格评定资源得到充分利用，避免重复性认证，避免了经营费用的增加，降低不符合而带来的风险，促进贸易自由化，因而具有很大的积极意义，也因而为很多国家所接受和推崇。

目前，很多国家都通过双边互认协议进行国际互认，如：欧盟—美国在电气通讯设备、电磁并存性、电气安全性等6个领域所实施的互认；欧盟—澳大利亚在电气通讯设备、电磁并存性、汽车、医药品等8个领域所实施的互认；欧盟—加拿大在电气通讯设备、电磁并存性、电气安全性等6个领域所实施的互认；欧盟—日本在电气通讯设备、电气产品、化学品、医药品等4个领域所实施的互认。同时，国际社会也通过多边互认协议进行更广泛范围内的国际互认。目前，在国际上共有三个全球多边认证认可合作组织，即国际认可论坛、国际实验室认可组织、国际评审员和培训认证协会。另外，还有几个区域性的多边互认组织，如太平洋认可组织、亚太实验室认可大会、欧洲认可合作组织等。这些国际组织致力于在不同国家的认证机构、实验室和认可机构之间开展合作，确保认证认可的广泛承认。其宗旨是通过对管理体系、产品认证、实验室、认证人员和其他类似工作要求的协调和统一，达到消除技术壁垒，促进世界贸易发展的目的。

实现认证认可的国际互认，除政治和经济条件之外，还需要一定的技术条件。为了创造国际互认所需的基本技术条件，国际标准化组织于1985年成立了一个专门机构，即合格评定委员会，致力于研究制定指导认证制度建设的各类标准和指南。经 ISO 理事会批准，合格评定委员会的主要任务是：①研究关于产品、过程、服务和质量体系符合适用标准或其他技术规范的评定方法；②制定有关产品、过程和服务、质量体系认证以及检验和审核工作的国际指南；制定有关检验机构、审核机构和认证机构的评审和认可的国际指南；③促进各国和区域合格评定制度间的相互承认和认可，并在检验、审核、认证、评定和有关工作中，促进采用适用的国际标准。目前，由合格评定委员会公布的涉及这个领域的指南已有19个。

二、认证机构

认证机构与认可机构相对，是经国务院认证认可监督管理部门批准，依法取得法人资格的社会组织。认证机构依照法律的规定，按照审核批准的范围从事产品、服务和质量体系的认证活动。

（一）认证机构的概念及特征

认证机构是经国务院认证认可监督管理部门批准，依法取得法人资格的社会组织。

这一定义，包含以下几层含义：

1. 认证机构是社会组织。认证机构是一个特殊的社会组织，既不同于自然人，也有别于国家机关、事业单位、企业单位等类型的社会组织，从其性质上来讲，认证机构属于社会团体的范畴。

2. 认证机构是具有法人资格的社会组织。认证机构不仅仅是一个社会组织，而且是一个具有法人资格的社会组织。认证机构的法人性质，决定了认证机构可以以自己的名义对外从事批准范围内的认证活动，同时，也应当以自己所有的全部财产承担法律责任。

3. 认证机构是经国务院认证认可监督管理部门批准的具有法人资格的社会组织，区别于由其他批准机关批准成立的法人性社会组织。

中国国家认证认可监督管理委员会是我国法定的认证认可监督管理部门，

由国务院组建并授权，履行行政管理职能，统一管理、监督和综合协调全国认证认可工作。

（二）认证机构的设立

同自然人因出生而成立不同，认证机构作为法人性社会组织，因设立而成立。我国《认证认可条例》对认证机构设立的条件和程序作出了具体的规定。

1. 认证机构设立的条件。认证机构设立的条件是指法律规定的设立认证机构所应当具备的基本要素。这些条件是认证机构从事认证认可活动和依法承担法律责任的物质基础和法律保障。关于认证机构的设立条件，不同的国家有不同的规定，有宽有严，有多有少。我国《认证认可条例》第 10 条、第 11 条和第 16 条也对在我国境内设立认证机构规定了法定条件。这些规定，包含三个方面的内容：

（1）一般认证机构的设立条件。《认证认可条例》第 10 条规定，设立一般认证机构，应当符合下列条件：①有固定的场所和必要的设施；②有符合认证认可要求的管理制度；③注册资本不得少于人民币 300 万元；④有 10 名以上相应领域的专职认证人员。

同时规定，从事产品认证活动的认证机构，除应当符合上述条件之外，还应当具备与从事相关产品认证活动相适应的检测、检查等技术能力。

（2）外商投资的认证机构的设立条件。《认证认可条例》第 11 条规定，设立外商投资的认证机构除应当符合一般认证机构的设立条件外，还应当符合下列条件：①外方投资者取得其所在国家或者地区认可机构的认可；②外方投资者具有 3 年以上从事认证活动的业务经历。

（3）向社会出具具有证明作用的数据和结果的检查机构、实验室的设立条件。《认证认可条例》第 16 条规定，向社会出具具有证明作用的数据和结果的检查机构、实验室，应当具备有关法律、行政法规规定的基本条件和能力。

2. 认证机构设立的程序。认证机构设立的程序是指法律规定的设立认证机构所应当经过的法定阶段。根据《认证认可条例》第 12 条、第 13 条的规定，在我国境内设立认证机构的程序由申请、审核和登记三个独立阶段构成。

（1）申请。我国认证机构的设立采取申请制。根据《认证认可条例》的规定，设立认证机构，申请人应当向国务院认证认可监督管理部门提出书面申请。申请人在提交设立申请书时，应当一并提交符合《认证认可条例》第 10 条规定条件的证明文件。否则，国务院认证认可监督管理部门不予受理。

（2）审核。审核是认证机构设立的必经程序，同时，也是核心程序。国务院认证认可监督管理部门是法定的申请审核机关。根据《认证认可条例》的规定，国务院认证认可监督管理部门受理申请人的设立申请后，应当自受理认证机构设立申请之日起 90 日内，作出是否批准的决定。但是，涉及国务院有关部门职责的，应当征求国务院有关部门的意见。受理部门决定批准的，应当向申请人出具批准文件；决定不予批准的，应当书面通知申请人，并说明理由。

（3）登记。登记，即工商登记，是认证机构设立的最后程序，也是结果程序。根据《认证认可条例》的规定，申请人的申请得到国务院认证认可监督管理部门批准的，应当持批准文件依法办理登记手续。根据《企业法人登记管理条例》第 14 条的规定，申请人应当在国务院认证认可监督管理部门批准后的 30日内，依法办理登记手续。

依法设立，取得法人资格，是认证机构从事批准范围内认证活动的前提条件。未经批准，任何单位和个人都不得从事认证活动。根据我国《认证认可条例》的规定，未经批准擅自从事认证活动的，予以取缔，处 10 万元以上 50 万元以下的罚款，有违法所得的，没收违法所得；境外认证机构未经批准在中华人民共和国境内设立代表机构的，予以取缔，处 5 万元以上 20 万元以下的罚款；经批准设立的境外认证机构代表机构在中华人民共和国境内从事认证活动的，责令改正，处 10 万元以上 50 万元以下的罚款，有违法所得的，没收违法所得；情节严重的，撤销批准文件，并予公布。

（三）认证机构的权利与义务

权利是指认证机构在认证活动中，依法具有的自己为或不为一定行为和要求他人为或不为一定行为的资格。根据《认证认可条例》的规定，认证机构在认证活动中享有下列权利：

1. 能够以自己的名义在审核范围内开展认证活动；

2. 制定认证规范和标准；

3. 按照法律规定，收取一定的费用。

义务是指认证机构在认证活动中，依法必须为和不为一定行为的责任。根据《认证认可条例》的规定，认证机构及其工作人员在认证认可活动中负有下列义务：

1. 公开认证基本规范、规则以及收费标准；

2. 保守所知悉的国家秘密和商业秘密；

3. 不得损害国家安全和社会公共利益；

4. 不得接受任何可能对认证活动的客观公正产生影响的资助；

5. 不得从事任何可能对认证活动的客观公正产生影响的产品开发、营销等活动；

6. 认证人员从事认证活动，应当在一个认证机构执业，不得同时在两个以上认证机构执业。

三、认证

认证是认证认可活动的重要组成部分，由产品认证、服务认证和质量体系认证三部分组成。自愿与强制相结合原则和国民待遇原则是我国认证活动的基本行为准则。强制性产品认证制度在我国认证法律制度中处于基础和核心的地位。

（一）认证的含义、特征

认证是指认证机构依据有关规范、规程和标准对某项产品或者服务的质量以及管理体系进行评价，并对评价合格的产品、服务或者企业颁发认证标志的过程。

认证具有以下几个特征：

1. 认证是由认证机构进行的一种合格评定活动。认证是法定的认证机构依据法律的规定，在核准的范围内所从事的一项专门性法律活动，其他任何主体和个人均不得从事认证活动。在我国，认证机构是指具有可靠的执行认证制度的必要能力，并在认证过程中能够客观、公正、独立地从事认证活动的机构。

2. 认证的对象是产品、服务和管理体系。产品指一种过程的结果，包括服务、软件、硬件和流程性材料四种通用类别。服务是指一种特殊的、无形的产品，是发生在服务提供方和顾客之间的活动的结果，如空运服务、旅游服务等。管理体系是指建立方针和目标并实现这些目标的相互关联或相互作用的一组要素。

3. 认证的依据是相关技术规范、相关技术规范的强制性要求或者标准。此处的标准，包括《中华人民共和国标准化法》规定的推荐性标准和强制性标准。相关技术规范和推荐性标准，是指和认证认可有关的，经公认机构批准的，规定非强制执行的，供通用或重复使用的产品或相关工艺和生产方法的规则、方针或特性的文件。相关技术规范的强制性要求是指规定必须强制执行的产品特性或其相关工艺和生产方法，包括适用的管理规定在内的文件。强制性标准是指为保障人体健康和人身、财产安全制定的标准，以及法律、行政法规规定强制执行的标准。

4. 认证的内容是证明产品、服务、管理体系符合相关技术规范、相关技术规范的强制性要求或者标准。

（二）认证的分类

认证通常分为产品认证、服务认证和管理体系认证。

1. 产品认证。是指认证机构按照一定程序规则证明产品符合相关标准和技术规范要求的合格评定活动。产品认证，按其性质，可以分为强制性产品认证和自愿性产品认证；按其目的，可分为安全认证、品质认证、EMC 认证、节能认证、节水认证等。

2. 服务认证。是指由认证机构按照一定程序规则证明服务场所、服务活动的组织与推广等服务，符合相关标准和技术规范要求的合格评定活动。服务认证不同于服务业的体系认证。我国已经开展了服务认证或类似的服务认证，但是尚未普遍实施。国家认监委正在与有关部门合作，准备逐步推动服务认证工作的开展。

3. 管理体系认证。是指以各种管理体系标准为依据开展的认证活动，主要包括：①质量管理体系认证；②环境管理体系认证；③职业健康安全管理体系认证；④食品安全管理体系认证。

另外，为进一步推动我国食品、农产品流通环节的标准化建设，确保农产品、食品流通过程的安全、卫生，根据国家"三绿工程"的要求，我国还开展了针对农副产品、食品批发、零售市场的"绿色市场"认证。

（三）认证原则

认证原则，即认证活动的基本指导思想和行为准则。自愿与强制相结合原则、国民待遇原则是我国《认证认可条例》确立的两项基本认证原则。

1. 自愿与强制相结合原则。为了充分发挥认证在规范市场秩序、提高我国产品、服务的质量和企业管理水平方面的积极作用，同时，考虑到一些特殊领域的产品关系到国家、社会和人民群众的切身利益与安全，应当实行更为严格的质量安全管理，因此，《认证认可条例》确立了自愿与强制相结合的认证法律制度，进而也确立了自愿与强制相结合的认证原则。

所谓强制性认证（即 CCC 认证）是指为了保护国家安全，防止欺诈行为，保护人体健康或者安全，保护动植物生命或者健康，以及保护环境等目的而设立的市场准入制度。实施强制性产品认证的产品必须经过国家认监委指定认证机构的认证，并标注认证标志以后，才能出厂、销售、进口或者在其他经营活动中使用。2001 年 12 月 3 日，国家质检总局颁布了《强制性产品认证管理规定》（2009 年 7 月 3 日修订），并公布了《第一批实施强制性产品认证的产品目录》。列入《第一批实施强制性产品认证的产品目录》的产品共 19 类 132 种，涉及范围相当广泛。

自愿性认证（即 CQC 认证）是指为满足市场经济活动有关方面的需求，由产品制造者、服务提供者和管理者自愿委托第三方认证机构开展的合格评定活动，范围比较宽泛。国内已经开展的自愿性产品认证包括国家推行的环境标志认证、无公害农产品认证、有机产品认证、饲料产品认证等。另外，还有一些认证机构自行推行的认证形式，如安全饮品认证、葡萄酒认证、绿色食品认证等。

自愿性认证应当坚持企业自愿申请的原则，政府管理部门不得干预企业的自主权。我国鼓励并积极推行自愿性认证，制定统一的自愿性认证管理办法，统一标准和合格评定程序。

2. 国民待遇原则。国民待遇是国际上关于外国人待遇的最重要的制度之一，其基本涵义是指一国以对待本国国民之同样方式对待外国国民，即外国人与本国人享有同等的待遇。

国民待遇原则是最惠国待遇原则的重要补充。在实现所有世贸组织成员平等待遇基础上，世贸组织成员的商品或服务进入另一成员领土后，也应该享受与该国的商品或服务相同的待遇，这正是世贸组织非歧视贸易原则的重要体现。因而，严格来讲，国民待遇原则就是外国商品或服务与进口国国内商品或服务处于平等待遇的原则。

以前，受计划经济体制的影响，中国在内外产品的认证认可上存在两套标准，存在重复认证、重复收费现象，使得同一产品贴上了两个认证标签。有外商曾对此表示不满。市场经济必将要求我们打破以前证出多门、内外有别的旧的认证局面，坚持国民待遇原则，只有这样，我国的认证工作才能更有效的服务于中国的对外经济和贸易，我国的认证制度也才能尽可能快地与国际接轨。

中国认证认可监督管理委员会的成立，为中国政府按照 WTO 的国民待遇原则开展产品认证工作，为我国建立统一高效、内外一致的国家认证认可和合格评定制度提供了体制保障。

（四）认证证书和认证标志

为加强对产品、服务、管理体系认证的认证证书和认证标志的管理、监督，规范认证证书和认证标志的使用，维护获证组织和公众的合法权益，促进认证活动健康有序的发展，2004 年 6 月 23 日，国家质检总局公布了《认证证书和认证标志管理办法》。

1. 认证证书。认证证书是指产品、服务、管理体系通过认证所获得的证明性文件。认证证书包括产品认证证书、服务认证证书和管理体系认证证书。

产品认证证书包括以下基本内容：①委托人名称、地址；②产品名称、型号、规格，需要时对产品功能、特征的描述；③产品商标、制造商名称、地址；④产品生产厂名称、地址；⑤认证依据的标准、技术要求；⑥认证模式；⑦证书编号；⑧发证机构、发证日期和有效期；⑨其他需要说明的内容。

服务认证证书包括以下基本内容：①获得认证的组织名称、地址；②获得认证的服务所覆盖的业务范围；③认证依据的标准、技术要求；④认证证书编号；⑤发证机构、发证日期和有效期；⑥其他需要说明的内容。

管理体系认证证书包括以下基本内容：①获得认证的组织名称、地址；②获得认证的组织的管理体系所覆盖的业务范围；③认证依据的标准、技术要求；④证书编号；⑤发证机构、发证日期和有效期；⑥其他需要说明的内容。

2. 认证标志。认证标志是指证明产品、服务、管理体系通过认证的专有符号、图案或者符号、图案以及文字的组合。认证标志包括产品认证标志、服务认证标志和管理体系认证标志。

认证标志分为强制性认证标志和自愿性认证标志两种。自愿性认证标志包括国家统一的自愿性认证标志和认证机构自行制定的认证标志。其中，认证机构自行制定的认证标志是指认证机构专有的认证标志；强制性认证标志和国家统一的自愿性认证标志属于国家专有认证标志。

根据《认证证书和认证标志管理办法》的规定，强制性认证标志和国家统一的自愿性认证标志的制定和使用，由国家认监委依法规定，并予以公布。

四、认可

国家认可制度是由国家实施的，对认证机构、实验室、认证培训机构、认证人员进行认可管理的专门性法律制度。建立健全国家认可制度，有利于加强对国家认可机构的监督管理，有利于保证认证认可工作的质量，因而受到了各国政府的重视。

（一）认可的含义及其特征

认可，是指由认可机构对认证机构、检查机构、实验室以及从事评审、审核等认证活动人员的能力和执业资格，予以承认的合格评定活动。

同认证相比，认可具有以下特征：

1. 认可是由认可机构开展的一种合格评定活动。国务院认证认可监督管理部门确定的认可机构是认可活动展开的唯一合法主体，除此之外，其他任何单位不得直接或者变相从事认可活动。其他单位直接或者变相从事认可活动的，其认可结果无效。

2. 认可通常是依据国际标准化组织制定的标准、导则或国家认监委的有关规定进行。目前，对认证机构进行认可的标准是 ISO/IEC 国际导则 62 号；对检测机构的认可标准是 ISO/IEC 国际导则 61 号和 58 号；对人员注册机构的认可标准是国际导则 TR170101 号；对实验室的认可标准是国际导则 ISO/IEC17025。在这些国际导则中规定了详细的执业标准与条件。认可机构必须严格按照这些标准与条件进行认定，并颁发合格的认可标志。这种标志具有较高的权威性，并得到了国际间的相互承认，获得这种标志的机构就意味者其获得了从事某项活动的信用保证。

3. 认可的结果是由认可机构以认可证书形式对认证机构、检查机构、实验室以及从事评审、审核等认证活动人员的能力和资格予以承认。

（二）认可机构

国家认可机构是指由国家授权的，从事认证机构认可、实验室认可、认证培训机构和认证人员认可的机构。为规范、监督和管理认可机构的认可活动，2002年4月18日国家认证认可监督管理委员会发布了《国家认可机构监督管理办法》。

根据《国家认可机构监督管理办法》第8条的规定，国家认可机构应当符合相关国际准则要求并具备以下基本条件：①具有法人资格，能够独立承担民事法律责任；②具有确保公正性的原则和程序，并以公正的方式实施管理；③具有确保其公正性的政策并形成文件，包括国家认可机构保证认证工作公正性的规则，有关认可事项的申诉、投诉程序等，并且保证有关各方均能参与认可制度的建立和实施；④根据认可范围和工作量，配备足够的人员，这些人员的教育、培训、技术知识和经历应当满足认可工作的要求；⑤确保管理者和全体人员不受任何可能影响其认可结果的商业、财务和其他方面的压力；⑥确保其相关机构的活动不影响认可活动的保密性、客观性和公正性。

国家认可机构的设立由国家认监委进行审批。国家认监委对国家认可机构的基本条件、能力及其相关委员会的组成、章程进行评审后，颁发国家认可机构授权证书。中国合格评定国家认可委员会和中国认证人员与培训机构国家认可委员会是我国目前两个最为权威的认可机构。

（三）认可对象

认证对象，即对什么进行认证。根据《认证认可条例》的规定，认可对象可以分为两类，一类是机构认可，一类是人员认可。

1. 机构认可。机构认可是相对于认证活动人员的认可而言的，包括认证机构认可、检查机构认可和实验室认可三类。

（1）认证机构认可。认可机构对认证机构的认可在认可活动占有重要的和主导的地位，也是最基本的认可。

在我国，中国认证机构国家认可委员会统一管理全国认证机构的认可工作。它的成立标志着中国统一认证认可制度在组织上已得到了落实，意味着中国统一的认证机构认可体系和制度已经基本建立。

中国认证机构国家认可委员会在国家认监委的授权下，按照 ISO/IEC 导则 61《对实施认证机构评审和认可的基本要求》和《IAF 对 ISO/IEC 导则 61 的应用指南》对全国各类管理体系认证机构和各类产品认证机构的认证能力进行统一认可和监督管理，建立、实施并保持认可工作质量管理体系。

（2）检查机构认可。检查是对产品设计、产品、服务、过程或工厂的核查，并确定其相对于特定要求的符合性，或在专业判断的基础上，确定相对于通用要求的符合性的活动，是合格评定活动的一种。

检查机构是从事检查工作的组织。ISO/IEC17020 将检查机构从独立性的角度划分为 A、B、C 三种类型。A 型检查机构独立于各方，机构本身和负责实施检查的人员，不应是检查项目的设计人员、制定商、供应商、安装者、采购人、所有人、用户或维修者，也不应是上述任何一方的授权代表。B 型检查机构是仅向母体组织提供检查服务的机构，机构本身及其人员不得直接参与检查项目或类似的竞争项目的设计、生产、供应、安装、使用或维护。C 型检查机构可以向任何一方提供检查服务，它通过组织机构和/或形成文件的程序，在检查服务的条款中，确保各项检查服务的职责完全分离。

对于检查机构来说，获得认可是其能力的一种展示，也是向管理者和客户提供信心的一种手段。检查机构经过认可，可以确保检查机构拥有有能力的检查员、适当的检查方法和检查设施及设备，并通过持续改进的质量管理体系，保证检查过程的有效性，为检查报告的可靠性提供信心，同时，也可以极大地提高市场竞争力。对于国家来讲，对检查机构实施认可，可以统一检查机构的运作水平，保证一个国家内检查证书的一致性，维护市场的有序竞争，促进我国合格评定事业的发展。

（3）实验室认可。实验室认可也是认可的重要内容。我国目前有 1.5 万家各类实验室，它们为政府、司法部门履行行政管理、行政执法职能提供了重要的技术支持；在产品质量监督、环境保护、国际贸易等与国民经济和社会发展密切相关的领域和行业内，实验室检测数据的质量保障体系更加不可缺少。

实验室认可可以使实验室的检测能力得到承认，并为实验室提供运作基准；可以使实验室得到国际承认，继而抢占市场先机；同时，还可以推动经济和贸易的增长。

我国的实验室认可工作是由中国实验室国家认可委员会来承担的，评审准则则是以全世界用来评审实验室的国际标准 ISO/IEC17025（原 ISO/IE 指南 25）为基础。实验室认可包括工作人员的技术能力，检测方法的有效性和适当性，测量和校准溯源到国家标准，检测设备的适宜性、校准和维护，检测环境，检测物品的抽样、处置和运输，检测和校准数据质量的保证等项内容。

2. 人员认可。人员认可即对从事评审、审核等认证活动人员的能力和资格进行的合格评定。

在我国，经中国国家认证认可监督管理委员会批准成立的中国认证人员与培训机构国家认可委员会统一负责我国认证人员的注册和培训课程及培训机构的认可批准工作。

目前，中国认证人员与培训机构国家认可委员会认可的认证人员主要有质量管理体系认证人员、环境管理体系认证人员、职业健康安全管理体系认证人员。

五、认证认可监管

认证认可监督管理部门对认证认可工作的监督管理是我国认证认可制度的重要内容，也是认证认可工作规范化、法制化的重要保障。我国实行认证认可"统一管理，分级负责"的监督管理体制，各级监督管理部门根据授权，依照《认证认可条例》的规定对认证活动实施监督管理。抽查制度、检查制度、定期报告制度和调查了解制度是认证认可监督管理的基本法律制度。

（一）监督管理机关

我国实行认证认可"统一管理，分级负责"的监督管理体制。该监督管理体制，依照《认证认可条例》的规定，包括以下层次有别、任务不同的机构：

1. 中央认证监督管理部门。国务院认证认可监督管理部门是中央认证监督管理部门。目前，具体行使中央认证监督管理部门职权的国务院认证认可监督管理部门是中国国家认证认可监督管理委员会。该委员会是国务院组建并授权，履行行政管理职能，统一管理、监督和综合协调全国认证认可工作的主管机构。

2. 地方认证监督管理部门。国务院认证认可监督管理部门授权的省、自治区、直辖市人民政府质量技术监督部门和国务院质量监督检验检疫部门设在地方的出入境检验检疫机构，统称地方认证监督管理部门。

地方认证监督管理部门在国务院认证认可监督管理部门的授权范围内，依照《认证认可条例》的规定对认证活动实施监督管理。

除国家法定认证监督管理机构的监督管理之外，《认证认可条例》还规定，任何单位和个人对认证认可违法行为，都有权向国务院认证认可监督管理部门和地方认证监督管理部门举报。对于单位和个人的举报，国务院认证认可监督管理部门和地方认证监督管理部门应当及时调查处理，并为举报人保密。

（二）认证认可监督管理制度

认证认可监督管理制度是监督管理的具体措施，也是监督管理的根本保障。抽查制度、检查制度、定期报告制度和调查了解制度是我国重要的认证认可监督管理制度。

1. 抽查制度。抽查制度是认证认可监督管理机关对认证活动和认证结果进行的一项专门性监督管理制度。《认证认可条例》第51条确立了抽查制度，该条明确规定，国务院认证认可监督管理部门可以对认证活动和认证结果进行抽查。认证认可监督管理制度中的抽查制度与产品质量监督制度中的抽查制度均属监督管理制度，但是，二者之间却有着明显的不同，前者是认证认可监督管理机关针对认证活动和认证结果实施的一项监督管理行为，而后者则是产品质量监督管理机关针对产品生产和销售所实施的一项监督管理行为。

2. 检查制度。检查制度是国务院认证认可监督管理部门对认证、检查、检测活动进行的一项专门性监督管理制度。《认证认可条例》第52条确立了检查制度，该条明确规定，国务院认证认可监督管理部门应当重点对指定的认证机构、检查机构、实验室进行监督，对其认证、检查、检测活动进行定期或者不定期的检查。指定的认证机构、检查机构、实验室有义务配合检查机关的检查，应当定期向国务院认证认可监督管理部门提交报告，并对报告的真实性负责；报告应当对从事列入目录产品认证、检查、检测活动的情况作出说明。

3. 定期报告制度。定期报告制度是国务院认证认可监督管理部门对认可报告进行的一项专门性监督管理制度。《认证认可条例》第53条确立了定期报告制度，该条明确规定，国务院认证认可监督管理部门应当对认可机构的报告作出评价，并采取查阅认可活动档案资料、向有关人员了解情况等方式，对认可机构实施监督。认可机构应当定期向国务院认证认可监督管理部门提交报告，并对报告的真实性负责；报告应当对认可机构执行认可制度的情况、从事认可活动的情况、从业人员的工作情况作出说明。

4. 调查了解制度。调查了解制度是国务院认证认可监督管理部门就具体认证认可事项进行的一项专门性监督管理制度。《认证认可条例》第54条确立了调查了解制度，该条明确规定，国务院认证认可监督管理部门可以根据认证认可监督管理的需要，就有关事项询问认可机构、认证机构、检查机构、实验室的主要负责人，调查了解情况，给予告诫。对于国务院认证认可监督管理部门的调查了解，有关人员应当积极配合。

第四节　缺陷产品召回法律制度

一、缺陷产品召回制度的含义、特点及分类

明确的法律概念是进行任何一项法律理论研究所必须明确的前提。因此，界定缺陷产品召回制度的含义，明确其特征及分类是对该制度进行比较研究的法律前提。

（一）缺陷产品召回的含义

概括来讲，"召回"有下面几种含义：①表示一种行为或行动，即仅仅指从

消费者或销售商手中取回产品这一行为，不涉及取回后的行为；②表示一系列取回缺陷产品后采取的措施，如取回产品后，对产品加以修理、更换、退货或赔偿等；③表示一种结果，即通过采取一系列行动和措施，消除缺陷产品对消费者人体健康和人身、财产安全造成的不合理危险；④表示以上所有含义的一个概括的词语。

在我国，由国家科技部立项的"缺陷产品行政管理制度研究"课题的报告中对召回的定义是：由生产者或销售者进行的，在确定产品存在缺陷之后，根据产品缺陷的严重程度、产品的数量和分布情况、纠正缺陷的地点和纠正方式的比较成本等因素，对缺陷产品采取诸如通知或通告、修理或修复、退换或替换、退赔及处置等措施进行处理，以消除缺陷产品给消费者带来的不合理危险。我国《缺陷汽车产品召回管理规定》对召回的定义是，指按照本规定要求的程序，由缺陷汽车产品制造商（包括进口商）选择修理、更换、收回等方式消除其产品可能引起人身损害、财产损失的缺陷的过程。

概括而言，缺陷产品召回是指产品的制造者在得知其生产、进口、销售的产品存在可能引发消费者健康、安全问题的缺陷时，依法向政府有关职能部门报告，及时通知消费者，设法从市场上和消费者手中收回缺陷产品，并进行免费修理、更换的产品质量法律制度。

（二）缺陷产品召回的特征

缺陷产品召回具有以下特征：

1. 产品召回的对象是缺陷产品。从各国的召回制度看，被召回的产品是有缺陷的产品，即制造者在产品设计和生产过程中，由于受到设计人员的技术水平、当时的生产状况、公司的设计能力等因素的制约，导致存在着不合理的危险，以致可能危害人身财产安全或造成环境污染的产品。

2. 产品召回的原因是产品存在不合理的危险。任何产品都有危险，根据消费者对危险的识别程度和预防程度的不同，危险可以分为合理危险和不合理危险两类。合理危险是指消费者可以发现并予以防止的危险。该危险一般属于表面瑕疵，不会给消费者的人身或者财产造成损害，如啤酒含有酒精。相反，不合理的危险则是指一种潜在的、难以发现、难以预防、极易甚至是必然给消费者的人身或财产造成损害的危险。刹车失灵、啤酒瓶爆炸、电热毯漏电等均属于不合理的危险。

3. 产品召回的基础是"严格赔偿责任"。严格赔偿责任是一种特殊形式的无过错侵权责任，其免责事由是客观的，而且是法定的，相对于一般无过错责任的免责更为严格。我国《产品质量法》第41条就规定，生产商只能基于以下事由免责：①未将产品投入流通的；②产品投入流通时，引起损害的缺陷尚不存在的；③将产品投入流通时的科学技术水平尚不能发现缺陷的。

4. 缺陷产品召回的最终义务主体特定。承担缺陷产品召回最终义务的是制造者而非销售者。召回的发起者可能是制造者、进口者以及其他主体，但是最后承担召回责任的一定是产品的制造者，销售者等，其他关系人承担的是一种替代责任，最终责任的承担者仍是制造者。

（三）缺陷产品召回的分类

根据分类标准的不同，可以对缺陷产品召回进行多种分类。

1. 根据缺陷产品召回的启动原因的不同，缺陷产品召回可分为自主缺陷产品召回和强制缺陷产品召回。自主缺陷产品召回是指制造者根据自己掌握的产品信息，发现产品有缺陷后，主动向主管机构报告，并主动将缺陷产品予以召回的情形；强制缺陷产品召回是指在制造者等主体因为某种原因对存在缺陷的产品不采取主动召回的措施时，而由主管机构根据自身的权限要求制造者实施召回的情形。

2. 根据针对的缺陷产品种类或性质的不同，缺陷产品召回分为工业缺陷产品召回、食品缺陷产品召回、机械缺陷产品召回、医药缺陷产品召回等。这种分类是庞大的，主要是因为缺陷产品的种类繁多。对缺陷产品召回进行这种分类有利于建立不同种类或性质缺陷产品召回的主管部门，有利于针对不同缺陷产品制定相应的法律和具体规则。

3. 根据缺陷产品召回过程中针对产品缺陷而采用的具体措施不同，缺陷产品召回可分为回收法召回、收回法召回、赎买法召回、更新法召回、维护检修法召回。[1] 这几种召回可能同时存在于某一次缺陷产品召回中，适用于不同的缺陷产品，例如，回收法召回一般适用于问题产品已经或者可能对用户利益造成危害，而制造者又无法通过维修、返修、更换零部件等方法解决的情况。

4. 根据缺陷产品缺陷的严重程度、危害程度等标准的不同，缺陷产品召回可分为不同的等级，有紧急缺陷产品召回、次紧急缺陷产品召回、普通缺陷产

---

〔1〕 回收法召回是指企业原价或适当折价召回其已售出的问题产品；收回法召回是企业全部撤回还未售出的问题产品；赎买法召回是指企业高价买回那些已经流入社会，但不知去向并且对用户利益有严重损害的少数问题产品；更新法召回是指当企业发现产品有问题后，立即通知用户将问题产品送到企业的办事机构或经销商处免费更换同种新产品、零部件或进行升级换代；维护检修法召回是指企业以免费维护检修为名，通知用户送回其购买的产品进行免费维护检修，或企业主动上门维护检修，消除产品可能出现的质量、技术隐患，防止事故的发生。参见沈路、马捷："试论产品召回制度"，载《中国工商管理研究》2003 年第 4 期。

品召回等。[1] 这样的分类有利于减少缺陷产品造成损害的可能，同时也有利于对不同等级的缺陷产品召回实施不同等级的监督管理，使缺陷产品召回达到良好效果。

二、缺陷产品召回与相关概念的区别

作为一个新的概念，缺陷产品召回与相关的概念很容易混淆，必须予以厘清。

（一）缺陷产品召回与"三包"的区别

我国《产品质量法》和《消费者权益保护法》对于修理、更换、退货等"三包"问题均有明确的规定。《产品质量法》第40条规定："售出的产品有下列情形之一的，销售者应当负责修理、更换、退货；给购买产品的消费者造成损失的，销售者应当赔偿损失：①不具备产品应当具备的使用性能事先未作说明的；②不符合在产品或其包装上注明采用的产品标准的；③不符合以产品说明、实物样品等方式表明的质量状况的。"《消费者权益保护法》第45条第1款规定："对国家规定或经营者与消费者约定包修、包换、包退的商品，经营者应当负责修理、更换或者退货。在保修期内两次修理仍不能正常使用的，经营者应当负责更换或者退货。"

与缺陷产品召回相比，"三包"是针对出现问题的具体产品而言的，是《消费者权益保护法》确认的最高保障形式，但仍属于售后服务范畴，是危险发生特别是消费者投诉之后予以解决的做法。缺陷产品召回和"三包"都是为了解决产品出现的质量问题，维护消费者的合法权益。但二者却有着明显的不同：

1. 立法宗旨不同。缺陷产品召回主要是为了消除缺陷产品给全社会带来的不安全因素，维护公众安全，捍卫公共利益。"三包"则主要是为了防止经营者损害作为个体的消费者利益，保护个体消费者的合法权益。按照国外的划分，缺陷产品召回由于涉及公共安全利益，因此带有公法性质，而产品"三包"则带有私法性质。[2]

2. 适用的对象不同。"三包"制度作为一项民事责任的承担方式，主要针对个别产品出现的个别问题，是由于偶然因素导致的偶然性产品质量问题，主

---

[1] 紧急缺陷产品召回是指对缺陷情况非常严重，可能引起严重人身伤亡或财产损害的缺陷产品实施的召回；次紧急缺陷产品召回是指对于缺陷情况虽然严重，但不会造成严重人身伤害或财产损害的缺陷产品实施的召回；普通缺陷产品召回是指对于缺陷情况不严重，也不会造成严重人身伤害或财产损害的缺陷产品实施的召回。参见沈路、马捷："试论产品召回制度"，载《中国工商管理研究》2003年第4期。

[2] "众说刚刚上路的汽车召回制度"，载《中国商报汽车导报》2004年3月26日。

要解决的是非系统性瑕疵和缺陷问题，其适用对象是瑕疵产品和偶然性缺陷产品。而从国外立法及我国当前立法来看，缺陷产品召回制度的适用对象是由于非偶然性原因造成的具有系统性、同一性且与安全有关的质量缺陷，解决的是系统性的缺陷问题。偶然性缺陷产品指因随机误差而导致的缺陷产品，一般通过生产可以控制在一定范围之内；系统性缺陷产品则指因设计或制造或警示说明存在问题而造成的一系列或一批次的大批量产品，往往不可控。

3. 解决方式不同。缺陷产品召回的程序主要有制造商主动召回和主管部门指令召回两种方式。在产品制造商发现缺陷后，首先应向主管部门报告，并由制造商采取有效措施消除缺陷，实施召回。而产品"三包"则是由产品经营者按照国家有关规定承担责任，在具体方式上，往往先由行政机关认可的机构进行调解。

4. 两者性质不同。"三包"的法律性质是民事责任的承担方式，其法律关系适用于私法主体间的合同关系，纠纷主要通过协商、调解或民事赔偿方式解决，而缺陷产品召回制度中经营者承担的是一种经济责任，是基于经营者对消费者、社会承担的维护公共安全的社会法上的责任，经营者不承担责任就会受到行政处罚。

5. 引发的因素不同。消费者认为经营者生产或销售的产品存在质量瑕疵时，可以依法向对方主张"三包"，因此，消费者提出是"三包"的引发因素。引发缺陷产品召回则有两种情形：一是经营者发现产品存在缺陷，可能危及消费者的健康或财产安全，由经营者主动召回；二是经营者虽发现但未主动采取措施时，有关行政管理部门依法指令经营者采取召回措施。因此，召回的引发因素是经营者发现或行政主管机关发现。

6. 两者实现的时间不同。"三包"是一种事后进行的补救措施，发生在产品存在瑕疵，不能发挥其使用功能或产品造成个体消费者损害的场合。而缺陷产品召回并不要求损害发生，它是一种事前弥补的措施，只要有证据证明产品确实存在损害人身、财产的缺陷存在，制造商就有召回缺陷产品的义务。

7. 监督管理或寻求救济的机关不同。当经营者不承担自己应尽的"三包"义务时，消费者可以向工商行政管理机关、质量技术监督管理部门投诉，还可向法院起诉，因此，其主管机关包括行政机关和司法机关；而缺陷产品召回制度的主管机关主要是质量技术监督管理部门，同时工商行政管理机关也有管理权，因此，其主管机关主要是行政机关。

8. 实施的范围不同。"三包"的对象范围有限，目前仅对 1995 年 8 月 25 日发布的《关于印发〈部分商品修理更换退货责任规定〉的通知》中附件部分规定的一批商品，1998 年 3 月 12 日发布的农业机械产品，2001 年发布的电话机、固定电话机，2002 年发布的微型计算机、家用视听商品等部分商品实行"三包"，其他产品的三包目前还没有规定；而缺陷产品召回针对的缺陷产品则指一切存在系统性缺陷的商品，可见其范围更大。

虽然召回与"三包"存在上述不同，但两者的关系并不是截然分开的。在某些情况下，两者也可以发生一定的联系。如实行"三包"的产品的质量问题如果存在普遍性和共同性，在一定程度上可能导致产品的召回。同时缺陷产品召回制度之外实行"三包"，有利于针对汽车产品质量问题、售后服务等问题进行从点到面、从群体到个体的全方位的解决。

（二）缺陷产品召回与产品回收的区别

产品回收是指经营者按照预先规定的折旧方式收回残值，或通过简单的处理就进行填埋或堆放处理，是对超出安全使用期或失效期的商品的处置。它与召回的主要区别是：

1. 针对对象不同。缺陷召回针对的是缺陷产品；而回收针对的是超过安全使用期的产品。

2. 目的不同。缺陷召回的目的是消除隐患，保护公众安全；而回收的目的是利用废旧资源。

3. 是否退出消费环节不同。缺陷产品经过召回程序处理之后，大部分并不退出消费环节，仍然可以按原来商品的属性消费使用；而回收处理后的原商品已经退出消费环节，不能按原消费属性使用。

4. 处理方式不同。缺陷产品召回包括修理、更换、收回等方式，有法律的明确规定，并且还有法定的程序；而回收包括产品降级重用、产品维修重用、部件翻新、整件再造、材料再生、焚烧获能和废弃处理等方式，具体的方式由回收者自己决定。

（三）缺陷产品召回与缺陷产品管理的区别

缺陷产品管理是指一个国家的行政管理部门根据产品质量法规的要求，从管理产品质量的角度出发制定的行政管理制度，它涉及所有缺陷产品的管理，其与缺陷产品召回的区别主要体现在以下两点：

1. 针对的对象范围不同。缺陷产品召回的对象是系统性缺陷产品；而缺陷产品管理针对的对象是所有的缺陷产品，除系统性缺陷外，还包括偶然性缺陷产品。

2. 采取的措施不同。缺陷产品管理所采取的措施包括但不限于缺陷产品召回，是否采取产品召回的方式取决于缺陷产品的具体情况，缺陷产品召回是缺陷产品管理的重要措施。

（四）缺陷产品召回与强制收回的区别

2002 年 7 月 13 日，国家质检总局宣布对 10 家企业的插头插座实行强制收回，开创了对不合格产品实行强制收回的先例，这是我国首次实施强制收回制度。

收回作为产品召回的一项措施，在《缺陷汽车产品召回规定》中有明确规定。缺陷产品召回制度和强制收回制度的主要区别是：

1. 适用前提不同。缺陷产品召回的前提是产品存在系统缺陷，而强制收回的前提是产品不符合相关质量标准，存在严重不合格的情况。

2. 实施对象和范围不同。以国外的立法经验看，缺陷产品召回涉及的产品范围较广，包括多项影响消费者安全和健康的产品，我国现在缺陷产品召回制度虽仅涉及汽车、食品、药品、儿童玩具产品，但可预计在不久的将来，实施召回的产品将进一步普及和推广；而强制收回制度是独具中国特色的一项法律制度，目前仅涉及插头和插座，以后将涉及电器类产品和食品，但范围不可能像缺陷产品召回制度一样广泛。

3. 经营者的地位和职责不同。在缺陷产品召回制度中，一般来说，经营者应该主动采取召回措施，召回主要是一种自律行为，要求市场主体有良好的诚信，有严格的自觉和自律；而在强制收回中，正因为经营者缺乏良好的诚信，缺乏自觉和自律，因此，经营者通常以接受行政处罚的行政相对人的角色出现。

4. 经营者支付的成本不同。缺陷产品召回只是对某种产品的某一部件进行修理或更换，产品未被逐出市场，产品经修理后还可以继续使用，对于经营者而言损失较小，同时经营者通常以主动召回方式作出召回措施，因而可以避免惩罚成本的支出。另外，随着人们对缺陷产品召回制度的认同，人们将把主动召回视为经营者讲信用、重承诺的表现，获得了潜在的市场份额，当然如果经营者明知有缺陷而不主动召回也将独吞高额处罚和失信于消费者的恶果；而强制收回制度则是对整个产品全部收回或销毁，经营者的产品不仅被查封或没收，还要受到行政处罚，同时被强制收回企业的名单和产品将被披露，这将大大降低企业声誉，影响企业的品牌形象，经营者将付出巨大的成本。

5. 行政主管部门的地位和职责不同。在缺陷产品召回制度中，行政主管部门负责立法和监督，在特殊情况下，即在经营者拒绝承担相应义务或隐瞒产品缺陷或以不当方式处理缺陷时才对经营者予以处罚；而强制收回制度中，主管部门则主要负责执法，即责令经营者停止生产，强制收回售出的不合格产品，对产品进行清理、查封，对收回的产品进行监督销毁或进行必要的技术处理，使其不能再流入社会。

三、缺陷产品召回制度的理论基础

随着我国入世，"召回"已成为国内企业与国外竞争对手争夺市场和消费者的一个重要手段。实践表明建立缺陷产品召回制度，不仅能有效地维护消费者权益，促进企业提高产品质量，也有利于政府加强对市场的监管。所以，建立既符合我国国情、又符合国际通行规则的缺陷产品召回制度，已经刻不容缓。

（一）法哲学理论角度

"社会本位"、"差别原则"是缺陷产品制度得以建立的法哲学基础。

1. 从"社会本位"出发，应保护处于弱势地位的消费者。19 世纪末开始，资本主义进入垄断资本主义阶段，各种社会矛盾激化，战争、经济危机频繁爆发，利益冲突严重，这时的法律制度与资本主义初期提出的民主、法制思想的距离越来越大，社会问题日益突出。在这种条件下，劳工法、社会保障法、环境保护法、经济法等社会立法不断被制定出来，"法律的社会化"成为时代的潮流。法律不得不把个人利益与社会利益有机结合起来，法学也开始把法律问题与社会实际问题结合起来研究。于是，把法学与社会学的方法结合起来研究法律现象的社会法学派应运而生。社会法学派强调社会利益和社会调和，主张对个人自由和个人权利加以限制。在社会法学派理论的影响下，发达资本主义国家的立法和政策在 19 世纪末 20 世纪初开始从"个人本位"转向"社会本位"。[1] 消费者权益保护法和产品质量法的产生正是以社会利益为出发点，在一定程度上限制经营者权利，对消费者的弱者地位进行弥补，突破了传统民法"主体平等、契约自由"的原则，体现了国家对社会经济生活的干预。可以说，消费者权益保护法和产品质量法既是对个别消费者的保护，更是以社会公共利益为取向对整个市场正义的伸张。在此前提下，我们有理由认为，社会法学派的理论是消费者权益保护法和产品质量法的思想渊源。

就缺陷产品而言，由于其具有的不合理的危险性，使得每个消费者个体的人身、财产安全处于危险状态，而缺陷产品的消费者往往具有普遍性，这显然不利于维护社会的公共安全、公众利益和社会经济秩序的稳定发展，缺陷产品召回制度就是这样一种从社会整体利益出发，对处于弱势地位的消费者进行倾斜保护，从而捍卫整个社会经济秩序的制度。

2. 从"差别原则"出发，也应该保护处于弱势地位的消费者。缺陷产品召回制度是建立在对人的生命和财产更加尊重、对人权愈加重视的理念之上的，其体现了对消费者权利保护的立法倾斜，是尊重人权、保护人权在经济关系中

---

〔1〕　毛玉光主编：《消费者权益损害赔偿》，人民法院出版社 2000 年版，第 67 页。

的具体表现。按照应然的价值诉求，产品的生产者与提供者应尽最大的注意义务，避免给消费者与使用者造成身体伤害与经济损失。之所以承担这样的义务，并不仅仅是因为他们存在契约关系，更多的是公平与正义的要求。

罗尔斯提出了正义的两项原则：①平等原则，规定公民的基本权利是完全平等的，绝对不可侵犯；②差别原则，即允许人们在经济和社会福利等方面存在差别，但这种差别要符合每一个人的利益，尤其要符合地位最不利、境况最差的人的利益。[1] 差别原则旨在最大限度地提高地位不利的人的期望，是一种关心不幸、照顾弱者，追求实质公平与正义的原则。在市场关系中，承认这种差别的同时（这种差别并非不正义），如何最大限度地满足消费者的期望，如何保护消费者的利益，是实现社会正义的真谛所在。如何在差别原则的基础上实现正义呢？罗尔斯认为必须由国家对权利和义务进行分配，并对经济和社会利益进行调整，这表现在经济领域中，即由政府进行适当干预。办法之一，便是通过法律强化消费者的权利和经营者的义务，从而达到两者实质的平等，实现公平和正义。缺陷产品召回制度旨在加强对生产经营者的管理和监督，改变一般的交易规则，使之更加有利于消费者，在弱者和强者之间维持一种平衡，从而保护消费者的权利。

（二）经济学理论：消费者主权角度

所谓"消费者主权"，是指在市场经济活动中消费者的意愿和偏好起支配作用，消费者在市场经济活动中具有主宰的权利。[2] 在市场经济条件下，根据市场需求来配置资源，市场需求又是通过消费来反映，所以消费者需要什么，生产者就生产什么，生产服从消费者意愿的变化。这样，在整个社会经济的运行中就体现了消费需求的导向作用和推动作用，消费成为促进国民经济良性循环的关键，消费者的主导地位和自主权也同时体现出来了。

然而，在市场经济中，尤其是目前社会分工越来越细、专业化越来越强的时代，由于交易各方在信息拥有上处于不同的地位，交易各方为了各自的利益，在交易中有意隐瞒或提供虚假信息，尤其是生产制造者往往以其技术优势、财力优势和人才优势等形成信息优势，造成其与消费者的信息经常不对称。信息不对称削弱了消费者的自主选择能力，厂商凭借信息优势成为每一宗具体交易中的强势主体，而消费者则处于不利地位，其权益往往受到损害，消费者主权无法得到保障，进而降低了整个社会的经济运行效率，造成社会福利的损失。

消费者主权无法得到保障的现象难以通过市场自身进行调节，这为国家干

---

〔1〕　约翰·罗尔斯：《正义论》，何怀宏等译，中国社会科学出版社 1988 年版，第 435 页。

〔2〕　尹世杰主编：《消费经济学》，湖南人民出版社 1999 年版，第 21 页。

预提供了空间，"必须借助国家的力量对市场进行适度的干预，消除垄断，保证市场信息的真实、可靠，畅通无阻"[1] 正如科斯在《社会成本问题分析》一文中的分析结论那样，"法律应该像市场交易将会做出的那样去分配经济权利，即当市场再不能有效地分配资源时，法律就应进行干预并使之产生与市场机制相替代的效果"[2]

缺陷产品召回制度就是这样一种制度，在产品出现缺陷危及公共安全、公众利益和社会经济秩序时，由立法为政府干预提供合法性基础，使其对生产经营者的召回行为进行监督（无论是主动召回还是强制召回都是在主管部门的监督下进行的），从而使市场恢复应有的秩序，保护消费者权益，使消费者权利得以实现。

（三）公司的社会责任理论角度

公司的社会责任早在 1924 年就由美国的谢尔顿提出，但没有引起人们广泛的关注。其后由于美国爆发了前所未有的经济危机，公司的社会责任才被美国社会广泛关注，并在理论上不断发展。第二次世界大战后，公司社会责任表现的方面十分广泛：公司的各种捐助行为被看做是公司在承担社会责任，如为穷人子弟提供助学金、捐助大学、修建艺术博物馆等；公司对各类雇员的福利计划、就业培训及招聘残疾人士就业等方面被认为是承担社会责任；公司保持较低的物价、增加进口、减少出口被看做是承担社会责任；公司承担的对环境的保护、对消费者权益的保障，都作为公司的社会责任。

总而言之，公司的社会责任是指利润最大化仅仅是企业的目标之一，除此以外，公司还应以维护和提升社会公益为其目标，公司法律制度须在企业的利润目标和公益目标两者之间维持平衡。在这二元目标中，前者集中体现的是企业及其管理者对股东的义务，后者着重反映的则是公司及其管理者对公司非股东利益相关者的义务。科技和经济的不断发展在一定程度上会给公司带来一个负面影响，即不断追逐公司利润的最大化，这样就可能造成社会资源的巨大破坏、市场的混乱、环境的污染和对消费者权益的侵害。因此在当代，主流观点已放弃了绝对一元主义的利润最大化理论，认为企业的角色不仅仅是出资者追求利润最大化的工具，而且也应是实现社会利益的实体。观念的转变导致了立法的变革，为使公司的行为符合并充分尊重社会公众的利益，各国立法界都在强化公司社会责任问题上做出了不懈的努力，颁布了大量的有关公司经营者社会责任的法律法规。

---

〔1〕　李昌麒、许明月："论消费者保护意识"，载《现代法学》1999 年第 2 期。
〔2〕　转引自周林彬：《法律经济学论纲》，北京大学出版社 1998 年版，第 45 页。

我国修订后并于 2006 年 1 月 1 日实施的《中华人民共和国公司法》，在增强公司社会责任方面有很大的突破，《公司法》第 5 条规定："公司从事经营活动，必须遵守法律、行政法规，遵守社会公德、商业道德，诚实守信，接受政府和社会公众的监督，承担社会责任。"《公司法》的这种原则性规定为公司承担社会责任提供了法律基础，也为社会发展中公司可能承担的各种社会责任预留了法律空间。

缺陷产品召回制度正是企业承担社会责任的具体表现之一，它要求企业不仅对自己的产品质量在研发、生产阶段严格控制，更要在产品销售之后发现产品存在缺陷时，采用修理、更换、收回等方式及时为消费者和社会消除潜在危害，保障消费者权益和社会公共利益。

四、缺陷产品召回的基本程序

我国缺陷产品召回的一般操作程序可设计为以下五个步骤：

（一）缺陷产品信息报告

制造商或生产商自身发现或者根据销售商、进口商、租赁商、修理商、买主的信息反馈认为产品可能存在缺陷，应当及时向主管部门报告，并以有效方式通知销售商暂停销售该产品。另外，买主、其他单位和个人发现产品存在缺陷的，也有权向主管部门报告。报告的法律后果并不意味着产品必然存在缺陷，也不意味着厂商必须对报告产品采取召回措施。除非主管机构已收到厂商提交的召回计划，或者已经收到针对该产品的公众投诉，或者经厂商许可，否则主管机构不得披露报告内容。主管机构在将厂商报告披露之前，应提前对厂商进行告知。

（二）主管机构评估鉴定

主管机构收到报告后，首先要做的是确认产品是否存在缺陷，产品缺陷的程度如何，生产商应负什么样的责任。[1] 认定产品缺陷包括缺陷的形式、进入市场的缺陷产品数量、伤害发生的可能性及其他数据信息等，依据监管机构产品缺陷危害评级标准确定产品缺陷程度和确定召回的级别，同时对主管机构在上述问题上作出的一系列结论，均需给予厂商申辩权。

（三）制订缺陷产品召回计划

制造商在收到主管部门的召回结论后，应立即着手制订召回计划。该计划应包括以下基本内容：

1. 有效停止缺陷产品继续生产的措施；

---

〔1〕　马新华："构建我国缺陷产品召回制度的思考"，载《甘肃政法成人教育学院学报》2003 年第 3 期。

2. 有效通知销售商停止批发和零售缺陷产品的措施；

3. 有效通知相关买主有关缺陷的具体内容和处理缺陷的时间、地点和方法等；

4. 客观公正地预测召回效果。

召回计划的关键在于设计信息资料以备启动召回信息发布程序。

（四）实施召回

制造商实施召回，首先应当公布召回信息，制造商应当将其产品存在的缺陷、可能造成的损害及其预防措施、召回计划等，通过新闻媒体等有效方式通知有关销售商、租赁商、修理商和买主，并通知销售商停止销售有关产品，制造商须设置热线电话，解答各方询问，并在主管部门指定的网站上公布缺陷情况供公众查询。其次，制造商在主管部门的协助和监督下，召回产品并依法对召回产品进行处理。

（五）召回结果报告

当制造商完成召回后，应向主管部门递交召回结果报告，由主管部门审查后向社会公布。同时，制造商和主管机构均应妥善保存有关产品缺陷及召回过程的完整记录。

五、我国缺陷产品召回制度立法现状

目前我国还没有专门性的统一缺陷产品召回的法，相关内容散见于《产品质量法》、《消费者权益保护法》、《食品安全法》及特定行业产品召回制度中。

《产品质量法》、《消费者权益保护法》等这些法律、法规虽然为消费者提供了维权武器，但涉及缺陷产品召回方面的内容大多泛泛而谈，缺乏可操作性。例如：《消费者权益保护法》第18条规定："经营者应当保证其提供的商品或者服务符合保障人身、财产安全的要求。……经营者发现其提供的商品或者服务存在严重缺陷，即使正确使用商品或者接受服务仍然可能对人身、财产安全造成危害的，应当立即向有关行政部门报告和告知消费者，并采取防止危害发生的措施。"首先，应该肯定的是该条明确缺陷产品是指产品本身存在缺陷，而非由于消费者的不当使用所引起的；其次，该法律规范和《产品质量法》的内容相呼应，如《产品质量法》中规定了缺陷产品的实质标准，即："本法所称'缺陷'是指产品存在危及他人人身、财产安全的不合理危险；产品有保障人身健康，人身、财产安全的国家标准、行业标准，指不符合该标准。"除此之外，《消费者权益保护法》规定了针对缺陷产品经营者应当采取的措施，如"经营者发现产品存在严重缺陷应当立即向有关行政部门报告并且告诉消费者，积极采取措施防止损害的发生。"该规定明确了经营者的告知义务和防范危害发生的义务。但以上这些规定就召回如何实施、向哪个行政部门报告、采取什么方式告知消费者、采取哪些措施防止危害的发生，以及如果经营者没有尽到召回义务应受到什么惩罚等都没有具体说明。

针对以上情况，国家质检总局、国家发展和改革委员会、商务部、海关总署于2004年联合制定并颁布了《缺陷汽车产品召回管理规定》，国家质检总局后来公布了《缺陷汽车召回专家库建立与管理办法》、《缺陷汽车产品调查和认定实施办法》和《缺陷产品检测与实验监督管理办法》，这四部配套实施细则是我国第一次在具体的行业制定完整的缺陷产品召回制度，其宗旨是加强对缺陷汽车产品召回事项的管理，消除缺陷汽车产品对使用者及公众人身、财产安全造成的危险，维护公共安全、公众利益和社会经济秩序。有学者认为此举是我国缺陷产品召回制度立法史上的一个重要里程碑，填补了我国产品召回制度立法的空白，标志着中国汽车消费市场进一步迈向规范和成熟。

随后，2007年国家质检总局及国家食品药品监督管理局先后制定并颁布了《食品召回管理规定》、《儿童玩具召回管理规定》、《药品召回管理办法》，将召回制度拓展到除汽车之外的其他产品上，完善并发展了我国的缺陷产品召回制度。

目前，国家质检总局关于《缺陷产品召回管理条例（草案）》已经公布。该《条例》中除了已经纳入缺陷产品召回制度的汽车、玩具、食品和药品外，其他所有可能造成严重人身健康伤害的产品都可能纳入召回范围，比如家用电器、公共服务设施等。《缺陷产品召回管理条例》一旦公布实施，将成为我国第一部关于缺陷产品召回的专门性法规。

思考题

1. 简述产品质量监督的重要性和必要性。
2. 谈谈你对产品质量标准化工作的认识。
3. 试析认证与认可的异同。
4. 试析我国缺陷产品召回法律制度。

第三章
生产者、销售者的产品质量义务

■ **内容提要**

　　产品生产者、销售者，尤其是生产者，履行一定的产品质量义务是提高产品质量、杜绝和减少产品质量不合格的现象、切实保护消费者的合法权益的重要措施和手段。我国《产品质量法》第三章专门对产品生产者和销售者的产品质量义务进行了规定。本章以《产品质量法》第三章的立法规定为依据，从保障性和禁止性两个方面对生产者和销售者的产品质量义务进行了介绍、探讨和研究。

■ **学习重点**

　　生产者的保障性义务；销售者的保障性义务。

第一节　生产者的产品质量义务

一、生产者的保障性义务

　　保障性义务是指为了使产品质量合格，满足用户、消费者的需要，减少产品质量事故，应当为或者必须为的义务。根据《产品质量法》的规定，生产者的保障性义务包括以下两个方面的内容：

　　（一）生产者应对其生产的产品质量负责

　　生产者应对其生产的产品质量负责，这是生产者最主要的义务，也是产品质量合格的关键。生产者对其生产的产品质量负责，首先是由生产者自身的社会地位和性质决定的。随着经济的发展和社会的进步，产品的功能日益完备，结构也越来越复杂。生产者以其在生产中所处的特殊地位，较之销售者、消费者所占有的优势，决定了它必须把保证产品质量作为自己的首要义务。

生产者要对其生产的产品质量负责，是由它是为了满足用户、消费者约定的或者潜在的要求决定的。社会主义生产的目的是满足人民群众日益增长的物质文化生活的需要，而欲达此目的，生产者就必须不断完善生产条件，增加新品种，提高产品质量。但在现实生活中，不少生产者单纯追求产量、利润，而不顾消费者利益，粗制滥造，个别的甚至弄虚作假，生产假冒伪劣产品，给用户、消费者的人身和财产安全造成了极大的损害，危害了社会主义市场经济秩序，很不利于社会主义市场经济新体制的建立。为此，就必须确立保证产品质量是生产者的首要义务。

我国《产品质量法》对产品内在质量要求作了如下规定：

1. 产品不存在危及人身、财产安全的不合理的危险；

2. 产品质量应当具备应有的使用性能；

3. 产品质量应当符合明示的质量状况。

（二）生产者应使其产品或包装上的标志符合法律的规定

生产者应使产品包装或包装上的标志符合法律的要求，这是产品质量的内在要求，同时，也是产品质量合格的外在表现。

根据《产品质量法》的规定，产品标识应当符合以下要求：

1. 有检验人员签章的产品检验合格证明；

2. 有中文标明的产品名称、生产厂名和厂址；

3. 根据产品的特点和使用要求，需要标明产品规格、等级、所含主要成分的名称和含量的，应予以表明；

4. 限期使用的商品，标明生产日期和安全使用期或者失效日期；

5. 使用不当，容易造成产品本身损坏或者可能危及人身、财产安全的产品，要有警示标志或者中文警示说明；

6. 实行生产许可证管理的产品，标明生产许可证标志和编号；

7. 出口产品的标识，按照国家有关出口产品的规定或者合同约定进行标注；

8. 裸装的食品和其他根据产品的特点难以附加标识的裸装产品，可以不附加产品标识。

产品包装应当符合国家有关规定。剧毒、危险、易碎、怕压、需要防潮、储运中不能倒置以及有其他特殊要求的产品，其包装必须符合相应的要求，要有警示标志或者中文说明，要标明储运注意事项等。

二、生产者的禁止性义务

禁止性义务是指为了使产品质量合格，满足用户、消费者的需要，减少产品质量事故，而不得为的行为。根据《产品质量法》的规定，生产者的禁止性义务主要有：

（一）不得生产国家明令淘汰的产品

《产品质量法》第 29 条明确规定："生产者不得生产国家明令淘汰的产品。"所谓国家明令淘汰的产品，是指国务院以及国务院有关行政部门依据其行政职能，按照一定的程序，采用行政的措施，通过发布行政文件的形式，向社会公布某项产品或者某个型号的产品，自何年、何月、何日起禁止继续生产、销售、使用。这是国家采取的一项宏观控制的行政手段，对社会具有普遍的约束力。为维护国家利益和社会公共利益，对国家明令淘汰的产品，生产者不得继续生产；销售者在超过规定的时间后，不得继续销售。否则，将依法追究生产者、销售者的法律责任。

国家明令淘汰的产品，一般是涉及消耗能源高、污染环境、产品性能落后、疗效不明确、毒副作用大等方面因素的产品，如国务院办公厅〔1991〕67 号文件宣布自 1993 年 1 月 1 日起禁止继续生产、销售、使用的"六六六"、"滴滴涕"、"林丹"、"敌枯双"、"杀虫脒"、"二溴氯丙烷"6 种农药就属于淘汰的产品。

（二）不得伪造产地，不得伪造或者冒用他人的厂名厂址

《产品质量法》第 30 条规定："生产者不得伪造产地，不得伪造或者冒用他人的厂名、厂址。"

所谓伪造产地是指在甲地生产而标注乙地厂名的行为。2001 年，原国家质量技术监督局在《关于实施〈中华人民共和国产品质量法〉若干问题的意见》中将"伪造产地"的行为界定为在甲地生产产品，而在产品标识上标注乙地的地名的质量欺诈行为。例如，某电视机不是北京生产的，却在产品物身上或者包装上标注产地是北京。对此，《产品标识标注规定》第 18 条第 1、2 款更加明确要求："生产者标注的产品的产地应当是真实的。产品的产地应当按照行政区划的地域概念进行标注。本规定所称产地，是指产品的最终制作地、加工地或者组装地。"因此，产品产地是与行政区划的地域概念紧密联系的。我国幅员辽阔，产品因产地不同，其性能、质量指标等会有较大差异。尤其是一些土特产品，其风味、质地等质量特征和特性与产地的气候、环境有着密切联系。伪造产地将极大地损害消费者的知情权。另外，伪造产地行为还有盗用质量信誉、骗取信任、不正当竞争等特征，成为不法企业谋取非法利润、欺骗消费者的手

段。比如虚假标注内蒙古为产地的羊绒制品等。可以说，当前严厉打击"伪造产地"行为是规范市场经济秩序的内在要求。

所谓伪造或者冒用他人的厂名、厂址是指非法制作标注他人厂名、厂址的标识或者擅自使用他人厂名、厂址名称的行为。具体来讲，伪造厂名、厂址是指生产者、销售者在产品或者其包装上标注虚假的厂名、厂址，即根本不存在的厂名、厂址的违法行为；冒用他人的厂名、厂址是指生产者、销售者在产品或者其包装上标注同类产品的其他经营者的厂名、厂址。伪造厂名、厂址的目的，一般是欺骗用户、消费者以及产品的经销人，逃避对其伪造的产品承担产品质量责任。而冒用的目的则有两个：一是抬高其生产的产品身价，鱼目混珠，以欺骗用户和消费者；二是逃避其假冒伪劣产品的产品质量责任，将责任转嫁给被冒用的企业。冒用他人厂名、厂址的行为，既违反了《产品质量法》的规定，也违反了《民法通则》的有关规定，侵犯了他人的名称权、名誉权。

（三）不得伪造或者冒用认证标志、名优标志等质量标志

认证标志和名优标志是两类重要的质量标志，二者既有密切的联系，又有明显的区别，不可混为一谈。

认证标志，是指企业通过申请，经国际国内权威认证机构认可，颁发给企业的表示产品质量已达认证标准的一种标志。伪造或者冒用认证标志的违法行为通常包括：①未推行产品质量认证制度的商品，经营者在商品上或其包装上伪造认证标志；②经营者未向产品质量认证机构申请认证而擅自使用认证标志；③经营者虽向产品质量认证机构申请认证，但经认证不合格却擅自使用认证标志；④其他伪造或者冒用认证标志的违法行为。

名优标志是经国际或者国内有关机构或社会组织评定为名优产品而发给经营者的一种质量荣誉标志。伪造或者冒用名优标志的违法行为通常包括：①未经组织评比名优的产品，经营者伪造名优标志在商品上使用；②虽为组织评比名优的产品，但经营者未参加评比，却擅自在商品上使用名优标志；③虽为组织评比名优的产品，经营者参加了评比，但未被评比为名优产品，却擅自在商品上使用名优标志；④被取消名优产品称号的产品，经营者继续使用名优标志；⑤对于级别低的名优产品，经营者擅自使用级别高的名优标志；⑥其他伪造或者冒用名优标志的行为。

所谓伪造或者冒用认证标志、名优标志等质量标志是指非法制作认证标志、优质产品标志、获国际荣誉标志、生产许可证标志等质量标志的行为；或者未获许可证、未获准认证、未取得优质产品、国际奖等荣誉奖、未取得生产许可证等，而擅自使用相应质量标志的行为。

（四）不得掺杂、掺假，不得以假充真、以次充好，不得以不合格产品冒充合格产品

《产品质量法》第 32 条规定："生产者生产产品，不得掺杂、掺假，不得以假充真、以次充好，不得以不合格产品冒充合格产品。"该规定实际上禁止以下四种违法行为：

1. 掺杂掺假行为。关于掺杂掺假，目前，我国立法的规定和解释不尽相同。如最高人民法院和最高人民检察院《关于办理生产、销售伪劣商品刑事案件具体应用法律若干问题的解释》（以下简称《解释》）规定，对掺杂掺假的解释是"在产品中掺入杂质或异物，致使产品质量不符合国家法律、法规或产品明显不符合质量标准规定的质量要求，降低、失去应有使用性能的行为"。国家质检总局关于《实施〈产品质量法〉若干问题的意见》（以下简称《意见》）中，对掺杂掺假的解释是："在产品中掺杂掺假的行为，是指生产者、销售者在产品中掺入杂质或者造假，进行质量欺诈的违法行为，其结果是致使产品中有关物质成分或者含量不符合国家有关法律法规、标准或者合同的要求。"但是，可以看出，各种解释的精神实质和基本要件是相同的。基于此，我们认为，掺杂掺假行为可以做如下界定：是指违法行为人以牟取利润为目的，故意在产品中掺入杂质或者作假，进行欺骗性商业活动，使产品中的有关物质的含量不符合国家有关法律、法规、合同或标准要求的一种质量违法行为。

2. 以假充真行为。关于以假充真，目前，我国立法的规定和解释也不尽相同。最高人民法院、最高人民检察院《解释》对以假充真的解释是："指以不具有某种使用性能的产品冒充具有该种使用性能的产品的行为。"国家质检总局《意见》对以假充真的解释是："以此产品冒充与特征、特性等不同的他产品，或冒充同一类产品中具有特定质量特征、特性的产品的欺诈行为。"根据上述解释，我们认为，以假充真实际上是指以甲产品冒充与其特征不同的乙产品的行为。以假充真的违法行为表现为生产者、销售者隐匿产品原有的真实名称、属性，以欺骗的手段，谎称是消费者所需要的产品进行生产、销售，或者以一般品质的产品冒充特定品质的产品，以此牟取非法利润。

3. 以次充好行为。最高人民法院、最高人民检察院《解释》对以次充好的解释是："指以低等级、低档次产品冒充高等级、高档次产品，或者以残次、废旧零配件组合、拼装后冒充正品或者新产品的行为。"国家质检总局《意见》对以次充好的解释是："指以低档次、低等级产品冒充高档次、高等级产品或者以旧产品冒充新产品的违法行为。"根据以上解释和规定，我们认为，以次充好应指以下两种行为：一是指以低等级或低档次的产品冒充高等级或高档次产品的行为，二是以残充正、以旧充新的行为。以次充好的违法行为表现为当产品质

量、性能指标等部分达不到或者完全达不到产品有关的标准或技术要求时，生产者、销售者却谎称产品完全符合标准或者技术要求，以此来欺骗消费者。

4. 以不合格产品冒充合格产品的行为。最高人民法院、最高人民检察院《解释》对不合格产品的解释是："指不符合《中华人民共和国产品质量法》第26条第2款规定的质量要求的产品。"国家质检总局《意见》对以不合格产品冒充合格产品的解释是："不合格产品是指产品质量不符合《中华人民共和国产品质量法》第26条规定的产品。以不合格产品冒充合格产品是指以质量不合格的产品作为或者充当合格产品。"我们赞同《解释》和《意见》关于不合格产品以及以不合格产品冒充合格产品行为的界定。

根据《解释》，关于"以不合格产品冒充合格产品"的认定问题，应当根据产品质量检验机构出具的"该产品系不合格产品"的鉴定结论，结合司法机关的审查予以认定。产品质量检验机构出具鉴定结论时，应当同时提供出具鉴定结论的参数依据或理由。司法机关根据该鉴定结论的参数依据或理由进行审查。如"不合格产品"的鉴定结论是针对产品的内在质量而言的，则可认为该"不合格产品"系伪劣产品；如鉴定结论仅是针对产品的外在包装的，一般不能认为该"不合格产品"系伪劣产品。

第二节　销售者的产品质量义务

一、销售者的保障性义务

保障性义务是指为了使产品质量合格，满足用户、消费者的需要，减少产品质量事故，应为或必须为的义务。根据《产品质量法》的规定，销售者的保障性义务包括以下三个方面的内容：

（一）应当认真执行进货检查验收制度，验明产品合格证明和其他标识

进货检查验收制度是指为净化流通领域，杜绝和减少质量不合格的产品，销售者在进货时应当对所购进的货物进行检查、验收的一种制度。进货检查验收制度的核心是"时"、"查"、"验"。时，即进货时，是从时间范畴上规定这一制度。这一时间界限使进货检查验收制度既区别于生产者的保障性义务，也不同于销售者"应当采取措施，保障销售产品的质量"这一保障性义务。前者发生在进货前，后者发生在进货后。查，是指销售商凭借感观或者借助其他必要的检查仪器、工具、手段对所进产品的质量、数量、包装等方面进行一般检查和实质检查，侧重于所进产品的本身。验，是指销售商根据法律的规定或合同的约定，对所进产品的合格证、检验证、出厂证、说明书、维修卡、保单、

线路图等资料进行验收，侧重于所进产品的附带资料。

（二）应当采取措施，保持销售产品的质量

销售者应当采取措施是指销售者应当根据产品的特点，采取必要的防雨、防晒、防霉变，对某些特殊产品采取控制温度、湿度等措施，保障产品进货的质量状况。

法律规定销售者有保持销售产品质量的义务，可以促使销售者增强对产品质量负责的责任感，有助于他们加强产品质量管理工作，增加对保证产品质量的技术条件的投入，加速产品流通，防止产品质量在经销期间失效、变质，从而保护产品的用户、消费者的合法权益。

（三）应当使销售的产品标识符合《产品质量法》的有关规定

产品标识，是指表明产品的名称、产地、生产厂厂名、厂址、产品质量状况、保存期限等信息情况的表述和指标。产品标识可以标注在产品上，也可以标注在产品的包装上。包装，是指在流通过程中盛装、裹装、捆扎、保护产品的容器、材料及辅助物等的总称。

关于产品标识，《产品质量法》作了明确的规定。这一规定包括以下内容：①有检验人员签章的产品检验合格证明；②有中文标明的产品名称、生产厂名和厂址；③根据产品的特点和使用要求，需要标明产品规格、等级、所含主要成分的名称和含量的，应予以标明；④限期使用的商品，标明生产日期和安全使用期或者失效日期；⑤使用不当，容易造成产品本身损坏或者可能危及人身、财产安全的产品，要有警示标志或者中文警示说明；⑥实行生产许可证管理的产品，标明生产许可证标志和编号；⑦出口产品的标识，按照国家有关出口产品的规定或者合同约定进行标注；⑧裸装的食品和其他根据产品的特点难以附加标识的裸装产品，可以不附加产品标识。产品包装应当符合国家有关规定。剧毒、危险、易碎、怕压、需要防潮、储运中不能倒置以及有其他特殊要求的产品，其包装必须符合相应的要求，要有警示标志或者中文说明，要标明储运注意事项等。

二、销售者的禁止性义务

禁止性义务是指为了使产品质量合格，满足用户、消费者的需要，减少产品质量事故，不得为的行为。《产品质量法》对销售者的禁止性义务作了如下的规定：

1. 不得销售失效、变质的产品。失效产品是指产品失去了原有的效力、作用；变质产品是指产品发生了本质性的物理、化学变化，失去了原有的使用价值。

失效、变质的产品有如下基本特征：①失效、变质的产品是超过了产品的安全使用期或失效日期的产品，例如某种药品的失效日期为 1993 年 5 月 1 日，那么超过这一日期，这一药品就是失效产品；②失效、变质产品的功能、效用已部分或全部丧失，这种产品不具有安全性和适用性，使用后易引起人身、财产损害；③失效、变质产品的质量已经发生了物理、化学的变化，是产品的质的变化，它不涉及产品标识的内容，因此与其他假冒伪劣产品的特征有明显区别。

由于失效、变质的产品失去了产品所应当具有的安全性和适用性，失去了产品原有的使用价值，因此，一旦流入用户、消费者的手中，必然或可能危及人体健康和人身、财产安全。所以，我国《产品质量法》严禁销售失效、变质的产品。

2. 不得伪造或者冒用他人的厂名、厂址。

3. 不得伪造或者冒用认证标志、名优标志等质量标志。

4. 销售产品，不得掺杂、掺假，不得以次充好，不得以不合格产品冒充合格产品。

思考题

1. 简析"生产者应对其生产的产品质量负责"的法律含义。

2. 试析我国产品生产者的保障性义务的内容。

3. 谈谈你对进货检查验收制度的认识。

4. 简述产品销售者的禁止性义务。

第四章
产品质量法律责任

■ **内容提要**

　　法律责任制度是任何法律都不可或缺的法律制度，对于监督义务主体义务的履行，保障权利主体权利的实现具有十分重要的意义。产品质量法律责任指生产者、销售者以及对产品质量负有直接责任的责任者，因违反产品质量法规定的产品质量义务所应承担的法律责任。

　　本章以法律责任为基点，从产品质量法律责任的含义、分类和特点出发，从民事责任、行政责任和刑事责任三个方面对产品质量法律责任进行了全面的分析和深入的探讨。

■ **学习重点**

　　产品质量责任的含义；产品质量民事责任；产品责任。

第一节　产品质量法律责任概述

一、产品质量法律责任的含义

　　产品质量法律责任指生产者、销售者以及对产品质量负有直接责任的责任者，因违反产品质量法规定的产品质量义务所应承担的法律责任。

　　产品质量法律责任与产品责任不同。产品责任即产品侵权责任，通说认为，产品侵权责任是指产品生产者因产品存在缺陷而应当承担的一种民事赔偿责任。二者具有以下几点不同：

　　1. 责任性质不同。产品质量责任是一种综合性责任，既有民事责任，也有行政责任和刑事责任；产品责任从性质上来讲是一种侵权责任，属民事责任的范畴，二者的责任性质明显不同。

2. 责任主体不同。产品质量责任的责任主体众多，除产品生产者、销售者之外，还有国家机关、国家机关工作人员、社会组织以及其他非经营者主体；产品责任的责任主体主要是生产商，销售商只在特殊情况下，如自身有过错或者不能够指明真正的生产商、供货商时才承担产品责任，二者的责任主体明显不同。

3. 责任形式不同。产品质量责任的责任形式是多种多样的，既有民事责任形式，如包修、包换、包退、赔偿经济损失等，也有行政责任形式，如责令停止侵权、吊销许可证或营业执照、取消检验资格或认证资格、没收、罚款、行政处分等，还有刑事方面的追究刑事责任等，形式众多；而产品责任的责任形式比较单一，主要是赔偿经济损失。

4. 责任构成要件不同。产品质量责任的构成要件需视具体的责任而定，如社会团体、社会中介机构"对产品质量作出承诺、保证，而该产品又不符合其承诺、保证的质量要求，给消费者造成损失的"就应当"与产品的生产者、销售者承担连带责任"；"产品质量检验机构、认证机构出具的检验结果或者证明不实，造成损失的，应当承担相应的赔偿责任；造成重大损失的，撤销其检验资格、认证资格"。但产品责任的构成要件则相对固定，即只要产品存在缺陷就应当承担赔偿责任。

从上述不同，我们可以得出如下结论：产品责任属产品质量责任中的民事侵权责任，外延小于产品质量责任。

二、产品质量法律责任的分类

根据承担责任主体的不同，产品质量法律责任可分为经营者责任（包括生产者责任和销售者责任）、非经营者责任（包括国家机关责任、国家机关工作人员责任、社会团体责任、社会中介机构责任以及其他主体责任）。

根据法律后果的具体内容的不同，产品质量责任可分为民事责任、行政责任和刑事责任。其中，民事责任又可分为合同责任和侵权责任两种。

三、产品质量责任的特点

《产品质量法》第四章"损害赔偿"和第五章"罚则"均为产品质量责任的法律规定。从两章的规定上，可以看出，产品质量责任具有以下几个特点：

（一）注重责任的经济性

责任的经济性是经济法律责任的一个显著特点。产品质量法作为经济法的重要组成部分，在责任的设计上秉承了经济法律责任的这一特点。产品质量责任经济性的主要表现有赔偿经济损失、没收、罚款三种形式。如赔偿经济损失，《产品质量法》第44条就规定："因产品存在缺陷造成受害人人身伤害的，侵害人应当赔偿医疗费、治疗期间的护理费、因误工减少的收入等费用；造成残疾的，还应当支付残疾者生活自助具费、生活补助费、残疾赔偿金以及由其扶养的人所必需的生活费等费用；造成受害人死亡的，并应当支付丧葬费、死亡赔偿金以及由死者生前扶养的人所必需的生活费等费用。因产品存在缺陷造成受害人财产损失的，侵害人应当恢复原状或者折价赔偿。受害人因此遭受其他重大损失的，侵害人应当赔偿损失。"再如没收和罚款，第49条就规定，生产、销售不符合保障人体健康和人身、财产安全的国家标准、行业标准的产品的，责令停止生产、销售，没收违法生产、销售的产品，并处违法生产、销售产品（包括已售出和未售出的产品）货值金额等值以上3倍以下的罚款；有违法所得的，并处没收违法所得；情节严重的，吊销营业执照；构成犯罪的，依法追究刑事责任。

（二）注重责任的资格性

法律责任的形式必须与法律活动的特征相适应、相吻合。经济活动与民事活动相比，其显著特点在于它的资格性；与行政活动相比，其显著特点在于它的营利性。与此相适应，限制或者剥夺经营性资格便成了经济法律责任的基本责任形式。就现行法律规定来看，吊（撤）销生产或者经营许可证、营业执照、资格证书是限制或者剥夺经营性资格的主要形式。产品质量法律责任十分注意和重视责任资格性的运用。如撤销资格证书，第57条就规定："产品质量检验机构、认证机构伪造检验结果或者出具虚假证明的，责令改正，对单位处5万元以上10万元以下的罚款，对直接负责的主管人员和其他直接责任人员处1万元以上5万元以下的罚款；有违法所得的，并处没收违法所得；情节严重的，取消其检验资格、认证资格；构成犯罪的，依法追究刑事责任。产品质量检验机构、认证机构出具的检验结果或者证明不实，造成损失的，应当承担相应的赔偿责任；造成重大损失的，撤销其检验资格、认证资格。产品质量认证机构违反本法第21条第2款的规定，对不符合认证标准而使用认证标志的产品，未依法要求其改正或者取消其使用认证标志资格的，对因产品不符合认证标准给消费者造成的损失，与产品的生产者、销售者承担连带责任；情节严重的，撤销其认证资格。"再如吊销营业执照，第51条就规定："生产国家明令淘汰的产品的，销售国家明令淘汰并停止销售的产品的，责令停止生产、销售，没收违法生产、销售的产品，并处违法生产、销售产品货值金额等值以下的罚款；有违法所得的，并处没收违法所得；情节严重的，吊销营业执照。"

（三）注重责任的严厉性

产品质量法十分注重法律责任严厉性的运用，多处规定有刑事责任。如第49条就规定，生产、销售不符合保障人体健康和人身、财产安全的国家标准、行业标准的产品的，责令停止生产、销售，没收违法生产、销售的产品，并处违法生产、销售产品（包括已售出和未售出的产品）货值金额等值以上3倍以下的罚款；有违法所得的，并处没收违法所得；情节严重的，吊销营业执照；构成犯罪的，依法追究刑事责任。第50条也规定："在产品中掺杂、掺假，以假充真，以次充好，或者以不合格产品冒充合格产品的，责令停止生产、销售，没收违法生产、销售的产品，并处违法生产、销售产品货值金额50%以上3倍以下的罚款；有违法所得的，并处没收违法所得；情节严重的，吊销营业执照；构成犯罪的，依法追究刑事责任。"同时，在第52条、第57条、第61条、第65条、第68条等条款中都有刑事责任的规定，充分彰显了产品质量责任的严厉性。

与此同时，随着1993年7月2日全国人大常委会颁布《关于惩治生产、销售伪劣商品犯罪的决定》（已废止）和《刑法》中"生产、销售伪劣商品罪"的设立，产品质量法律责任的这种严厉性得到了进一步加强。

第二节　产品质量民事责任

一、概述

民事责任有广义和狭义之分。广义的民事责任是指产品的生产者、销售者因产品出现瑕疵或缺陷，给用户、消费者或者第三人造成损害时所应承担的法律责任；狭义的民事责任是指产品的生产者、销售者因产品存在缺陷给用户、消费者或者第三人的人身、缺陷产品以外的其他财产造成损害时所应当承担的法律责任，其形式仅限于赔偿。国外立法和国际条（公）约中的"产品责任"一词便是指狭义的产品质量民事责任。1993年2月22日颁布的《中华人民共和国产品质量法》是从广义的角度来规定生产者、销售者的民事责任的。

在产品质量民事责任中，"损害"一词至关重要。其内涵有四：①它的内容不仅包括生产者、销售者所售出的产品本身的损害（如灭失、毁损、丧失或降低使用价值和用途），而且包括所售出的产品本身以外的其他财产和人身的损害（如危害人体健康、致人死亡、面容毁损、肢体残损、器官丧失原有功能或残缺）；②不管是产品本身的损害，还是产品本身以外的其他财产或人身损害，均是在流通领域中造成的，如果产品的生产者、销售者未将产品投入流通，或用户、消费者是以非法的形式占有该产品，那么，引起的损害则不受产品质量法的保护；③从两种损害的逻辑联系上看，二者存在着必然的联系，即没有产品本身的损害就没有产品以外的其他财产和人身的损害；④从加害主体和损害引起的原因上来看又都具有统一性，即加害主体都是生产者、销售者，致害原因都是因产品质量不合格。正是基于此，我国《产品质量法》才从广义的角度规定了生产者、销售者对产品质量应负的民事责任。

产品质量民事责任的发生，以产品存在质量问题为前提条件。产品质量的问题，反映在产品质量法上，即为产品的瑕疵和缺陷问题。由此，也就有了因产品的瑕疵而产生的产品合同责任和因产品的缺陷而产生的产品责任。

二、产品质量合同责任

产品质量的合同责任亦称瑕疵责任、过错责任，有些学者还称其为"三包"责任，是指产品的生产者、销售者因产品存在瑕疵而承担的民事责任。

1. 责任主体。销售者是产品质量合同责任的主要主体，在特殊情况下，商品的购买者、使用者也可以要求生产者承担产品质量合同责任。这样规定的目的，一是因为商品的购买者、使用者往往和销售者有着直接的法律连接，证据直接且容易获取，便于诉讼；二是可以大大降低包括诉讼成本在内的法律成本。

2. 归责原则。产品瑕疵责任是一种合同责任，其归责原则亦应为过错责任原则，即只有在产品的生产者、销售者违反约定的情况下才应该承担这种责任。违反约定的具体含义是指生产者、销售者违反"所售产品是合格产品"的约定。根据我国《产品质量法》的规定，生产者、销售者在出售商品时未说明该产品存在瑕疵，而该产品又确实不符合合格产品的要求，不能满足用户和消费者的需要，便可以认为是生产者、销售者违反约定。如果销售者在销售时便将该产品的不具有应当具备的使用性能向用户、消费者做了事先说明，或者直接标明所售产品为"处理品"、"残次品"、"等外品"、"不合格品"，这时，便不能认为是违反"所售商品是合格产品"的约定。

3. 责任形式。根据我国《产品质量法》的规定，产品质量合同责任的形式有以下几种：①修理。修理是指将有瑕疵的产品进行维修，清除其残损瑕疵，恢复产品的使用价值，使产品的质量达到法律规定的标准或者用户、消费者的要求。修理的前提是该产品能够修理，其使用价值可能恢复，否则应适用其他责任形式。②更换。在瑕疵产品无法修理或难以修理，产品的使用价值无法恢复时，应采用更换的方式，即以合格产品调换不合格产品。更换方式的采用必须是有合格产品可以用来调换不合格产品，否则也应采用其他责任形式。③退货。在既不能通过维修使产品的使用价值加以恢复，又无合格产品可以调换不合格产品的情况下，可采用退货的方式，即由产品的生产者、销售者向用户、消费者退还购货款。在这里，退还购货款必须是如数退还，不能以任何理由（如收取手续费）扣减退货款。④赔偿损失。如果用户、消费者因该瑕疵产品受到经济损失，生产者或者销售者还应予以赔偿。这里的经济损失主要是指交通费、运输费、误工损失费"三费"以及其他合理损失，如电话费、邮寄费、打印费、复印费、电挂费等。

三、产品质量侵权责任

产品质量的侵权责任亦称缺陷责任、产品责任，是指产品的生产者、销售者对缺陷产品导致消费者、用户和相关第三人人身、财产遭受损害而承担的民事赔偿责任。为与国际社会和理论界保持一致，本节均称为产品责任。

产品责任与产品质量责任并非同一概念，二者之间属于种属关系。前者是一种消极责任，是生产者、销售者销售了缺陷产品依法应承担的赔偿损失的责任；后者是一种积极责任，是由法律或合同规定的应由生产者、销售者必须履行的义务，他们只要履行了该义务，即可避免承担法律责任。

1. 历史沿革。产品责任产生于19世纪中叶，到20世纪得以广泛发展。该责任产生之初，人们认为它是一种合同责任，也就是说当事人之间的合同关系是产品责任发生的前提。这对涉及产品责任的诉讼显得多有不妥。因为产品责任法的目的是保护消费者，一种有缺陷的产品，不仅会使购买者受到伤害，还可能使其他人受到伤害。另外，产品的卖方通常是零售商，如果只要求他们对缺陷产品负责，而不追究生产者的责任，显然不合理。因此，20世纪以后，随着消费者权益保护运动的日益高涨，各国的相关立法，尤其是美国的立法重心逐渐发生转向，越来越注重对消费者权益的倾斜性保护。20世纪20~30年代后，英美两国法院率先开始适用侵权行为法理论来处理产品责任案件。20世纪60年代以后，欧共体国家通过产品责任立法和司法实践，形成了共识，即产品责任是一种侵权责任，产品责任关系应由专门的产品责任法调整。我国《产品质量法》对产品责任作了专章规定。

2. 归责原则。产品责任的归责原则，是指据以确定产品的生产者和销售者承担产品责任的基本准则。

各国早期的产品责任法确认的是一般过错责任原则。即产品质量事故发生后，生产者、销售者是否承担赔偿责任，取决于他们对产品的缺陷有无过错；在诉讼中，要求受害人（即原告人）对生产者、销售者的过错负有举证的义务。如果他们不能证明生产者、销售者有过错，就不能获得赔偿。显然，这一原则使受害人得到法律救济的机会大大减少，不利于消费者。为了扩大对他们的救济，现代各国的产品责任立法中逐渐确立了许多新的产品归责原则，我国《产品质量法》在一定程度上也贯彻了这些原则。

（1）严格责任原则。亦称无过错责任原则，是指在法律有特别规定的情况下，以已经发生的损害结果为价值判断标准，由与该损害结果有因果关系的行为人向受害人作出赔偿，而无论有无过错。按照这一原则，生产者、销售者产品责任的构成，不以他们对产品存在缺陷有无过错为条件，而是以有无损害结果为条件。亦即有损害事实或结果，就有责任。故严格责任也被称为无过错责任原则或无过失责任原则。

必须强调的是，在产品责任诉讼中，适用无过错原则的时候，对于生产者、销售者即被告一方，是以其所造成的损害结果为归责的标准，不考虑其主观有无过错；但是，并不是根本不考虑受害人即原告人一方的过错。因为，受害人的过错对无过错责任的范围确定，是有影响的。

严格责任原则是美国法院首创的一项产品责任归责原则。严格责任思想的最早表述，见于 1944 年埃斯可拉诉可口可乐瓶装公司一案中泰勒法官的意见，但该意见并未被采纳。严格责任作为一项归责原则，最早确立于 1963 年格林曼诉尤巴电力公司一案的判决中，加州最高法院在该案的判词中对严格责任原则作了如下表述：制造商将产品投入市场，明知其产品将不被检验而被使用，则制造商对该缺陷产品所致人身损害应承担严格责任，此即所谓"格林曼规则"。法院在适用严格责任原则时，其审查的重点是产品本身及使用所引起的危险，而不在于制造商在设计和生产产品过程中是否做到了合理的注意，这就免除了受害人对制造商有过错的证明责任。加州最高法院确立的这一规则，得到了美国大多数州的赞同，并对世界各国产生了深远的影响。1985 年通过、1988 年生效的《欧洲经济共同体产品责任指令》规定，对产品责任适用严格责任原则，并要求成员国在 3 年内修改法律，使之与指令一致。目前，欧共体成员国均已按指令要求制定了新的产品责任法，实行严格责任原则。[1]

适用无过错原则的意义，在于加重行为人的责任，使受害人的损害赔偿请求更容易实现，受到损害的权利及时得到救济；适用无过错责任原则时，举证方式采用举证责任倒置，即举证责任由被告一方承担。适用无过错责任原则的条件是：产品有缺陷；有损害事实存在；产品缺陷与损害事实之间有因果关系。

无过错责任原则在我国《民法通则》和《产品质量法》中都有明确的规定。《民法通则》第 106 条第 3 款规定："无过错，但法律规定应当承担民事责任的，应当承担民事责任。"《产品质量法》第 41 条规定："因产品存在缺陷造成人身、

〔1〕 李昌麒主编：《经济法学》，中国政法大学出版社 1999 年版，第 456 页。

缺陷产品以外的其他财产损害的，生产者应当承担赔偿责任。"

（2）过错推定原则[1]。过错推定原则是过错原则的一种特殊表现形式，又称过失推定原则或疏忽原则。它是指由于生产者、销售者的疏忽，造成产品缺陷，或者由于生产者、销售者应当知道产品有缺陷而没有知道，并把产品投入流通，从而造成他人人身、财产损害的，生产者、销售者在主观上便有过错，就应承担赔偿责任。在产品责任的诉讼中，只要求受害人证明有损害事实，有因果关系；对于加害人而言，如果不能证明对于损害的发生，自己没有过错，那么，就从损害事实本身推定被告人在致人损害的行为中有过错，并为此承担赔偿责任。

过错推定原则包含了两项互相联系的内容：①生产者或销售者的过错是他们承担责任的前提。这里的过错，指过失或疏忽。生产者或销售者故意致人损害虽应承担责任，但这是另一种性质的法律责任。过错推定原则的这层含义与一般过错原则是相同的。②免除受害人对生产者或销售者过错的举证责任。主要通过两种方式来免除，一是"举证责任倒置"，即生产者或销售者无过失的举证责任主要由其自己证明，在不能证明时即推定其有过失。二是"事实自证规则"，即生产者或销售者的过错仅凭损害事实发生便足以证明，除非他们能提出自己无过错的充足理由及其他法定的免责事由，否则将承担过失责任。过错推定原则的这一层含义，是它与一般过错责任原则的根本区别。

过错推定原则与严格责任原则有着一致性：①二者都以扩大法律救济为目的，以提高受害人求偿权的实现程度为宗旨；②二者都免除受害人对生产者或经营者过错举证的责任；③二者有共同的免责条件，即严格责任原则下的免责条件对过错推定原则仍然适用；④从理论上讲，过错推定原则没有脱离过错责任的窠臼和宗旨，而仅在追究致害人责任时的观念有所不同而已，亦即严格责任原则不以致害人的过错为其责任的构成要件，过错推定原则则相反，但严格责任原则并非完全不考虑过错，特别是受害人的过错，往往成为责任是否成立或者减免的重要考虑因素。因此，过错推定原则在事实上十分接近严格责任原则。不过，过错推定原则由于仍以生产者或销售者的过错作为其承担责任的观念基础，因而它与严格责任原则仍有差异。

应予说明的是，过错推定原则自确立以来虽然仍在适用，但鉴于它承认缺陷产品的制造者或销售者通过证明自己无过错而获免的可能性，因而与严格责任原则相比，它对于缺陷产品受害者利益的保护作用毕竟有其不足。为了最大限度地发挥法律的救济功能，近年来，产品责任的归责由过错推定原则向严格

---

[1] 李昌麒主编：《经济法学》，中国政法大学出版社1999年版，第457页。

责任原则过渡，已成为各国立法的共同趋势。不过，对销售者按过错推定原则归责，仍然被许多国家保留了下来。

在我国，《产品质量法》第42条规定："由于销售者的过错使产品存在缺陷，造成人身、财产损害的，销售者应当承担赔偿责任。销售者不能指明缺陷产品的生产者，也不能指明缺陷产品的供货者的，销售者应当承担赔偿责任。"第43条规定："因产品存在缺陷造成人身、他人财产损害的，受害人可以向产品的生产者要求赔偿，也可以向产品的销售者要求赔偿。属于产品的生产者的责任时，产品的销售者赔偿后，产品的销售者有权向产品的生产者追偿；属于产品的销售者的责任时，产品的生产者赔偿后，产品的生产者有权向产品的销售者追偿。"上述规定意味着，销售者承担产品责任，应以其过错的存在为条件，但这并不是说对销售者适用一般过错责任这一归责原则，而应按过错推定原则去理解。惟有如此，才能给受害人提供应有的保护。至于生产者和销售者之间的追偿关系，由于其已不是产品责任问题，因而应按一般过错责任原则确定其各自应负的责任。

（3）担保原则。担保原则是指生产者或者销售者通过明示或默示的方式对产品质量作出保证，在产品因缺陷致人损害时，即认定其违反担保，必须承担责任的一种归责原则。这里所说的担保，有两种方式，即明示担保和默示担保。

明示担保是指生产者、销售者通过合同、广告、产品说明书、实物样品等方式对产品的用途、性能及其他质量特点所作的明确表示。它可以是口头的形式，如通过产品推销员的宣传；也可以是书面的形式，如产品说明书、广告等。各国法律都要求生产者或销售者对产品作出明示担保。我国《产品质量法》对产品的明示担保也作出了规定。但不足的是，将违反明示担保原则的责任多归属为瑕疵责任（合同责任），这在《产品质量法》第40条得到了印证。第40条第1款规定："售出的产品有下列情形之一的，销售者应当负责修理、更换、退货；给购买产品的消费者造成损失的，销售者应当赔偿损失：①不具备产品应当具备的使用性能而事先未说明的；②不符合在产品或其包装上注明采用的产品标准的；③不符合以产品说明、实物样品等方式表明的质量状况的。"这一规定，显然将违反明示担保原则而造成消费者损害的缺陷产品排除出了产品责任的范围，而将此视为合同责任，这无疑缩小了产品责任的范围，不利于对消费者权益的保护。

对于生产者、销售者违反默示担保原则致他人人身、财产损失的情况，一般按产品有缺陷对待。这在《产品质量法》第26条得到了印证。第26条规定："生产者应当对其生产的产品质量负责。产品质量应当符合下列要求：①不存在危及人身、财产安全的不合理的危险，有保障人体健康和人身、财产安全的国家标准、行业标准的，应当符合该标准；②具备产品应当具备的使用性能，但是，对产品存在使用性能的瑕疵作出说明的除外；③符合在产品或包装上注明采用的产品标准，符合以产品说明、实物样品等方式表明的质量状况。"

3. 构成要件。产品责任的构成要件，是指产品的生产者或销售者承担产品责任须符合的法律条件。产品责任的构成要件，因归责原则的不同而有所差异。

适用严格责任原则确定产品责任时，其构成要件为：

（1）产品有缺陷。对产品缺陷的一般性理解是，产品缺乏人们期待的安全性。我国《产品质量法》第 46 条规定："本法所称缺陷，是指产品存在危及人身、他人财产安全的不合理的危险；产品有保障人体健康和人身、财产安全的国家标准、行业标准的，是指不符合该标准。"可见，产品缺陷不仅指其在经济意义上、在生产过程中即已形成和存在的事实上的不合理危险，而且也包括在法律上因违反有关保障产品安全的质量标准的产品，以及因违反有关法律、法规和质量标准所确定的告知义务，因而使本属合理的危险转化为不合理的危险的产品。还须明确，只有在这些不合理危险产品经交换关系进入使用、消费过程时，才会产生产品缺陷责任问题。[1]

（2）有损害事实存在。即产品因缺陷造成了人身、缺陷产品以外的其他财产的损害。这里必须注意到两种情况：一是产品虽然有缺陷，但并未造成现实的损害结果；二是缺陷产品发生了损害结果，但造成的损害仅仅是缺陷产品本身，并未造成人身、缺陷产品以外的其他产品的损害。上述的这两种情况，均不构成产品责任。对生产者、销售者而言，出现这两种情况后，按产品的瑕疵担保责任的有关规定处理，即生产者、销售者应承担修理、更换、退货或赔偿损失的责任。

（3）产品缺陷与损害事实之间要有因果关系。因果关系是客观事物之间普遍的必然的联系。产品缺陷与损害后果之间的因果关系是指损害后果与产品缺陷有客观的、必然的联系。在客观世界中，原因与结果表现为互相联系、互相作用的无穷无尽的关系链条。在认定因果关系时，不是去寻求事物的普遍联系或一般联系，而是去寻求导致结果出现的直接的、内在的、必然的原因。多因一果是常有的，但能否把主要的、决定性的原因和次要的、辅助性的原因区分开来，这是最具法律意义的。在一件产品责任事故中，原告人的人身、财产损害往往是由多种原因造成的，作为原告人，他必须证明产品缺陷是引起人身、财产损害的主要原因或基本原因，但是，他不必证明该产品是引起损害后果的唯一原因或直接原因。在实践中，用户或消费者的损害往往是在使用或消费某

---

〔1〕 潘静成、刘文华主编：《经济法》，中国人民大学出版社 1999 年版，第 254 页。

种产品时才发生的产品责任事故，这种使用或消费行为是发生责任事故的中介。这种中介行为如果没有在发生的责任事故中起直接的、决定性作用，它就不能成为生产者或销售者免责的理由。当然，不是说不考虑受害人有无过错，但只要受害人的过错不是导致结果的内在的、必然的、直接的原因，那么生产者或销售者就必须承担责任，只是考虑到受害人对致害结果也有过错，可以减轻生产者或销售者的责任。如果这种中介行为是造成损害结果的内在的、必然的、直接的原因，那么，生产者或销售者就可以免责。

适用过错推定原则确定产品责任时，除具备上述三项条件外，还须具备一个条件，即生产者、销售者主观上有过错。但为了更好地保护消费者的权利，各国基本上已不要求受害人承担这种过错的证明责任，而是通过"举证责任倒置"或"事实自证规则"来确定生产者或销售者的产品责任。

按照美国等国家的法律规定，适用担保原则确定产品责任时，应具备的主要条件为：生产者或销售者对产品质量有明示担保；受害人相信该担保；损害是由于产品不符合生产者或销售者的担保所引起的。[1]

4. 责任免除。所谓产品责任免除是指在产品责任事故发生后，生产者、销售者如能够证明有法定的免责条件的存在，即可全部或部分免除赔偿责任。

从各国立法看，免责条件一般包括：

（1）受害人的过错。对受害人故意造成自己损害的，自然不在赔偿之列。对受害人因主观上的过错造成的损害是否可以成为免责事由，各国规定不一。

（2）未将产品投入流通。我国《产品质量法》规定："本法所称产品是指经过加工、制作，用于销售的产品。"同时规定，能够证明未将产品投入流通的可以免责。《欧共体产品责任指令》规定，如果生产者能证明他未将产品投入流通或该产品缺陷在投入流通时是没有的，不承担责任。

（3）投入流通时，引起损害的缺陷尚不存在的（我国《产品质量法》第41条规定）。

（4）将产品投入流通时的科学技术水平不能发现缺陷的存在。大多数国家的产品立法均肯定了这一点，我国亦如此。这是对严格责任原则的合理限制。

5. 赔偿范围。各国对此规定存在一定的差异。有些国家将赔偿范围界定的较宽，除财产损害赔偿外，还包括身体、健康和精神损害赔偿，如美国；大多数国家则未将精神损害赔偿列入赔偿的范围。我国《产品质量法》规定，因产品存在缺陷造成受害人人身伤害的，侵害人应当赔偿医疗费、治疗期间的护理费、因误工减少的收入等费用；造成残疾的，还应当支付残疾者生活自助具费、

〔1〕 李昌麒主编：《经济法学》，中国政法大学出版社1999年版，第460页。

生活补助费、残疾赔偿金以及由其扶养的人所必需的生活费等费用；造成受害人死亡的，并应当支付丧葬费、死亡赔偿金以及由死者生前扶养的人必需的生活费等费用。因产品存在缺陷造成受害人财产损失的，侵害人应当恢复原状或折价赔偿。受害人因此遭受其他重大损失的，侵害人应当赔偿损失。

6. 诉讼时效。诉讼时效，是指权利人在法定期间内不行使请求权，即丧失依诉讼程序强制义务人履行义务的权利的法律制度。权利人能够依诉讼程序强制义务人履行义务的法定期间，是诉讼时效期间。

我国《产品质量法》参照世界多数国家立法例，对产品责任的诉讼时效作了明确规定。按照规定，因产品存在缺陷造成损害要求赔偿的诉讼时效期间为2年，自当事人知道或者应当知道其权益受到侵害时起计算。同时，为了体现民法的公平原则，平衡产品的生产者和消费者的权益，《产品质量法》又规定，因产品存在缺陷造成损害要求赔偿的请求权，在造成损害的缺陷产品交付最初消费者满10年丧失；但是，尚未超过明示的安全使用期的除外。

第三节　产品质量行政责任与刑事责任

一、产品质量行政责任

产量质量行政责任是指生产者、销售者因违反产品质量监督管理法律、法规，而应承担的法律后果。

（一）生产者、销售者的产品质量行政责任

依据产品质量法的规定，生产者、销售者有下列行为之一的，应当根据《产品质量法》的规定承担产品质量责任：

1. 生产、销售不符合保障人体健康、人身、财产安全的国家标准、行业标准的产品的；

2. 生产者、销售者在产品中掺杂、掺假，以次充好，或者以不合格产品冒充合格产品的；

3. 生产国家明令淘汰的产品的；

4. 销售变质、失效的产品的；

5. 生产者、销售者伪造产品产地，伪造、冒用他人厂名、厂址，冒用认证标志、名优标志等质量标志的；

6. 以行贿、受贿或其他非法手段推销或者采购上述四类产品的；

7. 产品标识、包装不符合《产品质量法》有关规定的；

8. 伪造检验数据或结论的。

（二）生产者、销售者产品质量行政责任形式

根据《产品质量法》第五章"罚则"各条款，生产者、销售者的产品质量行政责任形式主要有：责令停止生产；责令停止销售；没收违法生产或销售的产品；没收违法所得；罚款；责令公开更正；吊销营业执照等。

执行行政处罚的机关应为产品质量监督部门和工商行政管理部门（法律、行政法规另有规定的除外），但吊销营业执照处罚，只能由工商行政管理部门执行。

《产品质量法》第65条还规定了各级人民政府工作人员和其他国家工作人员的行政责任。

二、产品质量刑事责任

产品质量刑事责任是指产品质量法主体违反《产品质量法》和《刑法》的规定而应承担的刑事法律后果。本节中我们重点介绍生产、销售伪劣产品罪和生产、销售不符合安全标准的产品罪。

（一）生产、销售伪劣产品罪

1. 生产、销售伪劣产品罪的含义。生产、销售伪劣产品罪，是指生产者、销售者在产品中掺杂、掺假，以假充真，以次充好或者以不合格产品冒充合格产品，销售金额达5万元以上的行为。我国《刑法》第140条对生产、销售伪劣产品罪作出了具体规定。该条规定："生产者、销售者在产品中掺杂、掺假，以假充真，以次充好或者以不合格产品冒充合格产品，销售金额5万元以上不满20万元的，处2年以下有期徒刑或者拘役，并处或者单处销售金额50%以上2倍以下罚金；销售金额20万元以上不满50万元的，处2年以上7年以下有期徒刑，并处销售金额50%以上2倍以下罚金；销售金额50万元以上不满200万元的，处7年以上有期徒刑，并处销售金额50%以上2倍以下罚金；销售金额200万元以上的，处15年有期徒刑或者无期徒刑，并处销售金额50%以上2倍以下罚金或者没收财产。"

2. 生产、销售伪劣产品罪的构成要件。生产、销售伪劣产品罪由以下四个要件构成：

（1）犯罪主体。犯罪主体是个人和单位，具体表现为产品的生产者和销售者。

（2）主观方面。主观方面表现为故意，一般具有非法牟利的目的。行为人的故意表现为在生产领域内有意制造伪劣产品，分两种情况：一是在销售产品中故意掺杂、掺假；二是明知是伪劣产品而售卖。

（3）犯罪客体。生产、销售伪劣产品罪侵犯的客体是国家对普通产品质量

的管理制度。普通产品是指除刑法另有规定的药品、食品、医用器材、涉及人身和财产安全的电器等产品，农药、兽药、化肥、种子、化妆品等产品以外的产品。国家对产品质量的管理制度是指国家通过法律、行政法规等规范产品生产的标准，产品出厂或销售过程中的质量监督检查内容，生产者、销售者的产品质量责任和义务、损害赔偿、法律责任等制度。

（4）客观方面。生产、销售伪劣产品罪的客观方面表现为生产者、销售者违反国家的产品质量管理法律、法规，生产、销售伪劣产品的行为。违反产品质量管理法律、法规一般是指违反《产品质量法》、《标准化法》、《计量法》、《工业产品质量责任条例》以及有关省、自治区、直辖市制定的关于产品质量的地方性法规、规章和有关行业标准规则等。

（二）生产、销售不符合安全标准的产品罪

1. 生产、销售不符合安全标准的产品罪的含义。生产、销售不符合安全标准的产品罪，是指生产不符合保障人身、财产安全的国家标准、行业标准的电器、压力容器、易燃易爆产品或者其他不符合保障人身、财产安全的国家标准、行业标准的产品，或者销售明知是以上不符合保障人身、财产安全的国家标准、行业标准的产品，造成严重后果的行为。我国《刑法》第 146 条对该犯罪作出了规定。该条规定："生产不符合保障人身、财产安全的国家标准、行业标准的电器、压力容器、易燃易爆产品或者其他不符合保障人身、财产安全的国家标准、行业标准的产品，或者销售明知是以上不符合保障人身、财产安全的国家标准、行业标准的产品，造成严重后果的，处 5 年以下有期徒刑，并处销售金额 50% 以上 2 倍以下罚金；后果特别严重的，处 5 年以上有期徒刑，并处销售金额 50% 以上 2 倍以下罚金。"

2. 构成要件。生产、销售不符合安全标准的产品罪由以下四个要件构成：

（1）主体要件。本罪的主体要件为一般主体，即达到刑事责任年龄、具有刑事责任能力的任何人均可构成本罪，单位也能构成本罪的主体。

（2）主观要件。本罪是故意犯罪。这种故意在生产环节上表现为，对所生产的电器、压力容器等产品是否符合标准采取放任的态度，或者明知所生产的产品不符合保障人身、财产安全的有关标准而仍然继续生产的；在销售环节上表现为，明知所销售的产品不符合标准而仍然予以出售的。过失行为不能构成本罪，如虽然严格要求了产品质量，但因为某一疏忽行为而出现了不合格产品的，或者销售了不知道是不符合安全标准的产品等。生产、销售不符合安全标准的产品罪的犯罪目的，一般来说只能是为了谋取经济利益。

（3）犯罪客体。本罪的客体为双重客体，即国家对生产、销售电器、压力容器、易燃易爆产品等的安全监督管理制度和公民的健康权、生命权。凡生产、销售不符合保障人身、财产安全标准的产品，即侵犯了国家对这类产品的监督管理制度。这类产品若不符合质量标准，往往会危及人身安全，造成重大财产损失等危害后果。

（4）犯罪客体。本罪的犯罪对象是不符合保障人身、财产安全的国家标准、行业标准的电器、压力容器、易燃易爆产品或者其他产品。所谓电器，是指各种电讯、电力器材和家用电器，如电线、电缆、电热器、电饭锅、电视机、收录机、音响组合、录像机、电冰箱、洗衣机、空调器、电风扇等；所谓压力容器，是指储存高压物品的容器，如高压锅、压力机、氧气瓶、压力洗衣机等；所谓易燃易爆产品，是指容易引起燃烧或者爆炸的物品，如锅炉、闸门、发电机、煤气制造系统的煤气发生炉、煤气罐、炸药（包括黄色炸药、黑色炸药和化学炸药）等；其他不符合保障人身、财产安全的国家标准、行业标准的产品，是指除上述电器、压力容器、易燃易爆产品以外的产品，如汽化油炉、汽水瓶、啤酒瓶等。这些产品都具有共同特点，即危险性、危害性、破坏性强，一旦发生事故，对人们的生命、健康及财产安全可能造成极大损失。正因为如此，国家对这类产品制定了严格的保障人身、财产安全的国家标准、行业标准，而不仅仅是一般的质量标准。

思考题

1. 简述我国产品质量责任的含义、特点与分类。
2. 简述"三包"制度的基本内容。
3. 何谓严格责任？其免责事由有哪些？
4. 简述产品责任的含义、特点与构成。

第二编　农产品质量安全法律制度

第五章
农产品质量安全法律制度概述

■ **内容提要**

　　农产品质量安全法是指调整在生产、流通和消费过程中因农产品质量安全所发生的社会关系的法律规范的总称。其中，农产品是指来源于农业的初级产品，即在农业活动中获得的植物、动物、微生物及其产品；农产品质量是指农产品在正常使用的条件下，满足合理使用用途要求所必须具备的特征和特性的总和；农产品质量安全则是指农产品质量符合保障人的健康、安全的要求。本章以农产品、农产品质量和农产品质量安全为基点对农产品质量安全法的一些基本问题进行了探讨和研究。

■ **学习重点**

　　农产品质量安全；农产品质量安全法。

第一节　农产品、农产品质量与农产品质量安全

一、农产品

　　关于农产品的定义，可以从自然属性和法律属性两个不同的角度进行。从自然属性上讲，农产品是指初级产业产出的未加工或只经过初级加工的产品，广义上的农产品包括农作物、畜产品、水产品和林产品，狭义上的农产品仅指农作物和畜产品；从法律属性上讲，农产品是指在农业活动中获得的未经加工或虽经某种程度和方式的加工但未改变其自然性状和化学性质的产品。

我国《农产品质量安全法》对农产品的界定是"来源于农业的初级产品，即在农业活动中获得的植物、动物、微生物及其产品"。这里的"农业活动"，既包括传统的种植、养殖、采摘、捕捞等农业活动，也包括设施农业、生物工程等现代农业活动；"动物、植物、微生物及其产品"，通常是指在农业活动中获得的未经加工以及虽经某种程度和方式的加工（如分拣、去皮、粉碎、清洗、切割、冷冻、包装等），但未改变其基本自然性状和化学性质的产品。需要指出的是，《农产品质量安全法》中的农产品与《食品安全法》中的食品以及《产品质量法》中的产品一样，都会经过某种程度和方式的加工，因此，如果不对加工的内涵（对加工的定性）和外延（哪些行为能归属在加工的范围内）加以明确的话，不利于执法机关明晰职责，有效监管。因此，我们建议在制定《农产品质量安全法实施条例》等行政法律规范时，应对该问题予以明确。

二、农产品质量

农产品质量是指农产品在正常使用的条件下，满足合理使用用途要求所必须具备的特征和特性的总和。从一般意义上来讲，农产品也是产品中的一种，综观世界各国制定的《产品质量法》或《产品责任法》，其对产品的界定各有不同，范围也有宽有窄。因此，为了统一各国关于产品的法律冲突规则，海牙国际私法会议曾于1973年10月通过了《海牙产品责任法律适用公约》。该《公约》所称的产品，包括了一切天然产品和工业产品，无论是经过加工的还是未经加工的，也无论是动产还是不动产。因此，农产品以及农产品质量作为产品以及产品质量的具体化，当然应当秉承后者的一般特性和特征。基于此，我们认为：农产品质量是指农产品满足规定或潜在需要的能力或特征的总和。其中，"需要"可以分为明确和潜在两类。"明确需要"是指在合同、标准、规范、图样、技术要求以及其他文件中已经作出的规定；"潜在需要"是指农产品消费者或社会对农产品的期望，或人们公认的、不言而喻的、不必作出规定的"需要"。值得强调的是，由于人们对农产品质量的要求会因为时间、地点、用途等方面的不同而有所差异，"仁者见仁，智者见智"，因此，农产品质量总是一个相对的概念，在实践中很难对其作出一个完整的、统一的界定。

三、农产品质量安全

国际社会中对于农产品质量安全的认识是伴随着对食物安全的认识而不断深入的。早在1974年11月，联合国粮农组织就针对发展中国家出现的严重食物危机提出了食物安全的概念，即通过农业生产和粮食储备来从数量上保证人们对食物的基本需求。经过了20多年的发展，到了20世纪90年代以后，随着发展中国家人均粮食占有量的持续增长，食物安全概念的内涵也在悄悄发生着变化。发达国家早已越过了"数量安全"的阶段而进入到了全面提升品质的时期，而品质的持续提升主要是依靠制度建设来形成长效机制，其典型代表就是大量制定和颁布对食品以及制造食品所需的农业初级产品进行安全管理的技术性法规和标准，由此也形成了大量的"绿色壁垒"。这些"绿色壁垒"越来越多地成为食品和农产品国际贸易中必须考虑的问题，也成为影响一国农业竞争力的关键要素。另外，近年来国内外各种食品和农产品质量安全事故时有发生，严重地危害着人类的安全和可持续发展，以上各种因素都促使世界各国，无论是发达国家还是发展中国家，都开始对农产品质量问题进行重新审视，其审视重点就是在立法中突出农产品的安全性。我国《农产品质量安全法》与世界立法步伐一致，也对农产品质量安全作出了明确规定。该法第2条第2款指出："本法所称农产品质量安全，是指农产品质量符合保障人的健康、安全的要求。"

从根本上说，农产品质量安全即农产品质量的安全性，其突出的是在农产品诸多质量特性中的基本质量特性——安全性。没有了安全性作为基础，其他的一切质量特性都将失去建构的基础和依托。由此可以看出，农产品质量和农产品质量安全有着密切的联系。但是，农产品质量和农产品质量安全也有着明显的不同，这种不同主要表现在两者的衡量和判断基准不同。目前，我国衡量和判断农产品质量的基准是农产品质量标准。根据我国《标准化法》的相关规定，这一标准分为强制性标准和推荐性标准两类；而衡量和判断农产品质量安全的基准是农产品质量安全标准。根据我国《农产品质量安全法》第11条的规定，农产品质量安全标准是强制性的技术规范，即具有强行效力，其范围包括但不限于强制性标准。目前在市场上生产、销售的无公害农产品即属于质量安全的农产品中的一类。换句话说，无公害农产品实际上就是指在农业投入品使用、农产品产地、农产品生产以及农产品包装和标识方面符合国家农产品质量安全标准要求的农产品。

至于农产品的其他质量特性，即适用性（口感）、营养性、外观性（色香味）、环境性等非安全特性，则主要是在发挥市场自发的调节作用，以满足消费者的特殊农产品消费需要。目前，优质农产品就是这样一种产品。[1] 目前，绿色食品和有机农产品是优质农产品的典型代表。

绿色食品是国家为了提高农产品质量安全水平和市场竞争力而推出的农业精品品牌，它以初级农产品为基础，以加工农产品为主体。其特点是该类食品

---

〔1〕 所谓优质农产品就是指在满足国家农产品质量安全标准的基础上突出一种或若干种质量特性，达到国际同类水平或先进水平的农产品。

的质量安全达到发达国家水平，在生产、加工过程中按照绿色食品规范，禁用或限制使用化学合成的农药、肥料、添加剂等生产资料及其他有害于人体健康和生态环境的物质，并实施从农田到餐桌的全程质量控制，其亮点是在突出安全性并对其提出更高要求的同时，也兼顾到环境性、营养性等非安全质量特性。

有机农产品是指来自有机农业生产体系，根据有机农业生产要求和相应标准生产加工，并且通过合法的有机食品认证机构认证的农副产品及其加工品，其亮点在于突出安全性并同时兼顾到环境性等非安全质量特性。

在我国，目前无论是绿色食品还是有机农产品都是国家鼓励和扶持的优质农产品。

第二节　农产品质量安全法

一、农产品质量安全法的含义

农产品质量安全法是指调整在生产、流通和消费过程中因农产品质量安全所发生的社会关系的法律规范的总称。

我国农产品质量安全法调整两类农产品质量安全关系：

（一）农产品质量监督管理关系

农产品质量监督管理关系主要发生在国家各级政府监督管理部门与农产品的生产者与销售者之间，主要解决农产品的生产者、销售者如何管理农产品质量安全，国家各级政府监督管理部门如何监管农产品质量安全，以及衡量农产品质量安全的基准、农产品质量安全的保证等问题。

（二）农产品质量责任关系

农产品质量责任关系主要发生在农产品的生产者、销售者与消费者之间，其核心是解决农产品的生产者、销售者对其生产或销售的农产品的质量安全应当承担的法律责任问题。

二、农产品质量安全法的理论基础

从本源上说，农产品质量安全法的产生与发展根植于以下几个方面：

（一）经济基础

在农业生产中，市场在供求之间架起了联通的桥梁，使得资本和资源的流向趋向合理和平衡，实现个人利益和社会利益的最大化。然而，农产品市场在发挥其积极作用的同时也会有其自身无法克服的缺陷，即"市场失灵"。面对农产品市场失灵，必须由政府出面主动介入社会经济生活，通过运用国家赋予的经济干预权力来矫正市场失灵。对此，《农产品质量安全法》通过了一系列制度设计来达到这一目标，如农产品质量安全监督管理制度，其中的农产品质量安全标准化管理制度、农产品产地管理制度、农产品质量安全风险评估制度、农产品质量安全信息发布制度、农产品安全生产管理制度、农产品质量安全追溯制度等都是政府运用干预权力适度干预市场的具体体现。而之所以选择政府干预，取决于两个重要因素：①是政府自身性质所决定的。一方面，任何一国公民必须附属于政府，没有选择权，另一方面，政府可以利用自己的特殊地位为公民利益采取行动，且政府拥有其他法人、经济组织或个人都无法比拟的强制力。②取决于政府设置的目的。任何国家的政府都是作为国家的具体存在而出现，而国家的存在和发展又以一定的经济基础为前提，这就决定了任何国家的政府都必须把建立有利于国家存在和发展的经济基础作为自己的主要职能。

（二）社会基础

在市民社会理论发展的历史长河中，人们始终是把市民社会与政治国家作为问题的两极来严格区分的。但是，随着第二次世界大战结束后科学技术的迅猛发展、经济全球化进程的加快和国际组织的蓬勃发展，市民社会与政治国家之间的界限已经变得逐渐模糊，双方之间已经不再简单地体现为对立和两极状态，并逐步走向融合和渗透，出现了社会的国家化（政治国家对市民社会更多的干预）和国家的社会化（市民社会对国家生活的积极参与和权力分享）趋势。《农产品质量安全法》正是基于对市民社会与政治国家基本特征的深刻认识，立足于辩证立场，对市民社会与政治国家的良性互动作出了相应的回应。比如《农产品质量安全法》中有关农产品质量安全监督管理制度的各项制度设计就是"社会的国家化"的最好体现。市民社会所倡导的平等、自由只是形式意义上的，由于社会主体实际地位的不平等，"契约自由"的背后很可能掩盖着欺诈和不正当竞争。因此，《农产品质量安全法》正是正视了这样一种形式平等而实质不平等的情况，通过监管制度的一系列制度设计来平衡农产品经营者和消费者之间的权利义务分配关系，追求实质公平和正义。当然，体现"社会的国家化"的同时，该法也注重了"国家的社会化"，比如该法第6条关于吸收有关方面的专家组成农产品质量安全风险评估专家委员会的规定，第9条关于支持农产品质量安全科学技术研究，推行科学的质量安全管理方法，推广先进安全的生产技术的规定，第12条关于在农产品质量安全标准制定过程中听取农产品生产者、销售者和消费者的意见的规定，第14条关于农产品质量安全标准由农业行政主管部门同有关部门组织实施的规定，第23条关于农业科研教育机构和农业技术推广机构加强对农产品生产者质量安全知识和技能培训的规定，第27条关于农民专业合作经济组织和农产品行业协会提供生产技术服务，建立安全管理制度，健全安全控制体系和加强自律管理的规定等，都是"国家社会化"很好的制度体现。

（三）部门法基础

基于市民社会与政治国家的融合与互动，现代社会存在公私权互相融合渗透的趋势，因而也就相应出现了独立于公法和私法的所谓"第三法域"。"第三法域"法律规范相比较于公法与私法规范，在克服市场失灵与政府失灵方面有其特殊优势。

《农产品质量安全法》是第三法域中的重要法律部门，是经济法的重要组成部分，在克服市场失灵与政府失灵过程中有其自身优势。具体来讲，在克服市场失灵方面，由于农产品质量安全法借助公权力，因此，它有能力克服市场的自利本性和市场缺陷，可以对市场主体的私权进行必要的限制，使市场的运行在依赖经济人追求自身经济效益最大化的基础上也兼顾社会公共利益；在克服政府失灵方面，由于农产品质量安全法不仅主张干预市场，更主张干预政府，同时充分考虑政府缺陷的存在，因此，能够实现政府对市场的适当干预和有效干预。这些优势具体体现在：①以社会为本位，调和市民社会与政治国家间的关系，农产品质量安全法的价值取向，既不同于行政法的国家本位，更不同于民商法的个人本位，其追求的是在个体利益与社会公共利益的平衡与协调基础上的社会公共利益。比如，对于农产品生产者、销售者作为市场中的经济人追求自身利益最大化的行为，农产品质量安全法是不予以干预的，同时为了提高农业生产的现代化程度和农产品生产者、销售者抵抗风险降低成本形成完整产业链的能力，农产品质量安全法进行了干预和引导，比如第8条、第9条对农产品生产的鼓励性规定，第23条对农业科研教育机构和农业技术推广机构予以扶持的规定都是很好的体现。但是，为了维护广大农产品消费者的合法权益，农产品质量安全法从农产品生产、农产品产地、农产品包装和标识等一系列角度进行了必要的干预和监管，其目的就是维护社会公共利益。②倡导实质正义，扶助社会弱势群体。与民商法的形式正义相对，农产品质量安全法主张通过农产品市场秩序的维护，对农业和农村经济发展的宏观调控来实现最大多数社会成员的最大福祉；强调对不同主体给予不同法律调整，以实现对具体社会成员特别是社会弱势群体的特别关注。

三、农产品质量安全法的历史发展

目前，世界主要市场经济国家尚没有一部专门规范农产品质量安全的法律或法规，其主要模式是通过制定多部法律、法规和规章来对农产品生产的不同品种、不同方面、不同环节、不同地域进行监管。

从总体上来说，国外发达国家的农产品质量安全法律法规体系相对健全。美国颁布有《联邦食品、药物、化妆品法》、《联邦肉类检验法》、《禽类产品检验法》、《蛋类产品检验法》、《食品质量保护法》等；加拿大颁布有《食品药物法》、《有害物控制产品管理法》、《植物保护法》、《谷物法》、《肉类检查法》、《消费者包装标签法》、《肥料法》、《种子法》、《饲料法》等；日本颁布有《食品卫生法》、《输出品取缔法》、《农林产品品质规格和正确标识法》、《植物防疫法》、《家畜传染病预防法》、《农药取缔法》、《农药管理法》等；韩国也颁布有《农产物品质管理法》、《植物防疫法》、《农药管理法》、《家畜传染病预防法》、《畜产品加工处理法》、《水产物品质管理法》和《食品卫生法》等。

概括来讲，国外发达农产品质量安全立法具有两个特点：

1. 层级性。所谓层级性是指除了由议会通过法律对农产品质量安全管理作出原则性的规定外，大量法律条文的细化和技术性规定都是授权行政机关以法令和条例的形式作出。

2. 多样性。所谓多样性是指即便是同一层级的农产品质量安全立法，也分别调整农产品质量安全监管的不同方面。这些立法大致可以分为两种情形：一种是在一些综合性法律中通过对食品、农业投入品、包装和标签的调整从而直接或间接地涉及对农产品质量安全的调整，如英国的《食品安全法》、美国的《联邦食品、药品和化妆品法》、加拿大的《食品和药品法》等；另一种是在单一性法律中专门就农产品（或农业投入品）的某一种类或某一环节的质量安全问题作出规定，如英国的《动物防疫法》，加拿大的《有害物控制产品法》、《饲料法》、《肥料法》、《种子法》、《植物育种者权利法》、《肉类监督法》、《渔业监督法》、《动物防疫法》等。

上述不同层级、不同方面的农产品质量安全管理立法互相配合且各有侧重，形成比较严密的农产品质量安全管理法规体系，为农产品质量安全监管提供了充分的法律依据和执法手段。

四、我国的农产品质量安全立法

"民以食为天"。我国历朝历代都将农业放在突出重要的位置，很早就开始重视农产品质量安全问题。新中国成立后，尤其是改革开放以后，党中央、国务院更是十分重视农产品质量安全工作。国务院1992年就作出了《关于发展高产优质高效农业的决定》，并采取了一系列措施，不断加强农产品质量安全工作。20世纪90年代中后期，我国农业发展进入到了数量与质量并重、更加注重质量的阶段。从2001年起，我国以启动实施"无公害食品行动计划"为主线，以提高农产品质量安全水平为核心，以加强农产品质量安全体系建设为基础，以农产品产地环境、生产过程、投入品监管、质量追溯和市场准入等环节为重点，开始了全面推进农产品质量安全监管的各项工作。2002 年 5 月，农业部发布公告，公布淘汰和禁止使用以及限制使用的兽药、农药清单。此外，各地各部门联合在全国范围内开展了多次大规模"农资打假护农行动"，使农业投入品质量得到了有效改善，为从源头上提高农产品质量安全提供了重要的法律保障。但从 2003 年起，我国农产品质量安全水平提高的难度有所加大，农产品质量安全的合格率在经历了一个较大幅度的提高后，开始进入缓慢上升和徘徊阶段，个别地区的农产品不合格率还时有反弹，进一步提高农产品质量安全水平非常困难。另外，加入 WTO 后，我国农产品日益融入国际市场，同时也遇到越来越多的贸易壁垒，因质量安全问题导致我国出口农产品遭遇退货、扣押、销毁、索赔、终止合同等现象十分突出；一些进口国也凭借体系健全、技术领先、设备先进的优势，以质量安全为由不断提高农产品进口市场准入门槛，设置技术性贸易壁垒。仅 2002 年我国就有 90% 的农产品出口企业不同程度地受到国外技术壁垒的影响，经济损失高达 90 亿美元。因此，面对我国农产品质量安全的严峻形势，以法律的形式建立农产品标准化体系、监测检测体系等相关体系，完善各项制度，对提高我国农产品质量、增强我国农产品的国际竞争力，增加农民收入，促进农业结构调整，推进农业现代化建设都具有重要意义。

近年来，农产品质量安全立法受到了党中央、全国人大、国务院和有关部门的高度重视和普遍关注。2005 年，党中央、国务院在《关于进一步加强农村工作提高农业综合生产能力若干政策的意见》中明确要求"加强农产品质量安全工作……加快农产品质量安全立法"。国务院也在 2003 年、2004 年和 2005 年连续三年把《农产品质量安全法》列入立法计划，地方政府和人大也积极推进各地农产品质量安全监管方面的立法工作。在这一背景下，在 2006 年 4 月 29 日第十届全国人民代表大会常务委员会第二十一次会议上审议并通过了《中华人民共和国农产品质量安全法》。该法的颁布实施，为农产品质量监督管理部门执法及农产品消费者权益保护提供了基本依据，标志着我国在建立、健全社会主义市场经济法律法规体系方面迈出了重要的一步。

我国农产品质量安全法作为一部规制市场秩序以及保护消费者权益的重要法律规范，主要由以下三个部分构成：

1. 农产品质量安全基本法。2006 年 4 月 29 日第十届全国人民代表大会常务委员会第二十一次会议通过并颁布了《中华人民共和国农产品质量安全法》。该法是我国调整农产品质量安全关系的基本法，共 8 章 56 条：第一章，总则；第二章，农产品质量安全标准；第三章，农产品产地；第四章，农产品生产；第五章，农产品包装和标识；第六章，监督检查；第七章，法律责任；第八章，附则。

《中华人民共和国农产品质量安全法》适用于"农产品"，即来源于农业的初级产品，也就是在农业活动中获得的植物、动物、微生物及其产品。这一定义清晰地界定了《农产品质量安全法》的调整对象，也使其与《食品安全法》中的"食品"与《产品质量法》中的"产品"相区别，填补了后两者调整的空白。

2. 农产品质量安全行政法规。目前，我国调整农产品质量安全关系的行政法规已经渐成体系。这些行政法规主要有国务院颁布的《饲料和饲料添加剂管理条例》（1999 年 5 月 29 日颁布，2011 年第二次修订）、《农药管理条例》（1997 年 5 月 8 日颁布，2001 年修订）、《农业转基因生物安全管理条例》（2001年 5 月 23 日颁布）、《棉花质量监督管理条例》（2001 年 8 月 3 日颁布，2006 年修订）、《兽药管理条例》（2004 年 4 月 9 日颁布）、《生猪屠宰管理条例》（1997年 12 月 19 日颁布，2011 年第二次修订）等。

3. 农产品质量安全行政规章。在调整农产品质量安全关系法律体系中，行政规章是十分重要的内容。目前，我国已经发布的调整农产品质量安全关系的行政规章主要有农业部发布的《绿色食品标志管理办法》（2012 年 7 月 30 日发布）、《"绿色证书"制度管理办法》（1997 年 4 月 22 日发布）、《农作物商品种子加工包装规定》（2001 年 2 月 26 日发布）、《农业转基因生物安全评价管理办法》（2002 年 1 月 5 日发布，2007 年第二次修订）、《无公害农产品管理办法》（2002 年 4 月 29 日发布，2007 年修订）、《无公害农产品标志管理办法》（2002年 11 月 25 日发布）、《农产品包装和标识管理办法》（2006 年 10 月 17 日发布）、《农产品地理标志管理办法》（2007 年 12 月 25 日发布）、《农垦农产品质量追溯标识管理办法（试行）》（2009 年 4 月 21 日发布）、《主要农作物品种审定办法》（2001 年 2 月 26 日发布，2007 年修订）等。

五、实施主体与客体

法律实施是法律发生法律效力的关键。实施主体和实施客体是农产品产品质量法实施的重要内容。

（一）实施主体

农产品质量问题关乎所有法律主体的权益，一直都是国家重视、政府关注和百姓关心的社会问题，因而其实施主体也十分广泛。概括而言，《农产品质量安全法》的实施主体包括以下几类：

1. 国家机关及其国家机关工作人员。国家机关是重要的农产品质量安全法的实施主体，其主要职责是进行农产品质量安全监管。《农产品质量安全法》明确规定："县级以上人民政府农业行政主管部门负责农产品质量安全的监督管理工作；县级以上人民政府有关部门按照职责分工，负责农产品质量安全的有关工作。"（第3条）"县级以上人民政府应当将农产品质量安全管理工作纳入本级国民经济和社会发展规划，并安排农产品质量安全经费，用于开展农产品质量安全工作。"（第4条）"县级以上地方人民政府统一领导、协调本行政区域内的农产品质量安全工作，并采取措施，建立健全农产品质量安全服务体系，提高农产品质量安全水平。"（第5条）

国家机关工作人员也是农产品质量安全法的重要实施主体，应当依法履行监督管理职责。不依法履行监督职责，或者滥用职权的，依法应承担行政责任。

2. 农产品经营者。概括而言，农产品经营者，即从事农产品经营或营利性服务的法人、其他经济组织和个人，包括农产品的生产者、农产品的销售者、农产品生产企业、农民专业合作经济组织、农产品批发市场、农产品销售企业等。但是，我国《农产品质量安全法》中的农产品经营者专指农产品的生产者和销售者。

所谓农产品的生产者，就是从事农产品生产、加工、制作等工作的人员或单位；所谓农产品的销售者，就是从事农产品销售的单位或个人。农产品的销售者有广义和狭义之分。广义的农产品销售者是指在农产品生产者和消费者之间，参与农产品流通的所有单位或个人；狭义的农产品销售者是指将农产品直接出售给消费者的单位和个人。本书取其狭义。

值得注意的是，我国目前的农产品经营者与一般意义上的经营者有很大不同，农产品经营者特别是农产品生产者大多表现为分散的农户。这些分散的农产品生产者虽然符合经营者营利性特征，但远未达到农产品经营者应有的规模和组织，其本身还经常受到不法经营者违法销售的伪劣农业投入品和伪劣农资的损害，因此，按照我国《消费者权益保护法》第54条的相关规定，其可比照消费者维护其自身权益。因此，我们认为，提高农业现代化水平，通过市场基础性调节和政府的有效干预尽快使分散的农户形成有组织、有规模的真正意义上的农产品经营者仍然是我国农产品生产中的主要问题。

3. 农业社会中间层主体。农业社会中间层主体是指独立于政府与市场主体，为政府干预市场、市场影响政府和市场主体之间相互联系起中介作用的主体。根据我国《农产品质量安全法》的规定，农业科研教育机构、农业技术推广机构、农产品质量安全检测机构、农产品行业协会均属社会中间层。农业社会中间层主体同其他主体相比，具有以下两个明显的特征：

（1）公益性。即农业社会中间层主体的存在以社会公益为主要价值目标，以提供准公共物品为基本职能。它虽然也从事有偿性或营利性活动，但营利不是其存在的主要目的，而是为实现其基本职能创造条件。

（2）中立性。农业社会中间层主体的中立性表现为：①它是独立于政府之外、依法自主运作的独立法人，它可以按照合同接受政府的委托任务，但不应成为政府的附属机构，更不应成为政府安插精简人员的场所；②相对于作为其服务对象的各方当事人而言，它处于中立地位；其行为服务于各方当事人，而不是服务某一方当事人，应当具有公正性。

（二）实施客体

我国《农产品质量安全法》第2条第1款规定："本法所称农产品，是指来源于农业的初级产品，即在农业活动中获得的植物、动物、微生物及其产品。"从此条规定可以看出，我国农产品质量安全法的实施客体包括两个方面的内容：

1. 农产品生产活动。农产品生产活动包括农产品生产者从原材料投入到成品出产的全过程，具体包括工艺过程、检验过程、运输过程、等待停歇过程和自然过程。

2. 农产品销售活动。农产品销售活动包括所有形式的销售农产品的活动，如直销、代销、赊销、批发、零售等活动。

值得注意的是，农产品生产活动和农产品销售活动有时是分离的，有时则是合而为一的，如有些企业既从事农产品生产活动也从事农产品销售活动。对于同时从事农产品生产活动和农产品销售活动的企业应当分别领取农产品生产（销售）许可证和农产品生产（销售）营业执照。

思考题

1. 何谓农产品？其范围有哪些？
2. 试评我国农产品质量安全立法。
3. 谈谈你对农产品质量安全的认识。
4. 简析农产品生产活动和农产品销售活动的基本形式。

第六章
农产品质量安全监督管理法律制度

■ **内容提要**

　　农产品质量安全监督管理制度是指国务院农产品质量安全监督管理部门以及地方人民政府管理农产品质量安全监督工作的部门依法定的行政权力，以实现国家职能为目的，对农产品质量安全进行监督管理的制度。我国现行的农产品质量安全监督管理制度是由若干相互联系、相互依存、互为补充的法律制度构成的统一体，包括农产品质量安全标准管理制度、农产品质量安全认证制度、农产品质量安全检测制度、农产品质量安全监督检查制度等。本章对这些制度进行了专门介绍。

■ **学习重点**

　　农产品质量安全监督管理体制；农产品质量安全标准化制度；农产品产地安全管理制度。

第一节　我国农产品质量安全监督管理体制

一、概述

　　所谓农产品质量安全监督管理体制，是指农产品质量安全监督管理组织机构的设置及其职权划分制度的统称。《农产品质量安全法》第3条确立了我国的农产品质量安全监督管理体制。

　　根据我国农产品质量安全管理实际，《农产品质量安全法》确立了统一管理与分工负责相结合的农产品质量安全监督管理体制。根据国家对行政机关授权的不同，又可划分为级别管理和职能管理。级别管理分为中央一级农产品质量监督管理和县级以上地方各级人民政府农产品质量监督管理。职能管理分为政府农产品质量监督管理和政府有关行政主管部门监督管理（如工商行政管理部门管理、质量技术监督部门管理、卫生行政主管部门监督管理等）。国家根据这些行政机关各自职能的不同，授予其不同的农产品质量监督管理权限。

二、农产品质量安全监督管理部门的职能和分工

（一）国务院农产品质量安全监督管理部门的职能

国务院农产品质量安全监督管理部门负责全国农产品质量监督管理工作，这是关于国务院农产品质量安全监督管理部门的规定。经过 2001 年的国务院机构改革和 2006 年 11 月 1 日施行的《中华人民共和国农产品质量安全法》的明确授权，国家农业部成为国务院具体履行农产品质量安全监管职能的部门，由其负责对全国农产品质量安全工作进行统一管理，组织协调，对农产品质量监督管理工作进行宏观指导。农业部中具体负责农产品质量安全监管的部门是农业部农产品质量安全监管局。

农产品质量安全监管局主要承担以下职责：

1. 起草农产品质量安全监管方面的法律、法规、规章，提出相关政策建议；拟订农产品质量安全发展战略、规划和计划，并组织实施。

2. 组织开展农产品质量安全风险评估，提出技术性贸易措施建议；组织农产品质量安全技术研究推广、宣传培训。

3. 牵头农业标准化工作，组织制订农业标准化发展规划、计划，开展农业标准化绩效评价；组织制定或拟订农产品质量安全及相关农业生产资料国家标准并监督实施；组织制定和实施农业行业标准。

4. 组织农产品质量安全监测和监督抽查，组织对可能危及农产品质量安全的农业生产资料进行监督抽查；负责农产品质量安全状况预警分析和信息发布。

5. 指导农业检验检测体系建设和机构考核，负责农产品质量安全检验检测机构的建设和管理，负责部级质检机构的审查认可和日常管理。

6. 指导农业质量体系认证管理；负责无公害农产品、绿色食品和有机农产品管理工作，实施认证和质量监督；负责农产品地理标志审批登记并监督管理。

7. 指导建立农产品质量安全追溯体系；指导实施农产品包装标识和市场准入管理。

8. 组织农产品质量安全执法；负责农产品质量安全突发事件应急处置；牵头整顿和规范农资市场秩序，组织开展打假工作，督办重大案件的查处；指导农业信用体系建设。

　　（二）国务院有关部门的职能与分工

　　国务院有关部门在各自的职责范围内负责农产品质量安全的监督管理工作。这也是关于国务院农产品质量安全监督管理部门的规定，但范围限定在本行业内部关于农产品质量安全方面的行业监督管理和生产经营性管理工作。

　　农产品与工业产品相比，具有生物活性和规格不易统一的特点。同时，农产品生产也不同于工业品生产，从农田到餐桌，要经过农业产地环境、农业投入品使用、收获屠宰捕捞、贮藏运输、保鲜、包装等多个环节，供应链条长，生产环境复杂、污染源多，监管难度很大，而其中的很多环节都要涉及不同的行政管理部门，如何进行合理的分工，加强管辖方面的协调，难度非常大。实践中各行政机关是按照2004年国务院《关于进一步加强食品安全工作的决定》（俗称"23号文"）来进行分工，即按照一个监管环节由一个部门监管的原则，采取分段监管为主、品种监管为辅的方式，农业部门负责初级农产品生产环节的监管；质监部门负责食品生产加工环节的监管；工商部门负责流通环节食品安全的监管；卫生部门负责承担食品安全综合协调、组织查处食品安全重大事故的责任，组织制定食品安全标准，负责食品及相关产品的安全风险评估、预警工作，制定食品安全检验机构资质认定的条件和检验规范，统一发布重大食品安全信息；食品药品监管部门负责消费环节食品卫生许可和食品安全监督管理，制定消费环节食品安全管理规范并监督实施，开展消费环节食品安全状况调查和监测工作，发布与消费环节食品安全监管有关的信息，组织查处消费环节食品安全违法行为。

　　（三）县级以上地方农产品质量安全监督管理部门的职能与分工

　　地方一级农产品质量安全监督管理部门主管本行业行政区域内的农产品质量安全监督管理工作。省级农产品质量安全监督管理部门（省级农业厅、局、委）的职责是按照国家法律、法规的规定和省级人民政府赋予的职权，负责组织、协调省级范围内的农产品质量安全监督管理工作。市、县一级农产品质量监督管理部门（市县级农业局、委）则在省级农产品质量监督管理部门的统一领导下，按照职能分工，做好本级农产品质量安全监督管理工作。

　　地方一级农产品质量安全监督管理部门主要行使以下职权：

　　1. 设立农产品质量安全风险评估专家委员会；

　　2. 发布农产品质量安全状况信息；

　　3. 组织实施农产品质量安全标准；

　　4. 禁止生产区域的划分和调整；

　　5. 建设各类标准化示范区；

　　6. 制定保障农产品质量安全的生产技术要求和操作规程；

7. 农业投入品监督抽查和结果公布；

8. 农业投入品使用管理和引导；

9. 农产品包装和标识管理；

10. 农产品质量安全监测和对生产中、市场上销售农产品的监督抽查；

11. 质检机构资质认定和审核；

12. 快速检测方法的认定；

13. 对经检测不符合农产品质量安全标准的农产品采取查封和扣押的行政强制措施；

14. 对农产品质量安全事故进行处理；

15. 对检测机构违反法律规定行为、生产记录违法行为、保鲜剂等使用的违法行为、生产企业和农民专业合作经济组织销售的农产品不符合农产品质量安全标准的行为给予处罚。

（四）县级以上地方人民政府有关部门的职责和分工

这些部门（工商行政管理部门、卫生行政管理部门、食品药品监督管理部门、质量技术监督管理部门等）在各自职责范围内，负责本行政区域内、本部门内有关农产品质量安全方面的监督管理工作。农产品质量安全监督管理部门和各级政府的相关部门应当在各自的职责范围内引导、督促农产品的生产者、销售者加强农产品质量安全管理、提高农产品质量，并依法采取措施，制止农产品生产、销售中违反法律规定的行为。

第二节　农产品质量安全监管基本法律制度

一、农产品质量安全风险评估制度

农产品质量安全风险评估是指对农产品中生物性、化学性和物理性危害对人体健康可能造成的不良影响进行科学评估的一项法律制度。风险评估是《农产品质量安全法》对农产品质量安全确立的一项最基本的法律制度，也是国际社会对农产品质量安全和食品安全管理的通行做法。对农产品质量安全实施风险评估，既是政府依法履行监管职责、及时发现和预防农产品质量安全风险隐患的客观需要，也是农产品质量安全科学管理和构建统一、规范的农产品质量安全标准体系的现实需要。

根据农产品特殊的生产过程及随着科学技术的发展可能出现的各种潜在危害，农产品质量安全风险评估针对的主要危害因素有：一是农业种养殖过程可能产生的危害，包括因不合理使用投入品造成的农药、兽药、添加剂等有毒有害物质残留污染，以及因产地环境造成的本底性污染和各种重金属毒物、氟化物及持久性有机污染物等非金属毒物；二是农产品保鲜、包装、贮运过程可能产生的危害，包括储存过程中使用的保鲜剂、催熟剂和包装材料中有害化学物等产生的污染，以及流通渠道中导致的二次污染；三是农产品自身的生长或发育过程中产生的危害，如花生中的黄曲霉毒素等农产品本身的天然毒素就是目前农产品所面临的危害之一；四是农业生产中新技术的应用产生的危害，主要是由于技术发展或物种变异而带来的新危害。

实行风险评估制度对于提高农产品质量安全有如下好处：

1. 风险评估可为今后农业行政主管部门实施的农产品质量安全管理工作奠定科学的基础，有利于实现我国农产品质量安全管理科学化。风险管理源自风险评估结论，有了风险评估，管理就会从感性决策过渡到理性决策，最终提高农产品质量安全。

2. 风险评估是全球认同并致力推广的模式，符合国际做法。农药、兽药、生物因素及转基因产品等的出现，使人类饮食安全受到极大挑战，管理无的放矢日趋严重。风险评估的出现解决或部分解决了该问题，在满足农产品质量安全要求的同时又降低了监管成本。

有学者指出，农产品质量安全风险评估制度意味着立法理念的重大变革，即从末端控制到风险预防的伟大转变。而我们认为，与其说是立法理念的重大变革，还不如直接将其评价为：该项制度的建立是对农产品质量安全法经济法属性的准确定位的具体体现，是经济法理念在农产品质量安全法中的具体贯彻和落实。

二、农产品质量安全信息发布制度

所谓农产品质量安全信息，是指在检测检查或研究过程中获得的关于农产品质量安全方面的数据、新闻和知识等信息。

农产品质量安全信息包括：

1. 农产品质量安全总体情况及趋势预测信息，如全国或某省的农产品质量安全状况；

2. 农产品质量安全监测、评价信息，如全国或某省进行农产品质量安全监测获得的信息；

3. 农产品质量安全事件信息，如染色橙等突发事件的有关信息；

4. 其他农产品质量安全信息。

农产品质量安全信息只能由农业行政主管部门统一发布，特别是只能由国务院农业行政主管部门和省级农业行政主管部门发布，省级以下农业行政主管部门不得发布，如特别需要，必须得到所在省、自治区、直辖市农业行政主管部门的授权方可。

随着信息化时代和互联网时代的到来，实践中有关农产品质量安全方面的信息的发布主体也更趋多元化，除了政府外，新闻媒体、农产品生产者和经营者、农业社会中间层、农产品消费者都可能借助手机、电脑等媒介和工具向特定或不特定主体发布有关农产品质量安全方面的信息。然而，农产品质量安全信息是一种具有特定内涵的信息，即其只能是由有权主体实施的一种专门性活动，在我国，按照《农产品质量安全法》的规定，只有国务院农业行政主管部门和省、自治区、直辖市人民政府农业行政主管部门才有相应的职责权限，其他主体是没有发布权限的。因此，新闻媒体、农产品生产者和经营者、农业社会中间层、农产品消费者可以对农产品质量安全方面的客观事实进行客观公正的报道和陈述，但不能带有主观感情色彩或作出结论性评价，否则要承担相应法律责任。特别是新闻媒体，作为信息传播的主要媒介，更应该把好农产品质量安全信息的发布关。

三、农产品质量安全标准化管理制度

农产品质量安全标准是政府履行农产品质量安全监管职责的基础，也是农产品生产经营者自我检查的准绳，更是判断农产品质量安全、开展农产品产地认定和产品认证以及各级政府开展例行监测和市场监督抽查的重要依据。可以说，没有标准，就没有质量安全；没有标准，就无所谓农产品质量安全监督管理。

（一）农产品质量安全标准的含义

农产品质量安全标准，是指依照有关法律、行政法规的规定制定和发布的农产品质量安全的强制性技术规范。一般是指规定农产品质量要求和卫生条件，以保障人的健康、安全的技术规范和要求。如农产品中农药、兽药等化学物质的残留限量，农产品中重金属等有毒有害物质的允许量等。值得注意的是，在我国，对生产、加工、设计、检验等技术事项所作的统一规定称为规范。这里既包括标准，如《农、畜、水产品污染监测技术规范》，也包括行政决定，如《食品动物禁用的兽药及其他化合物清单》（农业部公告第193号）、《国家明令禁止使用的农药和不得在蔬菜、果树、茶叶、中草药上使用的高毒农药品种清单》（农业部公告第199号）等。

（二）农产品质量安全标准的性质

根据我国《标准化法》的相关规定，目前我国的标准按照适用范围划分可分为国家标准、行业标准、地方标准和企业标准四类；按法律的约束力可分为

强制性标准和推荐性标准两种，其中强制性标准具有强行效力，企业必须执行；推荐性标准企业可自愿决定是否采用。

我国《农产品质量安全法》中的农产品质量安全标准都是强制性标准。

（三）农产品质量安全标准的实施

农产品生产经营者是农产品质量安全的第一责任人，同时也是农产品质量安全标准实施的主体。政府对农产品质量安全标准的实施只起组织协调和促进作用，但不能包办代替农产品生产经营者实施标准的具体活动。

四、农产品产地安全管理制度

农产品产地安全管理制度由农产品禁止生产区域制度、农产品基地制度和农产品产地禁限制度构成。

（一）农产品禁止生产区域制度

农产品产地是影响农产品质量安全的源头，工业"三废"和城市垃圾的不合理排放、农产品种养殖过程中投入品的不合理使用、产地自身的重金属状况等，都会给部分农业用地、畜牧生产环境、渔业水域环境造成污染。因此，根据《农产品质量安全法》第15条的规定，将农产品产地分为适宜生产区域和禁止生产区域两类，并区别管理。

所谓农产品禁止生产区域，是指由于人为或自然的原因，致使农产品产地有毒有害物质超过产地安全相关标准，并导致所生产的农产品中有毒有害物质超过标准，经县级以上地方人民政府批准后，禁止生产农产品的区域。应当注意的是，农产品禁止生产区域实质是特定农产品限制生产区域，不一定是禁止生产所有农产品。"农产品禁止生产区域"与"不宜农用区域"是两个概念。对于农产品禁止生产区域的划定，应当以产地中有毒有害物质的含量及其在特定农产品中是否富集及其程度为依据，并充分考虑生产过程的影响。

（二）农产品基地制度

农产品基地是政府以提高农产品市场竞争力为核心，以突出生产条件标准化建设为载体，以实现产品质量标准化为主线，通过政府投入，引导企业参与，整合物质、技术和管理资源，强化生产条件建设和改造，全面推行生产技术规程、经营管理的标准化，加快形成优势产业带，带动提升农产品质量和效益，增加农民收入，增强农业国际竞争力的重要手段。因此，按照《农产品质量安全法》第16条的规定，标准化生产综合示范区、示范农场、养殖小区、无规定动植物疫病区都是政府统筹协调各类示范区和基地建设的表现形式。

（三）农产品产地禁限制度

根据《农产品质量安全法》第18条的规定，禁止性规定包括如下几个方面：

1. 任何单位或个人不得违反法律、法规的规定向农产品产地直接排放或倾倒"三废"或者其他有毒有害物质。废水、废气和固体废物等往往含有大量有毒有害物质，这些物质通过水、土壤和大气等载体或介质被植物、动物和微生物吸收、富集，从而威胁人体健康。

2. 农业生产用水和用作肥料的固体废物应当符合国家规定的标准。

3. 防止化工类农资产品的不当使用，使品种选择、用法、用量等符合有关产品使用说明、安全使用准则及相关标准的要求。

五、农业投入品管理制度

所谓农业投入品，是指在农产品生产过程中使用或添加的物质，包括农药、兽药、农作物种子、水产苗种、饲料和饲料添加剂等农用生产资料产品。

农业投入品管理制度主要表现为以下三项制度：

（一）农业投入品许可制度

农业投入品许可制度即通过相关法律法规明确可以使用的农业投入品范围，将可能对农产品安全产生影响的有毒有害物质和危及农产品安全的农业投入品从源头上加以排除。也就是在这里，《农产品质量安全法》与对农业投入品作出规定的单行法律法规进行了衔接，如《种子法》、《农药管理条例》、《兽药管理条例》、《饲料和饲料添加剂管理条例》等。

（二）农业投入品监督检查制度

《农产品质量安全法》规定农业行政主管部门对农业投入品采取以抽查为主的监督检查制度，其中公布的抽查结果包括农业投入品质量状况和生产经营单位等，公布的方式可以是公告、新闻发布会，也可以通过报刊、电视、广播等媒体公布。对于监督抽查结果，只能由国务院农业行政主管部门或者省级农业行政主管部门公布，地市、县级农业行政主管部门不能公布监督抽查结果。

（三）农业投入品安全使用制度

农业投入品安全使用制度是一项既保障农产品质量安全，又保护人体健康、动植物卫生和生态环境的制度。1962 年成立的国际食品法典安全委员会设立了专门的农药残留委员会、兽药残留委员会、食品添加剂和污染物委员会，研究制定了一系列农药残留、兽药残留和食品及饲料中添加剂、污染物最大允许量国际标准。我国也采取了一系列措施，但从总体上来讲，我国农业投入品安全使用制度尚不健全，与国际社会相比较，差距还较大。

因此，要建立健全农业投入品安全使用制度，我们认为，应当主要做好以下工作：

1. 搞技术培训，使农民掌握并遵循安全生产技术规程，科学选用农作物和动物品种。

2. 做好法律法规和国家禁止、限用和淘汰的农业投入品目录和范围的宣传工作。

3. 加强农产品质量安全标准制定、修订工作。

4. 加强科学研究，培育产量高、质量优、抗性强、效益高的农作物和动物新品种。

5. 加强对农业投入品安全使用的监管。

六、以抽查为主的农产品质量安全监督检查制度

以抽查为主的农产品质量安全监督检查制度由农产品销售禁限制度和农产品质量安全检测、检验制度构成。

（一）农产品销售禁限制度

《农产品质量安全法》第33条规定，有下列情形之一的农产品，不得销售：含有国家禁止使用的农药；兽药或者其他化学物质的，农药、兽药等化学物质残留或者含有的重金属等有毒有害物质不符合农产品质量安全标准的；含有的致病性寄生虫、微生物或者生物毒素不符合农产品质量安全标准的；使用的保鲜剂、防腐剂、添加剂等材料不符合国家有关强制性的技术规范的；其他不符合农产品质量安全标准的。

（二）农产品质量安全检测检验制度

农产品检验检测制度是实施好农业标准化的重要保障措施，可监控从农业投入品（如化肥、兽药）的产品质量到农产品的质量以及储藏、运输过程中的物理、化学及微生物危害，还可监控生态及环境情况。这些监控措施既可保证农产品质量安全，从源头保证食品安全，也可最大限度地保护农民利益，防止坑农、害农事件的发生。

目前我国已形成了从国家、省、地市到县的质量监督检验检测机构，在保证农产品及食品质量安全方面做了大量工作，取得了较好成绩，但也存在不容忽视的不足，如检验能力不能满足社会生产实际的要求，检测人员水平普遍较低，技术含量不高，导致检测数据不准确等，这些都急需改进和提高。具体来讲，我们认为，目前应当重点作好以下几个方面的工作：

1. 应加强各级农产品、农业投入品和农业生态环境质检中心建设，充实仪器设备，完善检测手段，提高检测能力，逐步实现与国际接轨，争取国际多边或双边认证。

2. 加强地方农产品质量安全检测检验体系建设，逐步健全省级农产品、农业投入品和农业生态环境检测检验站（所），尽快开展农产品质量安全的异常监

督管理和检测工作。

3. 指导农产品生产基地和批发市场，逐步配备快速检测仪器设备，培训技术人员，开展生产基地和批发市场农产品质量安全状况的检测。

4. 迅速建立起以部级农产品、农药（兽药）、农业生态环境监测中心和省级农产品质检中心为龙头，以市级农产品质检中心为骨干，以县级快速生物检测为基础，以基地、市场、企业检测为补充的农产品质量检验检测网络体系，配备先进的仪器设备，并通过省级、市级技术监督部门的质量认证，取得法定质检资格，及时开展对本辖区内的质量监测工作。

七、农产品质量安全追溯制度

农产品质量安全追溯制度由农产品生产记录制度、农产品包装和标识制度构成。

（一）农产品生产记录制度

农产品从农田到餐桌需要经过多道环节，加之生产周期长，影响环节众多，因此，要进行有效监管就不能眉毛胡子一把抓，必须分清关键和重点。农产品生产记录制度就是将农产品的源头——生产环节作为监管的重点进行制度设计的。

我国的农产品生产者比之于西方发达国家而言具有特殊性，即我国农产品生产工业化和产业化水平较低，大量的农产品生产者是分布广泛且分散的农户，组织化、专门化和专业化的农产品生产企业和农民专业合作经济组织较少，因此，不加区分地一概要求农户、农产品生产企业和农民专业合作经济组织均建立农产品生产记录是不切实际的，因此《农产品质量安全法》第24条规定农产品生产企业和农民专业合作经济组织必须建立农产品生产记录，这样有利于质量安全的追溯，也有利于带动签约农户和周边农户树立质量安全意识和责任意识。当然，此项制度效用最大化的发挥是一个渐进的过程，有赖于市场机制作用的发挥，即通过市场促使分布广泛且分散的农户组成农产品生产的专业化组织或企业，变作坊式农业生产方式为现代化、工业化农业生产方式，在农产品生产者数量减少的同时提高其内在质量，同时也可使国家监管更为有效。

根据《农产品质量安全法》第24条的规定，农产品生产记录的主要内容为：

1. 要详细记载生产活动中所使用的农业投入品的名称、来源、用法、用量和使用、停用的日期；

2. 要详细记载生产过程中动物疫病、植物病虫害的发生和防治情况；

3. 要如实记载种植业产品收获、畜禽屠宰或者水产捕捞的日期。

（二）农产品包装和标识制度

建立农产品包装和标识制度，是实施农产品质量安全追溯，建立农产品质量安全责任追究制度的前提，是防止农产品在运输、销售或购买时被污染和损害的关键措施，是培育农产品品牌、提高农产品市场竞争力的必然措施。同时，对农产品进行包装和标识，也有利于保障农产品消费者的知情权和选择权，并有利于国家监管。

1. 农产品包装。农产品包装是指农产品分级、分等、分类后实施装箱、装盒、装袋、包裹等活动的过程和结果，其中也包括对农产品的清洗、分割、冷冻等活动。农产品生产企业、农民专业合作经济组织以及从事农产品收购的单位或者个人，对用于销售的下列农产品必须进行包装：①获得无公害产品、绿色食品、有机农产品等认证的农产品，但鲜活畜、禽、水产品除外；②省级以上人民政府农业行政主管部门规定的其他需要包装销售的农产品。此外，符合规定包装的农产品拆包后直接向消费者销售的，可以不再另行包装。

农产品的包装应当符合农产品储藏、运输、销售及保障安全的要求，便于拆卸和搬运；包装农产品的材料和使用的保鲜剂、防腐剂、添加剂等物质必须符合国家强制性技术规范要求；包装农产品应当防止机械损伤和二次污染。

2. 农产品标识。农产品标识是指用来表达农产品生产信息、质量安全信息和消费信息的所有标示行为和结果的总称，可以用文字、符号、数字、图案及相关说明物进行表达和标示。

根据我国《农产品质量安全法》以及相关法规的规定，农产品生产企业、农民专业合作经济组织以及从事农产品收购的单位或个人包装销售的农产品应当符合以下要求：①应当在包装物上标注或者附加标识，标明品名、产地、生产者或销售者名称、生产日期、保质期等内容；②有分级标准或者使用添加剂的，还应当标明产品质量等级或者添加剂名称；③未包装的农产品，应当采取附加标签、标识牌、标识带、说明书等形式标明农产品的品名、生产地、生产者或销售者名称等内容；④农产品标识所使用的文字应当使用规范的中文，标识标注的内容应当准确、清晰、显著。

八、农产品质量安全认证、认可制度

认证认可作为产品质量监督管理制度的重要组成部分，是国际通行的提高产品、服务和管理水平，促进经济发展的重要手段，是确保人员、服务、资本、商品跨区域、跨国界流动的一项基础性制度。

（一）我国农产品质量安全认证发展的现状

为了全面提高农产品质量安全水平，2001 年，农业部启动了"无公害食品行动计划"，提出力争用 5 年左右的时间，基本实现食用农产品无公害生产，保障消费安全，大力发展无公害农产品和绿色食品，因地制宜地发展有机食品。通过几年的努力，我国农产品质量安全认证体系建设取得了重要进展，作为农产品质量安全认证三种基本形式的无公害农产品、绿色食品和有机食品认证获得了快速、健康发展。

1. 无公害农产品发展的现状。2002 年 7 月，农业部着手组建农产品质量安全中心，组织开展无公害农产品认证。2003 年 4 月，全国统一标志的无公害农产品认证工作正式启动。之后，在各级农业部门的积极组织和推动下，无公害农产品步入了规范、有序、快速发展的轨道。截至 2003 年底，全国通过无公害农产品认证的生产单位有 1563 家，产品 2071 个，实物总量 1207 万吨，认定产地 2081 个。截至 2010 年底，无公害农产品生产单位达到 6873 家，产品 11 063 个，实物总量 6224 万吨，认定产地 7490 个，分别比 2003 年底增长 3.4 倍、4.3 倍、4.2 倍和 2.6 倍。从产品类别结构来看，种植业产品 8642 个，占 78.1%；畜牧业产品 1224 个，占 11.1%；渔业产品 1197 个，占 10.8%。其中，认定产地面积 1.18 亿亩，占全国耕地面积的 6.3%。

2. 绿色食品发展的现状。绿色食品认证工作始于 1990 年。2003 年底，全国绿色食品企业有 2047 家，产品达到 4030 个，实物总量 3260 万吨，年销售额 723 亿元，出口额 10.8 亿美元，环境监测的农田、草场、水域面积 7710 万亩。从主要产品产量占全国同类产品的比重来看，大米 225.6 万吨，占 1.81%；水果 184.3 万吨，占 1.61%；液体乳及乳制品 182.6 万吨，占 63.5%；面粉 41.9 万吨，占 0.64%；食用油 21.3 万吨，占 1.54%；茶叶 12.9 万吨，占 18.3%。截至 2010 年 10 月底，绿色食品企业达到 2539 家，产品 5471 个，实物总量接近 4000 万吨，分别比 2003 年底增长 24%、35.8% 和 22.7%。

3. 有机食品发展的现状。2002 年，中绿华夏有机食品认证中心和中国农科院中农质量认证中心相继组建，标志着我国农业系统有机食品认证全面展开。截至 2003 年底，我国农业系统认证有机食品企业有 402 家，产品 559 个，实物总量 17.9 万吨，占全国的 21.7%；年销售额 11.3 亿元，占全国的 44.5%；出口额 4360 万美元，占全国的 30.7%；认证面积 943 万亩，占全国的 31.4%。截至 2010 年 10 月底，农业系统有机食品认证企业达到 441 家，产品 713 个，实物总量 33.7 万吨，分别比 2003 年底增长 9.7%、27.5% 和 88.3%。

近几年，我国农产品质量安全认证能够获得快速发展，一是得益于各级政府和农业部门的高度重视。各地以实施"无公害食品行动计划"为契机，在规划制定、政策扶持、基地建设、资金投入、组织保障等方面加大了对农产品质量安全认证工作的推动力度。二是得益于市场需求的有力拉动。城乡居民生活水平的提高，食品安全消费意识的增强，对加快无公害农产品认证提出了迫切要求。同时，加入 WTO 以后的国际竞争，也为绿色食品、有机食品发展提供了更大的市场空间。三是得益于认证制度和工作体系的建立和完善。

我国《认证认可条例》和农产品认证有关管理办法、认证程序、技术标准的发布与实施，为全面、规范开展农产品质量安全认证工作奠定了基础。总的来看，我国无公害农产品、绿色食品和有机食品近年来保持了快速发展的态势，具备了一定的发展基础和总量规模，在农业结构调整、农民增收、农产品出口等方面发挥了积极作用，特别是在全面提高农产品质量安全水平、打造安全优质农产品品牌上起到了重要的示范带动作用。

（二）我国农产品质量安全认证的基本模式

目前，我国农产品质量安全认证主要有无公害农产品认证、绿色食品认证和有机食品认证三种基本类型。

1. 无公害农产品认证模式。无公害农产品认证模式包括以下内容：①产品质量达到我国普通农产品和食品标准要求，保障基本安全，满足大众消费；②产品以初级食用农产品为主；③推行"标准化生产、投入品监管、关键点控制、安全性保障"的技术制度；④采取产地认证与产品认证相结合的方式；⑤认证属于公益性事业，不收取费用，实行政府推动的发展机制。

2. 绿色食品认证模式。绿色食品认证模式包括以下内容：①产品质量安全标准整体达到发达国家先进水平，市场定位于国内大中城市和国际市场，满足更高层次的消费；②产品以初级农产品为基础，以加工农产品为主体；③推行"两端监测、过程控制、质量认证、标志管理"的技术制度；④采取质量认证与证明商标管理相结合的方式；⑤绿色食品认证以保护农业生态环境、增进消费者健康为基本理念，不以营利为目的，收取一定费用来保障事业发展，采取政府推动与市场拉动相结合的发展机制。

3. 有机食品认证模式。有机食品认证模式包括以下内容：①按照有机农业方式生产，对产品质量安全不作特殊要求，满足特定消费，主要服务于出口贸易；②产品以初级和初加工农产品为主；③强调常规农业向有机农业转换，推行基本不用化学投入品的技术制度，保护生态环境和生物多样性，维护人与自然的和谐关系；④注重生产过程监控，一般不做环境监测和产品检测，一年一认证；⑤按照国际惯例，采取市场化运作。

九、种子、化肥、农药、农膜、兽药、饲料、饲料添加剂生产经营法律制度

种子、化肥、农药、农膜、兽药、饲料、饲料添加剂等农业生产资料对农产品质量的影响很大，因此，《农产品质量安全法》第 19 条要求："农产品生产者应当合理使用化肥、农药、兽药、农用薄膜等化工产品，防止对农产品产地造成污染。"有鉴于此，我们设专节对种子、化肥、农药、农膜、兽药、饲料、饲料添加剂等生产经营法律制度予以专门介绍。

第三节　种子生产经营法律制度

一、概述

种子是基础而重要的农业生产资料，对于农业生产具有决定性意义。离开种子，任何农业生产经营活动都无法开展。

（一）种子的含义

种子在不同的学科中有不同的称谓。在植物学上，种子是指由胚珠发育而成的繁殖器官；在农业生产中，种子的含义比植物学上种子的含义要广泛的多，凡是农业生产上可直接利用作为播种材料的植物器官都可以称做种子。

根据《中华人民共和国种子法》的规定，种子是指农作物和林木的种植材料或者繁殖材料，包括籽粒、果实和根、茎、苗、芽、叶等。种子按照经营品种划分，可以分为粮食作物种子（如玉米、水稻、大豆、小麦等）、经济作物种子、蔬菜瓜果种子和花卉种子等。

《种子法》对种子的相关术语含义也作了界定：

1. 种质资源是指选育新品种的基础材料，包括各种植物的栽培种、野生种的繁殖材料以及利用上述繁殖材料人工创造的各种植物的遗传材料。

2. 品种是指经过人工选育或者发现并经过改良，形态特征和生物学特性一致，遗传性状相对稳定的植物群体。

3. 主要农作物是指稻、小麦、玉米、棉花、大豆以及国务院农业行政主管部门和省、自治区、直辖市人民政府农业行政主管部门各自分别确定的其他 1 ～ 2 种农作物。

4. 林木良种是指通过审定的林木种子，在一定的区域内，其产量、适应性、抗性等方面明显优于当前主栽材料的繁殖材料和种植材料。

5. 标签是指固定在种子包装物表面及内外的特定图案及文字说明。

（二）种子的意义

国以农为本，农以种为先。种子作为农业生产特殊的、不可代替的、最基本的生产资料，是农业科学技术和其他各种农业生产资料发挥作用的载体，在农业生产经营活动中具有十分重要的意义。

1. 在提高农作物产量方面具有十分重要的意义。提高农作物的产量是农业生产的重要内容之一。在农业实践中，提高农作物产量的技术手段和技术方法很多，但实践表明，培育和推广优良品种是提高农作物产量最有效的技术途径。据统计，在提高单产的农业增产技术中，优良品种的作用一般可达 25% ~ 30%，高的可达 50% 以上。

2. 在改善和提高农产品质量方面具有十分重要的意义。质量是人类永恒的追求。随着人们生活水平的提高，人们对食品质量的要求越来越高，尤其是对高营养、无污染、无公害食品的需求更是越来越迫切。国外农业发展的经验告诉我们，优良品种不仅可以提高农作物产量，而且可以大大改善农产品质量。因此，为了不断满足消费者日益增长的质量需求，我们就必须不断培育推广优良品种。随着优良品种的不断推广和劣质种子的不断淘汰，种子质量会得到不断的改善和提高。

3. 在促进种植业结构调整方面具有十分重要的意义。农业结构调整既是农业自身发展的内在要求，更是适应农业发展的客观需要。为促进农业的发展，党中央作出了进行农业和农村经济结构战略性调整的重大决策。在农业结构战略性调整中，种植业调整处于基础位置。

随着市场经济的发展，消费者对优质的、多样的产品需求欲望不断提高，要求种子产业结构随之调整、优化；种子优质化、多样化速度加快，供需渠道畅通，则会有更多新的、优质农产品供消费者选择。因此，种植业结构调整，种子要先行。

4. 在提高农业竞争力方面具有十分重要的意义。21 世纪是知识经济时代，市场竞争将是知识的竞争。对农业而言，由于种子是农业发展的源头，是不可替代的最基础的生产资料，所以，农业的竞争、农产品的竞争将聚集为种子的竞争。谁在种业革命中占据了科技制高点，谁就占领了市场竞争的制高点。为此，我们必须尽快协调、理顺各方面的关系，建立完善的种子市场体系，提高种子企业的国际竞争力，以促进我国农业的快速发展。

（三）种子业

改革开放以来，我国种子业得到了快速发展，成绩喜人。从发展历程上来看，大体上经历了以下三个阶段：

第一阶段："九五"以前，种子行业的管理体制是完全的计划管理体制，科研、繁种、推广和经营是完全割裂的四个环节，各司其职，该种模式完全不利于种子行业的发展。

第二阶段："九五"到 2000 年，国家开始实施"种子工程"以后，种子行业开始向市场化方向发展，行业的各个环节开始融合，市场上开始出现各种类型的种子公司，包括能够覆盖制种、加工、推广和销售等多环节的种子公司，但是市场上各类种子公司良莠不齐，贩卖假种劣种、坑农害农的现象时有发生，严重阻碍了行业的健康发展。

第三阶段：从 2000 年《种子法》颁布至今，种子行业开始真正进入市场化阶段。《种子法》对种子公司的经营范围、注册资本、种子品种的审定、注册和登记、品种保护等都作了详细的规定。由此开始，我国的种子公司开始进入整合期，没有实力的公司逐渐被淘汰，种子市场通过整合少数有实力的企业不断发展壮大。

据了解，目前中国的种子企业有 8700 多家，美国有 1100 多家，印度有 600 多家，但企业普遍不大不强。另外，虽然种子品种很多，但是突破性的品种还缺乏，现在生产上应用的品种，88% 来源于科研单位，种子企业自主创新力量非常薄弱，与美国、印度等国家的种子业还存在一定的差距。

目前，我国种子业主要有以下问题：

1. 企业规模小。目前我国县级以上国有种子公司 2700 多家，各种经营主体 5 万多家，但是市场份额普遍较低，年销售额在 5000 万元以上的只有 18 个，在 1 亿元以上的只有 7 个。而根据国际种子贸易协会的统计，全球 10 大种子企业的年销售额都在 3 亿美元以上。可见，与国际相比，我国种子企业经营规模小的问题较为突出，这势必造成企业缺乏规模效益，投入能力和抵御市场风险的能力都较低。

2. 创新能力差。我国种业研发经费严重不足，1995～1999 年的 5 年内农业部对种业投资共有 28 亿人民币，不及美国先锋公司一家。而种子企业又因规模小而缺少研发投入能力，导致我国种业创新严重缺乏资金保障。此外，育种手段也比较落后，主要以种间杂交为主，育种效率较低，而国外一些大企业已经将现代生物技术与传统育种手段相结合，大大加快了品种选育周期。

3. 企业管理落后。我国大部分种子公司是在计划经济体制下从种子站演变而来，长期承担行政任务，同时靠政策保护生存，没有真正按照企业运作，政企不分、缺乏管理和营销人才、缺少资金和品牌的问题比较突出；民营种子企业在管理上与现代企业制度要求也有较大差距。种子企业管理上的落后，远远不能适应种子产业市场化的要求。

4. 产业化程度低。我国种子科研与种子生产经营长期分属于两个独立的体系运转，育、繁、销一体化的格局尚未形成。虽然科研与企业联合是现阶段一种理想的过渡方式，但是由于体制原因，产权和财权以及其他多方面不易剥离开来，难以形成育、繁、销一体化的种子企业，产业发展后劲不足。

我国种子业存在的问题，究其根源，在于没有形成基本的市场经济体制。要解决这些问题，唯有进行市场化改革：大力推行经营管理体制市场化改革，使政府和企业各得其所；尽快开放种子市场，建立开放、统一的国内种子市场；在市场经济原则下，为国内外企业平等竞争创造条件，使种子业更快步入良性发展轨道。

种子产业又事关国家粮食安全，为确保 13 亿人口的粮食安全，我们必须在国际种业巨头大力进入中国之前培育出强大的综合性民族种子企业。

（四）我国的种子立法

种子是农业、林业生产最基本的生产资料。种子的优劣，对农业、林业生产关系重大，推广应用良种是提高产量、改进品质的一个最经济、最有效的途径，是促进生产发展的重要条件。世界上农业、林业发达的国家，无不重视种子立法工作，把良种的选育、鉴定、繁殖、推广和种子的检验、检疫、收购、销售、贮备等方面的管理制度，以法律形式固定下来，并严格执行，确保为农业、林业生产提供质量合格的种子，以充分发挥良种的增产作用。

新中国成立以后，尤其是改革开放以后，我国政府十分注意和重视种子立法工作。1989 年 3 月 13 日，农业部发布了《中华人民共和国种子管理条例》（已废止）。该法共分 9 章 46 条，为加强种子工作的管理，维护种子选育者、生产者、经营者和使用者的合法权益，保证种子质量，促进农业、林业的发展提供了坚实的法律保障。该条例发布以后，农业部又于 1991 年 6 月 24 日发布了《中华人民共和国种子管理条例农作物种子实施细则》（已废止）。该细则共分 9 章 85 条，主要是按《中华人民共和国种子管理条例》的有关章节逐章逐条提出了必须遵循的有关法规制度及具体管理办法等。《中华人民共和国种子管理条例》及其农作物种子实施细则的发布实施有效地保证了我国种子业的健康发展，也有力地促进了我国农业和林业的发展。

1993 年我国实行市场经济体制以后，种子立法的步伐不断加快。2000 年 7 月 8 日，第九届全国人大常委会第十六次会议审议通过了《中华人民共和国种子法》（2004 年 8 月 28 日进行了修订）。《种子法》是我国关于种子工作的根本大法，是我国种子行业乃至整个农业战线上的一件大喜事。它标志着我国种子业的发展进入了一个新的历史阶段，并为我国 21 世纪种子业的腾飞树立了里程碑。为保证《种子法》的贯彻实施，国家颁布了一系列配套法规。这些法规主要有：国务院颁布的《中华人民共和国植物新品种保护条例》（1997 年 3 月 20 日发布，2013 年修订）、《农业转基因生物安全管理条例》（2001 年 5 月 23 日发布，2011 年修订）、《国务院办公厅关于推进种子管理体制改革加强市场监管的意见》（2006 年 5 月 19 日发布），农业部发布的《中华人民共和国植物新品种保护条例实施细则（农业部分）》（1999 年 6 月 16 日发布，2011 年第二次修订）、《中华人民共和国植物新品种保护条例实施细则（林业部分）》（1999 年 8

月 10 日发布，2011 年修订）、《农作物种子生产经营许可管理办法》（2011 年 8 月 22 日发布）、《农作物种子标签管理办法》（2001 年 2 月 26 日发布）、《农作物商品种子加工包装规定》（2001 年 2 月 26 日发布）、《主要农作物品种审定办法》（2001 年 2 月 26 日发布，2007 年修订）、《主要农作物范围规定》（2001 年 2 月 26 日发布）、《农业植物新品种权侵权案件处理规定》（2002 年 12 月 30 日发布）、《农作物种子质量纠纷田间现场鉴定办法》（2003 年 7 月 8 日发布）、《农作物种质资源管理办法》（2003 年 7 月 8 日发布，2004 年修订）、《农作物种子检验员考核管理办法》（2005 年 2 月 6 日发布）、《农作物种子质量检验机构考核管理办法》（2008 年 1 月 2 日发布）、《超级稻新品种选育与示范项目管理办法》（2010 年 3 月 22 日发布），最高人民法院于 2001 年 2 月 5 日颁布了《关于审理植物新品种纠纷案件若干问题的解释》。

目前，我国已初步形成了以《种子法》为基本法，以品种选育、品种审定、品种生产和经营等为内容的比较完善的种子法律法规体系。

二、种子生产法律制度

确保种子的质量，关键在于种子的生产阶段。为此，我国《种子法》对种子生产的基本法律制度、种子生产者的义务和责任作了明确而具体的规定。

（一）种子生产基本法律制度

种子生产许可证制度是种子生产的基本法律制度。所谓种子生产许可证制度，就是指生产商品种子的单位和个人，必须持有有关种子管理机构核发的《种子生产许可证》，按照指定的作物种类、产地和规模生产。种子生产实行许可证制度的根本目的是保证种子的质量。

1. 种子生产许可证的管理范围。根据《种子法》的规定，种子生产许可证管理的范围仅限于主要农作物和主要林木的商品种子的生产，主要农作物和主要林木的商品种子之外的生产不需要办理《种子生产许可证》。农作物主要包括粮食、棉花、油料、麻类、糖料、蔬菜、果树（核桃、板栗等干果除外）、茶叶、花卉（野生珍贵花卉除外）、桑树、烟草、中药材、草类、绿肥、食用菌等作物及橡胶等热带作物。主要农作物包括《种子法》规定的农作物和国务院农业行政主管部门和省、自治区、直辖市人民政府农业行政主管部门各自分别确定的其他 1~2 种农作物。

2. 种子生产许可证的领取条件。根据《种子法》第 21 条的规定，申请领取种子生产许可证的单位和个人，应当具备下列条件：①具有繁殖种子的隔离和培育条件；②具有无检疫性病虫害的种子生产地点或者县级以上人民政府林业行政主管部门确定的采种林；③具有与种子生产相适应的资金和生产、检验设施；

④具有相应的专业种子生产和检验技术人员；⑤法律、法规规定的其他条件。

申请领取农作物种子生产许可证的，除应当具备《种子法》第 21 条规定的条件外，还应达到如下要求：①生产常规种子（含原种）和杂交亲本种子的，注册资本 100 万元以上；生产杂交种子的，注册资本 500 万元以上；②有种子晒场 500 平方米以上或者有种子烘干设备；③有必要的仓储设施；④经省级以上农业行政主管部门考核合格的种子检验人员 2 名以上，专业种子生产技术人员 3 名以上。

同时，《种子法》第 21 条还规定，申请领取具有植物新品种权的种子生产许可证的，应当征得品种权人的书面同意。

3. 种子生产许可证的取得程序。种子生产许可证的取得程序由申请、审核、审批三个阶段组成。

（1）申请阶段。申请是申请人取得种子生产许可证的必经程序。根据我国《种子法》的规定，申请人为直接组织种子生产的单位或个人，委托农民或乡集体组织生产的，由委托方提出申请；委托其他经济组织生产的，由委托方或受托方提出申请。

申请人应当提交下列材料：①申请表；②生产基地情况介绍；③种子生产质量保证制度；④特殊种子生产的相应材料。

申请领取农作物种子生产许可证应向审核机关提交以下材料：①主要农作物种子生产许可证申请表（见附件 1），需要保密的由申请单位或个人注明；②种子质量检验人员和种子生产技术人员资格证明；③注册资本证明材料；④检验设施和仪器设备清单、照片及产权证明；⑤种子晒场情况介绍或种子烘干设备照片及产权证明；⑥种子仓储设施照片及产权证明；⑦种子生产地点的检疫证明和情况介绍；⑧生产品种介绍，品种为授权品种的，还应提供品种权人同意的书面证明或品种转让合同；生产种子是转基因品种的，还应当提供农业转移基因生物安全证书；⑨种子生产质量保证制度。

（2）审核阶段。审核机关应当在收到申请材料之日起 30 日内完成审核工作。审核时对生产地点、晾晒烘干设备、仓储设施、检疫设施和仪器设备进行实地考察，符合条件的上报审批机关，不符合条件的书面通知申请人并说明原因。

（3）审批阶段。审批机关在收到审核意见之日起 30 日内完成审批工作。对符合条件的，发给生产许可证；不符合条件的，退回审核机关并说明原因。审核机关应当将不予批准的原因书面通知申请人。审批机关认为必要的，可进行实地审查。

申请人对审核、审批机关的决定不服的或者在规定时间内没有答复的，可以依法申请行政复议或提起行政诉讼。

4. 种子生产许可证有效期限。种子生产许可证有效期为 3 年，在有效期限内，许可证注册项目变更的，应当按照申请程序办理变更手续并提供相应证明材料。种子生产许可证期满后需申请新证的，种子生产者应在期满前 3 个月，持原证按原申请程序重新申请。

（二）种子生产者的基本义务

依法取得种子生产许可证的生产者在种子生产过程中负有下列主要义务：

1. 按照种子生产许可证规定的作物种类、地点进行生产，禁止无证或者未按许可证的规定生产种子。种子生产单位停止生产活动 1 年以上的，应当将许可证交回发证机关。弄虚作假骗取种子生产许可证的，由审批机关收回。

2. 严格执行种子生产技术规程和种苗产地检疫规程。种子质量的管理重在生产过程的监督，为保证种子的质量，种子生产者应当严把种子生产每一环节，严格执行种子生产技术规程。《种子法》第 48 条规定，从事品种选育和种子生产、经营以及管理的单位和个人，应当遵守有关植物检疫法律、行政法规的规定，防止植物危险性病、虫、杂草及其他有害生物的传播和蔓延。

3. 种子质量达到国家或地方规定的质量标准。为监督种子生产的质量，我国制定了一系列种子质量标准。20 世纪 70 年代末以来，发布了《主要农作物种子分级标准》：1979 年发布了小麦、稻谷、玉米、大豆、花生等 12 项粮油国家标准。之后，又发布了棉花和烤烟国家标准。除棉花外，1986 年对这些标准进行了修订。1985 年发布了 50 项农产品检疫方法标准以及部分产品的包装、储藏标准，使粮油和主要经济作物产品的标准基本实现了配套。《种子法》颁布后取消了《种子质量合格证》制度，实行最低种用质量标准基础上的真实标签制度，销售种子应当附有标签，标签标注的内容应当与销售的种子相符。2001 年 2 月 26 日农业部发布了《农作物种子标签管理办法》（以下简称《种子标签管理办法》），规范了真实标签制度。

4. 接受种子管理部门的监督检查。农业、林业行政主管部门是种子行政执法机关。种子生产者应当接受种子管理部门的监督检查。种子执法人员依法执行公务时，应当出示行政执法证件。为实施《种子法》，可以进行现场检查。

（三）生产者生产假种子、劣种子的责任

我国《种子法》第十章规定了种子生产者违反种子法规定应当承担的法律责任。生产假种子、劣种子责任就是其中典型的一种法律责任。

1. 假种子、劣种子的含义。根据《种子法》第 46 条的规定，假种子是指以非种子冒充种子或者以此种品种种子冒充他种品种种子的，或者种子种类、品种、产地与标签标注的内容不符的种子。劣种子是具有下列情形之一的种子：质量低于国家规定的种用标准的；质量低于标签标注指标的；因变质不能作种子使用的；杂草种子的比率超过规定的；带有国家规定检疫对象的有害生物的。

2. 生产经营假、劣种子的法律责任。违反本法规定，生产、经营假、劣种子的，由县级以上人民政府农业、林业行政主管部门或者工商行政管理机关责令停止生产、经营，没收种子和违法所得，吊销种子生产许可证、种子经营许可证或者营业执照，并处以罚款；有违法所得的，处以违法所得 5 倍以上 10 倍以下罚款；没有违法所得的，处以 2000 元以上 5 万元以下罚款；构成犯罪的，依法追究刑事责任。种子生产者违法生产种子，触犯刑律的，依照《刑法》第140 条和第 147 条追究刑事责任。《刑法》第 140 条规定："生产者、销售者在产品中掺杂、掺假、以假充真、以次充好或者以不合格产品冒充合格产品，销售金额 5 万元以上不满 20 万元的，处 2 年以下有期徒刑或者拘役，并处或者单处销售金额 50% 以上 2 倍以下罚金；销售金额 20 万元以上不满 50 万元的，处 2 年以上 7 年以下有期徒刑，并处销售金额 50% 以上 2 倍以下罚金；销售金额 50 万元以上不满 200 万元的，处 7 年以上有期徒刑，并处销售金额 50% 以上 2 倍以下罚金；销售金额 200 万元以上的，处 15 年有期徒刑，并处销售金额 50% 以上 2 倍以下罚金或者没收财产。"第 147 条规定："生产假农药、假兽药、假化肥，销售明知是假的或者失去使用效能的农药、兽药、化肥、种子，或者生产者、销售者以不合格的农药、兽药、化肥、种子冒充合格的农药、兽药、化肥、种子，使生产遭受较大损失的，处 3 年以下有期徒刑或者拘役，并处或者单处销售金额 50% 以上 2 倍以下罚金；使生产遭受重大损失的，处 3 年以上 7 年以下有期徒刑，并处销售金额 50% 以上 2 倍以下罚金；使生产遭受特别重大损失的，处 7 年以上有期徒刑或无期徒刑，并处销售金额 50% 以上 2 倍以下罚金或者没收财产。"

三、种子经营法律制度

种子经营是指生产出来的种子通过各种渠道到达使用者手中的全过程。种子的质量问题也可能出现在经营阶段。为此，我国《种子法》对种子经营的基本法律制度、种子经营者的义务和责任作了明确而具体的规定。

（一）种子经营基本法律制度

种子经营许可证制度是种子经营的基本法律制度。所谓种子经营许可证制度，就是指经营商品种子的单位和个人，必须持有有关种子管理机构核发的《种子经营许可证》，按照指定的作物种类、经营方式和经营地点经营种子的制度。

1. 种子经营许可证的管理范围。根据我国《种子法》的规定，种子经营许可证主要针对主要农作物和主要林木商品种子的经营（主要农作物和主要林木同生产许可管理的范围一致)，也就是说，经营主要农作物和主要林木商品种子的，应当领取《种子经营许可证》，经营其他农作物、林木商品种子的，不需要领取《种子经营许可证》。同时特别规定下列四种情况可以不办理《种子经营许可证》：①种子经营者专门经营不再分装的包装种子的；②受具有种子经营许可证的种子经营者以书面委托代销其种子的；③种子经营者按照经营许可证规定的有效区域设立分支机构的，可以不再办理种子经营许可证，但应当在办理或者变更营业执照后 15 日内，向当地农业、林业行政主管部门和原发证机关备案；④农民个人自繁、自用的常规种子有剩余的，可以在集贸市场上出售、串换。

2. 种子经营许可证的领取条件。《种子法》第 29 条规定，申请领取种子经营许可证的单位和个人，应当具备下列条件：①具有与经营种子种类和数量相适应的资金及独立承担民事责任的能力；②具有能够正确识别所经营的种子、检验种子质量、掌握种子贮藏、保管技术的人员；③具有与经营种子的种类、数量相适应的营业场所及加工、包装、贮藏保管设施和检验种子质量的仪器设备；④法律、法规规定的其他条件。种子经营者专门经营不再分装的包装种子的，或者受具有种子经营许可证的种子经营者以书面委托代销其种子的，可以不办理种子经营许可证。

根据《农作物种子生产经营许可证管理办法》的规定，申请主要农作物杂交种子经营许可证的单位和个人，应当具备《种子法》第 29 条规定的条件，并达到以下要求：①申请注册资本 500 万元以上；②有能够满足检验需要的检验室，仪器达到一般种子质量检验机构的标准，有 2 名以上经省级以上农业行政主管部门考核合格的种子检验人员；③有成套的种子加工设备和 1 名以上种子加工技术人员。

申请主要农作物杂交种子以外的种子经营许可证的单位和个人，应当具备《种子法》第 29 条规定的条件，并达到以下要求：①申请注册资本 100 万元以上；②有能够满足检验需要的检验室和必要的检验仪器，有 1 名以上经省级以上农业行政主管部门考核合格的检验人员。

申请从事种子进出口业务的种子经营许可证，应当具备《种子法》第 29 条规定的条件，申请注册资本达到 1000 万元以上。

实行选育、生产、经营相结合，向农业部申请种子经营许可证的种子公司，应当具备《种子法》第 29 条规定的条件，并达到如下要求：①申请注册资本 3000 万元以上；②有育种机构及相应的育种条件；③自有品种的种子销售量占总经营量的 50% 以上；④有稳定的种子繁育基地；⑤有加工成套设备；⑥检验仪器设备符合部级种子检验机构的标准，有 5 名以上经省级以上农业行政主管部门考核合格的种子检验人员；⑦有相对稳定的销售网络。

3. 种子经营许可证的取得程序。种子经营许可证的取得程序由申请、审核、审批三个阶段组成。

（1）申请。申请是种子经营者取得种子经营许可证的必经程序。申请人提出申请，应当递交下列文件：①农作物种子经营许可证申请表；②种子检验人员、贮藏保管人员、加工技术人员资格证明；③种子检验仪器、加工设备、仓储设施清单、照片及产权证明；④种子经营场所照片。实行选育、生产、经营相结合，向农业部申请种子经营许可证的，还应当向审核机关提交下列材料：①育种机构、销售网络、繁育基地照片或说明；②自有品种的证明；③育种条件、检验室条件、生产经营情况的说明等材料。

（2）审核机关审核。审核机关应在收到申请材料之日起 30 日内完成审核工作。审核时应当对经营场所、加工仓储设施、检验设施和仪器进行实地考察。具备规定条件的，签署审核意见，上报审批机关；审核不予通过的，书面通知申请人并说明原因。

（3）审批机关审批。审批机关应在收到审核意见之日起 30 日内完成审批工作。对符合条件的，发给种子经营许可证；不符合条件的，退回审核机关并说明原因。审核机关应将不予批准的原因书面通知申请人。审批机关认为有必要的，可以进行实地审查。

种子经营许可证实行分级审批发放制度。种子经营许可证由种子经营者所在地县级以上地方人民政府农业、林业行政主管部门核发。主要农作物杂交种子及其亲本种子、常规种原种种子、主要林木良种的种子经营许可证，由种子经营者所在地县级人民政府农业、林业行政主管部门审核，省、自治区、直辖市人民政府农业、林业行政主管部门核发。实行选育、生产、经营相结合并达到国务院农业、林业行政主管部门规定的注册资本金额的种子公司和从事种子进出口业务的公司的种子经营许可证，由省、自治区、直辖市人民政府农业、林业行政主管部门审核，国务院农业、林业行政主管部门核发。

4. 种子经营许可证的有效期。在种子经营许可证有效期内，许可证注明项目变更的，应当按照申请程序，办理变更手续，并提供相应证明材料。种子经营许可证有效期满后需申领新证的，种子经营者应当在期满前 3 个月，持原证重新申请。

（二）种子经营者的义务

依法取得种子经营许可证的经营者在种子经营过程中负有下列主要义务：

1. 依照《种子经营许可证》的规定经营。种子经营者应当按照种子经营许可证注明的经营范围、经营方式及有效期限、有效区域等规定经营，禁止任何单位和个人无证或者未按照许可证的规定经营种子；禁止伪造、变造、买卖、租借种子经营许可证。

2. 销售的种子应当加工、分级、包装，但是不能加工、包装的除外。根据《农作物商品种子加工包装规定》的规定，下列农作物种子应当加工、包装后销售：①有性繁殖作物的籽粒、果实，包括颖果、荚果、蒴果、核果等；②马铃薯微型脱毒种薯。不需要加工、包装销售的农作物种子有：①无性繁殖的器官和组织，包括根（块根）、茎（块茎、鳞茎、球茎、根茎）、枝、叶、芽、细胞等；②苗和苗木，包括蔬菜苗、水稻苗、果树苗木、茶树苗木、桑树苗木、花卉苗木等；③其他不宜包装的种子。大包装或者进口种子可以分装，实行分装的，应当注明分装单位，并对种子质量负责。

3. 销售的种子应当附有标签。标签是指固定在种子包装物表面及内外的特定图案及文字说明。对于可以不经加工包装进行销售的种子，标签是指种子经营者在销售种子时向种子使用者提供的特定图案及文字说明。实行种子标签制度，目的是要求经营者真实标明其产品的质量，给使用者充分选择的权利。种子标签的制作、使用、标注内容及管理应当遵守《种子法》和《农作物种子标签管理办法》的有关规定。种子标签标注的内容包括基本标注内容和特别标注内容。基本标注内容包括：作物种类、种子类别、品种名称、产地、种子经营许可证编号、质量指标、检疫证明编号、净含量、生产年月、生产商名称、生产商地址以及联系方式。特别标注内容包括：①主要农作物种子应当加注种子生产许可证编号和品种审定编号；②两种以上混合种子应当标注"混合种子"字样、标明各类种子的名称及比率；③药剂处理的种子应当标明药剂名称、有效成分及含量、注意事项，并根据药剂毒性附骷髅或十字骨的警示标志标注红色"有毒"字样；④转基因种子的标签应当加注"转基因"字样、农业转基因生物安全证书编号和进口种子审批文号；⑤进口种子应当加注进口商品名、种子进出口贸易许可证编号和进口种子审批文号；⑥分装种子应注明分装单位和分装日期；⑦种子中含有杂草种子的，应加注有害杂草的种类。

4. 建立种子经营档案。种子经营档案应当载明种子来源、加工、贮藏、运输和质量检测各环节的简要说明及责任人、销售去向等内容。一年生农作物种子的经营档案应当保存至种子销售后 2 年，多年生农作物和林木种子经营档案的保存期限由国务院农业、林业行政主管部门规定。

（三）种子经营者的责任

种子经营者应当依法经营，否则应当承担法律责任。种子经营者违法经营的，应当承担下列法律责任：

1. 未取得种子经营许可证或者伪造、变造、买卖、租借种子经营许可证，或者未按照种子经营许可证的规定经营种子的，由县级以上人民政府农业、林业行政主管部门责令改正，没收种子和违法所得，并处以违法所得 1 倍以上 3 倍以下罚款；没有违法所得的，处以 1000 元以上 3 万元以下罚款；可以吊销违法行为人的种子生产许可证或者种子经营许可证；构成犯罪的，依法追究刑事责任。

2. 为境外制种的种子在国内销售的，由县级以上人民政府农业、林业行政主管部门责令改正，没收种子和违法所得，并处以违法所得 1 倍以上 3 倍以下罚款；没有违法所得的，处以 1000 元以上 2 万元以下罚款；构成犯罪的，依法追究刑事责任。

3. 种子经营者在异地设立分支机构未按规定备案的，由县级以上人民政府农业、林业行政主管部门或者工商行政管理机关责令改正，处以 1000 元以上 1 万元以下罚款。

第四节　化肥生产经营法律制度

一、化肥的含义

化肥是化学肥料的简称，是指用化学和（或）物理方法制成的含有一种或几种农作物生长需要的营养元素的肥料。化肥有单元肥料和复合肥料之分。只含有一种可标明含量的营养元素的化肥称为单元肥料，如氮肥、磷肥、钾肥以及次要常量元素肥料和微量元素肥料。含有氮、磷、钾三种营养元素中的两种或三种且可标明其含量的化肥，称为复合肥料或混合肥料。

化肥是农业生产最基础且最重要的物质投入。施肥不仅能提高土壤肥力，而且也是提高作物单位面积产量的重要措施。

但是，大量和不当使用化肥对农作物和环境也会造成不同程度的损害。化肥引起的农作物损害主要表现为"烧苗"，对环境的污染主要表现在以下几个方面：①河川、湖泊、内海富营养化。引起水域富营养化的原因，主要是水中氮、磷的含量增加，使藻类等水生植物生长过多。②土壤受到污染，土壤物理性质恶化。长期过量而单纯施用化学肥料，会使土壤酸化、土地板结，并直接影响农业生产成本和农作物的产量和质量。③食品、饲料和饮用水中有毒成分增加。亚硝酸盐的生物毒性比硝酸盐大 5～10 倍，亚硝酸盐与胺类结合形成的 N－亚硝基化合物则是强致癌物质；施用化肥过多的地区的井水或河水中氮化合物的含量会增加，甚至超过饮用水标准；施用化肥过多的土壤会使蔬菜和牧草等作物中硝酸盐含量增加；食品和饲料中亚硝酸盐含量过高，则会引起小儿和牲畜中毒事故。④大气中氮氧化物含量增加。施用于农田的氮肥，有相当数量直接从土壤表面挥发成气体，进入大气。还有相当一部分以有机或无机氮形态进入土壤，在土壤微生物作用下会从难溶态、吸附态和水溶态的氮化合物转化成氮和氮氧化物，进入大气。

鉴于化肥的负面影响，我们应当对施用的化学肥料进行控制和管理。

二、我国化肥业发展概况

化肥工业是煤炭、天然气、磷矿石、卤水等能源和自然资源转化为植物营养的产业，主要包括氮肥、磷肥、硫酸和配套原料的磷硫矿山行业。化肥主要品种有氮肥（尿素、硝铵、氯化铵、碳酸氢铵）、磷肥（磷酸一铵、磷酸二铵、重钙、普钙、钙镁磷肥、硝酸磷肥）、钾肥（氯化钾、硫酸钾、硝酸钾）、含氮磷钾三种元素的复合肥料和微量元素肥料等。

新中国成立 60 年间，伴随着经济管理体系变革和改革开放推进，我国化肥市场经历了"计划—双轨制—市场化"的变化。这一转变，促进了化肥工业的发展，满足了农业生产的需求。近年来，中国化肥工业稳步发展，产量逐年增加，化肥自给率迅速提高。

目前我国化肥产业"十二五"发展重点已初步确定，其中企业整合和重组将成为重中之重。预计"十二五"及 2020 年前的化肥需求还将有小幅增长，按粮食自给率 98％测算，2015 年化肥需求约 5100 万吨，2020 年约 5300 万吨。

三、我国化肥立法概况

改革开放以后，我国政府十分注重以法律手段规范化肥生产和经营的工作。1988 年 9 月 28 日，为了制止化肥的倒买倒卖，国务院发布了《关于化肥、农药、农膜实行专营的决定》，该决定明确提出国家对化肥实施专营管理。国家委托中国农业生产资料公司（属商业部）和各级供销合作社的农业生产资料经营单位对化肥实行专营，其他部门、单位和个人一律不准经营化肥。地方政府可以允许地方小型化肥厂的产品直接销售给农民。允许县级以下（不含县级）农业技术推广单位结合有偿技术服务配套销售少量化肥，但必须由县专营批发部门或基层供销合作社按计划供应。化肥进口由国家统一计划管理。1989 年 12 月 28 日，国务院又发布了《关于完善化肥、农药、农膜专营办法的通知》，进一步完善了化肥专营管理办法。该办法明确中国农业生产资料公司和各级供销社的农资经营单位是农资专营主渠道的同时，保留农业直属垦区的直供体制，允许县级和县级以下的农业（植保、土肥、农技）三站在提供技术服务时零售化肥。中央指令性计划内的化肥，化肥厂只可以按计划供应给中国农业生产资料公司和各级供销社的农资经营单位。对于指令性计划外的化肥，化肥厂可以直接提供给农业三站、农民。进口化肥必须由中国化工进出口总公司（属经贸部）或由经贸部批准的单位对外订货。

1992 年 10 月 25 日，国务院发布《关于加强化肥、农药、农膜经营管理的通知》（国发〔1992〕60 号），进一步改革化肥专营体制，明确了农业三站和化肥生产厂的辅助流通地位。中国农业生产资料公司和各级供销社农资经营单位是农资经营的主渠道，农业部直属垦区保留直供体制，农业三站（不限级别）可直接从生产企业订货，生产企业可以将中央和地方统配之外的化肥销售给任何有专营资质的单位或直接销售给农民。统配计划内的化肥由国家统一定价，其他化肥地方政府可以根据情况选择统一定价或由市场调节。《关于加强化肥、农药、农膜经营管理的通知》在化肥流通改革与发展史上具有里程碑意义，它结束了高度行政垄断状态下发展起来的化肥流通体系，国家对化肥流通管理由直接计划管理为主改为间接管理为主，发挥市场机制配置化肥资源，允许扩大企业经营自主权，鼓励适度开展竞争，化肥流通市场逐步从卖方市场向买方市场过渡，原有流通体系加速分化，新的经营主体不断涌现，多元化、多主体的竞争格局形成。

1992 年以后，我国不断深化化肥生产经营领域的改革。1994 年 8 月 12 日，国务院发布《关于改革化肥等农业生产资料流通体制的通知》，首次提出"按照社会主义市场经济的要求"改革化肥等农业生产资料流通体制。中央调控的化肥降至总资源量的 20% 左右的比例，中央调拨化肥由"四级批发一级零售"改为"两级批发一级零售"，地方调拨化肥由"三级批发一级零售"改为"一级批发一级零售"。农业部直属垦区所需化肥按计划由生产企业直供。大型化肥生产企业允许自销 10% 的产量，中型化肥生产企业的自销数量由省级地方政府确定。除 17 个大型化肥企业生产的尿素和硝酸铵由国家计委定价外，其他品种化肥的价格由地方物价部门管理。中央进口化肥配额下达给中国农业生产资料公司，由中国化工进出口总公司代理进口；地方进口化肥配额下达给各省计委，再下达给省农资公司，各省保留一个进口代理机构。1995 年 4 月 2 日，国务院发布《关于深化粮食棉花化肥购销体制改革的通知》，进一步改革化肥流通体制。首次提出要建立化肥淡季储备制度；配额内进口化肥执行零关税和进口环节增值税即征即退的优惠政策。1998 年 11 月 16 日，国务院发布《关于深化化肥流通体制改革的通知》，国家对化肥流通的管理由直接计划管理为主改为间接管理为主，发挥市场配置化肥资源的基础性作用；正式取消国产化肥指令性生产计划和统配收购计划，由化肥生产和经营企业自主进行购销活动。

我国化肥生产经营体制改革在 2009 年取得了丰硕的成果。2009 年 8 月 24 日，国务院发布了《关于进一步深化化肥流通体制改革的决定》，全面取消了化肥流通经营的"身份限制"。该决定全面取消了化肥流通经营的所有制形式限制（外资包括其中），仅设置了准入资格限制，已经实现了全面放开的入世承诺。

1988 年以来，从国务院一个"专营决定"到五个"通知"，再到一个"决定"，有力地促进了我国化肥工业的发展和化肥生产经营体制的改革，具有十分重要的历史意义和实践价值。

四、化肥生产的基本法律规定

化肥生产许可证制度、化肥价格企业自主定价制度、化肥生产政策优惠制度、救灾化肥储备制度是我国化肥生产的基本法律制度，对稳定化肥生产，促进化肥业健康发展具有十分重要的意义。

（一）化肥生产许可证制度

化肥生产许可证制度是我国化肥生产的基本法律制度。1987 年 11 月 1 日，国家经委、化工部、商业部、国家物价局、国家工商局、农牧渔业部联合印发的《关于加强市场管理，坚决制止和取缔生产、经销假劣化肥的暂行规定》中就明确规定：①目前磷肥生产已实行生产许可证制度，凡没有领取《生产许可证》和《营业执照》的磷肥生产企业和厂（点），一律不准生产磷肥。各省、自治区、直辖市经委（计经委）要组织化工、工商行政管理、乡镇企业、供销、农业、标准、物价等部门，共同对本地区现有磷肥、复混肥生产厂（点）进行严格的检查和清理，对不具备基本生产条件的厂（点）一律取缔。对生产不合格产品的厂（点），令其立即停止生产，限期整顿，逾期达不到要求的要坚决予以取缔。②对小型复混肥生产，要实行生产许可证制度。在国家正式颁发生产许可证之前，各省、自治区、直辖市经委组织有关部门联合检查，迅速整顿。省、自治区、直辖市人民政府可授权有关部门颁发《临时生产许可证》，并参照国务院颁发的《工业产品生产许可证试行条例》等有关文件，作出具体规定。凡不具备生产条件的厂（点），一律不发给生产许可证。对已发给许可证的企业，要定期检查，严格产品检验制度。对无证从事复混肥生产的一律取缔，违抗者要依法惩处。

国家质检总局负责磷肥产品生产许可证统一管理工作。国家质检总局内设全国工业产品生产许可证办公室（以下简称全国许可证办公室）负责磷肥产品生产许可证管理的日常工作。但是，根据国家质检总局发布的 2009 年第 16 号公告的规定，自 2009 年 5 月 1 日起，12 类产品的工业产品生产许可由各省级质量技术监督部门负责审批发证。本次下放省级发证的产品包括复混（合）肥料、掺混肥料、有机—无机复混肥料等 3 个单元的化肥产品。

（二）化肥价格企业自主定价制度

2009 年 1 月 24 日，国家发展改革委、财政部下发了《关于改革化肥价格形成机制的通知》。该《通知》决定：自 2009 年 1 月 25 日起，将国产化肥出厂价格、除钾肥外的进口化肥港口交货价格由指导价改为市场调节价。化肥批发、零售价格继续实行市场调节价。取消对已放开的化肥出厂价格实行提价申报、调价备案、最高限价以及对化肥流通环节价格实行差率控制等各项临时价格干预措施。继续对一般贸易进口钾肥价格实行适度监管。这一决定表明，我国已经取消化肥价格限制政策。

（三）化肥生产政策优惠制度

2009 年 1 月 24 日，国家发展改革委、财政部下发的《关于改革化肥价格形成机制的通知》要求落实好促进化肥生产流通的各项优惠策。暂时保留对化肥生产用电、用气和铁路运输实行的价格优惠政策以及对化肥生产、流通实行的税收优惠政策。各级价格、财政主管部门要督促有关部门、有关企业落实好各项优惠政策，切实纠正和查处不执行国家政策的行为。这一规定确立了化肥生产的政策优惠制度。

（四）救灾化肥储备制度

化肥是常年生产、季节使用的产品。针对化肥产品的这一特征，1998 年 11 月 16 日，国务院在《关于深化化肥流通体制改革的通知》中就要求建立救灾化肥储备制度，并指出：国家通过推行出厂价加浮动幅度的指导性价格政策，使化肥保持合理的淡、旺季价差，以鼓励生产、经营企业和农户淡季储存化肥。国有商业银行对所需贷款应予以支持。全国化肥市场如出现大的波动，由国家计委会同有关部门研究提出应对措施，上报国务院，经批准后组织实施。

为解决救灾用肥的应急需要，建立中央救灾化肥年度储备制度。每年雨季来临之前，通过收储和进口，准备 50 万实物吨救灾备用化肥，当年救灾如有剩余，秋播前应予销出。储备资金由中国农业银行安排，每年给予半年的贴息，由中央财政和使用救灾化肥的地方财政各负担一半，具体贴息办法由财政部商同有关部门另行制定。救灾储备化肥继续由中国农业生产资料集团公司负责经营，救灾化肥的收购和出库价格由国家计委会同有关部门确定。

五、化肥经营的基本法律规定

新中国成立以后，我国化肥经营体制几经变化，但总的趋势是从计划专营到开放市场。《关于进一步深化化肥流通体制改革的决定》对市场化条件下的化肥经营作出了如下规定：

（一）经营主体

1998 年，国务院发布了《国务院关于深化化肥流通体制改革的通知》，规定除各级农资公司和农业"三站"外，其他单位和个人不得从事化肥批发业务。实际上，这一规定早已不适应化肥行业发展的需求，多个省份在《决定》出台前，已经逐步放开了化肥经营。

为深化化肥流通体制改革，《关于进一步深化化肥流通体制改革的决定》要求放开化肥经营限制，取消对化肥经营企业所有制性质的限制，允许具备条件的各种所有制及组织类型的企业、农民专业合作社和个体工商户等市场主体进入化肥流通领域。

（二）注册资本

化肥经营主体市场化以后，《关于进一步深化化肥流通体制改革的决定》要求严格市场准入条件。明确规定：化肥经营的最低注册资本要求是 3 万元人民币。申请在省域范围内设立分支机构、从事化肥经营的企业，企业总部的注册资本（金）不得少于 1000 万元人民币；申请跨省域设立分支机构、从事化肥经营的企业，企业总部的注册资本（金）不得少于 3000 万元人民币。满足注册资本（金）、资金数额条件的企业、个体工商户等可直接向当地工商行政管理部门申请办理登记，从事化肥经营业务。

（三）经营行为

在规范企业经营行为方面，《关于进一步深化化肥流通体制改革的决定》要求化肥经营者应建立进货验收制度、索证索票制度、进货台账和销售台账制度，相关记录必须保存至化肥销售后 2 年，以备查验。这一规定表明，在开放化肥市场的同时，国家更加注重规范企业经营行为和强化市场监督管理。

（四）经营方式

在《关于进一步深化化肥流通体制改革的决定》颁发以前，国家禁止化肥的跨省区销售。尽管也有一些生产企业在生产区外布点销售化肥，但毕竟是少数，销量也有限。这种限制制约了化肥经营的规模发展。因此，《关于进一步深化化肥流通体制改革的决定》要求并鼓励大型化肥生产、流通企业以及具备一定实力和规模的社会资本通过兼并重组等方式，整合资源，发展连锁和集约化经营；同时规定，对建设和完善区域性化肥交易市场以及化肥储备、经营与现代物流设施的，各级政府要积极予以扶持。

第五节　农膜生产经营法律制度

一、农膜的含义

农膜，是农用塑料薄膜的简称，是农业生产中用于保护植物水分流失等措施的一种制品。农膜对于农业生产意义重大，可提高地温，保持水分，防止土壤板结，减缓土壤侵蚀，阻止养分流失，提高土壤的供肥能力，减少杂草、降低虫害，大幅度提高农作物产量，提早成熟，改善品质等；可使北方在寒冷的季节生长出鲜嫩的蔬菜，丰富老百姓的菜篮子；利用经过保鲜药剂处理过的塑料薄膜进行水果和蔬菜的贮存，可大大增加水果和蔬菜的保鲜期，降低由于腐烂而引起的经济损失。农膜之于农业的这些突出作用，使它与种子、化肥并称为我国农业技术的三大法宝。

农膜按其功能和用途可分为普通农膜和特殊农膜两大类。普通农膜包括广谱农膜和微薄农膜；特殊农膜包括黑色农膜、黑白两面农膜、银黑两面农膜、绿色农膜、微孔农膜等。

二、我国农膜业发展概况

我国农膜行业从无到有，从小到大，迄今已有40多年历史。40多年来，我国农膜行业已经拥有规模不等的企业近千家，年生产农膜100多万吨，有力地支持了我国农业的发展和农业科学技术的进步。但是，横向相比，我国农膜业与发达国家的农膜业相比，还存在着很大的差距和不足。这些差距和不足主要表现在：

（一）农膜产品方面的问题

产品结构单一、寿命短、功能少是我国农膜产品存在的主要问题。

发达国家目前农膜应用以专用棚膜为主，可根据不同作物对光的不同需求分别采用不同的棚膜，因而培育的作物产量高、品质好。而我国目前还是一膜多用。因此，在未来的时间里，我国农膜行业，一要加速产品更新，积极调整产品结构；二要注重多功能农地膜的开发应用，努力提升功能膜的比重；三要尽快形成独特的自主核心技术，尽快将品种新、性能优、质量高、成本低的农膜新品推向市场。

我国的农膜生产不仅结构单一，无法适应农业生产的实际需要，而且产品的寿命低、功能少。以 PE 和 PVC 棚膜为例，中国 PE 棚膜防老化寿命最长不到2 年，而日本 PE 棚膜防老化寿命可长达 5~6 年；中国 PVC 棚膜防老化寿命仅

1.5年左右，而日本PVC棚膜防老化寿命可达3～5年；中国PE棚膜防流滴期仅4个月左右，PVC棚膜约6个月，而日本PE棚膜和PVC棚膜防流滴期可与使用寿命同步；中国还未开发出防雾棚膜，日本棚膜已可以做到有效防雾。因而，中国企业要努力提升棚膜的功能性，做到长寿耐老化、防雾又防滴、高透明高保温，实现光能转化，提高农作物的光合作用，要重点开发除蚜虫、除草、有色等多种功能性产品。

（二）生产企业方面的问题

企业缺乏竞争力是我国农膜生产企业存在的又一主要问题。目前，我国农膜行业拥有规模不等的企业近千家，年产能力200万吨以上，实际年产量超过100万吨，但企业平均年产量只有1000吨左右。这样的企业规模严重制约着全行业发展。因此，农膜企业必须走重组、强强联合之路。要通过联合、兼并、收购和实行规范化的现代企业管理制度，通过跨行业、跨地区的资产重组、优势互补和合理配置资源，改变国内企业小、散、多的现状，努力推动大型企业集团的培育，从而提升企业核心竞争力。

（三）农膜生产技术人才匮乏

农膜生产技术人才匮乏是我国农膜业的又一突出问题。农膜生产企业人才匮乏是影响行业技术进步的另一瓶颈。目前，高级管理人才严重不足，懂市场又掌握产品开发和生产控制手段的高级工程技术人员、懂技术又能指导产品开发的高级市场营销人员在行业中属凤毛麟角；同时，大多数企业内部组织结构还不够合理，团队协作意识差，难以形成各个部门联合的大团队作战，而是各自为战，行动效率不高，造成资源极大浪费。因此，企业应注重培养高素质、有创新意识的人才，在此基础上强化合作意识，走协作作战的道路。

总之，为适应农业发展的实际需要，我国农膜行业应继续向企业规模化、产品功能化方向发展，通过企业资产重组、强强联合和上市发挥综合优势，向农膜的高端市场发起冲击，缩小与国外先进水平的差距。与此同时，提高农膜的可回收与降解技术能力，充分利用有限资源，减少环境污染，促进农业可持续发展，是农膜行业今后的发展趋势。

三、农膜生产的基本法律规定

为贯彻落实《轻工业调整和振兴规划》，促进农用薄膜行业结构调整和产业升级，防止低水平重复建设，加强环境保护，提高资源综合利用效率，依据国家有关法律法规和产业政策，工业和信息化部于2009年12月17日制定了《农用薄膜行业准入条件》。

《农用薄膜行业准入条件》对农膜企业的入市条件、生产工艺和装备要求、产品质量、环境保护和资源节约综合利用、安全生产和职业病防治等问题作了具体规定。

（一）新建农膜企业的准入条件

该准入条件规定，新建农膜企业应当符合以下条件：

1. 选址必须符合本地区城乡建设规划、生态环境规划、土地利用整体规划要求和用地标准。

2. 拥有按照国家及行业标准生产农膜的技术文件和工艺文件。

3. 拥有与上述技术、工艺文件相符的生产设备和设施。

4. 拥有产品质量保证体系和配套的检测设备。

5. 形成的农膜生产能力不低于 10 000 吨/年。

6. 生产装置符合国家节能、节水要求，农膜吨制品耗电量不超过 500 千瓦时，耗水量不超过 1 立方米。

7. 生产过程中排放的污染物符合国家和地方污染物排放（控制）标准以及总量控制指标要求，固体废物的管理和处置符合国家有关法规要求。

8. 废（次）品能够回收利用，回收利用装置符合国家环保要求。

（二）改扩建农膜项目的准入条件

该准入条件规定，改扩建农膜项目应当符合以下条件：

1. 产品质量符合国家及行业标准，具备质量保证体系及检测条件。

2. 生产过程中排放的污染物符合国家和地方污染物排放（控制）标准以及总量控制指标要求，固体废物的管理和处置符合国家有关法规要求。

3. 农膜吨制品电耗不超过 500 千瓦时，耗水量不超过 1 立方米。

4. 实施改扩建项目后，农膜生产能力不低于 10 000 吨/年。

5. 改扩建项目涉及新申请用地的，要严格执行国家土地使用政策，符合城乡建设规划、土地利用整体规划要求和用地标准。

（三）生产工艺和装备要求

关于农膜企业生产工艺和装备要求，该准入条件规定：

1. 生产工艺必须符合质量保证体系工艺文件要求，采用成熟的生产技术，满足农膜产品质量达到国家及行业标准的要求。

2. 棚膜生产企业应具备生产功能性母料的能力，或得到其他能够生产功能性母料企业的技术支持。

3. 配备物料混配设备，能确保生产原料（主、辅料）均匀混合。

4. 拥有先进的生产设备和完善的检测手段和检测设备，确保产品质量符合国家及行业标准。必备的产品质量检测设备包括拉力机、熔融指数测试仪、快速流滴实验仪、水分含量测试仪等。

（四）产品质量

关于农膜企业生产产品质量问题，该准入条件规定：

1. 企业应设立质量检验机构，配备专职质检人员，建立健全质量检验管理制度。

2. 产品质量符合国家及行业标准。

3. 产品符合保障人体健康和保护生态环境要求。

4. 不得以废旧塑料、劣质再生塑料为原料生产农膜产品。

5. 新产品须由企业或企业委托有关部门进行两年以上的多点田间应用试验，经具有相关资质的机构评估确认达到国家标准后，方可大面积推广应用。

（五）环境保护和资源节约综合利用

关于农膜企业生产环境保护和资源节约综合利用问题，该准入条件规定：

1. 新建、改扩建项目必须重视环境保护和资源节约利用工作，严格执行《中华人民共和国环境影响评价法》，依法向有审批权的环境保护行政主管部门报批环境影响评价文件。按照建设项目中环境保护设施必须与主体工程同步设计、同时施工、同时投产使用的要求，建设与项目相配套的环境保护设施，依法申请环境保护设施专项竣工验收。

2. 污染物排放要符合国家和地方污染物排放（控制）标准，主要污染物排放总量符合总量控制要求。

3. 严格贯彻保护耕地和节约用地的政策规定，用地规模和土地利用强度必须达到土地使用相关标准的规定。

4. 生产用水做到循环利用。

5. 废（次）品回收利用装置符合《中华人民共和国环境保护法》的有关要求。

（六）安全生产和职业病防治

关于农膜企业安全生产和职业病防治问题，该准入条件规定：

1. 严格遵守《中华人民共和国安全生产法》、《中华人民共和国职业病防治法》，认真执行保障安全生产和职业病防治的国家标准或行业标准，做好职业病危害评价和生产安全事故预防工作。

2. 按照国家相关法律法规及标准的要求配置安全生产和职业病防护设施，建立健全安全生产和职业病防治责任制；建立完善的安全生产和职业病防治组织管理体系，做好职工安全生产、职业卫生培训工作，落实安全生产检查制度。

3. 新建、改扩建项目的安全设施投资应纳入建设项目概算；安全生产设施和职业病防护设施不仅要与主体工程同时设计、施工和投入使用，还要进行安全评价和安全设施专项竣工验收。

4. 新建、改扩建项目应配备必要的劳动防护用品和职业病防护设施，工作场所的有害气体、粉尘浓度、噪声等指标不得超过国家规定的标准。

四、农膜经营

近年来，我国农膜市场逐渐升温。虽然我国农膜产量已位居全球首位，发展前景看好，但市场经营秩序混乱、不规范等症结正严重制约着全行业的健康发展，因此，以法律手段规范农膜市场迫在眉睫。

大致而言，我国农膜市场经营问题主要体现在以下四个方面：

1. 企业数量多、规模小、市场竞争力弱。目前，我国农膜行业有近千家生产企业，总生产能力达到了 300 万吨，年产量超过 100 万吨，但具有年产 3000 吨以上生产规模的企业不足 200 家，低水平的生产状态使农膜行业的整体利润水平在 1% 以下，形势并不乐观。

2. 销售市场秩序混乱、无序竞争。由于农膜市场供大于求，一些新进入农膜行业的小企业为挤占市场，采取不正当竞争手段，以劣质农膜冒充优质农膜，采用极低的销售价格冲击市场，严重损害了农民利益。还有的企业从国外进口聚乙烯废料，加工生产成劣质农膜低价销售，扰乱市场，使国内一些大中型企业陷入困境。

3. 原料价格不稳定，企业生产成本增加。农膜属于季节性销售产品，生产特点是时间短、批量大、区域广。近来农膜化工原料价格暴涨，导致企业资金占用量大、流动资金紧张，生产企业不堪重负，严重制约了企业和行业的正常发展。

4. 经营不规范。目前，我国农膜的经营主要集中在县一级的经销商，人数约占全国农膜经销商的 80% 以上，销售数量约占全国销售总量的 75%。由于经销商的资金状况、销售能力和农业技术水平参差不齐，普遍存在相互压价、以次充好、售后服务跟不上等现象，部分小的农膜经销商缺斤短两、坑农害农现象时有发生，不仅损害了农民的利益，同时也严重影响了农膜行业的正常发展。

关于农膜经营，早在 1988 年 9 月 28 日，国务院就发布了《国务院关于化肥、农药、农膜实行专营的决定》，1992 年 10 月 25 日国务院又发布了《关于加强化肥、农药、农膜经营管理的通知》，2007 年 12 月 21 日国家发改委、财政部、农业部、国家税务总局、国家工商总局、国家质检总局、中国人民银行等七部委又联合发布了《关于加强农用薄膜生产经营管理的通知》。这些法律法规对农膜的销售经营作出了具体的规范。但是，这些规范的层级均比较低，操作性也不强。因此，针对当前存在的问题，我们认为，一方面应积极推进国家《农膜行业准入管理办法》尽快出台，规范企业生产经营销售，保证农膜产品质量和市场的稳定，同时建议将农膜产品列入国家实行生产许可证的工业产品目录，从而避免无序竞争，规范原材料采购和产品销售各个环节；另一方面，应进一步加强对农膜市场的整顿，加大对不法商贩和假冒伪劣生产企业的检查打击力度，为正规农膜企业营造规范、公平的竞争环境。此外，政府要和企业联手，积极推进实施大集团战略，支持优势企业跨地区重组、强强联合，促进行业结构调整，提高整体市场竞争力，使我国农膜走向世界。

第六节　农药生产经营法律制度

一、概述

农药是重要的农业生产资料，对于防止农作物病虫害、调节植物生长具有积极的意义。目前，多数国家都通过立法对农药的生产、销售和使用进行规范。

（一）农药的含义

关于农药的含义，学术界有不同的认识。我们认为，农药是指用于预防、消灭或者控制危害农业、林业的病、虫、草和其他有害生物以及有目的地调解植物、昆虫生长的化学合成或者来源于生物、其他天然物质的一种物质或者几种物质的混合物及其制剂。按《中国农业百科全书·农药卷》的定义，农药主要是指用来防治危害农林牧业生产的有害生物（害虫、害螨、线虫、病原菌、杂草及鼠类）和调节植物生长的化学药品，但通常也把改善有效成分物理、化学性状的各种助剂包括在内。

我国《农药管理条例》所称农药，是指用于预防、消灭或者控制危害农业、林业的病、虫、草和其他有害生物以及有目的地调节植物、昆虫生长的化学合成或者来源于生物、其他天然物质的一种物质或者几种物质的混合物及其制剂。这些农药包括用于不同目的、场所的下列各类：①预防、消灭或者控制危害农业、林业的病、虫（包括昆虫、蜱、螨）、杂草和鼠类、软体动物等有害生物的；②预防、消灭或者控制仓储病、虫、鼠和其他有害生物的；③调节植物、昆虫生长的；④用于农业、林业产品防腐或者保鲜的；⑤预防、消灭或者控制蚊、蝇、蜚蠊、鼠和其他有害生物的；⑥预防、消灭或者控制危害河流堤坝、铁路、机场、建筑物和其他场所的有害生物的。

值得强调的是，在不同的时代、不同的国家和地区，农药的含义、范围和性质是略有差异的。如美国，早期将农药称之为"经济毒剂"，欧洲则称之为"农业化学品"，还有的书刊将农药定义为"除化肥以外的一切农用化学品"。在80年代以前，农药的性质偏重于强调对害物的"杀死"，但80年代以来，农药的概念发生了很大变化。今天，我们更注重"调节"。

（二）农药残留

农药残留，是农药使用后一个时期内没有被分解而残留于生物体、收获物、土壤、水体、大气中的微量农药原体、有毒代谢物、降解物和杂质的总称。施用于农作物上的农药，其中一部分附着于农作物上，一部分会散落在土壤、大气和水等环境中，而环境残存的农药中的一部分又会被植物吸收。残留农药直接通过植物果实或水、大气到达人、畜体内，或通过环境、食物链最终传递给人、畜，并因此而给人、畜带来一定的损害。农药残留问题也因此被人们关注。

农药残留问题是随着农药大量生产和广泛使用而产生的。第二次世界大战以前，农业生产中使用的农药主要是含砷或含硫、铅、铜等的无机物，以及除虫菊酯、尼古丁等来自植物的有机物。第二次世界大战期间，人工合成有机农药开始应用于农业生产。到目前为止，世界上化学农药年产量近 200 万吨，约有 1000 多种人工合成化合物被用作杀虫剂、杀菌剂、杀藻剂、除虫剂、落叶剂等类农药。农药尤其是有机农药大量使用，造成严重的农药污染问题，时刻威胁着人们的健康和生命，必须进行控制和防范。

（三）我国的农药立法

新中国成立以后，我国农药工业经历了创建时期（1949～1960）、巩固发展时期（1960～1983）和调整品种结构、蓬勃发展时期（1983 年以后）三个阶段，农药品种和产量成倍增长，生产技术与产品质量也有了显著提高。国务院决定从 1983 年 3 月起停止生产六六六和滴滴涕，1991 年国家又决定停止生产杀虫脒、二溴氯丙烷、敌枯双等 5 种农药。为适应农业生产发展的需要，国家集中力量投（扩）产了数十个高效低残留品种，使农药产量迅速增加。到 1998 年，全国已能生产农药 200 种（有效成分），农药总产量近 40 万吨，全国农药生产能力达到 75.7 万吨。

为了加强对农药生产、经营和使用的监督管理，保证农药质量，保护农业、林业生产和生态环境，维护人畜安全，1997 年 5 月 8 日国务院发布了《农药管理条例》（2001 年 11 月 29 日进行了修订）。为了更好地实施《农药管理条例》，1999 年 7 月 23 日农业部发布了《农药管理条例实施办法》（2007 年 12 月 6 日进行了修订），2004 年 10 月 11 日国家发展和改革委员会发布了《农药生产管理办法》，2009 年 11 月 10 日工业和信息化部发布了《农药生产准入条件》（征求意见稿），2010 年 7 月 8 日，农业部又发布了《关于进一步加强农药管理工作的意见》。所有这些法律规范对农药生产经营活动都具有重要的指导意义和价值。

二、农药生产的基本法律规定

国家实行农药生产许可制度。《农药生产管理办法》从农药生产企业核准和农药产品生产审批两个方面对农药生产许可进行了规范。

（一）农药生产企业核准

开办农药生产企业（包括联营、设立分厂和非农药生产企业设立农药生产车间），应当经省级主管部门初审后，向国家发改委申报核准，核准后方可依法向工商行政管理机关申请领取营业执照或变更工商营业执照的营业范围。

《农药生产管理办法》第7条规定，农药生产企业申报核准，应当具备下列条件：①有与其生产的农药相适应的技术人员和技术工人；②有与其生产的农药相适应的厂房、生产设施和卫生环境；③有符合国家劳动安全、卫生标准的设施和相应的劳动安全、卫生管理制度；④有产品质量标准和产品质量保证体系；⑤所生产的农药是依法取得过农药登记的农药；⑥有符合国家环境保护要求的污染防治设施和措施，并且污染物排放不超过国家和地方规定的排放标准；⑦国家发改委规定的其他条件。

申报核准，应当提交以下材料：①农药企业核准申请表；②工商营业执照（现有企业）或者工商行政管理机关核发的《企业名称预先核准通知书》（新办企业）复印件；③项目可行性研究报告（原药项目需由乙级以上资质的单位编制）；④企业所在地（地市级以上）环境保护部门的审核意见（原药项目需提供项目的环境影响评价报告和环评批复意见）；⑤国家发改委规定的其他材料。

申请企业应当按照本办法第8条规定将所需材料报送省级主管部门。省级主管部门负责对企业申报材料进行初审，将经过初审的企业申报材料报送国家发改委。

国家发改委应当自受理企业申报材料之日起20个工作日内（不含现场审查和专家审核时间）完成审核并作出决定。20日内不能作出决定的，经国家发改委主要领导批准，可以延长10日。

对通过审核的企业，国家发改委确认其农药生产资格，并予以公示。未通过审核的申报材料，不再作为下一次核准申请的依据。

农药生产企业核准有效期限为5年。5年后要求延续保留农药生产企业资格的企业，应当在有效期届满3个月前向国家发改委提出申请。

（二）农药产品生产审批

根据《农药生产管理办法》的规定，生产尚未制定国家标准和行业标准的农药产品的，应当经省级主管部门初审后，报国家发改委批准，发给农药生产批准证书。企业获得生产批准证书后，方可生产所批准的产品。

申请批准证书，应当具备以下条件：①具有已核准的农药生产企业资格；②产品有效成分确切，依法取得过农药登记；③具有一支足以保证该产品质量和进行正常生产的专业技术人员、熟练技术工人及计量、检验人员队伍；④具备保证该产品质量的相应工艺技术、生产设备、厂房、辅助设施及计量和质量检测手段；⑤具有与该产品相适应的安全生产、劳动卫生设施和相应的管理制度；⑥具有与该产品相适应的"三废"治理设施和措施，污染物处理后达到国家和地方规定的排放标准；⑦国家发改委规定的其他条件。

申请批准证书应当提交以下材料：①农药生产批准证书申请表；②工商营业执照复印件；③产品标准及编制说明；④具备相应资质的省级质量检测机构出具的距申请日1年以内的产品质量检测报告；⑤新增原药生产装置的，由具有乙级以上资质的单位编制的建设项目可行性研究报告及有关部门的审批意见；⑥生产装置所在地环境保护部门同意项目建设的审批意见（申请证书的产品与企业现有剂型相同的可不提供）；⑦加工、复配产品的原药距申请日2年以内的来源证明；⑧分装产品距申请日2年以内的分装授权协议书；⑨农药登记证；⑩国家发改委规定的其他材料。

根据工业和信息化部发布的《农药生产准入条件》（征求意见稿），农药生产市场准入的条件将更加严格。

1. 在企业布局方面，准入条件要求新开办的一级农药生产企业，须建设在经省级以上部门批准并通过区域环境影响评价的工业聚集区内；新开办的二级农药生产企业，须远离人群聚集区。农药企业在建设工厂前，应提供申报核准的企业总平面图，其中要标明生产车间以及原料和产品仓库、消防、"三废"处理以及公用工程等附属设施位置。

2. 在生产装置和工艺技术方面，准入条件要求必须选用节能、环保型设备。如化学原药合成要求涉及磺化、硝化、氯化、重氮化、氧化、加氢、过氧化、氟化、氨化、裂解及高压等反应的，必须设置自动控制及安全连锁系统，并配备可靠的报警设施。在农药制剂加工上也强化了环保设施的要求，如粉体制剂和颗粒剂的加工都强制要求必须设置除尘系统，进料口应设负压隔离空间。

3. 对于"三废"的收集和处理，准入条件有更具体的规定。如固体废物收集场所的地面应做防渗处理，四周建围堰，采取防雨、防火措施；液体废物的收集要求雨水、生活污水和生产污水分别收集；气体废物的收集则要求所有涉及有毒、有异味、有溶剂、粉尘溢出的物料进料和出口处，应设置排气装置，并对尾气进行有效处理等。

4. 在安全卫生方面，要求农药生产企业应配备符合生产性质的消防器材，有符合生产需要的通风及强排风设施，生产车间内安装洗眼器及紧急喷淋设施，应培训相关急救人员，危险化学品生产、储存、运输等应符合规定并得到相关部门许可，应建立事故应急救援预案和指挥系统等。

三、农药经营的基本法律规定

《农药生产管理办法》第四章从农药经营主体和经营条件两个方面对农药经营进行了规范。

下列单位可以经营农药：①供销合作社的农业生产资料经营单位；②植物保护站；③土壤肥料站；④农业、林业技术推广机构；⑤森林病虫害防治机构；⑥农药生产企业；⑦国务院规定的其他经营单位。经营的农药属于化学危险物品的，应当按照国家有关规定办理经营许可证。

农药经营单位应当具备下列条件和有关法律、行政法规规定的条件，并依法向工商行政管理机关申请领取营业执照后，方可经营农药：①有与其经营的农药相适应的技术人员；②有与其经营的农药相适应的营业场所、设备、仓储设施、安全防护措施和环境污染防治设施、措施；③有与其经营的农药相适应的规章制度；④有与其经营的农药相适应的质量管理制度和管理手段。

从《农药生产管理办法》对农药经营主体和经营条件来看，明显存在主体狭、门槛低的不足，因此，我们认为，应当尽快修订《农药生产管理办法》，建立健全如下农药经营制度：

1. 建立农药经营竞争制度，放开农药经营市场，允许符合条件的个人或个体工商户经营农药；

2. 建立农药经营许可制度，对农药经营主体和经营条件进行严格行政审核。

3. 对从业人员实行资格认证、考核上岗制度。农药经营人员经农业部门考试合格后凭其上岗证到工商部门办理营业执照。

第七节　兽药生产经营法律制度

一、兽药的含义

兽药，也称兽用药或动物用药，狭义指家畜家禽用药，广义指防治除人类以外所有动物疾病及促进其生长繁育的药品。兽药与人药在研究与开发中是相互促进，同步发展的。

兽药大致可归纳为四类：①一般疾病防治药；②传染病防治药；③体内、体外寄生虫病防治药；④促生长药。

其中除防治传染病的生化免疫制品（菌苗、疫苗、血清、抗毒素和类毒素等），以及畜禽特殊寄生虫病药和促生长药等专用兽药外，其余均与人用相同，只是剂量、剂型和规格有所区别。

《兽药管理条例》将兽药定义为：是指用于预防、治疗、诊断动物疾病或者有目的地调节动物生理机能的物质（含药物饲料添加剂），主要包括：血清制品、疫苗、诊断制品、微生态制品、中药材、中成药、化学药品、抗生素、生化药品、放射性药品及外用杀虫剂、消毒剂等。其中，新兽药是指未曾在中国境内上市销售的兽用药品；兽用处方药是指凭兽医处方方可购买和使用的兽药；兽用非处方药是指由国务院兽医行政管理部门公布的、不需要凭兽医处方就可以自行购买并按照说明书使用的兽药。

根据《兽药管理条例》的规定，有下列情形之一的，为假兽药：①以非兽药冒充兽药或者以他种兽药冒充此种兽药的；②兽药所含成分的种类、名称与兽药国家标准不符合的。有下列情形之一的，按照假兽药处理：①国务院兽医行政管理部门规定禁止使用的；②依照本条例规定应当经审查批准而未经审查批准即生产、进口的，或者依照本条例规定应当经抽查检验、审查核对而未经抽查检验、审查核对即销售、进口的；③变质的；④被污染的；⑤所标明的适应症或者功能主治超出规定范围的。有下列情形之一的，为劣兽药：①成分含量不符合兽药国家标准或者不标明有效成分的；②不标明或者更改有效期或者超过有效期的；③不标明或者更改产品批号的；④其他不符合兽药国家标准，但不属于假兽药的。

二、我国兽药业发展概况

兽药作为畜牧业的三大支柱产业之一，对保证畜牧业的健康发展和提高人民生活水平有着非常重要的意义。可以说，没有兽药的现代化，就很难实现畜牧业的现代化，就很难生产出高产量、高品质的肉、蛋、奶、毛、皮等畜禽和水产品。改革开放以来，随着我国畜牧业的迅猛发展，我国兽药工业从无到有，从小到大，得到了前所未有的发展，为保障我国畜牧业、水产养殖业和宠物业的持续健康发展作出了重大的贡献。截至目前，全国共有兽药生产企业1454家，从业人员约12万人，兽药行业年销售额超过200亿元人民币。

从企业形态上来看，我国现有的兽药生产企业主要为三种：①由乡镇企业、集体企业改制而成的小型生产企业；②部分由人用药厂转化成的兽药生产企业；③中外合资的兽药生产企业。以企业数量而言，第一类企业占了绝大部分。这类企业一般规模小，设备陈旧落后，人员素质较低，技术力量不足，管理水平较差。在我国兽药生产企业中，除了少数几家原料药厂有部分原料药出口外，绝大多数企业没有对外业务，所有原料药和制剂均在国内销售。针对这一现状，我们必须想方设法壮大企业规模，提升企业竞争能力和管理水平，打造中国兽药生产航母，只有这样，我国的兽药业才能跻身于世界百强兽药生产企业之列，才能游刃有余，立于不败之地。

从产品结构上来看，尽管我国是一个兽药生产大国，但却不是一个兽药生产强国。概括来讲，我国的兽药产品存在以下不足：①拥有自主知识产权的兽药产品少。我国兽药原料药97%以上是仿制品，拥有自主知识产权的新兽药极少。1987年~1999年底，我国共批准新的化学药物167种。在167种新化学药物中，真正属于我国自己创制的一类新药只有两种（庆大—小诺霉素、海南霉素），仅占1%。而且，即使这两种新药也没有被国际上承认；就连仿制的二类药也只有20种，占11%。即使是中草药，到目前为止，开发的三类以上新兽药只有青蒿琥酯、博洛回注射液、黄茂多糖注射液、金养麦散等4种。随着我国加入WTO和世界对知识产权保护的加强，我们仿制的路子将越来越窄，如果不采取果断的有效措施，积极开发出有自主知识产权的新兽药，一旦国际大企业加强对新兽药原料药的保护和控制，我国兽药业将面临断粮的危险。②原料药中化学药物占很大的比重。由于我国畜牧业主要是食品动物的养殖业，宠物的数量相对很少，而且发展受到多种因素的影响，故防治畜禽的感染性疾病是兽药的主要用途。因此，化学药物占我国兽药市场很大的比重。这也是我国兽药市场的一大特点。③制剂水平低，开发不全面。尽管目前我国大多数的兽药生产企业基本上都是制剂厂，但大多数仅能够生产一些简单的制剂（片剂、注射剂、预混剂等），能够生产高效、长效、给药方便等科技含量高制剂的不多。国内有相当一部分企业以配制成形作为兽药制剂的目标，没有对制剂进行系统的研究和开发，制剂配制不科学，存在着稳定性差、刺激性强、生物利用率低、疗效不稳定等问题。④产品合格率低，国际竞争能力差。由于企业在生产兽药的过程中往往没有严格按国际公认的生产规范进行生产，以及企业间恶性的价格竞争所引发的偷工减料，导致我国兽药产品合格率低下。不合格的兽药产品不仅危害了动物和人体健康，也影响了我国兽药产品的国际形象，不利于兽药的健康发展和我国兽药产业走向国际市场。

三、我国兽药立法概况

为了加强兽药管理，保证兽药质量，防治动物疾病，促进养殖业的发展，维护人体健康，国务院于1987年5月21日制定发布了《兽药管理条例》（2004年4月23日修订）。《条例》的颁布和实施对于防治动物疾病、促进养殖业的发展起到了积极的作用。但是，随着畜牧业和兽药行业的快速发展以及市场经济体制的逐步完善，《条例》的一些规定已经不能适应实践需要，在执行中遇到了不少新情况、新问题：一是兽药生产、经营质量管理制度和规范不完善，假、劣兽药时有出现，影响了养殖者的合法权益。二是对兽药安全使用管理规定得过于原则，没有就休药期、处方药与非处方药分类管理等作出规定，难以保障安全用药。三是兽药审批标准不统一，同一兽药品种在不同地区有不同标准，实践中容易形成市场分割和地方保护主义。四是由于监督管理措施不完善，致使近年来动物源性食品兽药残留超标现象比较严重，直接影响了人民群众身体健康和我国畜产品、水产品的出口。五是法律责任规定得过于原则，对生产、经营假、劣兽药等违法行为处罚力度不够，不能有效惩处违法行为。于是，2001 年我国为了履行有关知识产权保护方面的承诺，对该《条例》的个别条文作了修订。2004 年 4 月 9 日国务院又发布了新的《兽药管理条例》。

《兽药管理条例》是我国兽药监督管理的基本法律规范，对于规范兽药的生产和经营具有十分重要的意义。《兽药管理条例》颁布实施以后，为了配合和保障该条例的实施，农业部又先后颁布了《兽药产品批准文号管理办法》（2004 年 11 月 15 日）、《兽药注册办法》（2004 年 11 月 15 日）、《新兽药研制管理办法》（2005 年 7 月 27 日）、《兽药进口管理办法》（2007 年 2 月 14 日）、《兽用生物制品经营管理办法》（2007 年 2 月 14 日）等一系列兽药类法律规范。目前，我国以《兽药管理条例》为核心和基础、以上述法律规范为重要支柱的兽药法律体系已经基本形成。

四、兽药生产的基本法律规定

兽药生产企业，是指专门生产兽药的企业和兼产兽药的企业，包括从事兽药分装的企业。我国兽药生产实行生产许可证制度，《兽药管理条例》对兽药生产许可证的取得条件、程序、生产者的义务作了如下规定：

1. 设立兽药生产企业，应当符合国家兽药行业发展规划和产业政策，并具备下列条件：①有与所生产的兽药相适应的兽医学、药学或者相关专业的技术人员；②有与所生产的兽药相适应的厂房、设施；③有与所生产的兽药相适应的兽药质量管理和质量检验的机构、人员、仪器设备；④有符合安全、卫生要求的生产环境；⑤有兽药生产质量管理规范规定的其他生产条件。

符合上述规定条件的，申请人方可向省、自治区、直辖市人民政府兽医行政管理部门提出申请，并附具符合上述规定条件的证明材料；省、自治区、直辖市人民政府兽医行政管理部门应当自收到申请之日起 20 个工作日内，将审核意见和有关材料报送国务院兽医行政管理部门。

国务院兽医行政管理部门，应当自收到审核意见和有关材料之日起 40 个工作日内完成审查。经审查合格的，发给兽药生产许可证；不合格的，应当书面通知申请人。申请人凭兽药生产许可证办理工商登记手续。

2. 兽药生产许可证应当载明生产范围、生产地点、有效期和法定代表人姓名、住址等事项。

兽药生产许可证有效期为 5 年。有效期届满，需要继续生产兽药的，应当在许可证有效期届满前 6 个月到原发证机关申请换发兽药生产许可证。

3. 兽药生产企业应当按照国务院兽医行政管理部门制定的兽药生产质量管理规范组织生产。

国务院兽医行政管理部门，应当对兽药生产企业是否符合兽药生产质量管理规范的要求进行监督检查，并公布检查结果。

4. 兽药生产企业生产兽药，应当取得国务院兽医行政管理部门核发的产品批准文号，产品批准文号的有效期为 5 年。兽药产品批准文号的核发办法由国务院兽医行政管理部门制定。

5. 兽药生产企业应当按照兽药国家标准和国务院兽医行政管理部门批准的生产工艺进行生产。兽药生产企业改变影响兽药质量的生产工艺的，应当报原批准部门审核批准。兽药生产企业应当建立生产记录，生产记录应当完整、准确。

6. 生产兽药所需的原料、辅料，应当符合国家标准或者所生产兽药的质量要求。直接接触兽药的包装材料和容器应当符合药用要求。

7. 兽药出厂前应当经过质量检验，不符合质量标准的不得出厂。兽药出厂应当附有产品质量合格证。禁止生产假、劣兽药。

8. 兽药生产企业生产的每批兽用生物制品，在出厂前应当由国务院兽医行政管理部门指定的检验机构审查核对，并在必要时进行抽查检验；未经审查核对或者抽查检验不合格的，不得销售。强制免疫所需兽用生物制品，由国务院兽医行政管理部门指定的企业生产。

9. 兽药包装应当按照规定印有或者贴有标签，附具说明书，并在显著位置注明"兽用"字样。兽药的标签和说明书经国务院兽医行政管理部门批准并公布后，方可使用。

兽药的标签或者说明书，应当以中文注明兽药的通用名称、成分及其含量、规格、生产企业、产品批准文号（进口兽药注册证号）、产品批号、生产日期、有效期、适应症或者功能主治、用法、用量、休药期、禁忌、不良反应、注意事项、运输贮存保管条件及其他应当说明的内容。有商品名称的，还应当注明商品名称。

除上述规定的内容外，兽用处方药的标签或者说明书还应当印有国务院兽医行政管理部门规定的警示内容，其中兽用麻醉药品、精神药品、毒性药品和放射性药品还应当印有国务院兽医行政管理部门规定的特殊标志；兽用非处方药的标签或者说明书还应当印有国务院兽医行政管理部门规定的非处方药标志。

五、兽药经营的基本法律规定

兽药经营企业，是指经营兽药的专营企业或者兼营企业。我国兽药经营实行经营许可证制度。《兽药管理条例》对兽药经营许可证的取得条件、程序、经营者的义务作了如下规定：

1. 经营兽药的企业，应当具备下列条件：①有与所经营的兽药相适应的兽药技术人员；②有与所经营的兽药相适应的营业场所、设备、仓库设施；③有与所经营的兽药相适应的质量管理机构或者人员；④具备兽药经营质量管理规范规定的其他经营条件。

符合上述规定条件的，申请人方可向市、县人民政府兽医行政管理部门提出申请，并附具符合上述规定条件的证明材料；经营兽用生物制品的，应当向省、自治区、直辖市人民政府兽医行政管理部门提出申请，并附具符合上述规定条件的证明材料。

县级以上地方人民政府兽医行政管理部门，应当自收到申请之日起 30 个工作日内完成审查。审查合格的，发给兽药经营许可证；不合格的，应当书面通知申请人。申请人凭兽药经营许可证办理工商登记手续。

2. 兽药经营许可证应当载明经营范围、经营地点、有效期和法定代表人姓名、住址等事项。兽药经营许可证有效期为 5 年。有效期届满，需要继续经营兽药的，应当在许可证有效期届满前 6 个月到原发证机关申请换发兽药经营许可证。

3. 兽药经营企业，应当遵守国务院兽医行政管理部门制定的兽药经营质量管理规范。县级以上地方人民政府兽医行政管理部门，应当对兽药经营企业是否符合兽药经营质量管理规范的要求进行监督检查，并公布检查结果。

4. 兽药经营企业购进兽药，应当将兽药产品与产品标签或者说明书、产品质量合格证核对无误。

5. 兽药经营企业，应当向购买者说明兽药的功能主治、用法、用量和注意事项。销售兽用处方药的，应当遵守兽用处方药管理办法。兽药经营企业销售兽用中药材的，应当注明产地。禁止兽药经营企业经营人用药品和假、劣兽药。

6. 兽药经营企业购销兽药，应当建立购销记录。购销记录应当载明兽药的商品名称、通用名称、剂型、规格、批号、有效期、生产厂商、购销单位、购销数量、购销日期和国务院兽医行政管理部门规定的其他事项。

7. 兽药经营企业，应当建立兽药保管制度，采取必要的冷藏、防冻、防潮、防虫、防鼠等措施，保持所经营兽药的质量。兽药入库、出库，应当执行检查验收制度，并有准确记录。

8. 强制免疫所需兽用生物制品的经营，应当符合国务院兽医行政管理部门的规定。

9. 兽药广告的内容应当与兽药说明书内容相一致，在全国重点媒体发布兽药广告的，应当经国务院兽医行政管理部门审查批准，取得兽药广告审查批准文号。在地方媒体发布兽药广告的，应当经省、自治区、直辖市人民政府兽医行政管理部门审查批准，取得兽药广告审查批准文号；未经批准的，不得发布。

六、兽药进出口的基本法律规定

《兽药管理条例》设专章对兽药的进口和出口作了具体规定。

（一）兽药进口的基本法律规定

向中国境内进口兽药必须获得由国务院兽医行政管理部门颁发的进口兽药注册证书，并不得进口禁止的兽药。关于进口兽药注册证书的取得条件、程序、有效期限、禁止进口的兽药类型，《兽药管理条例》作了如下规定：

1. 首次向中国出口的兽药，由出口方驻中国境内的办事机构或者其委托的中国境内代理机构向国务院兽医行政管理部门申请注册，并提交下列资料和物品：①生产企业所在国家（地区）兽药管理部门批准生产、销售的证明文件；②生产企业所在国家（地区）兽药管理部门颁发的符合兽药生产质量管理规范的证明文件；③兽药的制造方法、生产工艺、质量标准、检测方法、药理和毒理试验结果、临床试验报告、稳定性试验报告及其他相关资料；用于食用动物的兽药的休药期、最高残留限量标准、残留检测方法及其制定依据等资料；④兽药的标签和说明书样本；⑤兽药的样品、对照品、标准品；⑥环境影响报告和污染防治措施；⑦涉及兽药安全性的其他资料。

申请向中国出口兽用生物制品的，还应当提供菌（毒、虫）种、细胞等有关材料和资料。

2. 国务院兽医行政管理部门，应当自收到申请之日起 10 个工作日内组织初步审查。经初步审查合格的，应当将决定受理的兽药资料送其设立的兽药评审机构进行评审，将该兽药样品送其指定的检验机构复核检验，并自收到评审和复核检验结论之日起 60 个工作日内完成审查。经审查合格的，发给进口兽药注册证书，并发布该兽药的质量标准；不合格的，应当书面通知申请人。

3. 进口兽药注册证书的有效期为 5 年。有效期届满，需要继续向中国出口兽药的，应当在有效期届满前 6 个月到原发证机关申请再注册。

4. 境外企业不得在中国直接销售兽药。境外企业在中国销售兽药，应当依法在中国境内设立销售机构或者委托符合条件的中国境内代理机构。

进口在中国已取得进口兽药注册证书的兽用生物制品的，中国境内代理机构应当向国务院兽医行政管理部门申请允许进口兽用生物制品证明文件，凭允许进口兽用生物制品证明文件到口岸所在地人民政府兽医行政管理部门办理进口兽药通关单；进口在中国已取得进口兽药注册证书的其他兽药的，凭进口兽药注册证书到口岸所在地人民政府兽医行政管理部门办理进口兽药通关单。海关凭进口兽药通关单放行。兽药进口管理办法由国务院兽医行政管理部门会同海关总署制定。

兽用生物制品进口后，应当依照《兽药管理条例》第 19 条的规定进行审查核对和抽查检验。其他兽药进口后，由当地兽医行政管理部门通知兽药检验机构进行抽查检验。

5. 禁止进口下列兽药：①药效不确定、不良反应大以及可能对养殖业、人体健康造成危害或者存在潜在风险的；②来自疫区，可能造成疫病在中国境内传播的兽用生物制品；③经考查，生产条件不符合规定的；④国务院兽医行政管理部门禁止生产、经营和使用的。

（二）兽药出口的基本法律规定

向中国境外出口兽药，进口方要求提供兽药出口证明文件的，国务院兽医行政管理部门或者企业所在地的省、自治区、直辖市人民政府兽医行政管理部门可以出具出口兽药证明文件。

国内防疫急需的疫苗，国务院兽医行政管理部门可以限制或者禁止出口。

七、兽药生产经营的监督管理

根据《兽药管理条例》第 3 条第 2 款的规定，县级以上人民政府兽医行政管理部门是兽药监督管理部门。县级以上人民政府兽医行政管理部门依据该条例行使兽药监督管理权。在监督管理过程中，兽医行政管理部门享有检查权和处罚权。

1. 检查权。兽医行政管理部门有权对兽药的生产经营活动进行检查。依法进行监督检查时，对有证据证明可能是假、劣兽药的，应当采取查封、扣押的行政强制措施，并自采取行政强制措施之日起 7 个工作日内作出是否立案的决定；需要检验的，应当自检验报告书发出之日起 15 个工作日内作出是否立案的决定；不符合立案条件的，应当解除行政强制措施；需要暂停生产、经营和使用的，由国务院兽医行政管理部门或者省、自治区、直辖市人民政府兽医行政管理部门按照权限作出决定。

2. 处罚权。兽医行政管理部门有权对违反《兽药管理条例》第 55 ~ 69 条的行为给予行政处罚，行政处罚由县级以上人民政府兽医行政管理部门决定。其中吊销兽药生产许可证、兽药经营许可证、撤销兽药批准证明文件或者责令停止兽药研究试验的，由原发证、批准部门决定。

上级兽医行政管理部门对下级兽医行政管理部门违反本条例的行政行为，应当责令限期改正；逾期不改正的，有权予以改变或者撤销。

第八节　饲料、饲料添加剂生产经营法律制度

一、饲料与饲料添加剂的含义

饲料，是所有人饲养的动物的食物的总称，狭义的饲料主要是指农业或牧业饲养的动物的食物。饲料包括大豆、豆粕、玉米、鱼粉、氨基酸、杂粕、添加剂、乳清粉、油脂、肉骨粉、谷物、甜高粱等 10 余个品种的饲料原料。

饲料添加剂是指在饲料生产加工、使用过程中添加的少量或微量物质。它们在饲料中用量很少但作用显著。饲料添加剂是现代饲料工业必然使用的原料，对强化基础饲料营养价值、提高动物生产性能、保证动物健康、节省饲料成本、改善畜产品品质等方面有明显的效果。

二、我国饲料与饲料添加剂业发展概况

饲料与饲料添加剂是畜牧业和水产养殖业的物质基础，关系到国家粮食安全和农产品质量安全，关系到人民群众的身体健康和生活质量的提高，也是一个国家农业现代化程度高低的重要标志，因此，很多国家和政府都十分重视饲料业的发展。

我国的饲料工业起步于 20 世纪 70 年代中后期。1983 年国务院批转了国家计划委员会《关于发展我国饲料工业问题的报告》，并于 1984 年颁布了《1984～2000 年全国饲料工业发展纲要（试行草案）》，将饲料工业建设正式纳入国民经济发展计划。1985 年，国家计划委员会饲料工业办公室成立，负责全国饲料工业的统筹、规划和协调；1989 年国务院在《关于当前产业改革重点的决定》中，把饲料工业列为重点支持和优先发展的支柱产业。

改革开放以来，我国饲料业取得了辉煌成就，已经建成了集饲料机械制造业、饲料加工工业、饲料添加剂工业、饲料原料工业，以及饲料教育、推广、培训、标准、监督检测等为一体的完整的饲料工业体系。目前，我国饲料业正在以惊人的速度向前发展，产量快速增长，产品质量稳步提高，生产结构不断优化，行业科技含量持续增长，企业集团化程度进一步提高，饲料产量稳居世界第二位，成为仅次于美国的饲料生产大国。

三、我国饲料与饲料添加剂立法概况

饲料与饲料添加剂立法对于饲料业的健康发展十分重要。通过立法促进我国饲料行业的发展和产品质量的提高，以优质投入品生产优质产品是我国参与国际竞争的必由之路。目前，我国已经颁布实施的饲料与饲料添加剂法规主要有：《饲料和饲料添加剂管理条例》（1999 年 5 月 29 日国务院颁布、2011 年 10 月 26 日修订）、《饲料添加剂和添加剂预混合生产许可证管理办法》（1999 年 12 月 14 日农业部发布，2003 年 4 月 7 日修订）、《饲料添加剂和添加剂预混合饲料批准文号管理办法》（1999 年 12 月 14 日农业部发布、2012 年 5 月 2 日修订）、《新饲料和新饲料添加剂管理办法》（2000 年 8 月 17 日农业部发布，2012 年 5 月 2 日修订）、《进口饲料和饲料添加剂登记管理办法》（2000 年 8 月 17 农业部发布）、《饲料生产企业审查办法》（2006 年 11 月 24 日农业部发布）。

四、饲料与饲料添加剂生产的基本法律规定

根据我国《饲料和饲料添加剂管理条例》的规定，饲料与饲料添加剂生产实行许可证制度。《饲料和饲料添加剂管理条例》对饲料与饲料添加剂生产许可证的取得条件、审核程序和生产企业的义务等作了如下规定：

（一）企业设立

根据《饲料和饲料添加剂管理条例》第 14 条的规定，设立饲料、饲料添加剂生产企业，应当符合饲料工业发展规划和产业政策，并具备下列条件：①有与生产饲料、饲料添加剂相适应的厂房、设备和仓储设施；②有与生产饲料、饲料添加剂相适应的专职技术人员；③有必要的产品质量检验机构、人员、设施和质量管理制度；④有符合国家规定的安全、卫生要求的生产环境；⑤有符合国家环境保护要求的污染防治措施；⑥具备国务院农业行政主管部门制定的饲料、饲料添加剂质量安全管理规范规定的其他条件。

（二）生产许可证的核准与颁发

生产饲料添加剂、添加剂预混合饲料的企业，经省、自治区、直辖市人民政府饲料管理部门审核后，由国务院农业行政主管部门颁发生产许可证。

生产许可证有效期为 5 年。生产许可证有效期满需要继续生产饲料、饲料添加剂的，应当在有效期届满 6 个月前申请续展。

（三）生产企业的基本义务

根据《饲料和饲料添加剂管理条例》的规定，饲料生产企业在饲料生产中应当履行如下义务：

1. 原料、原材料采购方面的义务。根据《饲料和饲料添加剂管理条例》的

规定，在原料、原材料采购方面，饲料、饲料添加剂生产企业应当按照国务院农业行政主管部门的规定和有关标准，对采购的饲料原料、单一饲料、饲料添加剂、药物饲料添加剂、添加剂预混合饲料和用于饲料添加剂生产的原料进行查验或者检验。

2. 生产方面的义务。根据《饲料和饲料添加剂管理条例》的规定，在生产方面，饲料、饲料添加剂生产企业，应当按照产品质量标准以及国务院农业行政主管部门制定的饲料、饲料添加剂质量安全管理规范和饲料添加剂安全使用规范组织生产，对生产过程实施有效控制并实行生产记录和产品留样观察制度。

3. 出厂检验方面的义务。根据《饲料和饲料添加剂管理条例》的规定，在出厂检验方面，饲料、饲料添加剂生产企业应当对生产的饲料、饲料添加剂进行产品质量检验；检验合格的，应当附具产品质量检验合格证。未经产品质量检验、检验不合格或者未附具产品质量检验合格证的，不得出厂销售。

4. 产品包装方面的义务。根据《饲料和饲料添加剂管理条例》的规定，在产品包装方面，饲料、饲料添加剂生产企业应当遵守如下规定：①出厂销售的饲料、饲料添加剂应当包装，包装应当符合国家有关安全、卫生的规定；②易燃或者其他特殊的饲料、饲料添加剂的包装应当有警示标志或者说明，并注明储运注意事项；③饲料、饲料添加剂的包装上应当附具标签，标签应当以中文或者适用符号标明产品名称、原料组成、产品成分分析保证值、净重或者净含量、贮存条件、使用说明、注意事项、生产日期、保质期、生产企业名称以及地址、许可证明文件编号和产品质量标准等。加入药物饲料添加剂的，还应当标明"加入药物饲料添加剂"字样，并标明其通用名称、含量和休药期。乳和乳制品以外的动物源性饲料，还应当标明"本产品不得饲喂反刍动物"字样。

五、饲料与饲料添加剂经营的基本法律规定

《饲料和饲料添加剂管理条例》对饲料与饲料添加剂经营者的条件和义务作了如下规定：

（一）设立条件

根据《饲料和饲料添加剂管理条例》第22条的规定，设立饲料、饲料添加剂经营企业应当符合下列条件：①有与经营饲料、饲料添加剂相适应的经营场所和仓储设施；②有具备饲料、饲料添加剂使用、贮存等知识的技术人员；③有必要的产品质量管理和安全管理制度。

（二）基本义务

根据《饲料和添加剂管理条例》的规定，饲料经营企业在饲料生产中应当履行如下义务：

1. 进货方面的义务。根据《饲料和添加剂管理条例》的规定，在进货方面，饲料、饲料添加剂经营者进货时应当查验产品标签、产品质量检验合格证和相应的许可证明文件。

2. 销售方面的义务。根据《饲料和添加剂管理条例》的规定，在销售方面，饲料、饲料添加剂经营者应当建立产品购销台账，如实记录购销产品的名称、许可证明文件编号、规格、数量、保质期、生产企业名称或者供货者名称及其联系方式、购销时间等。购销台账保存期限不得少于2年。

3. 包装、标识方面的义务。在包装、标识方面，《饲料和添加剂管理条例》作了如下规定：①向中国出口的饲料、饲料添加剂应当包装，包装应当符合中国有关安全、卫生的规定，并附具符合本条例第21条规定的标签；②向中国出口的饲料、饲料添加剂应当符合中国有关检验检疫的要求，由出入境检验检疫机构依法实施检验检疫，并对其包装和标签进行核查。包装和标签不符合要求的，不得入境。

六、饲料与饲料添加剂生产经营的监督管理

根据《饲料与饲料添加剂管理条例》规定，饲料与饲料添加剂生产经营的监督管理，在中央为国务院农业行政部门，在地方为县级以上地方人民政府。监督管理部门在监督管理过程中，依法享有检查权和处罚权。

1. 检查权。关于检查权，《饲料和饲料添加剂管理条例》第31条规定，国务院农业行政主管部门和省、自治区、直辖市人民政府饲料管理部门应当按照职责权限对全国或者本行政区域饲料、饲料添加剂的质量安全状况进行监测，并根据监测情况发布饲料、饲料添加剂质量安全预警信息。

国务院农业行政主管部门和县级以上地方人民政府饲料管理部门，应当根据需要定期或者不定期组织实施饲料、饲料添加剂监督抽查；饲料、饲料添加剂监督抽查检测工作由国务院农业行政主管部门或者省、自治区、直辖市人民政府饲料管理部门指定的具有相应技术条件的机构承担。饲料、饲料添加剂监督抽查不得收费。

根据《饲料与饲料添加剂管理条例》第34条的规定，国务院农业行政主管部门和县级以上地方人民政府饲料管理部门在监督检查中可以采取下列措施：①对饲料、饲料添加剂生产、经营、使用场所实施现场检查；②查阅、复制有关合同、票据、账簿和其他相关资料；③查封、扣押有证据证明用于违法生产饲料的饲料原料、单一饲料、饲料添加剂、药物饲料添加剂、添加剂预混合饲料，用于违法生产饲料添加剂的原料，用于违法生产饲料、饲料添加剂的工具、设施，违法生产、经营、使用的饲料、饲料添加剂；④查封违法生产、经营饲

料、饲料添加剂的场所。

2. 处罚权。关于处罚权，《饲料与饲料添加剂管理条例》第四章规定，县级以上地方人民政府对违反本条例规定生产、经营饲料和饲料添加剂的经营者有权责令限期改正、责令停止生产、责令停止销售、没收违法生产的产品和违法所得、罚款。

思考题

1. 谈谈你对我国农产品监督管理体制的认识。
2. 试评我国种子监督管理制度。
3. 试评我国化肥监督管理制度。
4. 试评我国农药监督管理制度。

第七章
农产品质量安全责任制度

■ **内容提要**

　　产品质量安全责任是指农产品的生产者、销售者违反农产品质量安全义务所应承担的各种形式的法律后果。按照《农产品质量安全法》的规定，农产品质量安全责任包括农产品质量安全民事责任、农产品质量安全行政责任、农产品质量安全刑事责任三大类。本章以农产品生产者和经营者的义务为出发点，对三种农产品质量安全责任制度进行了探讨和研究。

■ **学习重点**

　　农产品质量安全民事责任

第一节　农产品经营者的农产品质量安全义务

一、农产品生产者的质量安全义务

农产品生产者的质量安全义务包括保障性义务和禁止性义务两个方面的内容。

（一）保障性义务

保障性义务，又称作为性义务，是农产品生产者为保障农产品质量符合法律规定标准或者满足消费者的需求应当积极为一定行为，从事一定活动的义务。农产品生产者的质量安全保障性义务主要包括以下内容：

1. 农产品内在质量保障方面的义务。所谓农产品的内在质量是指农产品生产者生产的产品本身的质量。概括来讲，农产品生产者对农产品内在质量所应承担的义务有如下几项：①不存在危及人体健康和人身安全的不合理危险，符合保障人体健康和人身安全的农产品质量安全标准；②除对农产品所存在的使用性能的瑕疵作出明确说明以外，农产品质量应当具备应有的性能，且必须符合所采用的农产品质量安全标准的规定。未制定相应标准的农产品，其使用性能应符合公众普遍认为应具备的使用性能；③农产品质量应符合在农产品或者包装上注明采用的农产品标准所规定的农产品质量指标，或者符合在农产品说明中规定的农产品质量指标，或者符合以实物样品等方式表明的农产品质量状况。

2. 农产品标识质量保障方面的义务。农产品标识是指用于识别农产品及其特征、特性所做的各种表述和指示的统称。农产品标识标明有关的农产品及其质量信息，根据不同农产品的特点和使用要求，农产品标识可以标注在农产品上，也可以标注在农产品包装上或者附于包装内。

概括来讲，农产品经营者对农产品或者其包装上的标识应符合下列要求：①有农产品质量检验合格证明。就是农产品生产者出具的用于证明农产品的质量经过检验符合相应要求的证件，其主要表现形式是合格证书、检验合格印章和检验工序编号印章、印鉴等；②有中文标明的农产品名称、生产者名称、地址。其中，农产品名称应当表明产品的真实属性，并符合下列要求：一是农产品质量安全标准对农产品名称有规定的，应当采用农产品质量安全标准规定的名称；二是农产品质量安全标准对产品名称没有规定的，应当使用不会引起用户、消费者误解和混淆的常用名称或俗名；三是根据农产品的特点和使用要求，需要标明农产品规格、等级、所含主要成分的名称和含量的，用中文相应予以标明；四是限期使用的农产品，应当在显著位置清晰地标明生产日期、安全使用期和失效期。其中生产日期是农产品生产者对产品经过检验的日期，并非具体的生产日；安全使用期是农产品可以正常使用并保证使用者人体健康和人身安全的时间；失效期是农产品失去现有特征和特性的时间界限；五是对于可能危及人体健康和人身安全的农产品，应当配有警示标志或中文警示说明。所谓警示标志是指用以表示特定含义，告诫、指示人们应当对某些不安全因素引起高度注意和警惕的图形，是一种按照国家标准或者社会公认的图案、标志组成的统一标识。

3. 农产品包装质量保障方面的义务。农产品包装是指为在农产品运输、储存和销售等流通过程中为保护农产品、方便储运、促进销售，按照一定的技术方法而采用的容器、材料及辅助物并在包装物上附加有关标识的总称。

包装义务并非普遍义务，按照《农产品质量安全法》的规定，农产品的生产者、销售者履行的包装义务仅限于特殊产品，非特殊产品的生产者不承担此项义务。农产品的生产者、销售者承担的农产品包装义务，按照《农产品质量安全法》第28条规定，具体包括以下几项：①仅对特殊产品承担包装义务。即按照法律规定应当包装的农产品；②包装应符合相应要求，即应符合国家法律、法规、规章、标准规定的要求，如有合同的，应符合合同要求；③必须在农产品的包装上按照我国制定的农产品包装、标志、标准标明警示标志或中文警示说明。

4. 农产品生产记录方面的义务。建立生产记录既有利于提高生产者在消费者心目中的可信度，也有利于标准化生产和新技术的推广，同时也有利于过程控制和责任追溯，是一个发展方向。因此，农产品生产者应当严格遵守该项制度的规定，认真作好农产品生产记录。

农产品生产记录必须载明三个方面的内容：①要详细记载生产活动中所使用过的农业投入品的名称、来源、用法、用量和使用、停用的日期；②要详细记载生产过程中动物疫病、植物病虫害的发生、防治情况；③要如实记载种植业产品收获、畜禽屠宰、水产捕捞的日期。

5. 农业投入品使用方面的义务。在农产品的生产中会大量的使用农业投入品。农业投入品的合格与否对农产品质量安全的影响很大。农产品生产者是农业投入品安全使用的直接责任人，其对农业投入品的使用直接关乎农产品质量安全，是农产品安全的第一道防线。因此，农产品生产者，尤其是农产品生产企业应当严格按照法律、行政法规和国务院农业行政主管部门规定，合理使用农业投入品，严格执行农业投入品使用安全间隔期或者休药期的规定。

（二）禁止性

禁止性义务，又称不作为性义务，是农产品生产者为保障农产品质量符合法律规定标准或者满足消费者的需求不得为一定行为，不得从事一定活动的义务。农产品生产者质量安全禁止性义务主要包括以下内容：

1. 在农产品生产过程中，不得使用国家明令禁止使用的农业投入品。所谓国家明令禁止使用的农业投入品，是指国家行政机关按照一定的程序、采用行政的措施，对涉及技术落后、污染环境、危及人体健康和人身安全的农产品宣布不得继续生产、销售和使用。对于已经生产的禁止使用的农业投入品，自规定之日起也不得继续销售、使用。

2. 不得伪造产地，伪造或者冒用他人的厂名、厂址。该义务由两项内容组成：①不得伪造产地。伪造产地，既侵犯了他人的商品信誉权与企业信誉权，也侵犯了消费者的知情权，很容易误导消费者，使消费者上当受骗，因此，必须予以禁止。②伪造或者冒用他人的厂名、厂址。厂名是一企业区别于其他企业的标志，厂址是一企业在《企业法人营业执照》或《营业执照》上载明的营业地址。企业名称权受法律保护，具有专有专用性质，厂址具有明显的识别性，因此，任何人不得擅自使用。伪造或冒用他人的厂名、厂址有两种情况：一种是伪造并使用一个不存在的厂名、厂址。另一种是冒用他人的厂名、厂址，利用他人的社会信任度和知名度提高自己产品的身价，获得更大利润。

3. 不得伪造或者冒用农产品质量标志等质量标志。农产品质量标志是指由国家有关部门制定并发布，加施于获得特定质量认证的农产品的证明性标识，如无公害农产品、绿色食品、名牌农产品、有机农产品的标志。标志的使用涉及政府对农产品质量安全的保证和对欺诈行为的监管，关系到生产者、经营者及消费者合法权益的维护，是国家有关部门对农产品质量安全进行有效监督和管理的重要手段。

目前，冒用农产品质量安全标志包括多种情况，如未经认证擅自在产品上使用质量安全标志；擅自扩大、改变质量安全标志的使用范围；质量安全认证到期或被撤销后继续使用质量安全标志。对于冒用农产品质量安全标志的行为，《农产品质量安全法》第51条规定了相应的法律责任。

4. 不得掺杂、掺假，以假充真、以次充好，以不安全农产品冒充安全农产品。所谓不安全农产品是指不符合强制性标准或者不符合所采用的推荐标准，或不符合合同质量条款规定的产品。主要包括以下几种情形：①可能危及人身、财产安全的产品，不符合保障人身、财产安全的国标或行标的产品；②不具备产品应当具备的使用性能，没有使用价值的产品；③产品的辅助性能存在瑕疵，但仍有使用价值的产品；④产品质量不符合合同的特别约定条款的产品。

5. 农产品生产者不得伪造农产品生产记录。农产品的生产过程对保证农产品质量安全有着重要的作用，如果不严格按照生产技术规程来生产农产品，农产品就很难达到农产品质量安全标准。因此，《农产品质量安全法》规定，农产品生产企业和农民专业合作经济组织应当建立农产品生产记录，并明确规定"禁止伪造农产品生产记录"（第24条）。对于伪造农产品生产记录的，根据《农产品质量安全法》第47条的规定，农业行政主管部门可以责令限期改正；逾期不改正的，可以处2000元以下的罚款。

二、农产品销售者的质量安全义务

农产品销售者的质量安全义务包括保障性义务和禁止性义务两个方面的内容。

（一）保障性义务

保障性义务，又称作为性义务，是农产品销售者为保障农产品质量符合法律规定标准或者满足消费者的需求应当积极为一定行为，从事一定活动的义务。

总的来说，农产品销售者应当对其销售的农产品的质量安全负责。具体来讲，农产品销售者的保障性义务有：

1. 农产品销售者应当认真执行进货检查验收制度，验明农产品质量是否符合农产品质量安全标准。

进货检查验收制度是指农产品销售者根据国家有关规定和同农产品生产者或其他供货商之间订立的合同的约定，对购进的农产品质量进行检查，使之符合合同约定以及有关农产品质量法律规范规定的一种验收制度。农产品销售者执行进货检查验收制度，其基本内容包括农产品标识检查、农产品外观质量检查和农产品内在质量检验。

2. 采取措施保障农产品质量不致回落。在进货之后，农产品销售者应当采取措施，保证销售农产品的质量，如防暑、防冻、防压、防霉变、防腐烂、防病变等措施；此外，农产品销售者还要建立一套完备的保管、维修制度，配置必要的产品保护设备，培训保管人员，切实保障农产品的质量。

3. 销售的农产品的标识应当符合有关规定。《农产品包装和标识管理办法》第14条规定："农产品生产企业、农民专业合作经济组织以及从事农产品收购的单位或者个人，应当对其销售农产品的包装质量和标识内容负责。"为规范农产品生产经营行为，加强农产品包装和标识管理，建立健全农产品可追溯制度，保障农产品质量安全，2006年9月30日农业部发布了《农产品包装和标识管理办法》。根据该办法的规定，农产品生产企业、农民专业合作经济组织以及从事农产品收购的单位或者个人包装销售的农产品：①应当在包装物上标注或者附加标识标明品名、产地、生产者或者销售者名称、生产日期；②有分级标准或者使用添加剂的，还应当标明产品质量等级或者添加剂名称；③未包装的农产品，应当采取附加标签、标识牌、标识带、说明书等形式标明农产品的品名、生产地、生产者或者销售者名称等内容；④农产品标识所用文字应当使用规范的中文。标识标注的内容应当准确、清晰、显著。

（二）禁止性义务

禁止性义务，又称不作为性义务，是农产品销售者为保障农产品质量符合法律规定标准或者满足消费者的需求不得为一定行为，不得从事一定活动的义务。

1. 不得销售含有国家禁止使用的农药、兽药或者其他化学物质的农产品；

2. 不得销售不符合农产品质量安全标准的含有农药、兽药等化学物质残留或者重金属等有毒有害物质的农产品；

3. 不得销售不符合农产品质量安全标准的含有致病性寄生虫、微生物或者生物毒素的农产品；

4. 不得销售含有不符合国家有关强制性的技术规范的保鲜剂、防腐剂、添加剂等材料的农产品；

5. 不得伪造农产品产地，伪造或者冒用他人的名称、地址；

6. 不得伪造或者冒用农产品质量标志等质量标志；

7. 销售农产品，不得掺杂、掺假，以假充真、以次充好，以不安全农产品冒充安全农产品。

第二节　农产品质量安全法律责任

一、概述

农产品质量安全责任是指农产品的生产者、销售者违反农产品质量安全义务所应承担的各种形式的法律后果。按照《农产品质量安全法》的规定，农产品质量安全责任包括农产品质量安全民事责任、农产品质量安全行政责任、农产品质量安全刑事责任三大类。

二、农产品质量安全民事责任

农产品质量安全民事责任即违反农产品质量安全义务所应承担的民事法律后果。我国《农产品质量安全法》第54条规定："生产、销售本法第33条所列农产品，给消费者造成损害的，依法承担赔偿责任。农产品批发市场中销售的农产品有前款规定情形的，消费者可以向农产品批发市场要求赔偿；属于生产者、销售者责任的，农产品批发市场有权追偿。消费者也可以直接向农产品生产者、销售者要求赔偿。"该条规定是农产品质量安全民事责任确立的直接法律依据。

根据该条规定，农产品质量安全民事责任的构成要件为：

（一）责任主体

农产品质量安全民事责任的责任主体为农产品生产者、销售者或者农产品批发市场。诉讼时，消费者有选择被告的权利，既可以向农产品生产者主张权利，也可以向销售者主张权利，还可以向农产品批发市场主张权利。

（二）客观方面

农产品质量安全民事责任的客观方面是农产品生产者、销售者或者农产品批发市场违反了《农产品质量安全法》第33条的规定，销售了下列禁止销售的农产品：

1. 含有国家禁止使用的农药、兽药或者其他化学物质的；

2. 农药、兽药等化学物质残留或者含有的重金属等有毒有害物质不符合农产品质量安全标准的；

3. 含有的致病性寄生虫、微生物或者生物毒素不符合农产品质量安全标准的；

4. 使用的保鲜剂、防腐剂、添加剂等材料不符合国家有关强制性的技术规范的；

5. 其他不符合农产品质量安全标准的。

（三）主观方面

农产品生产者、销售者或者农产品批发市场违反了《农产品质量安全法》第33条的规定，销售禁止销售的农产品，主观上存在过错。我们认为，这种过错既包括故意，也包括过失，而且是推定过错，即只要责任主体不能证明自己无过错，即推定存在过错。

（四）结果方面

农产品质量安全民事责任的结果方面是给消费者造成了损害。我们认为，农产品质量安全民事责任的损害既包括直接损失，如购买不合格农产品的费用，也包括间接损失，如食用不合格农产品损害公民健康等。

三、农产品质量安全行政责任

农产品质量安全行政责任是指违反农产品质量安全法的单位或个人所应承担的行政性法律后果。

（一）承担农产品质量安全行政责任的行为

根据《农产品质量法》第七章"法律责任"的规定，下列行为应承担农产品质量安全行政责任：

1. 农产品质量安全检测机构伪造检测结果的；

2. 违反法律、法规规定，向农产品产地排放或者倾倒废水、废气、固体废物或者其他有毒有害物质的；

3. 使用农业投入品违反法律、行政法规和国务院农业行政主管部门的规定的；

4. 农产品生产企业、农民专业合作经济组织未建立或者未按照规定保存农产品生产记录的，或者伪造农产品生产记录的；

5. 违反本法第28条规定，销售的农产品未按照规定进行包装、标识的；

6. 使用的保鲜剂、防腐剂、添加剂等材料不符合国家有关强制性的技术规范的；

7. 农产品生产企业、农民专业合作经济组织销售的农产品有本法第 33 条第 1 ~ 3 项或者第 5 项所列情形之一的；

8. 违反本法第 32 条规定，冒用农产品质量标志的；

9. 农产品质量安全监督管理人员不依法履行监督职责，或者滥用职权的。

（二）承担产品质量安全行政责任的方式

根据《农产品质量安全法》第七章"法律责任"的规定，承担产品质量安全行政责任的方式包括责令限期改正、责令停止销售、没收违法所得、罚款、监督销毁、撤销检验资格等方式。

（三）行政处罚机关

关于行政处罚机关，《农产品质量安全法》第七章"法律责任"作出了如下规定：

1. 本法第 44 条、第 47 ~ 49 条、第 50 条第 1 款、第 4 款和第 51 条规定的处理、处罚，由县级以上人民政府农业行政主管部门决定；第 50 条第 2 款、第 3 款规定的处理、处罚，由工商行政管理部门决定。

2. 法律对行政处罚及处罚机关有其他规定的，从其规定。但是，对同一违法行为不得重复处罚。

四、农产品质量安全刑事责任

农产品质量刑事责任是指违反农产品质量安全法、构成犯罪的行为人所必须承担的刑事法律后果。

（一）承担农产品质量安全刑事责任的行为

根据《农产品质量安全法》的规定，下列行为应承担产品质量安全刑事责任：

1. 农产品质量安全监督管理人员不依法履行监督职责，或者滥用职权，构成犯罪的，依照《刑法》第 397 条追究刑事责任。

2. 农产品质量安全检测机构伪造检测结果，构成犯罪的，依照《刑法》第 229 条的规定追究刑事责任。

3. 违反法律、法规规定，向农产品产地排放或者倾倒废水、废气、固体废物或者其他有毒有害物质，构成犯罪的，依照《刑法》第 338 条追究刑事责任。

4. 销售的农产品有本法第 33 条所列情形之一，构成犯罪的，依照《刑法》第 143 条、第 144 条的规定追究刑事责任。

（二）承担农产品质量安全刑事责任的方式

违反《农产品质量安全法》的规定，构成刑事犯罪应当承担的刑事责任形式主要有：罚金、拘役、没收财产、有期徒刑和无期徒刑等。

思考题

1. 简析农产品生产者的保障性义务。
2. 试析"国家禁止销售的农产品"的基本范围。
3. 简述农产品质量安全民事责任。
4. 简述农产品质量安全行政责任。

第三编　食品安全法律制度

第八章
食品安全法律制度概述

■ **内容提要**

　　食品安全法就是指调整食品安全关系的法律规范。具体而言，食品安全法是调整食品安全监督管理关系和食品安全责任关系的法律规范的总称，是经济法重要的部门法，在我国经济法律体系中占有重要地位。其中，食品是指各种供人食用或者饮用的成品和原料以及按照传统既是食品又是药品的物品，但是不包括以治疗为目的的物品。食品安全，是指食品无毒、无害，符合应当有的营养要求，对人体健康不造成任何急性、亚急性或者慢性危害。

　　本章以食品、食品安全和食品安全法三个基本概念为基础，对我国食品安全法的含义、调整对象、立法必要性、立法宗旨、立法适用和立法概况等有关食品安全法的基础和基本问题进行了探讨、分析和研究。

■ **学习重点**

　　食品；食品安全；食品安全法。

第一节　食品与食品安全

一、食品的含义

生活意义上的食品泛指可以食用，可以充饥的东西。

法律意义上的食品含义因法律规范的不同而有所不同。如《食品工业基本术语》将食品定义为："可供人类食用或饮用的物质，包括加工食品，半成品和未加工食品，不包括烟草或只作药品用的物质"。《食品安全法》则将食品定义为："食品，指各种供人食用或者饮用的成品和原料以及按照传统既是食品又是药品的物品，但是不包括以治疗为目的的物品。"

二、食品的分类

食品可以根据不同的标准予以分类。

（一）工业标准

参照国家标准 GB/T 7635 - 1987，该规定中的加工食品又可分为 18 类：①粮食加工品。如小麦粉、大米等；②食用植物油及其制品。如花生油、大豆油等；③肉加工品，如生、熟畜肉和禽肉等；④蛋制品，如蛋白粉、松花蛋；⑤水产加工品，如鱼类干制品、海带加工品；⑥食糖，如白糖、红糖；⑦加工糖，如冰糖；⑧糖果，如奶糖；⑨蜜饯果脯；⑩糕点；⑪饼干；⑫方便主食品，如方便面、面包；⑬乳制品，如奶粉、干酪、液体奶、酸奶；⑭罐头；⑮调味品，如味精、酱油、食醋、食盐；⑯其他加工食品，如粉丝、腐乳；⑰饮料，如葡萄酒、果汁、矿泉水；⑱茶叶。

（二）学理标准

食品学将食品划分为一般食品和特色食品两类。其中特色食品包括：

1. 绿色食品。绿色食品是指遵循可持续发展原则，按照特定生产方式生产，经专门机构认定，许可使用绿色食品标志的无污染、无公害、安全、优质、营养型的食品。由于与环境保护有关的食物国际上通常都冠之以"绿色"，为了更加突出这类食品出自良好生态环境，因此定名为绿色食品。

绿色食品分为 A 级和 AA 级两类，两者均应符合《绿色食品产地环境质量标准》，其中，A 级绿色食品是在生产过程中，严格按照绿色生产资料使用准则和生产操作规程要求，限量使用限定的化学合成生产资料，经专门机构认定，许可使用 A 级绿色食品标志的产品；AA 级绿色食品是按有机生产方式生产，在生产过程中不使用任何化学合成的农药、肥料、兽药、食品添加剂、饲料添加剂及其他有害于环境和身体健康的物质，禁止使用基因工程技术，经专门机构认定，许可使用 AA 级绿色食品标志的产品。

2. 无公害食品。无公害农产品（食品）是指产地环境、生产过程和最终产品符合无公害食品标准和规范，经专门机构认定，许可使用无公害农产品标识的食品。无公害农产品生产过程中允许限量、限品种、限时间地使用人工合成的安全的化学农药、兽药、渔药、肥料、饲料添加剂等。

3. 新资源食品。新资源食品是指在我国首次研制、发现或者引进的无食用习惯，或者仅在个别地区有食用习惯的，符合食品基本要求的物品。新资源食品的试生产、正式生产由卫生部审批，发给"新资源食品试生产卫生审查批件"，批准文号为"卫新食试字（××）第×号"，试生产的新资源食品在广告宣传和包装上必须在显著的位置上标明"新资源食品"字样及新资源食品试生产批准文号。

4. 转基因食品。转基因食品是指利用基因工程技术改变基因组构成的动物、植物和微生物生产的食品和食品添加剂，包括：①转基因动植物、微生物产品；②转基因动植物、微生物直接加工品；③以转基因动植物、微生物或者其直接加工品为原料生产的食品和食品添加剂。

转基因食品作为一类新资源食品，须经卫生部审查批准后方可生产或者进口。未经卫生部审查批准的转基因食品不得生产或者进口，也不得用作食品或食品原料。转基因食品应当符合《食品安全法》及其有关法规、规章、标准的规定，不得对人体造成急性、慢性或其他潜在性健康危害。转基因食品的食用安全性和营养质量不得低于对应的原有食品。食品产品中（包括原料及其加工的食品）含有基因修饰有机体或/和表达产物的，要标注"转基因××食品"或"以转基因××食品为原料"。转基因食品来自潜在致敏食物的，还要标准"本品转××食物基因，对××食物过敏者注意"。

5. 辐照食品。辐照食品指用钴60、铯137产生的γ射线或者电子加速器产生的低于10MeV电子束辐照加工处理的食品，包括辐照处理的食品原料、半成品。国家对食品辐照加工实行许可制度，经卫生部审核批准后发给辐照食品品种批准文号，批准文号为"卫食辐字（××）第×号"。辐照食品在包装上必须贴有卫生部统一制定的辐照食品标识。

6. 健康食品。健康食品是食品的一个种类，具有一般食品的共性，其原材料也主要取自天然的动植物，经先进生产工艺，将其所含丰富的功效成分作用发挥到极至，从而能调节人体机能，适用于有特定功能需求的相应人群食用的特殊食品。

常见的健康食品包括：①健康水果：依次是木瓜、青梅、草莓、橘子、柑子、猕猴桃、芒果、杏、柿子和西瓜。②健康蔬菜：红薯既含丰富维生素，又是抗癌能手，为所有蔬菜之首。其次是芦笋、卷心菜、花椰菜、芹菜、茄子、甜菜、胡萝卜、荠菜、苤蓝菜、金针菇、雪里红、大白菜。③健康肉食：鹅鸭肉化学结构接近橄榄油，有益于心脏；鸡肉则被称为"蛋白质的最佳来源"。④最佳健脑食物：菠菜、韭菜、南瓜、葱、花椰菜、菜椒、豌豆、番茄、胡萝卜、小青菜、蒜苗、芹菜等蔬菜，核桃、花生、开心果、腰果、松子、杏仁、大豆等坚果类食物以及糙米饭、猪肝等。⑤健康汤食：鸡汤最优，特别是母鸡汤还有防治感冒、支气管炎的作用，尤其适于冬春季饮用。⑥健康食油：玉米油、米糠油、芝麻油等尤佳，植物油与动物油按 1∶0.5 的比例调配食用更好。
⑦健康茶类：绿茶；绿茶有助于防止辐射。总之，无论是哪种类型的健康食品，
都是以保健为目的，不能速效，而需要长时间服用方可使人受益。

7. 有机食品。有机食品是指来自于有机农业生产体系，根据有机农业生产
要求和相应的标准生产加工的，即在原料生产和产品加工过程中不使用化肥、
农药、生长激素、化学添加剂等化学物质，不使用基因工程技术，并通过独立
的有机食品认证机构认证的一切农副产品，包括粮食、蔬菜、水果、奶制品、
畜禽产品、蜂蜜、水产品、调料等。

有机食品是目前国标上对无污染天然食品比较统一的提法。除有机食品外，
目前国际上还把一些派生的产品如有机化妆品、纺织品、林产品或有机食品生
产而提供的生产资料，包括生物农药、有机肥料等，经认证后统称有机产品。

8. 特产食品。某地特有的或特别著名的产品。特产食品一定要有历史，最
好有文化内涵。现在的特产食品很受欢迎。

9. 肉类食品。肉制品，也称作肉类食品，是指用畜禽肉为主要原料，经调
味制作的熟肉制成品或半成品，如香肠、火腿、培根、酱卤肉、烧烤肉等。也
就是说所有的用畜禽肉为主要原料，经添加调味料的所有肉的制品，不因加工
工艺不同而异，均称为肉制品，包括：香肠、火腿、培根、酱卤肉、烧烤肉、
肉干、肉脯、肉丸、调理肉串、肉饼、腌腊肉、水晶肉等。

三、食品安全

近年来，我国频繁发生重大食品安全事件。食品安全事件屡屡发生，已经
引发社会公众对食品安全的恐慌，对国家和社会稳定以及经济的良性发展造成
了巨大冲击。

（一）食品安全的含义

食品安全是随着人们生活水平的不断提高而不断变化的一个动态发展的概
念。长期以来，对于食品，我们一直关心的是能不能解决人们的温饱问题，而
对于环境污染、农药残留、化肥使用、添加剂等的反应并不突出。21 世纪后，
我们解决了温饱问题，是否吃好、吃的更安全成为人们关注的焦点，食品安全
也有了新内涵。

根据《食品安全法》第 99 条的规定，食品安全是指食品无毒、无害，符合
应当有的营养要求，对人体健康不造成任何急性、亚急性或者慢性危害。一般
而言，食品安全包括食物量的安全和食物质的安全。食物量的安全是指能不能
解决吃得饱的问题。而现在生活质量不断提高的人们，更多考虑的是质的安全。
食品质的安全是指确保食品消费对人类健康没有直接或潜在的不良影响，是食

品安全的重要部分，也是一个全球性的问题。从目前的研究情况来看，在对食品安全概念的理解上，国际社会已经基本形成共识，即食品的种植、养殖、加工、包装、贮藏、运输、销售、消费等活动符合国家强制标准和要求，不存在可能损害或威胁人体健康的有毒、有害物质致消费者病亡或者危及消费者及其后代的隐患。

值得注意的是，食品安全在我国是一个新的概念，原《食品卫生法》中并未涉及，与食品卫生、食品质量有着很大的区别。

（二）食品安全与食品卫生

食品卫生是指"提高人类食用的各种食品，在其生产、运输、储存、加工、销售、烹饪、食用等各个环节必须符合饮食卫生标准，保证各种食品所含营养和能量能够安全进入人体，参与人体的新陈代谢"[1]。食品卫生更加侧重于过程的安全，其所注重的更多的是食品表面的安全，强调外部的"干净卫生"，并未关注到食品本质的安全。食品安全是从更全面更严格的标准出发，实现的是结果安全和过程安全的统一。因此，食品安全的概念实质包涵了食品卫生的概念，并延伸了这一概念，二者之间是一种种属的关系，食品安全是种概念，食品卫生是属概念

（三）食品安全和食品质量

食品安全和食品质量的概念很容易被混为一谈，事实上这两个概念是具有一定区别的。食品安全包括了四方面的要求：①不会危害人体的健康；②食用之后不会影响人体的正常新陈代谢；③食物中不会携带能够导致人体发病的各种病毒或者微生物病原体；④不会改变人体的基因和遗传功能。而食品质量包括了影响食品作为产品流通的消费价值的一系列其他因素，其判断标准更加多样化，例如食物的产地、质地、加工方法、食物本身的口感、色泽等都可能影响食物的质量，同时更加侧重于满足人们的某种需求。由此可见，两者的目的和要求都是有差别的。

第二节　食品安全法

一、食品安全法的含义与调整对象

食品安全法的含义与调整对象是食品安全法的基本问题，对于明确食品安全法的调整范围，确立食品安全法的法律地位具有十分重要的意义。

---

〔1〕　石扬令、常平凡：《中国食物消费分析与预测》，中国农业出版社 2009 年版，第 34 页。

（一）食品安全法的定义

概括而言，食品安全法就是指调整食品安全关系的法律规范。具体而言，食品安全法是调整食品安全监督管理关系和食品安全责任关系的法律规范的总称，是经济法重要的部门法，在我国经济法律体系中占有重要地位。

（二）食品安全法的调整对象

我国食品安全法的调整对象，总的来讲是食品安全关系，其中包括两个方面内容。

1. 食品安全监督管理关系。这一关系是发生在行政机关履行食品监督管理职能过程中与食品经营者之间的关系，是管理、监督与被管理、被监督的关系。

2. 食品安全责任关系。这一关系是发生在食品经营者与消费者及相关第三人之间，因食品安全问题引发的损害赔偿责任关系，是一种在食品交易关系中发生的平等主体间的经济关系。

二、食品安全法的立法必要性

食品安全法是人类社会经济、科技、文化高度发展阶段的产物，是人类自身发展的必然要求，是公共利益保护的必然要求，也是法律发展的必然要求。

（一）食品安全立法是人类自身发展的必然要求

1. 食品安全关系着人类的繁衍。首先，为了提高产量和效益，食品中含有大量的各类添加剂，存在着影响人类生殖功能和生殖能力的因子或者成分。如在鸡蛋、牛奶中的雌性激素，果汁饮品中的塑化剂，随着数量在体内的积累，对人体的生殖功能会产生巨大的影响，长此以往，必将会对人类自身的可持续发展能力造成极大的危险。其次，农产品的化学性污染所造成的药物残留，一方面会对人体造成各种急性或者慢性中毒，另一方面会破坏人类的生存环境，危及人类的长期生存。最后，转基因食品的出现更加令人担忧，如果不通过立法加以严格控制，甚至会改变现有的生态和人体内部平衡。

2. 食品安全关系着人类的健康。目前，食品污染，尤其是食源性疾病是引起人类各类疾病的最重要原因。根据世界卫生组织的定义，所谓的食源性疾病就是指所有通过摄食进入人体的致病因素，使人体患中毒性或者感染性的疾病。食品中的生物毒素，化学污染物，微生物病原体都会导致食源性疾病的发作，每个人都存在着患食源性疾病的危险。因此，如何应对这一公共卫生问题，便成了重要的食品安全法问题。

因此，为了人类的生存与发展、生命与健康，我们必须加强、加快食品安全立法，确保人类的自身安全。

（二）食品安全立法是公共利益保护的必然要求

食品安全问题现在是社会公众最为关注的热点话题之一，其所存在的大量问题对各国政府处理食品安全的能力都是一个挑战。因此，食品安全问题不仅关系着人民群众的身体健康，从深层次看，更关系着国民经济发展的大局，关系着社会秩序的稳定和谐，影响着国民经济的健康发展。

1. 从国际上的教训来看，影响人类切身利益的食品安全问题容易给民众造成很大的心理恐慌和障碍，严重时会影响到消费者对政府的信任。这对政府的执政能力也是一种很大的考验。虽然我国目前各地区、各部门作了大量的工作，也取得了一定的成绩，食品安全形势趋于好转，但是，食品安全监管方面依然存在着缺陷，地方保护、有法不依、执法不严、监管不力的现象时有发生，所以，加强食品安全的管理是提高我国政府执政能力建设的一项重要任务，也是保护社会稳定、构建和谐社会的重要任务。

2. 食品安全关系到经济增长方式的转变。目前我国的经济增长方式正在由粗放型向集约型转变。而粗放型增长模式最大的特点就是质量标准低、产品质量差、能源消耗高、资源浪费严重。食品安全问题说到底还是食品的质量不过关，而食品质量涉及大众，关系民生，与人民群众的健康安全息息相关。当前人们的生活方式正随着收入水平的迅速提高而发生深刻的变化，从过去单纯地追求"吃饱"向"吃好"、"吃健康"转变。这必然对经济增长方式提出更为紧迫的要求，对食品质量和食品安全提出新的更高的要求。

可见，一张简单的饭桌上，包含了经济发展、社会稳定的全部道理。要改变食品安全形势严峻的现状，就不能采取"头痛医头、脚痛医脚"的简单做法，而是要从整个国民经济发展的大局出发，从食品生产的源头入手，加强食品安全立法，完善监督管理机制，提高食品企业的质量意识，切实提高食品质量，保护人民群众的身体健康和生命安全。

三、立法目的

食品安全法的立法目的即该法的价值取向和利益追求。关于食品安全法的立法目的，在我国《食品安全法（草案）》和《食品安全法》中的表述不尽相同。在《食品安全法（草案）》中，立法者将该法的立法目的表述为："为保证食品安全，控制和消除食品污染和有害因素对人体的危害，防止食源性疾病，保障公众健康，促进食品产业发展，制定本法。"而在《食品安全法》中，立法者则将该法的立法目的表述为："为保证食品安全，保障公众身体健康和生命安全，制定本法。"

前后两个版本的不同，更好地说明了"食品安全"是《食品安全法》的核心，其终极目标就是要"保障公众身体健康和生命安全"。

四、实施主体和实施客体

新《食品安全法》的实施主体与实施客体与原《食品卫生法》相比明显扩大，而且增加了与《农产品质量安全法》相衔接的规定。具体来讲，食品安全法的实施主体和实施客体包括以下内容：

（一）实施主体

食品安全法的实施主体主要包括以下几类：

1. 食品安全监督管理主体。我国食品安全监督管理主体有中央人民政府食品安全监督管理主体和地方人民政府食品安全监督管理主体两部分组成。其中，中央人民政府食品安全监督管理主体由食品安全委员会、国务院卫生行政部门、质量监督、工商行政管理和国家食品药品监督管理部门等职能部门组成；地方人民政府食品安全监督管理部门由地方各级人民政府、地方各级人民政府卫生行政、农业行政、质量监督、工商行政管理、食品药品监督管理等职能部门组成。

2. 社会组织。社会组织主要包括用户委员会、消费者协会等社会团体和其他群众性自治组织。我国《食品安全法》第8条第1款明确规定："国家鼓励社会团体、基层群众性自治组织开展食品安全法律、法规以及食品安全标准和知识的普及工作，倡导健康的饮食方式，增强消费者食品安全意识和自我保护能力。"

3. 食品生产加工者。食品生产加工者是指有固定的厂房（场所）、加工设施和设备，按照一定的工艺流程，加工、制作、分装用于销售的食品的单位和个人（含个体工商户）。根据我国《食品安全法》的规定，食品生产加工者包括食品的生产加工者、食品添加剂的生产加工者、用于食品的包装材料、容器、洗涤剂、消毒剂和用于食品生产经营的工具、设备的生产加工者。

4. 食品销售者。食品销售者是指从事食品流通和餐饮服务的单位和个人（含个体工商户）。其中：食品流通是指从事食品批发、零售、仓储等服务的活动；餐饮服务，是指通过即时制作加工、商业销售和服务性劳动等，向消费者提供食品和消费场所及设施的服务活动。

5. 食品消费者。食品消费者是指为了满足个人及家庭的生活需要，购买、食用食品或者接受餐饮服务的自然人。

（二）实施客体

根据我国《食品安全法》的规定，食品安全法的食品客体包括以下内容：

1. 食品。食品是指各种供人食用或者饮用的成品和原料以及按照传统既是食品又是药品的物品，但是不包括以治疗为目的的物品。

2. 预包装食品。预包装食品是指预先定量包装或者制作在包装材料和容器中的食品。

3. 食品添加剂。食品添加剂是指为改善食品品质和色、香、味以及为防腐、保鲜和加工工艺的需要而加入食品中的人工合成或者天然物质。

4. 用于食品的包装材料和容器。用于食品的包装材料和容器是指包装、盛放食品或者食品添加剂用的纸、竹、木、金属、搪瓷、陶瓷、塑料、橡胶、天然纤维、化学纤维、玻璃等制品和直接接触食品或者食品添加剂的涂料。

5. 用于食品生产经营的工具、设备。用于食品生产经营的工具、设备是指在食品或者食品添加剂生产、流通、使用过程中直接接触食品或者食品添加剂的机械、管道、传送带、容器、用具、餐具等。

6. 用于食品的洗涤剂、消毒剂。用于食品的洗涤剂、消毒剂是指直接用于洗涤或者消毒食品、餐饮具以及直接接触食品的工具、设备或者食品包装材料和容器的物质。

五、立法体系

目前，我国食品安全法体系由三部分组成：

（一）食品安全基本法

食品安全基本法即2009年2月28日第十一届全国人民代表大会常务委员会第七次会议通过颁布的《食品安全法》。该法共分10章104条。其中，第一章：总则；第二章：食品安全风险监测和评估；第三章：食品安全标准；第四章：食品生产经营；第五章：食品检验；第六章：食品进出口；第七章：食品安全事故处置；第八章：监督管理；第九章：法律责任；第十章：附则。

（二）食品安全相关立法

如《中华人民共和国产品质量法》详细地对销售者和生产者的产品质量责任、义务以及损害赔偿责任予以规定。《中华人民共和国农业法》建立健全了农产品加工制品质量标准和质量检验检测体系[1]《农产品质量安全法》为解决农产品的质量安全问题提供了法律保障。[2]

（三）食品安全相关行政法规规章

如《中华人民共和国农药管理条例》侧重于对农药的生产、监督和管理。《中华人民共和国兽药管理条例》加强了对兽药的监管。《中华人民共和国饲料

---

〔1〕　徐黎虹："食品安全法律规制研究"，首都经济贸易大学2006年硕士学位论文。
〔2〕　李江华等："我国食品安全法律体系研究"，载《食品科学》2006年第10期。

与饲料添加剂管理条例》对新饲料、新饲料添加剂的安全性、有效性、动物营养、毒理、药理、代谢、卫生、饲喂效果、残留消解动态和毒理及其对环境的影响等方面做出了规定。

思考题

1. 简述食品的含义与分类。
2. 试析食品安全的概念及其特征。
3. 试析食品安全法的含义及其调整范围。
4. 谈谈你对食品安全法立法目的认识。

第九章
食品安全监督管理法律制度

■ **内容提要**

　　食品安全监督管理制度是指国务院食品安全监督管理部门以及地方人民政府管理食品安全监督工作的部门依法定的行政权力，以实现国家职能为目的，对食品安全进行监督管理的制度。我国现行的食品安全监督管理制度是由若干相互联系、相互依存、互为补充的法律制度构成的统一体，包括食品安全风险评估制度、食品安全风险监测制度、食品安全标准制度、食品生产经营许可制度、食品检验制度、食品进出口制度、食品安全信用档案制度、食品安全监督管理中的咨询、投诉与举报制度、食品安全信息公布与报告、通报制度、食品召回法律制度等。本章对这些制度进行了专门介绍。

■ **学习重点**

　　食品安全标准制度；食品生产经营许可制度；食品召回法律制度。

第一节　食品安全监督管理体制

一、食品安全监督管理主体

　　食品安全监管体制是国家对食品安全实施监督管理采取的组织形式和基本制度。它是国家有关食品安全的法律、法规和方针、政策得以有效贯彻落实的组织保障和制度保障。

（一）中央人民政府食品安全监管主体

中央人民政府食品安全监管主体的构成如下：

1. 食品安全委员会。根据《中华人民共和国食品安全法》规定，为贯彻落实食品安全法，切实加强对食品安全工作的领导，2010 年 2 月 6 日决定设立国务院食品安全委员会，作为国务院食品安全工作的高层次议事协调机构。国务院食品安全委员会设立国务院食品安全委员会办公室，具体承担委员会的日常工作。

国务院食品安全委员会的主要职责是：①分析食品安全形势，研究部署、统筹指导食品安全工作；②提出食品安全监管的重大政策措施；③督促落实食品安全监管责任。

2. 国务院卫生行政部门。国务院卫生行政部门是食品安全的综合协调部门。国务院卫生行政部门的基本职责是：①承担食品安全综合协调职责；②负责食品安全风险评估、食品安全标准制定、食品安全信息公布、食品检验机构的资质认定条件和检验规范的制定；③组织查处食品安全重大事故。

3. 国务院质量监督、工商行政管理和国家食品药品监督管理部门等职能部门。国务院质量监督、工商行政管理和国家食品药品监督管理部门是食品安全监管的具体职能部门，依照《食品安全法》和国务院规定的职责，分别对食品生产、食品流通、餐饮服务活动实施监督管理。

（二）各级人民政府食品安全监管主体

地方人民政府食品安全监管主体的构成如下：

1. 县级以上地方人民政府。县级以上地方人民政府是地方食品安全统一负责、领导、组织、协调部门，其主要职责是：①统一负责、领导、组织、协调本行政区域的食品安全监督管理工作，建立健全食品安全全程监督管理的工作机制；②统一领导、指挥食品安全突发事件应对工作；③完善、落实食品安全监督管理责任制，对食品安全监督管理部门进行评议、考核。

2. 县级以上地方人民政府卫生行政、农业行政、质量监督、工商行政管理、食品药品监督管理等职能部门。县级以上地方人民政府卫生行政、农业行政、质量监督、工商行政管理、食品药品监督管理等是食品安全监管的职能部门，县级以上地方人民政府依照《食品安全法》和国务院的规定确定本级卫生行政、农业行政、质量监督、工商行政管理、食品药品监督管理部门的食品安全监督管理职责。

《食品安全法》对上述各职能部门的监管范围和监管职权的行使作了如下规定：①有关部门在各自职责范围内负责本行政区域的食品安全监督管理工作；②上级人民政府所属部门在下级行政区域设置的机构应当在所在地人民政府的

统一组织、协调下，依法做好食品安全监督管理工作；③县级以上卫生行政、农业行政、质量监督、工商行政管理、食品药品监督管理部门应当加强沟通、密切配合，按照各自职责分工，依法行使职权，承担责任。

二、食品安全监督管理措施

食品安全监督管理措施主要有：

（一）现场检查

县级以上质量监督、工商行政管理、食品药品监督管理部门有权进入食品生产经营场所实施现场检查，对食品生产经营者是否按照《食品安全法》对食品生产经营的要求进行生产经营活动，如对是否具有相应的生产经营设备设施，是否生产经营法律法规禁止生产经营的食品以及食品原料、添加剂的使用情况等进行检查。

（二）抽样检验

县级以上质量监督、工商行政管理、食品药品监督管理部门进行食品安全监督管理，有权对生产经营的食品进行抽样检验。对食品进行抽样检验是食品安全监督管理部门对食品安全进行监督检查的重要措施。

（三）查阅、复制有关资料

县级以上质量监督、工商行政管理、食品药品监督管理部门进行食品安全监督管理，有权查阅、复制与食品安全有关的合同、票据、账簿以及其他有关资料。

"查阅、复制有关合同、票据、账簿以及其他有关资料"，主要是指依照《食品安全法》对食品生产经营者的有关规定，查阅、复制与食品安全有关的资料，如食品生产经营者的生产、流通、或者餐饮服务许可，食品生产经营人员的健康证明，食品生产企业的进货查验记录、出厂检验记录等。查阅、复制有关资料，是保证县级以上质量监督、工商行政管理、食品药品监督管理部门依法履行食品安全监督检查职责，查清违法事实，获取书证的重要手段，被检查的单位或者个人必须如实提供，不得拒绝、转移、销毁有关文件和资料，不得提供虚假的文件和资料。同时，执行该项措施的食品安全监督管理部门，不得滥用该项权力，查阅、复制与食品安全监督检查无关的信息，并且应当依法对因此获知的信息进行保密，非因法定原因，不得泄露。

（四）查封、扣押有关物品

"查封"是指食品安全监督管理部门以张贴封条或其他必要措施，将不符合食品安全标准的食品，违法使用的食品原料、食品添加剂、食品相关产品以及用于违法生产经营或者被污染的工具、设备封存起来，未经查封部门许可，任何单位和个人不得启封、动用。

"扣押"是指食品安全监督管理部门将上述物品等运到另外的场所予以扣留。规定此项强制措施的目的，第一是可以防止这些不安全食品流入市场，危害公众安全；第二是可以为进一步查处违法生产经营不安全食品行为保留证据。

（五）查封有关场所

县级以上质量监督、工商行政管理、食品药品监督管理部门进行食品安全监督检查时，有权对违法从事食品生产经营活动的场所进行查封。

查封、扣押是对食品生产经营者财产权的限制，对食品生产经营者的权利影响较大。因此，采取查封、扣押措施要遵循更为严格的要求：

1. 只能对有证据证明不符合食品安全标准的食品，违法使用的食品原料、食品添加剂、食品相关产品以及用于违法生产经营或者被污染的工具、设备进行查封、扣押，对违法从事食品生产经营活动的场所进行查封。即使是对有违法行为的食品生产经营企业，对其合法经营场所，合法使用的物品，也不能进行查封、扣押。

2. 县级以上质量监督、工商行政管理、食品药品监督管理部门在采取查封、扣押措施时，要依法进行，遵守法定程序，如出示有关证件，通知被执行人到场，告知有关事项，列出查封、扣押物品的清单，由被执行人签字等。

3. 对查封、扣押的物品、场所应当尽快进行进一步检验，经检验确认不符合食品安全标准或者存在其他违法事项的，应依照《食品安全法》的规定予以处理，构成犯罪的，应将查封、扣押的物品移送司法机关；对经检验符合食品安全标准，且不存在其他违法事项的，应当立即解除查封、扣押。

4. 应当告知当事人享有的相应权利。如对有关监督管理部门采取的查封、扣押的强制措施有异议的，可以依照行政复议法、行政诉讼法的规定提出行政复议、行政诉讼。

三、食品安全年度监督管理计划

《食品安全法》在强调食品安全监督管理、明确各监管部门职责的基础上，针对食品安全涉及监管部门较多，容易造成监管混乱和"各自为战"的问题，规定县级以上地方人民政府负责组织本级监督管理部门制定、实施本行政区域的食品安全年度监督管理计划。

年度监督管理计划主要内容包括食品安全工作的组织领导、工作重点、工作目标和措施落实等事项，是监管部门年度监管的重要依据，是建立健全食品安全监督管理责任制的重要体现，也为食品安全监督管理部门进行年度评议、年度考核提供了重要参考。组织本级各监管部门制定年度监督管理计划并按年度计划组织开展工作，体现了地方人民政府对食品安全的综合监督责任，是地方各级人民政府对本行政区域食品安全监督管理进行统一负责、领导、组织、协调的表现。

《食品安全法实施条例》第47条规定，县级以上地方人民政府依照《食品安全法》第76条规定制定的食品安全年度监督管理计划，应当包含食品抽样检验的内容。对专供婴幼儿、老年人、病人等特定人群的主辅食品，应当重点加强抽样检验。县级以上农业行政、质量监督、工商行政管理、食品药品监督管理部门应当按照食品安全年度监督管理计划进行抽样检验。抽样检验购买样品所需费用和检验费等，由同级财政列支。

第二节　食品安全质量监督管理基本法律制度

一、食品安全风险评估制度

食品安全风险评估，是指对食品、食品添加剂中生物性、化学性和物理性危害对人体健康可能造成的不良影响所进行的科学评估，包括危害识别、危害特征描述、暴露评估、风险特征描述等。食品安全风险评估是针对食品中的添加剂、污染物、毒素或病原菌对人群或动物的潜在副作用，用定性或定量方式进行的科学评估。

（一）食品安全风险评估的主体

国务院卫生行政部门负责组织食品安全风险评估工作，成立由医学、农业、食品、营养等方面的专家组成的食品安全风险评估专家委员会进行食品安全风险评估。因此，评估主体是食品安全风险评估专家委员会。委员会由医学、农学、食品、营养等方面的专家在国务院卫生行政部门组织下成立，国务院卫生行政主管部门对食品安全风险评估工作负责，委员会具体开展工作。

（二）食品安全风险评估的范围

食品安全风险评估指对食品、食品添加剂中生物性、化学性和物理性危害对人体健康可能造成的不良影响所进行的科学评估，包括危害识别、危害特征描述、暴露评估、风险特征描述等，范围确定，内容明确。

（三）食品安全风险评估的启动

国务院卫生行政部门通过食品安全风险监测或者接到举报发现食品可能存在安全隐患的，应当立即组织进行检验和食品安全风险评估。有下列情形之一的，国务院卫生行政部门应当组织食品安全风险评估工作：

1. 为制定或者修订食品安全国家标准提供科学依据需要进行风险评估的；

2. 为确定监督管理的重点领域、重点品种需要进行风险评估的；

3. 发现新的可能危害食品安全的因素的；

4. 需要判断某一因素是否构成食品安全隐患的；

5. 国务院卫生行政部门认为需要进行风险评估的其他情形。

国务院卫生行政部门在上述几种情况下应立即组织进行食品安全风险评估。

二、食品安全风险监测制度

食品安全风险监测制度是有关食品安全风险监测管理部门、监测机构、监测内容、监测计划、监测范围、监测效果等制度的总称。食品安全风险监测是针对某种食品的食用安全性展开的评价、预警和检测，是对食品安全风险进行评估的基础和前提，也是风险评估阶段的数据来源。

《食品安全法》关于食品风险监测主要规定了以下几方面：

（一）食品安全风险监测的主体

食品安全风险监测工作由省级以上人民政府卫生行政部门会同同级质量监督、工商行政管理、食品药品监督管理等部门确定的技术机构承担。承担食品安全风险监测工作的技术机构应当根据食品安全风险监测计划和监测方案开展监测工作，保证监测数据真实、准确，并按照食品安全风险监测计划和监测方案的要求，将监测数据和分析结果报送省级以上人民政府卫生行政部门和下达监测任务的部门。食品安全风险监测工作人员采集样品、收集相关数据，可以进入相关食用农产品种植养殖、食品生产、食品流通或者餐饮服务场所。采集样品，应当按照市场价格支付费用。

（二）食品安全风险监测的对象

食品安全风险监测的对象是食源性疾病、食品污染及食品中的有害因素。

1. 食源性疾病。1984 年，世界卫生组织对食源性疾病统一了定义，即：“通过摄入食物而进入人体的各种致病因子引起的、通常具有感染或中毒性质的疾病”。我国《食品安全法》第 99 条对食源性病毒的定义是：“食品中致病因素进入人体引起的感染性、中毒性等疾病”。

2. 食品污染。食品污染是影响食品安全的主要原因，尤其是随着食品生产的工业化和新技术、新原料、新产品的采用，造成食品污染的因素日趋复杂化，高速发展的工农业带来的环境污染问题，也波及到食物并引发一系列严重的食品污染事故。

造成食品安全隐患的污染源通常有三类：①生物污染。它由病虫害、生物霉素等因素导致，如疯牛病、口蹄疫等。②化学污染。它由化学霉素、重金属、激素、农药残留所致。③物理污染。如放射性辐射对植物、动物的种植、养殖以及对动物饲养原料的污染。

3. 食品中的有害因素。自然界中的有些动植物自身就含有天然有毒、有害物质，如河豚鱼有河豚毒素；毒蘑菇含有多种有毒物质。此外，还有以病禽畜肉为原料的食品，如果人们误食了这些食物就会引起食物中毒、危害健康，甚至危及生命。

（三）食品安全风险监测的依据

根据《食品安全法》第11条第2款的规定："国务院卫生行政部门会同国务院有关部门制定、实施国家食品安全风险监测计划。省、自治区、直辖市人民政府卫生行政部门根据国家食品安全风险监测计划，结合本行政区域的具体情况，组织制定、实施本行政区域的食品安全风险监测方案。"这是卫生主管部门监测食品安全风险的依据。主要有两个方面：

1. 国家食品安全风险监测计划。国家食品安全风险监测计划包括风险监测类别、风险监测范围、风险监测数量、风险监测频次等。

根据《食品安全法》第11条的规定，国家食品安全风险监测计划，由国务院卫生行政部门会同国务院质量监督、工商行政管理和国家食品药品监督管理以及国务院商务、工业和信息化等部门，根据食品安全风险评估、食品安全标准制定与修订、食品安全监督管理等工作的需要制定。国家食品安全风险监测计划是全国食品安全风险监测工作的指导性规范文件，也是总体上监测全国范围内食品安全风险的可操作性实施计划。

2. 食品安全风险监测实施方案。食品安全风险监测方案是对国家食品安全风险监测计划的细化，方案应当具有针对性、具体性和实效性。我国幅员辽阔，各省、自治区、直辖市的食品安全风险监测方案应当根据国家食品安全风险监测计划，结合本行政区域的具体情况，因地制宜，组织制定、实施本行政区域的食品安全风险监测方案。各省、自治区、直辖市人民政府应当将依法制定、实施的食品安全风险监测方案及其调整情况报国务院卫生行政部门备案，并向国务院卫生行政部门及时报送监测数据和分析结果。

三、食品安全标准制度

食品安全标准制度是食品安全法的重要法律制度之一，《食品安全法》第三章对食品安全标准制度作出了具体的规定。

（一）食品安全标准的性质

食品安全标准是食品安全法律控制体系的核心环节，制定食品安全标准的目的就是以保障公众身体健康为宗旨，做到科学合理、安全可靠。

根据《食品安全法》第19条的规定，"食品安全标准是强制执行的标准"。

这符合 1988 年制定的《中华人民共和国标准化法》的要求。

《标准化法》是关于标准问题的综合性法律，与《食品安全法》之间的关系是一般法和特别法的关系。根据《标准化法》第 7 条的规定，国家标准分为强制性标准和推荐性标准。其中"保障人体健康，人身、财产安全的标准和法律、行政法规规定强制执行的标准是强制性标准"。

（二）食品安全标准的运行机制、规划实施和起草主体

国务院卫生行政部门统一制定和发布食品安全标准，原《标准化法》的相关规定需要服从新法的规定。国家专门设置食品安全国家标准评审委员会，由其负责对各项食品安全国家标准进行审查并予以通过。该委员会在组成上包括专家和政府，由国务院卫生行政部门组织。国务院卫生行政部门会同国务院农业行政、质量监督、工商行政管理和国家食品药品监督管理以及国务院商务、工业和信息化等部门制定食品安全国家标准规划及其实施计划。制定食品安全国家标准规划及其实施计划，应当公开征求意见。

（三）食品安全标准的内容

食品安全标准应当包括下列内容：

1. 食品、食品相关产品中的致病性微生物、农药残留、兽药残留、重金属、污染物质以及其他危害人体健康物质的限量规定；

2. 食品添加剂的品种、使用范围、用量；

3. 专供婴幼儿和其他特定人群的主辅食品的营养成分要求；

4. 对与食品安全、营养有关的标签、标识、说明书的要求；

5. 食品生产经营过程的卫生要求；

6. 与食品安全有关的质量要求；

7. 食品检验方法与规程；

8. 其他需要制定为食品安全标准的内容。

《食品安全法》详尽列举了食品安全标准的具体内容，包括以上七个方面和一个兜底条款。但《食品安全法》第 25 条同时还规定："企业生产的食品没有食品安全国家标准或者地方标准的，应当制定企业标准，作为组织生产的依据。国家鼓励食品生产企业制定严于食品安全国家标准或者地方标准的企业标准。企业标准应当报省级卫生行政部门备案，在本企业内部适用。"

四、食品生产经营许可制度

食品生产经营许可制度是《食品安全法》确立的重要的市场准入制度，也是一项重要的食品生产经营制度，《食品安全法》第四章对该制度作出了具体的规定。

（一）基本规定

《食品安全法》第29条对食品生产经营许可作出了如下规定：

1. 国家对食品生产经营实行许可制度。从事食品生产、食品流通、餐饮服务，应当依法取得食品生产许可、食品流通许可、餐饮服务许可。

2. 取得食品生产许可的食品生产者在其生产场所销售其生产的食品，不需要取得食品流通的许可；取得餐饮服务许可的餐饮服务提供者在其餐饮服务场所出售其制作加工的食品，不需要取得食品生产和流通的许可；农民个人销售其自产的食用农产品，不需要取得食品流通的许可。

3. 食品生产加工小作坊和食品摊贩从事食品生产经营活动，应当符合本法规定的与其生产经营规模、条件相适应的食品安全要求，保证所生产经营的食品卫生、无毒、无害，有关部门应当对其加强监督管理，具体管理办法由省、自治区、直辖市人民代表大会常务委员会依照《食品安全法》制定。

（二）许可程序

县级以上质量监督、工商行政管理、食品药品监督管理部门应当依照《中华人民共和国行政许可法》的规定，审核申请人提交的《食品安全法》中规定要求的相关资料，必要时对申请人的生产经营场所进行现场核查；对符合规定条件的，决定准予许可；对不符合规定条件的，决定不予许可并书面说明理由。

对于申请人的许可申请，县级以上质量监督、工商行政管理、食品药品监督管理部门应当依照《中华人民共和国行政许可法》（以下简称《行政许可法》）的规定，审核申请人提交的相关资料。这些资料应当表明申请者具备从事食品生产经营的条件，具体包括：

1. 具有与拟生产经营的食品品种、数量相适应的食品原料处理和食品加工、包装、储存等场所，保持该场所环境整洁，并与有毒、有害场所以及其他污染源保持规定的距离；

2. 具有与拟生产经营的食品品种、数量相适应的生产经营设备或者设施，有相应的消毒、更衣、盥洗、采光、照明、通风、防腐、防尘、防蝇、防鼠、防虫、洗涤以及处理废水、存放垃圾和废弃物的设备或者设施；

3. 有食品专业安全技术人员、管理人员和保证食品安全的规章制度；

4. 具有合理的设备布局和工艺流程，防止待加工食品与直接入口食品、原料与成本交叉污染，避免食品接触有毒物、不洁物。必要时对申请人的生产经营场所进行现场核查。

根据《行政许可法》的规定，需要对申请材料的实质内容进行核实的，行政机关应当指派两名以上工作人员进行核查。行政机关工作人员在进行实地核查时，应当向当事人或其他有关人员出示执法身份证件，以表明自己正在代表国家执行公务，否则当事人可以拒绝接受核查。

经审查，县级以上质量监督、工商行政管理、食品药品监督管理部门认为行政相对人符合法律、法规规定的条件的，应当准予行政许可。行政机关作出准予行政许可的决定，需要颁发行政许可证件的，应当向申请人颁发加盖本行政机关印章的行政许可证件。行政许可证件一经行政许可机关发放即具有法律效力。此外，行政机关作出的准予行政许可决定，应当予以公开，公众有权查阅。县级以上质量监督、工商行政管理、食品药品监督管理部门对不符合规定条件的，决定不予许可并书面说明理由。说明理由的内容应包括事实方面的、法律方面的以及自由裁量是否符合法定目的。说明理由应当以明文方式作出，叙述时应当简洁、清楚。

五、食品检验制度

食品检验是指由食品检验机构根据有关国家标准，对食品原料、辅助材料、成品的质量和安全性进行的检验，包括对食品理化指标、卫生指标、外观特性以及外包装、内包装、标志等进行的检验。

（一）食品检验机构

食品检验机构按照国家有关认证认可的规定取得资质认定后，方可从事食品检验活动。但是，法律另有规定的除外。食品检验机构的资质认定条件和检验规范，由国务院卫生行政部门规定。《食品安全法》施行前经国务院有关主管部门批准设立或者经依法认定的食品检验机构，可以依照《食品安全法》继续从事食品检验活动。

（二）食品检验规范

食品检验由食品检验机构指定的检验人独立进行。

检验人应当依照有关法律、法规的规定，并依照食品安全标准和检验规范对食品进行检验，尊重科学，恪守职业道德，保证出具的检验数据和结论客观、公正，不得出具虚假的检验报告。

食品检验实行食品检验机构与检验人负责制。食品检验报告应当加盖食品检验机构公章，并有检验人的签名或者盖章。食品检验机构和检验人对出具的食品检验报告负责。

（三）食品检验的实施

关于食品检验的实施，《食品安全法》作出了如下规定：

1. 食品安全监督管理部门对食品不得实施免检；

2. 县级以上质量监督、工商行政管理、食品药品监督管理部门应当对食品进行定期或者不定期的抽样检验；

3. 进行抽样检验，应当购买抽取的样品，不收取检验费和其他任何费用；

4. 县级以上质量监督、工商行政管理、食品药品监督管理部门在执法工作中需要对食品进行检验的，应当委托符合《食品安全法》规定的食品检验机构进行，并支付相关费用。对检验结论有异议的，可以依法进行复检。

《食品安全法》废除了食品免检制度，建立了食品安全抽样检验的制度。《食品生产加工企业质量安全监督管理实施细则（试行）》（2005年9月1日国家质检总局发布）第38条规定：

1. 食品出厂必须经过检验，未经检验或者检验不合格的，不得出厂销售；

2. 具备出厂检验能力的企业，可以按要求自行进行出厂检验。不具备产品出厂检验能力的企业，必须委托有资质的检验机构进行出厂检验；

3. 实施食品质量安全市场准入制度管理的食品，按审查细则的规定执行。实施自行检验的企业，应当每年将样品送到质量技术监督部门指定的检验机构进行一次比对检验。

同时《食品安全法》第61条还确立了其他组织和消费者委托进行检验的制度。该制度的基本内容包括：

1. 食品生产经营企业可以自行对所生产的食品进行检验，也可以委托符合《食品安全法》规定的食品检验机构进行检验；

2. 食品行业协会等组织、消费者需要委托食品检验机构对食品进行检验的，应当委托符合《食品安全法》规定的食品检验机构进行。

六、食品进出口制度

食品进出口制度是一项重要的食品安全法律制度，《食品安全法》第六章对该制度作出了具体的规定。

食品进出口制度包括以下内容：

（一）进口食品安全性评价制度

《食品安全法》第63条明确规定："进口尚无食品安全国家标准的食品，或者首次进口食品添加剂新品种、食品相关产品新品种，进口商应当向国务院卫生行政部门提出申请并提交相关的安全性评估材料……"

国务院卫生行政部门依照《食品安全法》第44条的规定作出是否准予许可的决定，并及时制定相应的食品安全国家标准，包括如下：

1. 尚无食品安全国家标准的食品。如果进口尚无食品安全国家标准的食品，应当进行安全性评估。一些国外的食品，由于在我国并不常见，因而需要进行安全性评估。

2. 食品添加剂新品种。食品添加剂新品种是指我国食品安全国家标准规定的食品添加剂品种以外的食品添加剂。食品安全国家标准对食品添加剂的品种、使用范围和用量都有严格的规定，同时严格禁止在食品生产中使用规定的食品添加剂品种以外的化学物质或者其他危害人体健康的物质。

3. 食品相关产品新品种。食品相关产品新品种是指我国的食品安全标准规定的食品相关产品种类以外的物质。食品相关产品，是指用于食品的包装材料、容器、洗涤剂、消毒剂以及用于食品生产经营的工具、设备。

（二）国家出入境检验检疫相关规定

国家出入境检验检疫相关规定包括以下内容：

1. 风险预警和管控措施。境外发生的食品安全事件可能对我国境内造成影响，或者在进口食品中发现严重食品安全问题的，国家出入境检验检疫部门应当及时采取风险预警或者控制措施，包括：①国家出入境检验检疫部门建立风险预警机制，采取相应的风险预警措施及控制措施，对危险程度高的进口食品实施重点检验，包括提高抽样比例、增加检测项目，并对发现问题的食品暂停进口等严格管制措施；②国家出入境检验检疫部门应当及时将境外发生的食品安全事件可能对我国境内造成的影响，或者在进口食品中发现严重食品安全问题等有关信息向国务院卫生行政、农业行政、工商行政管理和国家食品药品监督管理部门通报。接到通报的部门应当及时采取相应措施，包括立即组织对相关食品进行安全性评估，发现有问题的，一方面，应当立即责令停止生产经营该种食品，并向社会公告，让消费者停止食用该种食品；另一方面，应当对相关的食品安全标准及时进行修订，确保食品安全。

2. 进口食品的备案与注册。为保障进口食品的安全，方便追溯进口食品的来源，《食品安全法》第65条规定了备案与注册制度。该条规定，凡向我国境内出口食品的出口商或者代理商应当向国家出入境检验检疫部门备案，凡向我国出口食品的境外食品生产企业应当经国家出入境检验检疫部门注册。

向我国境内出口食品的出口商，是指在境外向我国境内出口食品的出口企业，包括外国企业、港澳台企业。向我国境内出口食品的代理商是指接受境外向境内出口食品企业的委托，代理其进口食品的企业。对于向我国境内出口食品的出口商或者代理商实行备案制度，有利于加强对出口商和代理商的监督，在发生食品安全事件时，及时找出原因、解决问题。向我国出口食品的出口商和代理商应当提交资质证明等材料，并及时依照国家有关规定履行备案手续。

为保护我国农、林、牧、渔业生产安全和人体健康，加强对进口食品的检验检疫和监督管理，我国对进口食品生产企业实施注册管理制度。根据《食品安全法》规定，向我国境内出口食品的境外食品生产企业应当经国家出入境检验检疫部门注册，未获得注册的国外生产企业生产的食品，不得进口。根据国家规定，向我国境内出口食品的境外食品生产企业申请注册，应当提交企业资质证明、产品标准等相关材料。向我国境内出口食品的出口商或者代理商和境外食品生产企业应当对提交材料的真实性负责。

备案与注册是两种性质不同的制度，备案是一种事后的告知行为，不属于行政许可；而注册则是一种事前的审查行为，属于行政许可。就是说，不经国家出入境检验检疫部门注册，境外的食品生产企业不得向我国出口食品。之所以对向我国境内出口食品的出口商、代理商和境外食品生产企业实行不同的管理制度，主要是考虑到生产企业是进口食品的生产者，为了确保进口食品的安全，国家出入境检验检疫部门需要对这些境外企业的资质、信誉情况进行考察，确认这些企业是信誉良好的合法生产企业后，才能给它们注册，允许它们生产的食品进口到我国境内；而对出口商、代理商而言，他们不是进口食品的直接生产者，不需要主管部门进行事前的审查，只需要事后备案，使主管部门掌握他们的相关信息即可。

通过备案和注册制度，如果发现进口的食品出现不安全问题，国家出入境检验检疫部门可以通知有关的进口商或者进口食品生产企业召回其产品；如果进口商或者进口食品生产企业拒不召回的，国家出入境检验检疫部门可以责令其召回，以确保进口食品的安全。《食品安全法实施条例》第39条规定，向我国境内出口食品的境外食品生产企业依照《食品安全法》第65条规定进行注册，其注册有效期为4年。已经注册的境外食品生产企业提供虚假材料，或者因境外食品生产企业的原因致使相关进口食品发生重大食品安全事故的，国家出入境检验检疫部门应当撤销注册，并予以公告。

3. 进口食品的中文标签和中文说明书制度。人们一般是通过食品包装上所标注的食品的名称、品质、营养成分、食用方法、食品的产地等来了解食品的。规范进口食品的标签是保证进口食品的安全、卫生的重要手段，可以防止由境外进口的食品中含有污染或有害因素对人身体造成危害，维护我国食品卫生管理和社会公共利益。

《食品安全法》第66条对进口食品的标签进行了规范，主要包括三项内容：①进口的预包装食品应当有中文标签、中文说明书。通过标签和说明的描述，一方面，便于消费者选购食品，另一方面，如果食品食用后出现问题，消费者也可据此投诉，便于追查责任。因此，法律上规定了食品包装必须按照规定印有或者贴有标签并附有说明书，该规定属于强制性规定。对于进口的食品还必须标注中文标签或中文说明书，目的是方便国内公民在购买进口食品时了解其主要成分、保质期限、食用方法等。②标签、说明书应当符合《食品安全法》

以及我国其他有关法律、行政法规的规定和食品安全国家标准的要求，载明食品的原产地以及境内代理商的名称、地址、联系方式。按照国际惯例，各国对进口食品等涉及人民生命健康的特殊产品，都要求遵守本国的有关法律规范及强制性标准。除《食品安全法》规定外，涉及食品标签管理的法律、法规还有：《中华人民共和国产品质量法》、《中华人民共和国消费者权益保护法》、《中华人民共和国标准化法实施条例》、《食品标识管理规定》、《进出口食品标签管理办法》（失效）、《预包装食品标签通则》、《产品标识标注规定》、《特殊营养食品标签标准》、《饮料酒标签标准》等。《食品安全法》还要求标明食品的原产地以及境内代理商的名称、地址、联系方式。这些事项之所以由法律列出，是因为它们与食品质量、安全、明确责任、监督管理等紧密联系，应当准确注明，不能有遗漏，缺一不可，否则，就要影响到该标签或者说明书在法律上的合法性、有效性，进而直接影响到食品的食用。③标签、说明书不合格的不得进口。《食品安全法》规定预包装食品没有中文标签、说明书或者标签、说明书不符合《食品安全法》规定的，不得进口。根据国家质监总局《进出口食品标签管理办法》的规定，进出口预包装食品必须事先经过标签审核，并取得中文标签审核证书后，方可进出口。出入境检验检疫机构依据《食品安全法》和《进出口食品标签管理办法》的规定对进出口预包装食品进行标签审核和标签检验。对不符合要求的，不得进口。

4. 食品进口和销售记录制度。建立食品购销记录是从事食品生产经营活动的企业必须履行的法定义务。因此，建立食品进口购销记录，也是进口商必须履行的法定义务。实行这一措施，有利于加强食品购销人员的责任心；有利于加强对进口食品经营活动的监督管理；为处理进口食品质量查询、投诉提供依据；一旦发生进口食品事故时，及时采取处理措施；有利于分清和妥善处理进口食品购销中的事故责任。

食品进口和销售记录制度的基本内容为：①食品进口和销售记录应载明：食品的名称、规格、数量、生产日期、生产或者进口批号、保质期，出口商和购货者名称及联系方式、交货日期等内容；②食品进口和销售记录的内容必须做到真实、完整，如实反映经营企业购销食品的情况，不得弄虚作假、伪造进口和销售记录；③对进口和销售的记录保存期限不得少于2年。

5. 出口食品检验检疫机构、通关手续及备案制度。对我国的出口食品实施食品卫生检验和监督管理，十分必要，具有重要意义。出口食品的卫生安全直接关系到进口该食品的国家消费者的身体健康与生命安全，同时影响到我国食品出口企业的商业信誉和国际市场竞争能力，更关系到我国在国际上的政治形象。

《食品安全法》在规范国内食品生产经营活动，保证国内消费者食品卫生安全的同时，加强对出口食品卫生的检验、监督，体现了国家对食品安全强化监管的法制精神，并且符合国际上食品贸易应当遵循的共同规则，即不符合本国规定生产、销售食品的卫生标准的，原则上也不得向境外出口。同时，通过事先对出口把关，既有利于促进我国的对外出口，又可以减少出口食品贸易中技术规范的纠纷。

依照《食品安全法》第68条的规定，对我国出口食品进行监督、检验的机关是出入境检验检疫机构。出入境检验检疫机构对其管辖范围内的出口食品，按照法定程序和标准实施监督。从检验监督的程序来说，出口食品发货人或其代理人应当按照出入境检验检疫机构规定的地点和期限，持与出口商品有关的外贸合同、发票、装箱单、信用证等必要的证明向有管辖权的出入境检验检疫机构报验。

目前，国家出入境检验检疫机构实行产地检验制度，出口商品应当向生产企业所在地检验机构报检。当产地与出境口岸不一致时，产地出入境检验检疫机构对出口商品检验合格后，由产地检验机构按照规定出具检验换证凭单，发货人或其代理人应当在规定的期限内持检验换证凭单和必要的凭证向口岸检验机构申请查验，口岸检验机构经查验，对符合有关规定的，换发"出境货物通关单"。《食品安全法》规定了出口食品生产企业和出口食品原料种植、养殖场应当向国家出入境检验检疫部门备案。出口食品生产企业和出口食品原料种植、养殖场实行备案制度，一方面有利于监管部门及时掌握食品生产企业的生产状况，规范出口食品生产企业和食品原料种植、养殖场的行为；另一方面将出口食品的监管工作向生产领域延伸有利于鼓励出口食品生产企业提高管理水平和食品质量，从源头上把好质量关，提高出口食品的质量。

6. 出入境检验检疫部门应履行的主要职责。《食品安全法》规定了出入境检验检疫部门应履行的主要职责包括：①国家出入境检验检疫部门应当定期公布已经备案的出口商、代理商和已经注册的境外食品生产企业名单。食品安全事关人民群众的身体健康和生命安全，所以必须在食品安全监督管理中确保公众的知情权。《食品安全法》规定，任何组织和个人有权举报食品生产经营中的违法犯罪行为，有权向有关部门了解食品安全信息，对食品安全监督管理工作提出意见和建议。已经备案的出口商、代理商和已经注册的境外食品生产企业名单可以说是非常重要的食品安全信息，国家出入境检验检疫部门应当通过政府公报、政府网站、新闻发布会以及报刊、广播、电视等便于公众知晓的方式定期予以公开，使广大的消费者和国内的生产经营企业了解这些信息，一方面有助于促进食品进出口贸易的发展，另一方面也有助于广大消费者对市场上销售的进口食品进行监督，确保进口食品的安全。②国家出入境检验检疫部门应当将收集来的食品安全信息及时通报相关部门、机构和企业。向有关方面提供进出口商品信息是《中华人民共和国进出口商品检验法》（以下简称《进出口商品检验法》）赋予出入境检验检疫部门的职责。《进出口商品检验法》第 10 条第 1 款规定："国家商检部门和商检机构应当及时收集和向有关方面提供进出口商品检验方面的信息。"2007 年，温家宝总理在国务院常务会议上明确提出"积极做好信息沟通工作"。我们要把做好信息沟通作为提高产品质量和食品安全的一项重要任务。这里的"相关部门"主要指在食品安全监管过程中承担一定职责的部门，包括卫生行政部门、农业行政部门、质量监督、工商行政管理、食品药品监督管理部门等。"相关机构"指食品检验机构、认证机构、食品行业协会等组织。③国家出入境检验检疫部门应当建立进出口食品的进口商、出口商和出口食品生产企业的信誉记录，并予以公布。对有不良记录的进口商、出口商和出口食品生产企业，应当加强对其进出口食品的检验检疫。国家出入境检验检疫部门应当及时记录和收集进出口食品的进口商、出口商和出口食品生产企业的信誉记录，将诚信度好、产品安全风险能够得到有效控制、享有良好声誉的企业，列入"优良企业名单"，并予以公布；对于那些发生严重质量违规问题或逃避检验检疫的企业，在依法处罚的同时，应列入"违规企业名单"，并予以公布。在进行进出口食品检验检疫时，对曾有不良记录的进口商、出口商和出口食品生产企业应重点防控，应更加仔细、严格地对其进出口食品进行检验检疫。建立企业的信誉记录并予以公布的制度有利于鼓励企业诚信经营，保障产品安全合格。

《食品安全法实施条例》第 42 条规定，国家出入境检验检疫部门应当建立信息收集网络，依照《食品安全法》第 69 条的规定，收集、汇总、通报下列信息：①出入境检验检疫机构对进出口食品实施检验检疫发现的食品安全信息；②行业协会、消费者反映的进口食品安全信息；③国际组织、境外政府机构发布的食品安全信息、风险预警信息，以及境外行业协会等组织、消费者反映的食品安全信息；④其他食品安全信息。接到通报的部门必要时应当采取相应处理措施。食品安全监督管理部门应当及时将获知的涉及进出口食品安全的信息向国家出入境检验检疫部门通报。

七、食品安全信用档案制度

县级以上质量监督、工商行政管理、食品药品监督管理部门应当建立食品生产经营者食品安全信用档案，记录许可颁发、日常监督检查结果、违法行为查处等情况；根据食品安全信用档案的记录，对有不良信用记录的食品生产经营者增加监督检查频次。

食品生产经营者食品安全信用档案由县级以上质量监督、工商行政管理、食品药品监督管理部门负责建立。

食品安全信用档案的内容主要包括食品生产经营者的许可颁发、日常监督检查结果、违法行为查处等情况。县级以上质量监督、工商行政管理、食品药品监督管理部门按照职责，对食品生产经营者进行监督检查，并对监督检查情况和处理结果，以及对违法行为的查处情况进行记录归档，这成为食品安全信用档案的主要内容。食品安全信用档案的内容，还可以包括行业协会的评价、新闻媒体舆论监督信息、认证机构的认证情况、消费者的投诉情况等有关食品生产经营者食品安全情况的信息。

食品安全信用档案，是食品安全信用制度的基础。食品安全监督管理部门在建立食品安全信用档案的基础上，还要建立相应的征信制度、评价制度、披露制度、服务制度、奖惩制度等，确保整个安全信用制度有序运转，发挥食品安全信用档案对食品安全工作的规范、引导、督促的作用。

八、食品安全监督管理中的咨询、投诉与举报制度

县级以上卫生行政、质量监督、工商行政管理、食品药品监督管理部门接到咨询、投诉、举报，对属于本部门职责的，应当受理，并及时进行答复、核实、处理；对不属于本部门职责的，应当书面通知并移交有权处理的部门处理。有权处理的部门应当及时处理，不得推诿；属于食品安全事故的，依照《食品安全法》第七章有关规定进行处置。县级以上卫生行政、质量监督、工商行政管理、食品药品监督管理部门对各自职责范围的问题，应当受理，不得推诿。受理后，应当及时处理，对咨询给予准确答复；对投诉进行调查核实，经核实确属不当的，应当在原公布范围内予以更正，并告知投诉人，经核实没有问题的，也应当告知投诉人；对举报进行处理，告知举报人处理结果。县级以上卫生行政、质量监督、工商行政管理、食品药品监督管理部门接到咨询、投诉、举报后，经审查，对不属于本部门职责的，应当采取书面的方式通知咨询人、投诉人、举报人，说明原因及其根据，还应当移交有权处理的部门，并将移交情况告知咨询人、投诉人、举报人。有权处理的部门在接到其他部门移交的咨询、投诉、举报后，应当受理，并立即进行答复、核实、处理，不得推诿。属于食品安全事故的，应当依照《食品安全法》第七章有关规定进行处置。县级以上卫生行政、质量监督、工商行政管理、食品药品监督管理部门接到的咨询、投诉、举报所反映的问题，属于食品安全事故的，应当立即向卫生行政部门通报。县级卫生行政部门接到食品安全事故的报告后，应当立即会同有关农业行政、质量监督、工商行政管理、食品药品监督管理部门进行调查处理，依法采取措施，防止或者减轻社会危害，并会同有关部门进行事故责任调查；属于重大食品安全事故的，接到报告的县级卫生行政部门应当按照规定向本级人民政府和上级人民政府卫生行政部门报告，再由其按照规定上报，并由县级人民政府立即成立食品安全事故处置指挥机构，启动应急预案，由设区的市级以上人民政府卫生行政部门进行事故责任调查。

九、食品安全信息公布与报告、通报制度

食品安全信息公布与报告、通报制度包括以下内容：

（一）食品安全信息公布

食品安全监督管理部门公布信息，应当做到准确、及时、客观。食品安全信息主要包括食品安全总体情况、标准、监测、监督检查（含抽检）、风险评估、风险警示、事故及其处理信息和其他食品安全相关信息。

根据食品安全信息的内容及其重要程度、影响范围的不同，公布信息的部门主要有：一是国务院卫生行政部门，即现行体制下的卫生部。卫生部负责公布国家食品安全总体情况、食品安全风险评估信息和食品安全风险警示信息、重大食品安全事故及其处理信息，以及其他重要的食品安全信息和国务院确定的需要统一公布的信息。这些信息与公众日常生活以及食品生产经营关系紧密，且影响范围大、力度强、涉及面广，为保证食品安全信息公布的规范性、严肃性，必须由卫生部统一公布。二是省、自治区、直辖市人民政府卫生行政部门，即现行体制下的省卫生厅、直辖市卫生局。省、自治区、直辖市人民政府卫生行政部门负责统一公布其影响限于特定区域的食品安全风险评估信息和食品安全风险警示信息，以及重大食品安全事故及其处理信息。这些信息的特点是影响力限于特定区域。三是农业行政、质量监督、工商行政管理、食品药品监督管理部门。县级农业行政、质量监督、工商行政管理、食品药品监督管理部门，依照各自职责，按照规定的程序和形式公布本部门的食品安全日常监督管理信息，如批准、变更、吊销有关食品生产经营行政许可的情况，对食品生产经营者进行现场检查、抽样检验的结果，对违法生产经营者的查处情况等。同时还应当依照《食品安全法》的规定，将公布的食品安全信息向所在地同级卫生行政部门和其他有关部门进行通报。

（二）食品安全信息报告、通报

县级以上地方卫生行政、农业行政、质量监督、工商行政管理、食品药品监督管理部门获知《食品安全法》规定的需要统一公布的信息，应当向上级主管部门报告，由上级主管部门立即报告国务院卫生行政部门；必要时，可以直

接向国务院卫生行政部门报告。县级以上卫生行政、农业行政、质量监督、工商行政管理、食品药品监督管理部门应当相互通报获知的食品安全信息。

向有关部门报告的食品安全信息是指，由国务院卫生行政部门统一公布国家食品安全总体情况、食品安全风险评估信息和食品安全风险警示信息、重大食品安全事故及其处理信息，以及其他重要的食品安全信息和国务院确定的需要统一公布的信息。

根据报告程序的不同，主要有两种方式：一是县级以上地方卫生行政、农业行政、质量监督、工商行政管理、食品药品监督管理部门获知信息的，应当向各自的上级主管部门报告，由其上级主管部门向国务院卫生行政部门报告。二是情况必要时，县级以上地方卫生行政、农业行政、质量监督、工商行政管理、食品药品监督管理部门获知信息的，可以直接向国务院卫生行政部门报告。

十、惩罚性赔偿法律制度

鉴于惩罚性赔偿法律制度在食品安全监督基本制度体系中的地位和作用，我们设专节对该制度予以介绍。

十一、食品召回法律制度

食品召回，是指食品生产者、经营者发现其生产或销售的食品不符合食品安全标准时，召回已经上市销售的食品，并采取相关措施及时消除或者减少食品安全危害的活动。食品召回制度是我国产品召回制度的重要组成部分，其原理、制度、程序、方式参见本书第一编第二章第四节的有关内容。

十二、食品安全事故应急预案制度

鉴于食品安全事故应急预案制度在食品安全监督基本制度体系中的地位和作用，我们设专节对该制度予以介绍。

第三节　惩罚性赔偿法律制度

一、惩罚性赔偿的含义

在我国，法学界对惩罚性赔偿的含义有较多的论述，主要分为以下三种观点：①认为是侵权人用于弥补受害人实际损害的赔偿为一般赔偿，超过这一部分的赔偿为惩罚性赔偿;[1] ②认为惩罚性的损害赔偿是对严重的不法行为的民事罚金，又称罚款;[2] ③认为惩罚性损害赔偿，就是侵权行为人支付通常赔偿金的同时还要支付高于受害人实际损失的赔偿金。[3] 比较以上三种观点，它们从不同的层面揭示了惩罚性赔偿的含义，但我们认为第三种观点较为全面。依据我国传统的民事责任观念，我们以为，惩罚性赔偿是相对于补偿性赔偿的一个概念，是指超过实际损害的范围判决加害人或者对损害负有赔偿义务的人对受害人予以额外的金钱赔偿。

二、惩罚性赔偿与相关概念的区别

惩罚性赔偿作为一种比较特殊的责任承担方式，其与补偿性赔偿、精神损害赔偿、行政罚款以及刑事罚金相关概念有着实质上的差别和明显的不同。

（一）惩罚性赔偿和补偿性赔偿之区别

惩罚性赔偿和补偿性赔偿概念比较相近，十分容易混淆，但区别也是十分明显的，主要有目的功能、主观要件、能否约定以及赔偿数额等方面的不同。

1. 目的和功能不同。补偿性赔偿的目的主要在于弥补受害人因加害人的行为所造成的损害，其关注的焦点是受害人，本身并无惩罚和预防的作用；而惩罚性赔偿的目的主要不在于补偿，而在于惩罚和遏制以及预防。当加害人主观过错较为严重，其行为超越社会可容忍限度时，由法院判决加害人承担惩罚性赔偿责任，以示对其的惩罚，同时又是遏制加害人和预防其他人以后再为类似加害行为。

2. 主观构成要件不同。与补偿性赔偿相比，惩罚性赔偿要以实际损害的发生为适用的前提，这与补偿性赔偿在客观要件上是一致的，但在主观要件上，惩罚性赔偿的适用必须以加害人主观上存在故意或重大过失为前提。

3. 能否约定不同。合同法允许当事人事先约定违约损害赔偿，而且这种约定可能具有惩罚性，但这并不是惩罚性赔偿。惩罚性赔偿的数额可能是由法律法规直接规定的，也可能是由法官和陪审团决定的，但不可能由当事人自由约定。

4. 赔偿的数额不同。惩罚性赔偿并不以实际的损害为限，其数额均高于甚至大大高于补偿性损害赔偿。补偿性赔偿以实际的损害为限，超过实际损失的补偿为不当得利。加害人故意或过失以及过失程度、主观动机对补偿性赔偿的

---

〔1〕　崔国斌："我国惩罚性赔偿制度之完善"，载《人大复印资料·民商法学》1998年第1期。

〔2〕　佟柔主编：《中华法学大辞典（民法学卷）》，中国检察出版社1995年版，第67页。

〔3〕　刘荣军："惩罚性损害赔偿与消费者保护"，载《现代法学》1996年第5期。

数额均不产生影响，但对于惩罚性赔偿责任的构成、赔偿数额的大小都有影响。

（二）惩罚性赔偿和精神损害赔偿之区别

精神损害赔偿是指民事主体因身份权利和人格权利受到不法侵害，使其人格利益和身份利益受到损害，要求侵权人通过财产赔偿等方式进行救济和保护的民事法律制度，是针对精神损害的后果所应承担的财产后果。

精神损害赔偿经常与惩罚性赔偿混淆。但两者有着本质的区别，这种区别主要表现在以下几个方面：

1. 主要功能、目的不同。惩罚性赔偿的主要功能和目的在于惩罚和预防，而精神损害赔偿的主要功能在于补偿和抚慰。当然，对于精神损害赔偿是否具有惩罚性，学术界还有不同的认识。我们认为，精神损害赔偿具有一定的惩罚性，但应当指出的是，精神损害赔偿的惩罚性并非主要和基本的功能，而是其补偿和抚慰功能附带的、兼具的功能。有些研究者认为，确定精神损害赔偿时，考虑到了被告的主观因素，因此实际上在赔偿的形式下隐藏着的是惩罚。我们认为，这并不是突出精神损害赔偿惩罚功能的原因，而恰恰是计算精神损害赔偿数额时的特点。"心理痛苦的衡量具有不确定性，需多角度的考量，其中加害人的过错程度是反映受害人所受损害大小的一个标尺，如果加害人主观恶性较大，受害人心理痛苦也就较严重，反之亦然。"[1] 因而，在计算精神损害赔偿时考虑加害人主观过错大小的目的不在于据此惩罚加害人而在于有助于确定损害的大小以利于对受害人的补偿和抚慰。

2. 适用赔偿的依据不同。精神损害赔偿重在考量受害方遭受的精神损失大小，如因为人身受伤害，自由被限制，肖像被玷污等导致的心理恐惧、情感抑郁、激愤难平、积郁成疾、精神错乱等精神疾病和痛苦，并适当考虑受害方的主观过错；而惩罚性赔偿则重在考量加害方的主观恶意程度，如加害人的行为是否专横、傲慢、怀恨或者对被害人的权利轻率、蔑视、漠不关心。

3. 适用范围不同。在英美法中，惩罚性赔偿适用于侵权、违约等领域中。而精神损害赔偿适用范围比较狭窄，目前无论大陆法系还是英美法系，主要还是限于侵权领域，甚至许多国家规定只限于侵害人身权利时，才能请求精神损害赔偿。如我国《民法通则》第120条第1款规定："公民的姓名权、肖像权、名誉权、荣誉权受到侵害的，有权要求停止侵害，恢复名誉，消除影响，赔礼道歉，并可以要求赔偿损失。"此处的"可以要求赔偿损失"被普遍认为是精神损失。《最高人民法院关于确定民事侵权精神损害赔偿责任若干问题的解释》也是针对民事侵权案件作出的。而在合同责任中，我国一般是不赞成适用精神损

---

[1] 王勇："惩罚性赔偿与消费者权益保护"，载《河南司法警官职业学院学报》2006年第2期。

害赔偿的。

4. 对主观过错的要求不同。精神损害赔偿对加害人的主观过错没有要求，无论是故意加害行为还是过失加害行为，只要确实造成了受害人的精神痛苦，就应该赔偿，而惩罚性赔偿由于重在惩罚与威慑，因此，仅对重侵权或恶意违约行为方能适用。

（三）惩罚性赔偿与行政罚款、刑事罚金之区别

行政罚款是行政强制措施之一，是因行为人实施了行政违法行为，由行政机关代表国家对违法行为人进行的经济制裁。而刑事罚金是司法机关凭借司法权，代表国家对危害国家社会安全，破坏经济、政治秩序，侵犯公民人身权、财产权的行为给予的刑事制裁。惩罚性赔偿是一种带有惩罚因素的民事责任方式，从根本目的上讲，它与刑事、行政责任都是为了惩罚并预防不法行为的发生，但它们之间存在以下方面的根本差别。

1. 法律依据不同。我国目前的惩罚性损害赔偿适用的依据是《消费者权益保护法》、《食品安全法》；罚金是以剥夺犯罪人一定财产为内容的刑罚，其适用依据是《刑法》；罚款是行政强制措施之一，适用依据是《行政处罚法》。

2. 性质不同。处以罚金要以行为人触犯了刑律且应受刑罚处罚为前提，是严重违法的结果，具有强烈的刑事属性；罚款则是有权行政机关实施的行政行为，是执法方式之一，它与前者都属于国家公权力机关进行的公法行为；惩罚性赔偿与前两者非常不同的一点，即是它的私法性质，遵循私法自治的原则，受害人可以自由决定是否主张对不法者的惩罚。

3. 惩罚的利益归属不同。惩罚性赔偿的利益归属是受害人，他们对不法行为有着切肤的伤痛，在巨大的可得的赔偿利益的驱动下，会有更清晰的权利意识，会更积极地主张理应享有的权利，使加害人逃脱责任的机率降低，进而对不法行为以更有效、更有力地惩罚与打击，并最大可能地遏制之。而行政罚款和刑事罚金的利益归属是国家，行使公权力一方不会产生这种积极性，甚至会怠于行使权力。

三、惩罚性赔偿制度的功能

同其他赔偿性法律制度相比，惩罚性赔偿的功能可分为以下四种：

（一）对潜在加害者的威慑功能

惩罚性赔偿制度的确立可以警告以及威慑其他经营者不得仿效加害人的行为。一方面，惩罚性赔偿通过对加害人施以大大高出受害人损失的赔偿而在社会中建立一个模板，并通过这种方式威慑该类行为的再次发生，因此惩罚性赔偿有时又被称为"示范性赔偿"。另一方面，惩罚性赔偿也能削弱加害行为人的

经济实力，防止他们重新作恶，以及防止社会上其他人模仿侵权行为人的行为。

（二）对受害者的实际补偿功能

加害人的不法行为给受害人造成财产损失、精神痛苦或人身伤害的，受害人可以请求惩罚性赔偿。就这些损害的补救而言，惩罚性赔偿可以发挥一定的功能。这是因为：①补偿性赔偿对精神损害并不能提供充分的补救。精神损害的基本特点在于无法以金钱价额予以计算，只能考虑到各种参数而很难确定一个明确的标准，因此在许多情况下采用惩罚性赔偿来替代精神损害赔偿是必要的。②受害人提起诉讼以后所支付的各种费用，特别是与诉讼有关的费用，只有通过惩罚性赔偿才能补救。

（三）对现实加害者的惩罚功能

惩罚性赔偿就是要对故意或恶意的不法行为实施惩罚，这种惩罚与补偿性损害赔偿所体现的制裁作用有所不同。它通过给不法行为人强加更重的经济负担使其承担超过被害人实际损失的赔偿来制裁不法行为。对不法行为人来说补偿其故意行为所致的损害如同一项交易，只要付出一定的补偿性赔偿，即可任意为民事违法行为，这将使不法行为人享有太大的损害他人的权利，只有通过惩罚性赔偿才能使被告刻骨铭心，从而达到惩罚的效果。

四、我国惩罚性赔偿制度简介

惩罚性赔偿制度起源于美国，之后，很多国家都建立了适合本国国情的惩罚性赔偿制度，立法也相对发达。同其他国家的惩罚性赔偿制度相比，我国惩罚性赔偿制度建立较晚，立法相对滞后。

（一）立法概述

我国惩罚性赔偿立法主要表现在《消费者权益保护法》和《食品安全法》之中。

1993 年颁布的《消费者权益保护法》第 49 条规定："经营者提供商品或者服务有欺诈行为的，应当按照消费者的要求增加赔偿其受到的损失，增加赔偿的金额为消费者购买商品的价款或者接受服务的费用的一倍。"该法首次确立了惩罚性赔偿制度，也开创了我国惩罚性赔偿制度的先河[1]

2009 年颁布的《食品安全法》第 96 条规定："违反本法规定，造成人身、财产或者其他损害的，依法承担赔偿责任。生产不符合食品安全标准的食品或

---

[1]　有的研究者认为，定金制度就是一种惩罚性赔偿制度，也是我国最早的惩罚性赔偿制度。我们认为，定金制度秉承的是平等惩罚精神，贯彻对等惩罚原则，因此，从根本和实质上来讲不是一种惩罚性赔偿制度。

者销售明知是不符合食品安全标准的食品，消费者除要求赔偿损失外，还可以向生产者或者销售者要求支付价款十倍的赔偿金。"该条规定，进一步完善了我国的惩罚性赔偿制度。

（二）责任构成

惩罚性赔偿的适用必须同时具备以下几个要件：

1. 经营者客观上实施了欺诈消费者的行为。依《消费者权益保护法》第49条之规定，经营者只有在对消费者提供商品服务有欺诈行为时，才须应消费者的要求承担惩罚性赔偿责任，所以经营者的欺诈行为是惩罚性赔偿责任的构成要件之一。

根据《反不正当竞争法》第2条的规定，经营者是指以营利为目的而向消费者提供商品或服务的单位和个人；根据《欺诈消费者行为处罚办法》第2条的规定，欺诈消费者行为，是指经营者在提供商品或者服务中，采取虚假或者其他不正当手段欺骗、误导消费者，使消费者的合法权益受到损害的行为。

根据《欺诈消费者行为处罚办法》第3条的规定，经营者在向消费者提供商品中，有下列情形之一的，属于欺诈消费者行为：①销售掺杂、掺假，以假充真，以次充好的商品的；②采取虚假或者其他不正当手段使销售的商品份量不足的；③销售"处理品"、"残次品"、"等外品"等商品而谎称是正品的；④以虚假的"清仓价"、"甩卖价"、"最低价"、"优惠价"或者其他欺骗性价格表示销售商品的；⑤以虚假的商品说明、商品标准、实物样品等方式销售商品的；⑥不以自己的真实名称和标记销售商品的；⑦采取雇佣他人等方式进行欺骗性的销售诱导的；⑧作虚假的现场演示和说明的；⑨利用广播、电视、电影、报刊等大众传播媒介对商品作虚假宣传的；⑩骗取消费者预付款的；⑪利用邮购销售骗取价款而不提供或者不按照约定条件提供商品的；⑫以虚假的"有奖销售"、"还本销售"等方式销售商品的；⑬以其他虚假或者不正当手段欺诈消费者的行为。

根据《欺诈消费者行为处罚办法》第4条的规定，经营者在向消费者提供商品中，有下列情形之一，且不能证明自己确非欺骗、误导消费者而实施此种行为的，应当承担欺诈消费者行为的法律责任：①销售失效、变质商品的；②销售侵犯他人注册商标权的商品的；③销售伪造产地、伪造或者冒用他人的企业名称或者姓名的商品的；④销售伪造或者冒用他人商品特有的名称、包装、装潢的商品的；⑤销售伪造或者冒用认证标志、名优标志等质量标志的商品的。

2. 消费者是善意的。消费者是为满足个人或家庭的生活需要，购买、使用商品或者接受服务的自然人。

所谓善意的消费包含两层含义：①消费者在消费时对经营者的欺诈是不知

情的。如明知经营者的欺诈行为，即"知假买假"则不能适用惩罚性赔偿制度。②消费者是为了满足个人或家庭的生活需要而购买商品或者接受服务。判断是否是"为生活需要"应当采用不同的标准。具体判断标准为：在生活资料的购买、使用中，应当以购买、使用的生活资料的数量为判断标准。当购买、使用的生活资料的数量明显超出个人或者家庭的实际需要时即可认定为非"为生活需要"；在生活服务的接受中，其判断标准应当为"合法的生存与发展所必需"。凡接受合法的服务均应认定为"为生活需要"。

3. 消费者遭受损失。根据《消费者权益保护法》第49条的规定，经营者有欺诈行为的，应当按照消费者的要求增加赔偿其受到的损失。可见，经营者是在消费者所受损失基础上进行增加赔偿（即惩罚性赔偿），无损失便无赔偿。因此，消费者遭受一定的损失也是惩罚性赔偿责任的构成要件之一。

在确定消费者是否遭受损失时，应注意的是损失与损害的不同。损害与损失两个概念存在着一定的区别。损害是指因一定的行为或事件使某人受侵权法保护的权利和利益遭受某种不利的影响。损害主要包括财产损失，人身伤害和死亡、精神损害。可见，损害除了财产损失外，还包括人身损害和精神损害。损失则仅指损害情形之一的财产损失。可以这样认为，损失肯定是损害，但损害未必就是损失。《消费者权益保护法》也是以这一意义分别使用"损害"和"损失"两个概念的。《消费者权益保护法》第35条就规定了消费者在购买、使用商品、接受服务时，其合法权益受到损害的，可以向经营者要求赔偿。这一规定中使用的"损害"一词显然不限于"损失"。但在第49条中法律规定的却是经营者增加赔偿消费者所受的损失，所以，这里的"损失"只限于财产损失。

4. 经营者的欺诈行为与消费者遭受的损失之间存在因果关系。因果关系表明损害行为与损害结果之间的关联性，是损害行为人承担民事责任的必备条件之一。

在消费欺诈案件中，如果消费者因上当受骗购买了假货而遭受损失，很显然经营者的欺诈行为是造成损失的充分、必要条件，所以欺诈行为和损失之间的因果关系成立。但如果消费者是"知假而购假"，那么经营者的欺诈行为与消费者遭受的损失之间的因果关系是否会因消费者的故意介入而被切断？有学者认为，如果一个经营者的行为足以误导那些具备正常注意的一般消费者，则他不得以请求人的故意或疏忽作为抗辩。[1] 另一方面，如果经营者尽管有言词不实或据实未报的情节，但其行为还不足以误导具备正常注意的消费者，那么，他就不能被认定为构成欺诈。

---

〔1〕 谢次昌主编：《消费者保护法通论》，中国法制出版社1994年版，第171页。

我们认为这种观点是合理的。因为经营者的欺诈行为并不仅仅对具体的某个消费者实施，而且是面向社会上的广大消费者实施的。所以制裁经营者的欺诈行为不仅是要保护个别消费者的利益，更为重要的是还要维护消费者的整体利益，对欺诈行为与损失之间的因果关系的认定以是否足以误导一般消费者为依据是符合这种立法需要的。因此，在"知假买假"案件中，只要经营者的欺诈行为足以误导一般消费者而不论"知假买假"者是否真正上当受骗，因果关系即告成立。

（三）责任承担

经营者承担惩罚性赔偿责任的基本责任形式是赔偿消费者受到的损失。就赔偿范围宽窄、赔偿数额多少来讲，我国《消费者权益保护法》和《食品安全法》的规定不尽相同。

在《消费者权益保护法》中经营者"应当按照消费者的要求增加赔偿其受到的损失，增加赔偿的金额为消费者购买商品的价款或者接受服务的费用的一倍。"我们通常将《消费者权益保护法》中的惩罚性赔偿称为"双倍赔偿"。在《食品安全法》中经营者"生产不符合食品安全标准的食品或者销售明知是不符合食品安全标准的食品，消费者除要求赔偿损失外，还可以向生产者或者销售者要求支付价款十倍的赔偿金。"我们通常将《食品安全法法》中的惩罚性赔偿称为"十倍赔偿"。

第四节　食品安全事故应急预案制度

一、食品安全事故的含义及其分类

食品安全事故是指突然发生的对人体健康和人身安全造成严重危害或者具有潜在严重危害的食物中毒事故；食用感染疫病的动植物及其产品引发或可能引发重大食源性疾患，食用被污染的食品引发或可能引发严重的传染病爆发与流行，以及食品含有毒、有害物质或在生产、流通、消费等过程中被有毒、有害物质污染或被人恶意投毒，引发或可能引发严重食源性疾患的其他事件。

2011年10月5日修订的《国家食品安全事故应急预案》，将食品安全事故分四级，即特别重大食品安全事故、重大食品安全事故、较大食品安全事故和一般食品安全事故。即：一般（Ⅳ）、较大（Ⅲ）、重大（Ⅱ）、特别重大（Ⅰ）。

一般食品安全事故（Ⅳ级）：指事故一次伤害的人数在50人以下，但无人员死亡的食品安全事故。

较大食品安全事故（Ⅲ级）：指事故一次伤害的人数达 50~99 人，但无人员死亡的食品安全事故。

重大食品安全事故（Ⅱ级）：指事故一次伤害的人数达 100~199 人；或伤害人数不足 100 人，但导致 1~5 人死亡的；或事故发生在学校（含幼儿园），或重大活动期间或发生自然灾害情况下，且伤害人数超过 50 人以上的；或者其他有证据表明有可能造成严重社会影响的。

特别重大食品安全事故（Ⅰ级）：指事故一次伤害的人数超过 200 人；或伤害人数不足 200 人，但导致 5 人以上死亡的食品安全事故。

二、食品安全事故应急预案

建立健全应对突发重大食品安全事故的救助体系和运行机制，规范和指导应急处理工作，有效预防、积极应对、及时控制重大食品安全事故，高效组织应急救援工作，最大限度地减少重大食品安全事故的危害，保障公众身体健康与生命安全，维护正常的社会秩序，国务院依据《中华人民共和国食品卫生法》、《中华人民共和国产品质量法》、《突发公共卫生事件应急条例》、《国家突发公共事件总体应急预案》和《国务院关于进一步加强食品安全工作的决定》，制定了《国家重大食品安全事故应急预案》。

《国家重大食品安全事故应急预案》分为"总则"、"应急处理指挥机构"、"监测、预警与报告"、"重大食品安全事故的应急响应"、"后期处置"、"应急保障"、"附则"等 7 个部分。

三、重大食品安全事故的应急响应

重大食品安全事故的应急响应贯彻分级响应的原则。其中：Ⅰ级应急响应由国家应急指挥部或办公室组织实施。其中，重大食物中毒的应急响应与处置按《国家突发公共卫生事件应急预案》实施。当组织实施Ⅰ级应急响应行动时，事发地人民政府应当按照相应的预案全力以赴地组织救援，并及时报告救援工作进展情况。Ⅱ级以下应急响应行动的组织实施由省级人民政府决定。各省（区、市）人民政府在国家应急指挥部的统一领导和指挥下，结合本地区的实际情况，组织协调市（地）、县（区）人民政府开展重大食品安全事故的应急处理工作。地方各级人民政府根据事故的严重程度启动相应的应急预案，超出本级应急救援处置能力时，及时报请上一级政府和有关部门启动相应的应急预案。重大食品安全事故发生后，地方各级人民政府及有关部门应当根据事故发生情况，及时采取必要的应急措施，做好应急处理工作。

四、特别重大食品安全事故的应急响应（Ⅰ级）

特别重大食品安全事故的应急响应（Ⅰ级）的基本内容是：①特别重大食品安全事故发生后，国家应急指挥部办公室应当及时向国家应急指挥部报告基本情况、事态发展和救援进展等；②向指挥部成员单位通报事故情况，组织有关成员单位立即进行调查确认，对事故进行评估，根据评估确认的结果，启动国家重大食品安全事故应急预案，组织应急救援；③组织指挥部成员单位迅速到位，立即启动事故处理机构的工作；迅速开展应急救援和组织新闻发布工作，并部署省（区、市）相关部门开展应急救援工作；④开通与事故发生地的省级应急救援指挥机构、现场应急救援指挥部、相关专业应急救援指挥机构的通信联系，随时掌握事故发展动态；⑤根据有关部门和专家的建议，通知有关应急救援机构随时待命，为地方或专业应急救援指挥机构提供技术支持；⑥派出有关人员和专家赶赴现场参加、指导现场应急救援，必要时协调专业应急力量救援；⑦组织协调事故应急救援工作，必要时召集国家应急指挥部有关成员和专家一同协调指挥。

五、重大食品安全事故的应急响应（Ⅱ级）

重大食品安全事故的应急响应（Ⅱ级）的基本内容是：①省级人民政府应急响应：省级人民政府根据省级食品安全综合监管部门的建议和食品安全事故应急处理的需要，成立食品安全事故应急处理指挥部，负责行政区域内重大食品安全事故应急处理的统一领导和指挥；决定启动重大食品安全事故应急处置工作；②省级食品安全综合监管部门应急响应：接到重大食品安全事故报告后，省级食品安全综合监管部门应当立即进行调查确认，对事故进行评估，根据评估确认的结果，按规定向上级报告事故情况；提出启动省级重大食品安全事故应急指挥部工作程序，提出应急处理工作建议；及时向其他有关部门、毗邻或可能涉及的省（区、市）相关部门通报情况；有关工作小组立即启动，组织、协调、落实各项应急措施；指导、部署市（地）相关部门开展应急救援工作；③省级以下地方人民政府应急响应：重大食品安全事故发生地人民政府及有关部门在省级人民政府或者省级应急指挥部的统一指挥下，按照要求认真履行职责，落实有关工作；④食品药品监管局应急响应：加强对省级食品安全综合监管部门的督导，根据需要会同国务院有关部门赴事发地指导督办应急处理工作。

六、较大食品安全事故的应急响应（Ⅲ级）

较大食品安全事故的应急响应（Ⅲ级）的基本内容是：①市（地）级人民

政府应急响应：市（地）级人民政府负责组织发生在本行政区域内的较大食品安全事故的统一领导和指挥，根据食品安全综合监管部门的报告和建议，决定启动较大食品安全事故的应急处置工作；②市（地）级食品安全综合监管部门应急响应：接到较大食品安全事故报告后，市（地）级食品安全综合监管部门应当立即进行调查确认，对事故进行评估，根据评估确认的结果，按规定向上级报告事故情况；提出启动市（地）级较大食品安全事故应急救援工作，提出应急处理工作建议，及时向其他有关部门、毗邻或可能涉及的市（地）相关部门通报有关情况；相应工作小组立即启动工作，组织、协调、落实各项应急措施；指导、部署相关部门开展应急救援工作；③省级食品安全综合监管部门应急响应：加强对市（地）级食品安全综合监管部门应急救援工作的指导、监督，协助解决应急救援工作中的困难。

七、一般食品安全事故的应急响应（Ⅳ级）

一般食品安全事故的应急响应（Ⅳ级）的基本内容是：一般食品安全事故发生后，县级人民政府负责组织有关部门开展应急救援工作。县级食品安全综合监管部门接到事故报告后，应当立即组织调查、确认和评估，及时采取措施控制事态发展；按规定向同级人民政府报告，提出是否启动应急救援预案，有关事故情况应当立即向相关部门报告、通报。市（地）级食品安全综合监管部门应当对事故应急处理工作给予指导、监督和有关方面的支持。

思考题
1. 谈谈你对我国食品安全监督管理体制的认识。
2. 试评我国食品安全风险监测制度。
3. 试评我国惩罚性赔偿制度。
4. 试评食品安全事故应急预案制度。

第十章
食品生产经营者的食品安全义务

■ **内容提要**

　　食品生产经营者履行一定食品安全义务是保障食品安全，杜绝和减少食品安全事故，切实保护消费者人身和财产安全的重要措施。本章从保障性义务和禁止性义务两个方面对食品生产经营者的食品安全义务进行了全面的介绍，包括生产经营场所、设备、设施、工具、人员等方面的保障内容，也包括许可证办理、工商营业执照领取、生产经营管理制度制定与遵守等方面的内容。

■ **学习重点**

　　食品生产经营者的保障性义务。

第一节　食品生产经营者的保障性义务

一、食品生产条件保障性义务

　　保障生产经营条件符合《食品安全法》的要求是食品生产经营者的首要保障性义务。

　　（一）食品生产经营场所的保障

　　食品生产经营场所保障的基本内容包括以下几个方面：

　　1. 食品生产经营应当符合食品安全标准，并具有与生产经营的食品品种、数量相适应的食品原料处理和食品加工、包装、贮存等场所，保持该场所环境整洁，并与有毒、有害场所以及其他污染源保持规定的距离；

2. 库房面积应与生产经营的食品品种、数量相适应；

3. 厂房与生产产量相适应；人员操作面积、空间和设备等与生产相适应的厂房设计，要能达到防止食品污染及满足其他条件（如减少劳动强度、车辆通行等）的目的，保证食品安全。

（二）食品生产经营设备和设施的保障

食品生产经营设备和设施保障的基本内容包括以下几个方面：

1. 食品生产经营应当符合食品安全标准，并具有与生产经营的食品品种、数量相适应的生产经营设备或者设施，有相应的消毒、更衣、盥洗、采光、照明、通风、防腐、防尘、防蝇、防鼠、防虫、洗涤以及处理废水、存放垃圾和废弃物的设备或者设施；

2. 食品生产经营中应当具备相应的卫生设施。各种食品从原料、加工、生产、贮存、运输到销售的各个环节，如果都有这些卫生设施，就可以形成一个有机链条，有效地防止和减少食品污染和腐败变质。

（三）食品生产经营人员的保障

食品生产经营人员保障的基本内容包括以下几个方面：

1. 食品生产经营应当符合食品安全标准，并有食品安全专业技术人员、管理人员和保证食品安全的规章制度。

食品安全专业技术人员具有食品生产经营的专业知识，可以从专业的角度对食品进行检测、监督；管理人员通过科学管理可以有效降低各种食品安全风险；员工通过学习保证食品安全的各项规章制度，可以强化责任心，使操作符合规章要求，切实保证食品安全。食品生产经营应当有食品安全专业技术人员、管理人员和保证食品安全的规章制度，与《食品卫生法》相比，该项是新增加的规定。

2. 食品生产经营人员应当保持个人卫生，生产经营食品时，应当将手洗净，穿戴清洁的工作衣、帽；销售无包装的直接入口食品时，应当使用无毒、清洁的售货工具。

食品生产经营人员良好的个人卫生习惯是防止食品污染"病从口入"的重要手段。个人卫生是指食品生产经营人员的衣着外观整洁，指甲常剪，头发常理，勤洗澡等。操作前必须洗手，穿戴清洁的工作衣、帽；不在生产经营场所吸烟；销售无包装的直接入口食品时，应当使用无毒、清洁的售货工具。每道工序的人员相对固定，不得随意流动，未进行消毒和更换工作服的人员，不得进入工作岗位。

3. 患有痢疾、伤寒、病毒性肝炎等消化道传染病的人员，以及患有活动性肺结核、化脓性或者渗出性皮肤病等有碍食品安全疾病的人员，不得从事接触直接入口食品的工作，同时应当将其调整到其他不影响食品安全的工作岗位。食品生产经营人员每年应当进行健康检查，取得健康证明后方可参加工作。

（四）设备布局的保障

设备布局保障的基本内容包括以下几个方面：

1. 食品生产经营应当符合食品安全标准，并具有合理的设备布局和工艺流程，防止待加工食品与直接入口食品、原料与成品交叉污染，避免食品接触有毒物、不洁物。

合理的设备布局和工艺流程应当做到系列化、自动化、管道化，避免前道工序的原料、半成品污染后道工序的成品，防止原料与成品、生食品与熟食品的交叉感染。每道工序的容器、工具和用具必须固定，须有各自相应的标志，防止交叉使用。

2. 使用的清洗剂、消毒剂以及杀虫剂、灭鼠剂等必须远离食品，存放于专柜，并由专人管理。对设备布局和工艺流程的卫生要求，是为了防止食品在生产经营过程中受到污染。

（五）餐具清洗方面的保障

餐具清洗方面保障的基本内容包括以下几个方面：

1. 食品生产经营应当符合食品安全标准，并且餐具、饮具和盛放直接入口食品的容器，使用前应当洗净、消毒，炊具、用具用后应当洗净，保持清洁。

经营者必须保证使用者所使用的餐具、饮具都是经过消毒的，以达到消灭病原体，降低细菌数量，防止使用者互相传染，保证消费者身体健康。食具消毒方法可采用物理或化学方法。物理方法一般是指煮沸或蒸汽消毒法，这种方法无药物残留；化学方法一般使用消毒剂或洗涤剂，应采用经过卫生鉴定的、对人体无害的消毒剂或洗涤剂。

2. 食品生产经营用水应当符合国家规定的生活饮用水卫生标准。生活饮用水水质标准和卫生要求必须满足三项基本要求：①为防止介水传染病的发生和传播，要求生活饮用水不含病原微生物；②水中所含化学物质及放射性物质不得对人体健康产生危害，要求水中的化学物质及放射性物质不引起急性和慢性中毒及潜在的远期危害（致癌、致畸、致突变作用）；③水的感官性状是人们对饮用水的直观感觉，是评价水质的重要依据。生活饮用水必须确保感官良好，为人民所乐于饮用。

3. 食品生产经营者使用的洗涤剂、消毒剂应当对人体安全、无害。食品生产经营场所的一些用具、工具、容器必须采用洗涤剂和消毒剂进行清洁和消毒，以避免因工具、用具的不清洁或有毒而污染了食品。如果洗涤剂或消毒剂本身即含有毒素、病菌等，就会使污染更加严重，而且还因曾洗过或消毒过而忽视了进一步予以必要的清洗和消毒，失去补救的机会。因此，食品生产经营中使用的洗涤剂、清毒剂必须对人体安全、无害。

（六）存储、运输食品的保障

存储、运输食品保障的基本内容包括以下几个方面：

1. 食品生产经营应当符合食品安全标准，并且贮存、运输和装卸食品的容器、工具和设备应当安全、无害，保持清洁，防止食品污染，并符合保证食品安全所需的温度等特殊要求，不得将食品与有毒、有害物品一同运输。

食品的贮存、运输、装卸中容易造成食品污染。一旦食品在此过程中因与毒物毗邻等原因造成污染，将威胁人民的生命安全，造成巨大损失。

2. 食品运输、装卸的卫生要求。食品运输、装卸的卫生要求包括两个方面：①运输、装卸食品的容器、工具、设备等必须是无毒无害材料做成，使用中必须按规定洗刷或消毒；②食品装运的环境条件必须符合卫生要求，如散装食品装卸过程中是否毗邻有毒有害物质，不得将有毒有害物质与食品、食品与非食品、易于吸收气味的食品与有特殊气味的食品混同装运等。

（七）直接入口食品的保障

食品生产经营应当符合食品安全标准，并且直接入口的食品应当用小包装或者使用无毒、清洁的包装材料、餐具。食品小包装可以防止食用前的污染，方便消费者食用。包装必须使用无毒、清洁的包装材料，如食品包装用纸等。

二、建立健全生产经营管理制度

生产经营管理制度是企业在生产经营活动中所采取的管理模式和管理方法的具体化，约束和规范企业所有部门及成员。在日常生产经营活动中，合理、合法、符合企业当前发展要求的企业经营管理制度可以显著提升企业的整体运营效率，因此企业在不同的发展阶段应该适时解除旧的经营管理制度，建立并施行与企业发展相适应的经营管理制度。

企业经营管理制度主要包括以下内容：

1. 质量方针和管理目标；

2. 有关部门、人员的岗位质量责任制；

3. 质量否决制度；

4. 采购管理制度；

5. 质量检验（验收）管理制度；

6. 仓库保管、养护、出库复核制度；

7. 销售管理制度；

8. 质量跟踪管理制度；

9. 效期产品管理制度；

10. 不合格品的管理、退货商品管理制度；

11. 企业经营过程中购销记录和凭证管理制度；

12. 企业不良事件报告制度；

13. 企业售后服务管理制度；

14. 质量验收、质量投诉管理制度；

15. 企业职工相关培训管理制度；

16. 对人员健康要求的管理制度；

17. 设计控制管理制度；

18. 文件控制管理制度；

19. 纠正措施管理文件；

20. 数据分析管理文件。

三、组织职工参加培训，学习食品安全知识

食品安全管理制度是一项十分重要的经营管理制度。我国《食品安全法》第32条规定："食品生产经营企业应当建立健全本单位食品安全管理制度，加强对职工食品安全知识的培训，配备专职或者兼职食品安全管理人员，做好对所生产经营食品的检验工作，依法从事食品生产经营活动。"

食品安全知识培训包括以下内容：①食品知识培训，包括食品性能、特点、鉴别等知识；②食品安全法律、法规、规章、标准知识培训，包括《食品安全法》、《食品安全法实施条例》等一系列法律法规知识培训；③食物中毒应急处理知识培训，包括中毒事件定性与判断知识、应急处理措施知识等方面的知识培训；④培训企业应当建立培训档案，详细记录培训时间、地点、内容、参加人等内容。

四、认真作好食品进货检验记录

根据《食品安全法》第36条的规定，食品生产企业应当建立食品原料、食品添加剂、食品相关产品进货查验记录制度，如实记录食品原料、食品添加剂、食品相关产品的名称、规格、数量、供货者名称及联系方式、进货日期等内容。食品原料、食品添加剂、食品相关产品进货查验记录应当真实，保存期限不得少于2年。

食品生产者采购时，应当到证照齐全的食品生产经营单位或市场采购，索取销售者或市场管理者出具的购物凭证并留存备查。采购前应按要求对产品进行查验：

1. 产品一般卫生状况、产品合格证明和产品标识是否符合国家相关法律、法规的规定。

2. 从食品生产企业或批发市场批量采购食品时，应查验食品是否有按照产品生产批次，由符合法定条件的检验机构出具的检验合格报告或者由供货商签字的检验报告复印件。不能提供检验报告或者检验报告复印件的产品，不得采购。

3. 采购生猪肉应查验是否为定点屠宰企业屠宰的产品并查验检疫合格证明；采购其他肉类也应查验检疫合格证明。不得采购没有检疫合格证明的肉类。从固定供货商或供货基地采购食品的，应索取并留存供货基地或供货商的资质证明，供货商或供货基地应签订采购供货合同并保证食品卫生质量。食品原料、食品添加剂、食品相关产品进货查验记录是实施食品可追溯的重要依据，是实现企业是食品安全第一责任人的重要保证，必须真实。进货查验记录保存期限不得少于2年，以备查询。

食品生产者采购食品原料、食品添加剂、食品相关产品，应当查验供货者的许可证和产品合格证明文件；对无法提供合格证明文件的食品原料，应当依照食品安全标准进行检验；不得采购或者使用不符合食品安全标准的食品原料、食品添加剂、食品相关产品。

食品生产者在采购过程中，有时会通过抵账等商业行为，而不是通过市场采购获得一些食品原料、食品添加剂、食品相关产品等。不论是以哪种方式获得的，只要不符合食品安全标准，都不能在生产过程中使用，这是绝对禁止的行为。《食品安全法》第36条明确规定，食品生产者不得采购或者使用不符合食品安全标准的食品原料、食品添加剂、食品相关产品。

五、认真填写食品出厂检验记录

根据《食品安全法》第37条的规定，食品生产企业应当建立食品出厂检验记录制度，查验出厂食品的检验合格证和安全状况，并如实记录食品的名称、规格、数量、生产日期、生产批号、检验合格证号、购货者名称及联系方式、销售日期等内容。食品出厂检验记录应当真实，保存期限不得少于2年。

食品生产者必须如实记录食品的名称、规格、数量、生产日期、生产批号、检验合格证号、购货者名称及联系方式、销售日期等内容，这是食品生产者的法律义务。通过查验并如实记录，可以及时发现没有食品检验合格证的不合格食品，或发现虽有检验合格证、但安全状况有显著问题的食品，防止将不合格食品作为合格食品上市销售，损害公众身体健康。

出厂查验并记录是食品召回制度的基础和前提，当发现食品出现问题时，通过查找食品出厂检验记录，可以迅速找到是哪些购货者购买了该批食品，实施食品召回。食品生产者日后如果与购货者因为食品安全、质量等发生法律纠纷，食品出厂检验记录是重要证据。食品出厂检验记录应当真实。食品生产者不得凭空捏造、涂改食品出厂检验记录。为了日后查询方便，出现问题及时追溯，法律规定食品出厂检验记录的保存期限不得少于 2 年。

六、严格遵守食品添加剂的管理规定

根据《食品安全法》第 38 条的规定，食品、食品添加剂和食品相关产品的生产者，应当依照食品安全标准对所生产的食品、食品添加剂和食品相关产品进行检验，检验合格后方可出厂或者销售。食品出厂必须经过检验，未经检验或者检验不合格的，不得获准出厂或者销售。

食品添加剂管理制度包括以下基本内容：

（一）申请程序

申请利用新的食品原料从事食品生产或者从事食品添加剂新品种、食品相关产品新品种生产活动的单位或者个人，应当向国务院卫生行政部门提交相关产品的安全性评估材料。国务院卫生行政部门应当自收到申请之日起 60 日内组织对相关产品的安全性评估材料进行审查；对符合食品安全要求的，依法决定准予许可并予以公布；对不符合食品安全要求的，决定不予许可并书面说明理由。

（二）允许使用范围

食品添加剂应当在技术上确有必要且经过风险评估证明安全可靠，方可列入允许使用的范围。国务院卫生行政部门应当根据技术必要性和食品安全风险评估结果，及时对食品添加剂的品种、使用范围、用量的标准进行修订。

（三）使用要求

食品生产者应当依照食品安全标准关于食品添加剂的品种、使用范围、用量的规定使用食品添加剂；不得在食品生产中使用食品添加剂以外的化学物质和其他可能危害人体健康的物质。

（四）食品添加剂包装规定

食品添加剂应当有标签、说明书和包装。标签、说明书应当载明《食品安全法》第 42 条第 1 款第 1~6 项、第 8 项、第 9 项规定的事项，以及食品添加剂的使用范围、用量、使用方法，并在标签上载明"食品添加剂"字样。食品和食品添加剂的标签、说明书，不得含有虚假、夸大的内容，不得涉及疾病预防、治疗功能。生产者对标签、说明书上所载明的内容负责。食品和食品添加剂的标签、说明书应当清楚、明显，容易辨识。食品和食品添加剂与其标签、说明

书所载明的内容不符的，不得上市销售。食品经营者应当按照食品标签标示的警示标志、警示说明或者注意事项的要求，销售预包装食品。

（五）食品添加剂限制性规定

生产经营的食品中不得添加药品，但是可以添加按照传统既是食品又是中药材的物质。按照传统既是食品又是中药材的物质的目录由国务院卫生行政部门制定、公布。

七、严格执行食品储存、包装、运输的相关规定

根据《食品安全法》第40条的规定，食品经营者应当按照保证食品安全的要求贮存食品，定期检查库存食品，及时清理变质或者超过保质期的食品。食品由于其质量特性，经过一段时间，品质会发生变化。食品经营者应当根据食品的不同特点，如有的食品必须在特定温度下冷藏，有的食品要求在通风环境中贮藏等，采取不同的措施，如购置并使用必要的设备和设施、采取必要的防雨、通风、防晒、防霉变、合理分类等方式。对某些特殊食品的保管，还应当采取控制温度等措施，尽量保持进货时的状况。食品如果贮存在恶劣条件下，将加速食品的腐败变质。

食品经营者应当定期检查库存食品，通过检查及时发现变质或者超过保质期的食品。食品变质就是食品内在质量发生了本质性的物理、化学变化，失去了食品应当具备的食用价值。这时食品经营者就应当及时清理这些变质食品。另外，已经超过保质期的食品，也并不一定都是变质的食品。尽管如此，食品经营者在清理时，只要食品已经变质或者已经超过保质期，都应当坚决清理，不能存在侥幸心理，更不能将已经变质或者超过保质期的食品正常销售。

食品经营者贮存散装食品，应当在贮存位置标明食品的名称、生产日期、保质期、生产者名称及联系方式等内容。食品经营者销售散装食品，应当在散装食品的容器、外包装上标明食品的名称、生产日期、保质期、生产经营者名称及联系方式等内容。

食品的贮存、运输、装卸中容易造成食品污染。一旦食品在此过程中因与毒物毗邻等原因造成污染，将威胁人民的生命安全，造成巨大损失。食品的运输、装卸卫生要求包括三个方面：①运输、装卸食品的容器、工具、设备等必须是无毒无害材料做成，使用中必须按规定洗刷或消毒。②食品装运的环境条件必须符合卫生要求，如散装食品装卸过程中是否毗邻有毒有害物质，不得将有毒有害物质与食品、食品与非食品、易于吸收气味的食品与有特殊气味的食品混同装运等。③食品生产经营者用于运输和装卸食品的容器、工具和设备应当安全、无害，保持清洁，防止食品污染，并符合保证食品安全所需的温度等

特殊要求，不得将食品与有毒、有害物品一同运输。

八、遵守食品标签的管理规定

预包装食品的包装上应当有标签。

标签应当标明下列事项：

1. 名称、规格、净含量、生产日期；

2. 成份或者配料表；

3. 生产者的名称、地址、联系方式；

4. 保质期；

5. 产品标准代号；

6. 贮存条件；

7. 所使用的食品添加剂在国家标准中的通用名称；

8. 生产许可证编号；

9. 法律、法规或者食品安全标准规定必须标明的其他事项。

标签应当标明特定事项，这是一种强制性规范。通过名称、规格、净含量、生产日期，消费者可以选择、判断食品，区别食品的质量特征，了解食品的新鲜程度；通过成份或者配料表来识别食品的内在质量及特殊效用；对生产者的名称、地址、联系方式的标注有助于消费者根据生产者的声誉进行选择，出现问题时可以方便消费者联系；从保质期可以识别食品的新鲜程度；产品标准代号可以反映质量特性的全方位产品标准；贮存条件可以提醒消费者在特定条件下贮存，防止食品变质。标注生产许可证编号有利于消费者查询，真正购买到放心食品；法律、法规或者食品安全标准规定必须标明的其他事项，是兜底条款，对法律、法规或者食品安全标准规定标明的，必须标明。

《食品安全法》第42条第2款还专门规定："专供婴幼儿和其他特定人群的主辅食品，其标签还应当标明主要营养及其含量。"婴幼儿期是人体生长发育的基础阶段，必须食用具有一定营养标准的食品，才能保障其身心健康成长。其他特定人群一般指患有特殊疾病的人，如糖尿病人，或者身体有某种倾向的人，如易疲劳人群等。专供婴幼儿和其他特定人群的主辅食品区别于其他食品之处，就在于为了满足婴幼儿和其他特定人群的需要，其营养成分及含量有所不同。

第二节　食品生产经营者的禁止性义务

一、食品生产经营者禁止性义务概述

食品生产经营者的禁止性义务是指根据《食品安全法》以及相关法律法规、强制性标准的规定，食品生产经营者不得为的行为。禁止性义务与保障性义务共同构成了食品生产经营者的食品安全义务。

食品生产经营者禁止性义务可以分为食品生产经营方面的禁止性义务、食品添加剂生产经营方面的义务、食品相关食品生产经营方面的义务、食品包装材料、容器、运输工具等生产经营方面的义务。生产经营者禁止性义务贯穿于食品生产经营的全过程，食品生产经营者必须严格遵守，切实履行，否则，就应当承担食品安全法律责任。

二、食品生产经营者禁止性义务的基本内容

根据《食品安全法》、《食品安全法实施条例》以及相关食品安全法律法规的规定，食品生产经营者的禁止性义务概括来讲就是不得为以下食品生产经营行为：

1. 用非食品原料生产的食品或者添加食品添加剂以外的化学物质和其他可能危害人体健康物质的食品，或者用回收食品作为原料生产的食品；

2. 致病性微生物、农药残留、兽药残留、重金属、污染物质以及其他危害人体健康的物质含量超过食品安全标准限量的食品；

3. 营养成分不符合食品安全标准的专供婴幼儿和其他特定人群的主辅食品；

4. 腐败变质、油脂酸败、霉变生虫、污秽不洁、混有异物、掺假掺杂或者感官性状异常的食品；

5. 病死、毒死或者死因不明的禽、畜、兽、水产动物肉类及其制品；

6. 未经动物卫生监督机构检疫或者检疫不合格的肉类，或者未经检验或者检验不合格的肉类制品；

7. 被包装材料、容器、运输工具等污染的食品；

8. 超过保质期的食品；

9. 无标签的预包装食品；

10. 国家为防病等特殊需要明令禁止经营的食品；

11. 食品的标签、说明书不符合《食品安全法》第48条第3款规定的食品；

12. 没有中文标签、中文说明书或中文标签、中文说明书不符合《食品安全

法》第 66 条规定的进口的预包装食品；

　　13. 其他不符合食品安全标准或者要求的食品。

思考题

　　1. 简述食品生产经营者的保障性义务。

　　2. 简述食品生产经营者的禁止性义务。

　　3. 谈谈你对食品安全管理制度的认识。

　　4. 简述我国关于食品标识的基本规定。

第十一章
食品安全法律责任

■ **内容提要**

　　食品安全法律责任是确保食品生产经营者履行食品安全义务，杜绝、减少食品安全事故，切实保护消费者合法权益的重要法律制度。我国《食品安全法》十分重视食品安全法律责任制度建设，设专章对"食品安全法律责任"进行了规定。

　　概括来讲，食品安全法律责任是指生产者、销售者以及对食品安全负有直接责任的责任者，因违反《食品安全法》规定的产品质量义务所承担的法律责任。根据法律后果的具体内容不同，食品安全责任可分为民事责任、行政责任和刑事责任。本章对食品安全法律责任的三种形式进行了介绍和研究。

■ **学习重点**

　　食品安全的民事责任；食品安全刑事责任。

第一节　食品安全法律责任概述

一、食品安全法律责任的含义

　　食品安全法律责任，就是相关法律专门机关对违反食品安全法律法规的行为造成的危害性质依法进行认定，从而让违反食品安全法的行为人承担不利的法律后果，进而使权利受侵害人的合法权益得到保护，恢复被损害的法律关系的法律制度。

二、食品安全法律责任的分类

食品安全法律责任按照违法行为的性质可分为三种，即民事责任、行政责任和刑事责任。

（一）食品安全民事责任

食品安全民事责任是指违法行为人因违反民事法律或食品安全法律法规，并对他人的合法权益造成了损害所应当承担的法律后果。食品安全民事责任主要是侵权损害赔偿责任。我国食品安全民事责任所依据的法律不仅仅为《食品安全法》，还包括《民法通则》、《产品质量法》、《消费者权益保护法》中所涉及的相关法律责任。

（二）食品安全行政责任

食品安全行政责任，是指法律主体因违反食品安全法律规范规定的义务而应承担的法律后果。我国《食品安全法》是确立食品安全行政责任的基本法律依据，除此之外，《行政许可法》、《行政处罚法》以及相关的行政法规也是确立食品安全行政责任的重要法律依据。与食品安全民事责任、刑事责任相比，食品安全行政责任呈现出责任主体多、责任形式多的特点。

（三）食品安全刑事责任

食品安全刑事责任，是犯罪行为人违反刑事法律规定所应承担的刑事处罚。作为社会正义的最后一道防线，刑事法律是对食品安全违法行为最强有力的打击，是保护公众健康和生命安全，维护社会稳定的重要保障。根据我国《食品安全法》和《刑法》的规定，犯罪行为人的刑事责任具体涉及生产、销售伪劣产品罪、生产、销售不符合卫生标准的食品罪、生产、销售有毒、有害食品罪、投放危险物质罪等。

第二节　食品安全民事责任

一、食品安全民事责任的主体和责任形式

食品安全民事责任的主体和责任形式是食品安全民事责任的重要内容，我国《食品安全法》对此作了明确的规定。

（一）食品安全民事责任的主体

食品生产经营者和社会组织是食品安全民事责任的主要主体。

1. 食品生产经营者。食品生产经营者是食品安全民事责任的重要责任主体。根据《食品安全法》的规定，食品生产经营者主要包括食品生产者、食品销售者和餐饮服务提供者三类。

2. 社会组织。社会组织同样是食品安全民事责任的重要责任主体。根据《食品安全法》的规定，社会组织主要是指食品检验机构和食品行业协会、消费者协会。

（二）食品安全民事责任的责任形式

食品安全民事责任的责任形式是指承担食品安全民事责任的具体方式。根据我国《食品安全法》第九章的规定，食品安全民事责任的责任形式主要是赔偿损失，包括赔偿财产损失和赔偿人身损失。

二、食品安全民事责任的基本内容

我国《食品安全法》规定的食品安全民事责任主要有食品生产经营者的民事责任和社会组织的民事责任两类。

（一）食品生产经营者的食品安全民事责任

食品生产经营者的食品安全民事责任是指食品生产经营者违法生产经营，给消费者造成人身、财产损害所应当承担的民事责任。食品生产经营者承担的食品安全民事责任包括一般民事责任和惩罚性赔偿责任两类。

1. 一般民事责任。食品生产经营者承担的一般民事责任，即人身损害和财产损害赔偿责任，属填补性赔偿责任的范畴。

根据《食品安全法》的规定，食品生产经营者所承担的一般民事赔偿责任的范围包括：①人身损害的赔偿。造成受害人人身伤害的，食品生产经营者应当赔偿医疗费、治疗期间的护理费、因误工减少的收入等费用；造成残疾的，还应当支付残疾者生活自助具费、生活补助费、残疾赔偿金以及由其扶养的人所必需的生活费等费用；造成受害人死亡的，并应当支付丧葬费、死亡赔偿金以及由死者生前扶养的人所必需的生活费等费用。②财产损害的赔偿。造成受害人财产损失的，食品生产经营者应当赔偿其财产损失。

2. 惩罚性赔偿责任。《食品安全法》第 96 条规定："违反本法规定，造成人身、财产或者其他损害的，依法承担赔偿责任。生产不符合食品安全标准的食品或者销售明知是不符合食品安全标准的食品，消费者除要求赔偿损失外，还可以向生产者或者销售者要求支付价款 10 倍的赔偿金。"该条规定确立了我国食品安全惩罚性赔偿责任制度。

惩罚性赔偿的相关内容可参见本书第三编第九章第三节的有关介绍。

（二）社会组织的民事责任

社会组织的民事责任包括食品检验机构承担的民事责任和食品行业协会、消费者协会承担的民事责任。

1. 食品检验机构承担的民事责任。食品检验机构承担的民事责任主要是指食品检验机构违反《食品安全法》的规定出具虚假检验报告,给当事人造成损失所承担的民事责任。

食品检验机构承担着对食品进行检验,从而确定该项食品是否符合相关食品安全标准,食品生产经营者是否能生产、经营该食品的重要任务。如果食品检验机构出具虚假的检验报告,把本来不符合食品安全标准的食品说成符合食品安全标准,或者把本来符合食品安全标准的食品说成不符合食品安全标准的食品,就会给相关的食品生产经营者、消费者造成损害,因此,应当依法承担相应的赔偿责任。

2. 食品行业协会、消费者协会承担的民事责任。食品行业协会、消费者协会承担的民事责任主要是指因推荐食品给消费者造成损害而应承担的民事责任。

食品行业协会、消费者协会因推荐食品给消费者造成的损害主要是因引人误解的虚假宣传给消费者造成的损害。我国《反不正当竞争法》第9条对引人误解的虚假宣传作出了规范。其中:①虚假宣传。虚假宣传是指对食品情况所作的与客观实际不符的宣传。其根本的特征是宣传内容本身不真实,即宣传的内容传递给人们的信息与食品的实际状况不相符合,而这些信息又引起了人们的误解。不真实的内容主要有捏造的信息、夸大的信息、错漏的信息、含混的信息、虚假的承诺、无端的保证等。②引人误解的宣传。引人误解的宣传是指对食品情况的宣传是真实的,但内容却是足以引人误解的。其特点是:宣传内容是真实的,但宣传的效果是引人误解的。如不当的比喻、不当的暗示、错误的联想、含糊的表述等,都可以引起人们的误解。

第三节　食品安全行政责任

一、食品安全行政责任的主体和责任形式

食品安全行政责任的主体和责任形式是食品安全行政责任的重要内容,我国《食品安全法》对此作了明确的规定。

（一）食品安全行政责任的主体

食品安全行政责任的主体即食品安全行政责任的责任承担者,是食品安全行政责任不可或缺的要素之一。

我国《食品安全法》规定的食品安全行政责任的责任主体数量众多,几乎囊括了所有的食品安全法主体。具体来讲,食品安全行政责任的责任主体主要包括以下几类:

1. 国家机关、政府部门。国家机关、政府部门是食品安全行政责任的重要责任主体。根据《食品安全法》的规定，食品安全行政责任中的国家机关、政府部门是指县级以上卫生行政、农业行政、质量监督、工商行政管理、食品药品监督管理部门或者其他有关行政部门。

2. 食品生产经营者。食品生产经营者也是食品安全行政责任的重要责任主体。根据《食品安全法》的规定，食品生产经营者主要包括食品生产者、食品销售者和餐饮服务提供者三类。

3. 社会组织。社会组织同样是食品安全行政责任的重要责任主体。根据《食品安全法》的规定，社会组织主要是指食品检验机构和食品行业协会、消费者协会。

（二）食品安全行政责任的责任形式

食品安全行政责任的责任形式是指承担食品安全行政责任的具体方式。根据我国《食品安全法》第九章的规定，食品安全行政责任的责任形式主要有以下几种：①责令改正；②警告；③记大过；④降级或者撤职；⑤没收；⑥罚款；⑦责令停产停业；⑧吊销许可证等。

二、食品安全行政责任的基本内容

我国《食品安全法》第九章对食品安全行政责任的基本内容作了明确而具体的规定。

（一）国家机关、政府部门违反食品安全法的行政责任

根据我国《食品安全法》的规定，国家机关、政府部门违反食品安全法的行政责任主要有：

1. 未履行法定监管职责的行政责任。未履行法定监管职责的行政责任，根据我国《食品安全法》第95条的规定，是指县级以上地方人民政府在食品安全监督管理中因未履行职责，本行政区域出现重大食品安全事故、造成严重社会影响而应当承担的行政责任。

2. 不履行法定监管职责或滥用职权、玩忽职守、徇私舞弊的行政责任。不履行法定监管职责或滥用职权、玩忽职守、徇私舞弊的行政责任，根据我国《食品安全法》第95条的规定，是指县级以上卫生行政、农业行政、质量监督、工商行政管理、食品药品监督管理部门或者其他有关行政部门因不履行本法规定的职责或者滥用职权、玩忽职守、徇私舞弊而应当承担的行政责任。

（二）生产经营者违反食品安全法的行政责任

生产经营者违反食品安全法的行政责任是指生产经营者违反《食品安全法》规定从事一定违法行为而应当承担的行政责任。根据我国《食品安全法》的规

定，生产经营者有下列行为之一的，应当承担食品安全行政责任：

1. 未经许可从事食品生产经营活动，或者未经许可生产食品添加剂的；

2. 生产或者销售禁止生产或销售的食品的；

3. 违反生产规范和操作规程生产或销售食品的；

4. 发生食品安全事故后未进行处置、报告的；

5. 违反《食品安全法》规定进出口食品的；

6. 集中交易市场的开办者、柜台出租者、展销会的举办者允许未取得许可的食品经营者进入市场销售食品，或者未履行检查、报告等义务的；

7. 违反《食品安全法》规定，未按照要求进行食品运输的；

8. 违反《食品安全法》规定，在广告中对食品质量作虚假宣传，欺骗消费者的。

（三）社会组织违反食品安全法的行政责任

关于社会组织违反食品安全法的行政责任，根据我国《食品安全法》的规定主要有：

1. 出具虚假检验报告的行政责任。出具虚假检验报告的行政责任，根据我国《食品安全法》第93条的规定，是指食品检验机构违反《食品安全法》规定出具虚假检验报告而应当承担的行政责任。

2. 违法推荐食品的行政责任。违法推荐食品的行政责任，根据我国《食品安全法》第94条的规定，是指食品安全监督管理部门或者承担食品检验职责的机构、食品行业协会、消费者协会违反《食品安全法》规定，以广告或者其他形式向消费者推荐食品给消费者造成损害而应当承担的行政责任。

第四节　食品安全刑事责任

一、食品安全刑事责任的主体与形式

我国《食品安全法》和《刑法》对食品安全犯罪的责任主体和责任形式作出了明确的规定。

（一）食品安全刑事责任的主体

食品安全刑事责任的主体包括单位主体和个人主体两类。

1. 单位主体。刑事责任的单位主体主要是指食品生产经营单位。根据《食品安全法》的规定，食品生产经营者主要包括食品生产者、食品销售者和餐饮服务提供者三类。

2. 个人主体。刑事责任的单位主体主要是指国家机关和政府部门、食品生

产经营单位、社会组织（食品检验机构和食品行业协会、消费者协会）的负责人及其他直接责任人。

（二）食品安全刑事责任的责任形式

根据我国《刑法》关于食品安全犯罪的规定，承担食品安全刑事责任的形式主要有：罚金、没收财产、拘役、有期徒刑、无期徒刑和死刑。

二、食品安全刑事责任的基本内容

根据我国《刑法》的规定，承担食品安全刑事责任的犯罪主要是生产、销售有毒、有害食品罪和生产、销售不符合卫生标准的食品罪。

（一）生产、销售有毒、有害食品罪

根据《刑法》第 144 条的规定，生产、销售有毒、有害食品罪，是指违反我国食品卫生管理法规，在生产、销售的食品中掺入有毒、有害的非食品原料或者销售明知掺有有毒、有害的非食品原料的食品的行为。

生产、销售有毒、有害食品罪的犯罪构成如下：

1. 犯罪客体。本罪侵犯的客体为复杂客体，包括国家对食品卫生的监督管理秩序和广大消费者即不特定多数人的生命、健康权利。

2. 犯罪主体。本罪的主体是一般主体，自然人和单位均可构成此罪，单位犯本罪的，实行双罚制。

3. 主观方面。本罪在主观方面只能由故意构成，本罪为行为犯。只要行为人出于故意实施了在所生产、销售的食品中掺入有毒、有害的非食品原料之行为，或者明知是掺有有毒、有害物质的食品仍然予以销售的行为，就构成本罪。如果有以上行为，造成受害人死亡、中毒或者健康受到损害，在量刑时作为量刑情节适用。

4. 客观方面。本罪在客观方面表现为，违反国家食品卫生管理法规，在生产、销售的食品中掺入有毒、有害的非食品原料或者销售明知掺有有毒、有害的非食品原料的食品的行为。具体来讲，该行为的构成为：

（1）行为人实施的行为必须是违反国家食品卫生管理法律法规的行为。违反国家食品卫生管理法律法规，是指违反《食品安全法》、《新资源食品卫生管理办法》和《保健食品管理办法》等法律法规。在司法实践中，本罪违反的国家食品卫生管理法律法规，主要是违反《食品安全法》的相关规定。

（2）行为人实施了掺入了有毒、有害的非食品原料的行为。所谓有毒的物质，是指进入人体后能与人体内的一些物质发生化学变化，从而对人体的组织和生理机能造成破坏的物质。所谓有害的物质，是指被摄入人体后，对人体的组织、机能产生影响、损害的物质。有毒、有害的非食品原料同食品添加剂、食品强化剂是不同的。食品添加剂是指为了改善食品品质和食品的色、香、味，以及为了防腐和加工工艺的需要而加入食品中的化学合成物或者天然物质。食品强化剂是指为了增加营养成分而加入食品中的天然的或者人工合成的属于天然营养素范围的食品添加剂。合乎食品生产标准和生产工艺的食品添加剂和食品强化剂不属于有毒、有害的非食品原料。这里所说的食品原料是指粮食、油料、肉类、蛋类、糖类、薯类、蔬菜类、水果、水产品、饮品、奶类等可以制造食品的基础原料。

（3）在司法实践中，行为人实施本罪具体的行为表现有：①掺入的是有毒、有害物质。如制酒时加入工业酒精加工成食用酒，在汽水中加入国家严禁使用的色素，还有的在牛奶中加入石灰水，等等。②掺入的是有毒、有害的非食品原料，即这些物质是根本不能食用的原料。如用工业酒精兑制白酒，在牛奶中掺入石灰水，在香油中掺入柴油，用工业盐酸制造酱油等等。如果行为人掺入的是食品原料，尽管可能有一定的毒性、有一定的害处，也不构成本罪。如行为人掺入酸败的油脂，变质的水果等用于所生产、销售的食品中，就不构成本罪。如果有以上行为，造成严重后果或者销售金额达到5万元以上的，可以按照其他罪如生产、销售不符合卫生标准的食品罪，生产、销售伪劣产品罪等论处。

（4）掺入有毒、有害的非食品原料的对象应为生产、销售的食品。该行为虽有掺入有毒、有害的非食品原料的行为，但不是在自己所生产或销售的食品中，如在他人食用的食品中掺入有毒有害的非食品原料，不构成本罪，构成犯罪的，应以其他犯罪论处。

（二）生产、销售不符合卫生标准的食品罪

生产、销售不符合卫生标准的食品罪，是指违反国家食品卫生管理法规，生产、销售不符合卫生标准的食品，足以造成严重食物中毒事故或者其他严重食源性疾患，危害人体健康的行为。

生产、销售不符合卫生标准食品罪的构成如下：

1. 犯罪主体。本罪的主体是一般主体，包括个人和单位。即所有生产、销售不符合卫生标准的食品的单位或自然人都可以成为本罪的主体，其中既包括合法经营者，也包括非法经营者。

2. 犯罪客体。本罪侵犯的客体是复杂客体，侵犯了国家对食品卫生的监督管理制度以及不特定多数人的身体健康权利。

3. 犯罪主观方面。本罪在主观方面表现为故意，过失不构成本罪。故意的内容为：行为人明知其生产、销售的食品不符合卫生标准并可能造成严重食物中毒事故或者其他严重食源疾患的结果，而放任这种结果发生的心理态度。因此，本罪的故意是间接故意，如果行为人积极追求上述危害结果的发生，将构成其他严重性质的犯罪。

4. 犯罪客观方面。本罪在客观方面表现为违反国家食品卫生管理法规，生产、销售不符合卫生标准的食品，足以造成严重食物中毒事故或者其他严重食源性疾患的行为。本罪行为人除了必须有实施生产、销售不符合卫生标准的食品的行为以外，客观上还必须足以造成严重食物中毒事故或者其他严重食源性疾患的行为才能构成本罪。只要经过鉴定，行为人生产、销售不符合卫生标准的食品，足以造成严重食物中毒或者其他严重食源性疾患即可构成本罪。如果对人体健康造成了严重危害后果的，是结果加重犯，要处更重的刑罚。

思考题

1. 谈谈你对《食品安全法》第 96 条的认识。
2. 试评食品安全行政问责制。
3. 简述食品生产经营者的行政责任。
4. 试析生产、销售有毒、有害食品罪的含义、特征及其构成。

第十二章
乳品、肉制品质量安全法律制度

■ 内容提要

　　本章为重要食品安全问题的探讨，包括两部分内容：一部分是乳品质量安全法律制度。为了加强乳品质量安全监督管理，保证乳品质量安全，保障公众身体健康和生命安全，促进奶业健康发展，2008 年 10 月 9 日，国务院发布了《乳品质量安全监督管理条例》。该《条例》是我国规范乳品质量安全的基本法律规范；一部分是肉制品质量安全法律制度。我国规范肉制品质量安全的法律规范主要有国务院颁布的《饲料和饲料添加剂管理条例》（2011 年 11 月 3 日发布）、《兽药管理条例》、《生猪屠宰管理条例》（1997 年 12 月 19 日发布，2008 年 5 月 25 日修订）等。本章以上述法律法规为蓝本对乳、肉制品质量安全法律制度进行了介绍和探讨。

■ 学习重点

　　乳品质量安全法律制度；肉制品质量安全法律制度。

第一节　乳品质量安全法律制度

一、乳品质量安全的法律规范

　　乳品包括生鲜乳和乳制品两大类。为了加强乳品质量安全监督管理，保证乳品质量安全，保障公众身体健康和生命安全，促进奶业健康发展，2008 年 10 月 9 日，国务院发布了《乳品质量安全监督管理条例》（以下简称《条例》）。

该《条例》是我国规范乳品质量安全的基本法律规范。该条例共分 8 章 64 条。其中，第一章"总则"对条例制定的目的，适用主体等基本问题作了规定；第二章"奶畜养殖"对奶畜养殖条件，国家促进奶畜养殖的原则、方针、促进和保障制度等问题作了规定；第三章"生鲜乳收购"对生鲜乳的收购条件、运输方式、保鲜要求、禁止事项、国家监管措施等问题作了规定；第四章"乳制品生产"对乳制品企业的设立条件、生产基本制度、乳制品质量标准等问题作了规定；第五章"乳制品销售"对乳制品销售企业的设立条件、销售制度等问题作了规定；第六章"监督检查"对监督检查机关的职权、职责以及监督检查程序作了规定；第七章"法律责任"对违反《乳品质量安全监督管理条例》的行为表现、责任主体、责任形式等问题作了规定；第八章"附则"对《条例》的实施时间等问题作了规定。

为更好地贯彻和实施《条例》，农业部于 2008 年 10 月 30 日发布了《生鲜乳购销合同（示范文本)》（会同国家工商行政管理总局），于 2008 年 11 月 7 日发布了《生鲜乳生产收购管理办法》，于 2009 年 3 月 23 日发布了《生鲜乳收购站标准化管理技术规范》。这些文本、规范和办法也都是规范乳品质量安全的重要法律规范。

二、乳品国家安全标准

乳品国家安全标准是判断乳品质量好坏的依据。目前，乳品国家安全标准是乳品的唯一质量标准，生鲜乳和乳制品均应当符合乳品质量安全国家标准。

乳品质量安全国家标准由国务院卫生主管部门组织制定，并根据风险监测和风险评估的结果及时组织修订。关于乳品国家安全标准的制定、修订、监管，《条例》作了如下规定：

1. 乳品质量安全国家标准的制定是一项科学性、严肃性、法律性都要求很强、很严的一项活动。一般而言，一项乳品质量安全国家标准应当包含以下内容：①乳品中的致病性微生物、农药残留、兽药残留、重金属以及其他危害人体健康物质的限量规定；②乳品生产经营过程的卫生要求；③通用的乳品检验方法与规程；④与乳品安全有关的质量要求；⑤以及其他需要制定为乳品质量安全国家标准的内容。除此之外，在制定婴幼儿奶粉质量安全国家标准时，还应当充分考虑婴幼儿身体特点和生长发育需要，保证婴幼儿生长发育所需的营养成分。

2. 乳品国家安全标准是乳制品的唯一质量标准。生鲜乳和乳制品均应当按照乳品质量安全国家标准进行收购、生产和销售。但是，任何标准都不是绝对的，也不是一成不变的。因此，乳品国家安全标准的制定机关应当根据实际情况不断地完善乳品国家安全标准。于是，《条例》要求国务院卫生主管部门应当根据疾病信息和监督管理部门的监督管理信息等，对发现添加或者可能添加到乳品中的非食品用化学物质和其他可能危害人体健康的物质，立即组织进行风险评估，采取相应的监测、检测和监督措施，并在此基础上完善乳品国家安全标准。

三、奶业整顿与振兴

目前，我国奶业，尤其是婴幼儿奶粉业的形势不容乐观，问题很多。这些问题主要表现为：①在奶业快速发展过程中，存在只求数量、忽视质量的倾向；②对生鲜乳及乳制品（以下统称乳品）质量监管存在严重缺失，标准体系不完善，监测和管理制度不健全，对生产全过程的质量控制存在漏洞；③乳制品生产企业盲目发展，产能过剩，争抢奶源，无序竞争，缺乏社会责任感；④对奶站的监管缺失，对掺杂掺假、压级压价等行为打击不力，致使奶站运营管理混乱；⑤奶牛养殖方式落后，规模化、标准化水平低，奶农与乳制品生产企业的利益关系不合理；⑥法制建设滞后，行业指导不适应形势发展需要。这些问题的普遍存在不仅给婴幼儿的生命健康造成损害，也给社会稳定和国家形象带来负面影响，更使我国奶业发展陷入重重的困难和危机。因此，要振兴和保持奶业持续健康发展，必须对奶业进行全面整顿。在这种背景下，2008 年 11 月 7 日发展改革委、农业部、工业和信息化部、商务部、卫生部、质检总局、工商总局、财政部、人民银行、银监会、保监会、中央宣传部、监察部等 13 部门制定并发布了《奶业整顿和振兴规划纲要》。

《纲要》以邓小平理论和"三个代表"重要思想为指导，深入贯彻落实科学发展观，把整顿和振兴奶业作为实践科学发展观的具体行动，作为确保人民群众健康安全和保持当前经济社会稳定发展的重要任务，以建设现代奶业为总目标，以全面加强质量管理和制度建设为核心，以整顿乳制品生产企业和奶站，规范养殖为重点，努力开创奶业发展新局面，并推动食品行业的质量安全和监管水平的全面提升。

《纲要》要求应当从以下几个方面全面振兴我国奶业：①全面加强质量监管。其基本措施包括完善质量标准体系、强化检测能力建设、健全质量管理制度等。②重塑消费者信心。其基本措施包括及时公布信息、维护消费者权益、普及乳制品知识等。③加快市场恢复与培育工作。其基本措施包括明确退货退款资金结算和不合格产品销毁办法、确保市场供应、维护市场秩序、继续推进学生饮用奶计划等。④全面提升乳制品生产企业素质。其基本措施包括开展行业整顿、保持正常生产、提高企业管理水平、优化产业结构等。⑤强化生鲜乳收购管理。其基本措施包括整顿和规范奶站、提高奶站准入门槛、实施标准化管理等。⑥提高养殖水平。基本措施包括继续落实相关扶持政策、对重点地区特别困难奶农实施临时救助政策、推进规模化和标准化养殖、做好奶牛养殖技术指导和服务等。⑦推进产业化经营。其基本措施包括大力发展奶农专业生产合作组织、建立合理的利益联结机制、规范生鲜乳交易行为等。⑧加强行业指导和法制建设。其基本措施包括加强行业指导、加强监测预警、发挥行业协会作用、加强法制建设等。

四、乳品监督检查

奶业整顿与振兴，政府监管是关键。《纲要》和《条例》都对乳品的监督检查作出了要求和规定。

（一）监管主体

乳品市场是一个影响面广，影响力大的特殊市场。针对这样的特殊市场，我国确立了多主体总分相结合的乳品监督管理体制。

从负总责的情况来看，《条例》规定，县级以上地方人民政府对本行政区域内的乳品质量安全监督管理负总责；从具体分管来看，《条例》规定，县级以上人民政府畜牧兽医主管部门、县级以上质量监督检验检疫部门、县级以上工商行政管理部门、县级以上食品药品监督部门以及其他相关部门具体负责乳制品监管工作。同时，《条例》还规定，任何单位和个人有权向畜牧兽医、卫生、质量监督、工商行政管理、食品药品监督等部门举报乳品生产经营中的违法行为。

（二）监管范围

在乳品的具体监督检查中，《条例》按照环节的不同划分了各监管部门的职责，要求各监管部门各司其职，各负其责。其中：①县级以上人民政府畜牧兽医主管部门负责奶畜饲养以及生鲜乳生产环节、收购环节的监督管理；②县级以上质量监督检验检疫部门负责乳制品生产环节和乳品进出口环节的监督管理；③县级以上工商行政管理部门负责乳制品销售环节的监督管理；④县级以上食品药品监督部门负责乳制品餐饮服务环节的监督管理；⑤县级以上人民政府价格主管部门应当加强对生鲜乳购销过程中压级压价、价格欺诈、价格串通等不正当价格行为的监督检查。

在这里特别需要强调的是，县级以上人民政府卫生主管部门是乳品监督检查的综合协调部门，依照职权负责乳品质量安全监督管理的综合协调、组织查处食品安全重大事故。

（三）监督检查主体的职权与职责

畜牧兽医、质量监督、工商行政管理等部门在依据各自职责进行监督检查时，行使下列职权：①实施现场检查；②向有关人员调查、了解有关情况；③查阅、复制有关合同、票据、账簿、检验报告等资料；④查封、扣押有证据证明不符合乳品质量安全国家标准的乳品以及违法使用的生鲜乳、辅料、添加剂；⑤查封涉嫌违法从事乳品生产经营活动的场所，扣押用于违法生产经营的工具、设备；⑥法律、行政法规规定的其他职权。

畜牧兽医、质量监督、工商行政管理等部门在享有上述职权的同时，还应当履行如下职责：①对不符合乳品质量安全国家标准、存在危害人体健康和生命安全危险或者可能危害婴幼儿身体健康和生长发育的乳品，应当责令并监督生产企业召回、销售者停止销售；②发现奶畜养殖者、生鲜乳收购者、乳制品生产企业和销售者涉嫌犯罪的，应当及时移送公安机关立案侦查；③应当建立乳品生产经营者违法行为记录，及时提供给中国人民银行，由中国人民银行纳入企业信用信息基础数据库；④应当依据各自职责，公布乳品质量安全监督管理信息；⑤应当公布本单位的电子邮件地址和举报电话；对接到的举报，应当完整地记录、保存。接到举报的部门对属于本部门职责范围内的事项，应当及时依法处理，对于实名举报，应当及时答复；对不属于本部门职责范围内的事项，应当及时移交有权处理的部门，有权处理的部门应当立即处理，不得推诿。

五、乳畜养殖和生鲜乳收购

乳畜养殖和生鲜乳收购是乳业发展的重要环节。我国十分重视对乳畜养殖和生鲜乳收购环节的法律促进。

（一）乳畜养殖

乳畜养殖是乳业发展的基础，《条例》对乳畜养殖进行了规定。这些规定专门而具体，主要包括以下内容：

1. 乳畜养殖的政策支持。我国鼓励发展包括乳畜在内的养殖业，鼓励、引导、扶持奶畜养殖者提高生鲜乳质量安全水平。目前，我国鼓励、引导、扶持乳畜养殖的政策支持主要有：①信贷支持。《条例》要求省级以上人民政府应当在本级财政预算内安排支持奶业发展资金，并鼓励对奶畜养殖者、奶农专业生产合作社等给予信贷支持。②保险支持。《条例》建议国家应建立奶畜政策性保险制度，对参保奶畜养殖者给予保费补助。③技术支持。《条例》要求畜牧兽医技术推广机构应当向奶畜养殖者提供养殖技术培训、良种推广、疫病防治等服务。④服务支持。国家鼓励乳制品生产企业和其他相关生产经营者为奶畜养殖者提供所需的服务。

2. 奶畜养殖的制度保障。为促进奶畜养殖的健康发展，《条例》确立了以下基本制度：①奶畜养殖材料管理制度。该制度要求，从事奶畜养殖，不得使用国家禁用的饲料、饲料添加剂、兽药以及其他对动物和人体具有直接或者潜在危害的物质。②生鲜乳销售管理制度。该制度要求，禁止养殖户销售在规定用药期和休药期内的奶畜产的生鲜乳。③动物防疫管理制度。该制度要求应当重视和加强动物防疫工作，要求动物疫病预防控制机构应当对奶畜的健康情况进行定期检测；经检测不符合健康标准的，应当立即隔离、治疗或者做无害化处理。要求养殖者应当确保奶畜符合国务院畜牧兽医主管部门规定的健康标准，并确保奶畜接受强制免疫。要求奶畜养殖者应当做好奶畜和养殖场所的动物防疫工作，发现奶畜染疫或者疑似染疫的，应当立即报告，停止生鲜乳生产，并采取隔离等控制措施，防止疫病扩散。

3. 奶畜养殖场、养殖小区开办与经营的特别规定。如设立奶畜养殖场、养殖小区等进行规模养殖，《条例》规定应当具备以下条件：①符合所在地人民政府确定的本行政区域奶畜养殖规模；②有与其养殖规模相适应的场所和配套设施；③有为其服务的畜牧兽医技术人员；④具备法律、行政法规和国务院畜牧兽医主管部门规定的防疫条件；⑤有对奶畜粪便、废水和其他固体废物进行综合利用的沼气池等设施或者其他无害化处理设施；⑥有生鲜乳生产、销售、运输管理制度；⑦法律、行政法规规定的其他条件。符合上述条件的奶畜养殖场、养殖小区的开办者应当将养殖场、养殖小区的名称、养殖地址、奶畜品种和养殖规模向养殖场、养殖小区所在地县级人民政府畜牧兽医主管部门备案。

同时，《条例》还要求奶畜养殖场应当建立养殖档案。养殖档案应载明以下内容：①奶畜的品种、数量、繁殖记录、标识情况、来源和进出场日期；②饲料、饲料添加剂、兽药等投入品的来源、名称、使用对象、时间和用量；③检疫、免疫、消毒情况；④奶畜发病、死亡和无害化处理情况；⑤生鲜乳生产、检测、销售情况；⑥国务院畜牧兽医主管部门规定的其他内容。奶畜养殖小区开办者应当逐步建立养殖档案。

（二）生鲜乳收购

生鲜乳，是指未经加工的奶畜原奶。《条例》对生鲜乳收购进行了规定。同时，农业部还发布了《生鲜乳收购站标准化管理技术规范》和《生鲜乳生产收购管理办法》。这些规定专门而具体，主要包括以下内容：

1. 收购主体。生鲜乳收购站是生鲜乳收购的唯一合法主体，其他单位或者个人都不得进行生鲜乳收购。

根据《条例》规定，生鲜乳收购站只能由具备以下条件的乳制品生产企业、奶畜养殖场、奶农专业生产合作社开办，其他单位或者个人不得开办生鲜乳收购站。这些条件包括：①取得了工商登记；②取得了所在地县级人民政府畜牧兽医主管部门颁发的生鲜乳收购许可证；③符合生鲜乳收购站建设规划布局；

④有符合环保和卫生要求的收购场所；⑤有与收奶量相适应的冷却、冷藏、保鲜设施和低温运输设备；⑥有与检测项目相适应的化验、计量、检测仪器设备；⑦有经培训合格并持有有效健康证明的从业人员；⑧有卫生管理和质量安全保障制度。

关于生鲜乳收购站的建设，开办者应当按照《生鲜乳收购站标准化管理技术规范》的要求进行建设。由于生鲜乳收购站均为乳制品生产企业、奶畜养殖场、奶农专业生产合作社开办，所以，不需要再办理工商登记。

2. 政策支持。国家鼓励和扶持生鲜乳收购工作，按照方便奶畜养殖者、促进规模化养殖的原则，对生鲜乳收购站的建设进行科学规划和合理布局。必要时，可以实行生鲜乳集中定点收购；同时，对生鲜乳收购站给予扶持和补贴，提高其机械化挤奶和生鲜乳冷藏运输能力。

3. 制度保障。为确保生鲜奶的收购质量，《条例》确立了如下保障制度：① 卫生保障制度。该制度要求，生鲜乳收购站应当及时对挤奶设施、生鲜乳贮存运输设施等进行清洗、消毒，避免对生鲜乳造成污染。②质量保障制度。该制度要求，生鲜乳收购站应当保持生鲜乳的质量。③常规检测制度。该制度要求，生鲜乳收购站应当按照乳品质量安全国家标准对收购的生鲜乳进行常规检测。检测费用不得向奶畜养殖者收取。④生鲜乳收购、销售和检测记录制度。该制度要求，生鲜乳收购站应当建立生鲜乳收购、销售和检测记录。生鲜乳收购、销售和检测记录应当包括畜主姓名、单次收购量、生鲜乳检测结果、销售去向等内容，并保存 2 年。⑤生鲜乳购销合同制度。该制度要求，生鲜乳购销双方应当签订书面合同。⑥生鲜乳贮存制度。该制度要求，贮存生鲜乳的容器，应当符合国家有关卫生标准，在挤奶后 2 小时内应当降温至 0℃~4℃。⑦生鲜乳运输制度。该制度要求，生鲜乳运输车辆应当取得所在地县级人民政府畜牧兽医主管部门核发的生鲜乳准运证明，并随车携带生鲜乳交接单。交接单应当载明生鲜乳收购站的名称、生鲜乳数量、交接时间，并由生鲜乳收购站经手人、押运员、司机、收奶员签字。

4. 收购禁限。按照《条例》规定，生鲜乳收购站不得收购下列生鲜乳：①经检测不符合健康标准或者未经检疫合格的奶畜产的；②奶畜产犊 7 日内的初乳，但以初乳为原料从事乳制品生产的除外；③在规定用药期和休药期内的奶畜产的；④其他不符合乳品质量安全国家标准的。

六、乳制品生产与销售

乳制品的生产与销售是乳业发展的两个重要核心环节，其质量规范是《条例》的重要内容之一。

（一）乳制品生产

乳制品生产是乳业发展的核心环节，《条例》对乳制品的生产进行了规范。

1. 生产主体。乳制品生产属特殊产品的生产，市场准入条件要求严格。《条例》规定，从事乳制品生产活动，应当具备下列条件，取得所在地质量监督部门颁发的食品生产许可证：①符合国家奶业产业政策；②厂房的选址和设计符合国家有关规定；③有与所生产的乳制品品种和数量相适应的生产、包装和检测设备；④有相应的专业技术人员和质量检验人员；⑤有符合环保要求的废水、废气、垃圾等污染物的处理设施；⑥有经培训合格并持有效健康证明的从业人员；⑦法律、行政法规规定的其他条件。

根据该规定，未取得食品生产许可证的任何单位和个人，不得从事乳制品生产。

2. 保障制度。为保障安全生产，确保乳制品质量，维护消费者合法权益，《条例》规定了一系列保障制度。这些保障制度主要有：①质量管理制度。该制度要求乳制品生产企业应当采取质量安全管理措施，对乳制品生产实施从原料进厂到成品出厂的全过程质量控制，保证产品质量安全。②进货检查验收制度。该制度要求乳制品生产企业进货时应当逐批检测收购的生鲜乳，如实记录质量检测情况、供货者的名称以及联系方式、进货日期等内容，并查验运输车辆生鲜乳交接单。③原材料管理制度。该制度要求生产乳制品使用的生鲜乳、辅料、添加剂等，应当符合法律、行政法规的规定和乳品质量安全国家标准。④包装管理制度。该制度要求乳制品的包装应当有标签；使用奶粉、黄油、乳清粉等原料加工的液态奶，应当在包装上注明；使用复原乳作为原料生产液态奶的，应当标明"复原乳"字样，并在产品配料中如实标明复原乳所含原料及比例；婴幼儿奶粉标签还应当标明主要营养成份及其含量，详细说明使用方法和注意事项。⑤产品检验制度。该制度要求，乳制品生产企业应当对出厂的乳制品逐批检验，并保存检验报告，留取样品。对检验合格的乳制品应当标识检验合格证号；检验不合格的不得出厂。检验报告应当保存 2 年。⑥产品召回制度。该制度要求，乳制品生产企业发现其生产的乳制品不符合乳品质量安全国家标准、存在危害人体健康和生命安全危险或者可能危害婴幼儿身体健康或者生长发育的，应当立即停止生产，报告有关主管部门，告知销售者、消费者，召回已经出厂、上市销售的乳制品，并记录召回情况。乳制品生产企业对召回的乳制品应当采取销毁、无害化处理等措施，防止其再次流入市场。

（二）乳制品销售

乳制品销售是乳业发展的最后一个环节，也是距离消费者最近、与消费者打交道最多的一个环节。《条例》对乳制品的销售进行了规范。

1. 销售主体。《条例》对乳制品销售者的主体资格和准入条件没有作出更加具体的规定，只规定"从事乳制品销售应当按照食品安全监督管理的有关规定，依法向工商行政管理部门申请领取有关证照"。（第 37 条）依此规定，单位和个人可从事乳制品的销售活动。

2. 保障制度。为保障乳制品的质量，维护消费者的合法权益，《条例》规定了一系列保障制度。这些保障制度主要有：①进货检查验收制度。该制度要求乳制品销售者应当建立并执行进货查验制度，审验供货商的经营资格，验明乳制品合格证明和产品标识，并建立乳制品进货台账，如实记录乳制品的名称、规格、数量、供货商及其联系方式、进货时间等内容。进货台账和销售台账保存期限不得少于 2 年。②乳制品销售台账制度。该规定要求从事乳制品批发业务的销售企业应当建立乳制品销售台账，如实记录批发的乳制品的品种、规格、数量、流向等内容。③质量保障制度。该制度要求乳制品销售者应当采取措施，保障所销售乳制品的质量。销售需要低温保存的乳制品的，应当配备冷藏设备或者采取冷藏措施。④追回、报告与通知制度。该制度要求对不符合乳品质量安全国家标准、存在危害人体健康和生命安全或者可能危害婴幼儿身体健康和生长发育的乳制品，销售者应当立即停止销售，追回已经售出的乳制品，并记录追回情况，同时应当立即报告所在地工商行政管理等有关部门，通知乳制品生产企业。

3. 销售禁止。《条例》规定，禁止购进、销售无质量合格证明、无标签或者标签残缺不清的乳制品；禁止购进、销售过期、变质或者不符合乳品质量安全国家标准的乳制品；不得伪造产地，不得伪造或者冒用他人的厂名、厂址，不得伪造或者冒用认证标志等质量标志。

七、法律责任

法律责任是法律贯彻执行的根本保障，也是法律威慑力的集中表现。《条例》对违反条例行为的法律责任进行了规定。

（一）责任特点

《条例》的法律责任具有以下"三多"的特点：

1. 处罚机关多。《条例》的执法主体多，进而也就决定了处罚机关多，几乎涉及到了所有的监管主体。根据《条例》法律责任一章的规定，畜牧兽医主管部门、质量监督部门、工商行政管理部门、食品药品监督管理部门、监察机关等均可依据职权对违反《条例》的相关行为人进行处罚。

2. 责任主体众多。奶业环节众多，进而也决定了责任主体众多。根据《条例》法律责任一章的规定，奶畜养殖者、生鲜乳收购者、乳制品生产企业、乳制品销售者以及国家机关工作人员均可能因特定的违反《条例》的行为而成为责任人，责任主体众多。

3. 责任形式多。食品安全关乎百姓的生命与健康，无一是小事，因此，《条例》规定了众多的责任形式。这种责任形式，既有行政责任，又有刑事责任，每一种责任中都有多种更加具体的责任形态，形式多样。

（二）行为表现

根据《条例》的规定，下列行为均属于违反规定，并应承担法律责任的行为：

1. 在生鲜乳收购、乳制品生产过程中，加入非食品用化学物质或者其他可能危害人体健康物质的行为。

2. 生产、销售不符合乳品质量安全国家标准乳品的行为。

3. 对不符合乳品质量安全国家标准、存在危害人体健康和生命安全或者可能危害婴幼儿身体健康和生长发育的乳制品，不停止生产、不召回的行为。

4. 在婴幼儿奶粉生产过程中，加入非食品用化学物质或其他可能危害人体健康的物质的，或者生产、销售的婴幼儿奶粉营养成分不足、不符合乳品质量安全国家标准的行为。

5. 在发生乳品质量安全事故后未报告、处置的行为。

6. 违法收购生鲜乳的行为，具体包括：①未取得生鲜乳收购许可证收购生鲜乳的；②生鲜乳收购站取得生鲜乳收购许可证后，不再符合许可条件继续从事生鲜乳收购的；③生鲜乳收购站收购《条例》第 24 条规定禁止收购的生鲜乳的。

7. 未取得许可证，或者取得许可证后不按照法定条件、法定要求从事生产销售活动的行为。

8. 滥用职权行为和渎职行为。

（三）责任承担

1. 行政责任的承担。奶畜养殖者、生鲜乳收购者、乳制品生产企业、乳制品销售者承担的行政责任主要有：①责令停止销售；②责令追回；③责令停产停业；④警告；⑤没收违法所得和违法生产的乳品，以及相关的工具、设备等物品；⑥罚款；⑦吊销许可证照。

国家机关工作人员承担的行政责任主要有：①记大过；②降级；③撤职；④开除。

2. 刑事责任的承担。奶畜养殖者、生鲜乳收购者、乳制品生产企业、乳制品销售者主要依据《刑法》第 143 条和第 144 条承担刑事责任；主要负责人、直接负责的主管人员和其他直接责任人员依照《刑法》相关规定承担刑事责任。

第二节　肉制品质量安全法律制度

一、肉制品的法律规范

肉制品是指以畜禽肉为主要原料，经选料、修整、调味、腌制（或不腌制）、绞碎（或切块或整体）、成型（或充填）、成熟（或不成熟）、包装等工艺制作，开袋即食（或经简单热加工即食）的预制食品。

肉制品的类型和品种十分庞杂，在世界范围还没有一个统一的分类方法。在一些发达的工业国家，由于生产设计等方面的需要，按基本国情对肉制品作了一些粗略的分类，有些作为标准公布，例如：日本 JAS 标准将肉制品分为培根、火腿、压缩火腿、香肠和混合制品五类；美国将肉制品分为午餐肉、香肠和肉冻类产品、煮火腿和罐头肉三类，其中香肠又分为生鲜香肠、干和半干香肠、其他等六类；德国将肉制品分为香肠和腌制品二大门类，其中香肠又分为生香肠、蒸煮香肠和熟香肠三类；腌制品分为生腌制品和熟腌制品二类。

由于我国地域辽阔，各民族、各地区人民的饮食习惯差异较大，肉制品品种极其丰富。所以，肉制品的分类更难以作出精细的划分。

2011 年 6 月 16 日，质检总局、国家标准委发布了《肉制品分类》标准（GB/T 26604 - 2011）。该标准自 2011 年 12 月 1 日起实施。根据该标准，我国肉制品分为腌腊肉制品、酱卤肉制品、熏烧烤肉制品、肉干制品、熏煮香肠火腿制品、发酵肉制品等六大类。其中：腌腊肉制品是指以畜禽肉为原料，经选料、修整、调味、腌制（或不腌制）、绞碎（或切块或整体）、成型（或充填），再经晾晒（或风干或低温烘烤）、包装等工艺制作，食用前需简单热加工的一类预制食品；酱卤肉制品是指以畜禽肉为原料，经选料、修整、调味、腌制（或不腌制）、成型，以水为媒介加热成熟、冷却、包装等工艺制作的开袋即食的一类预制食品；熏烧烤肉制品是指以畜禽肉为原料，经选料、修整、调味、腌制（或不腌制）、成型，以空气（或固体）为媒介加热成熟、冷却、包装等工艺制作的开袋即食的一类预制食品；肉干制品是指以畜禽肉为原料，经选料、修整、调味、成型、煮制（或不煮制）、烘烤（或烘干或炒松）冷却、包装等工艺制作，开袋即食的一类预制食品，包括肉干、肉脯和肉松；熏煮香肠火腿制品是指以畜禽肉为主要原料，经选料、修整、调味、腌制、绞碎（或切块）、斩拌（或滚揉）、成型后，再经熏煮、冷却、包装等工艺制作，开袋即食的一类预制食品，包括熏煮香肠和熏煮火腿；发酵肉制品是指以畜禽肉为原料，经选料、修整、调味、绞碎（或不绞碎）、灌装（或成型）、再经发酵成熟、包装等工艺制作，不经加热可直接食用的一类预制食品，典型产品有发酵香肠和发酵火腿。

目前，我国规范肉制品质量安全的法律规范主要有国务院颁布的《饲料和饲料添加剂管理条例》（2001 年 11 月 29 日）、《兽药管理条例》（2004 年 4 月 9 日）、《生猪屠宰管理条例》（2008 年 5 月 25 日）和国家质量监督检验检疫总局发布的《进出口饲料和饲料添加剂检验检疫监督管理办法》（2009 年 2 月 23 日）、《肉制品分类标准》（2011 年 6 月 16 日）、《火腿国家标准》（2009 年 5 月 11 日）等。

二、肉制品安全的饲料保证

饲料的质量对肉制品安全的影响很大，因此，我国法律十分重视肉制品安全的饲料保证。目前，《饲料和饲料添加剂管理条例》（国务院 1999 年 5 月 29 日颁布、2011 年 10 月 26 日修订）、《进出口饲料和饲料添加剂检验检疫监督管理办法》（国家质量监督检验检疫总局 2009 年 7 月 20 日发布）是规范饲料质量安全的基本法律规范。

（一）饲料与饲料添加剂

饲料是所有人饲养的动物的食物的总称，比较狭义的饲料一般指的是农业或牧业饲养的动物的食物。饲料包括大豆、豆粕、玉米、鱼粉、氨基酸、杂粕、添加剂、乳清粉、油脂、肉骨粉、谷物、甜高粱等十余个品种的饲料原料。

饲料添加剂是指在饲料生产加工、使用过程中添加的少量或微量物质，在饲料中用量很少但作用显著。饲料添加剂是现代饲料工业必然使用的原料，对强化基础饲料营养价值，提高动物生产性能，保证动物健康，节省饲料成本，改善畜产品品质等方面有明显的效果。

在我国《饲料和饲料添加剂管理条例》中，饲料是指经工业化加工、制作的供动物食用的产品，包括单一饲料、添加剂预混合饲料、浓缩饲料、配合饲料和精料补充料。饲料添加剂，是指在饲料加工、制作、使用过程中添加的少量或者微量物质，包括营养性饲料添加剂、一般饲料添加剂和药物饲料添加剂。其中：营养性饲料添加剂，是指用于补充饲料营养成分的少量或者微量物质，包括饲料级氨基酸、维生素、矿物质微量元素、酶制剂、非蛋白氮等；一般饲料添加剂，是指为保证或者改善饲料品质、提高饲料利用率而掺入饲料中的少量或者微量物质；药物饲料添加剂，是指为预防、治疗动物疾病而掺入载体或者稀释剂的兽药的预混物，包括抗球虫药类、驱虫剂类、抑菌促生长类等。

（二）饲料与饲料添加剂的生产

我国《饲料和饲料添加剂管理条例》从市场准入条件和生产保障两个方面对饲料与饲料添加剂的生产作出了规定。

1. 饲料与饲料添加剂生产企业的市场准入条件。饲料与饲料添加剂生产企业的市场准入条件十分严格，由条件、许可、批准构成。

设立饲料、饲料添加剂生产企业，除应当符合有关法律、行政法规规定的企业设立条件外，还应当具备下列条件：①有与生产饲料、饲料添加剂相适应的厂房、设备、工艺及仓储设施；②有与生产饲料、饲料添加剂相适应的专职技术人员；③有必要的产品质量检验机构、检验人员和检验设施；④生产环境符合国家规定的安全、卫生要求；⑤污染防治措施符合国家环境保护要求。

符合上述条件的生产饲料添加剂、添加剂预混合饲料的企业，经省、自治区、直辖市人民政府饲料管理部门审核后，由国务院农业行政主管部门颁发生产许可证。

企业取得生产许可证后，由省、自治区、直辖市人民政府饲料管理部门核发饲料添加剂、添加剂预混合饲料产品批准文号。

2. 饲料与饲料添加剂的生产保障。为保障饲料与饲料添加剂的生产质量，《饲料和饲料添加剂管理条例》规定了一系列生产保障制度：①标准化制度。《条例》规定，生产饲料、饲料添加剂的企业，应当按照产品质量标准以及国务院农业行政主管部门制定的饲料、饲料添加剂质量安全管理规范和饲料添加剂安全使用规范组织生产，并实行生产记录和产品留样观察制度。②质量检验制度。《条例》规定，企业生产饲料、饲料添加剂，应当进行产品质量检验。检验合格的，应当附具产品质量检验合格证；未经产品质量检验、检验不合格或者未附具产品质量检验合格证的，不得出厂销售。③包装制度。《条例》规定，饲料、饲料添加剂的包装，应当符合国家有关安全、卫生的规定。易燃或者其他有特殊要求的饲料、饲料添加剂的包装应当有警示标志或者说明，并注明储运注意事项。饲料、饲料添加剂的包装物不得重复使用；但是，生产方和使用方另有约定的除外。④标签制度。《条例》规定，饲料、饲料添加剂的包装物上应当附具标签。标签应当以中文或者适用符号标明产品名称、原料组成、产品成分分析保证值、净重、贮存条件、使用说明、注意事项、生产日期、保质期、厂名、厂址、许可证明文件编号和产品质量标准等。加入药物饲料添加剂的饲料的标签，还应当标明"加入药物饲料添加剂"字样，并标明其通用名称、含量和休药期。乳和乳制品以外的动物源性饲料，还应当标明"本产品不得饲喂反刍动物"字样。

（三）饲料与饲料添加剂的经营

我国《饲料和饲料添加剂管理条例》从经营条件和经营保障两个方面对饲料与饲料添加剂的经营作出了规定。

1. 经营条件。《条例》规定，经营饲料、饲料添加剂的经营者，应当具备下列条件：①有与经营饲料、饲料添加剂相适应的经营场所和仓储设施；②有具备饲料、饲料添加剂使用、贮存等知识的技术人员；③有必要的产品质量和安全管理制度。

2. 经营保障。为保障饲料与饲料添加剂的经营质量，《饲料和饲料添加剂管理条例》规定了一系列经营保障制度：①进货检查验收制度。《条例》规定，饲料、饲料添加剂经营者，进货时必须核对产品标签、产品质量合格证和相应的许可证明文件。②禁限制度。《条例》规定，禁止经营无产品质量标准、无产品质量合格证、无生产许可证和无产品标签的饲料、饲料添加剂；禁止经营无产品批准文号的饲料添加剂、添加剂预混合饲料；禁止经营停用、禁用或者淘汰的饲料、饲料添加剂以及未经审定公布的饲料、饲料添加剂；禁止经营未经国务院农业行政主管部门登记的进口饲料、进口饲料添加剂。

（四）饲料与饲料添加剂的使用

关于饲料与饲料添加剂的使用，《条例》规定：

1. 使用饲料添加剂应当遵守国务院农业行政主管部门制定的安全使用规范。禁止使用《条例》第18条规定的饲料、饲料添加剂。禁止在饲料和动物饮用水中添加激素类药品和国务院农业行政主管部门规定的其他禁用药品。

2. 饲料、饲料添加剂在使用过程中，证实对饲养动物、人体健康和环境有害的，由国务院农业行政主管部门决定限用、停用或者禁用，并予以公布。

3. 禁止对饲料、饲料添加剂作预防或者治疗动物疾病的说明或者宣传；但是，饲料中加入药物饲料添加剂的，可以对所加入的药物饲料添加剂的作用加以说明。

三、肉制品安全的监管

我国是肉制品第一生产大国，肉类食品在居民消费中占据的比例也日益增加，但是我国肉制品的安全却不尽人意，问题很多。因此，我们必须加强肉制品安全的监管力度，集中精力进行治理整顿，大力强化企业责任意识，严厉打击违法违规行为，保证人民群众吃上"放心肉"、"放心肉制品"。

（一）肉制品安全存在的主要问题

我国肉制品安全存在的主要问题表现在以下几个方面：

1. 源头监管存在盲区。因受传统的生猪养殖方式和经营观念的制约，加之目前生猪市场不景气，本来就缺乏必要生猪养殖科学知识的小型养殖户，执行养殖规范意识不强，个别散养户甚至采用饭店的泔水喂猪，且因惧怕疫苗注射反应而拒绝生猪防疫或不按要求逐头防疫，卖猪时为不交税，逃避检疫。部分生猪收购、经营者唯利是图，私购偷宰病害和未经检疫的生猪。

2. 定点屠宰仍有薄弱环节。我国不少生猪屠宰点的设施和检测手段都比较落后，这些屠宰点绝大部分达不到国家规定的生猪屠宰企业资质行业标准和要求，硬件设施、屠宰技术都无法达到现代化生猪屠宰的要求。

3. 流通过程安全管理欠缺。一些病害肉、注水肉、有害物超标的肉制品大多是通过集贸市场流入消费环节，然后进入消费领域。由此可见，在流通过程中质量卫生安全的管理十分欠缺，使销售不安全的肉制品者有机可乘。

4. 违法、违标、违规现象严重。目前，我国肉制品生产、经营领域违法、违标、违规现象十分严重，如一些企业和个人未取得生猪屠宰许可证或肉制品生产、经营许可证而进行生产与经营，违反法律规定使用添加剂，不按照肉制品生产加工的卫生要求进行生产加工，所有这些，都是导致肉制品安全存在问题的重要原因。

（二）肉制品监管的重点与措施

根据《国务院关于促进生猪生产发展稳定市场供应的意见》、《国务院办公厅关于印发食品安全专项整治工作方案的通知》、《国务院办公厅关于促进生猪生产平稳健康持续发展防止市场供应和价格大幅波动的通知》、《国务院办公厅关于整顿和规范活禽经营市场秩序加强高致病性禽流感防控工作的意见》以及《商务部办公厅关于进一步加强生猪屠宰管理，确保肉品质量安全的紧急通知》的精神和规定，我们应当从以下几个方面做好肉制品的监督管理工作。

1. 扎实开展病死畜禽非法交易整治。

2. 积极开展瘦肉精等禁用物质整治。

3. 深入开展注水肉整治。

4. 持续开展私屠滥宰整治。

5. 大力开展定点屠宰企业集中清理。

6. 认真开展屠宰企业肉品质量整治。

7. 切实开展加工流通餐饮等环节肉品质量整治。

8. 加大刑事打击力度，严厉惩处犯罪分子。

四、生猪屠宰与检疫

目前，我国规范生猪屠宰与检疫活动的法律规范主要是国务院颁布的《生猪屠宰管理条例》（1997年12月19日颁布，2011年1月8日修订）和农业部发布的《生猪屠宰检疫规程》（2010年5月31日发布）。

（一）生猪屠宰

我国实行生猪定点屠宰制度。未经定点，任何单位和个人不得从事生猪屠宰活动。但是，农村地区个人自宰自食的除外。

生猪定点屠宰厂（场）应当持生猪定点屠宰证书向工商行政管理部门办理登记手续。根据《条例》规定，生猪定点屠宰厂（场）应当具备下列条件：①有与屠宰规模相适应、水质符合国家规定标准的水源条件；②有符合国家规定要求的待宰间、屠宰间、急宰间以及生猪屠宰设备和运载工具；③有依法取得健康证明的屠宰技术人员；④有经考核合格的肉品品质检验人员；⑤有符合国家规定要求的检验设备、消毒设施以及符合环境保护要求的污染防治设施；⑥有病害生猪及生猪产品无害化处理设施；⑦依法取得动物防疫条件合格证。

（二）生猪检疫

生猪检疫，我国实行驻厂集中检疫制度，即由动物卫生监督所向辖区内的定点生猪屠宰厂（场、公司）派驻检疫监督工作机构，具体实施该厂的检疫和动物卫生监督管理工作。

生猪检疫分生猪入场检查、宰前检疫、宰后检疫和检疫记录等阶段。

1. 生猪入场检查。生猪入场时，检疫员首先应向货主索取检疫证明，货主应持有《入境动物检疫合格证明》、《动物及动物产品运载工具消毒证明》。

2. 宰前检疫。宰前检验指对即将屠宰的生猪在屠宰前实施的临床检查，包括对生猪活体的检疫、测温、临床观察，必要时，应进行细菌学、血清学检验和变态反应。

宰前检疫按 GB16549 临床健康检查方法进行。检疫人员根据检疫结果作出准宰、急宰、缓宰、禁宰处理决定，签发相关决定通知书。其中：①准宰针对健康生猪；②急宰针对确认无碍肉品卫生的普通病；对人畜危害不大的一般性传染病和纯物理性原因造成的濒死猪；③缓宰针对疑似传染病而未确诊的生猪；④禁宰针对确认口蹄疫、猪水泡病、猪瘟等国家规定的一类动物传染病；炭疽、急性猪丹毒、败血性链球菌病等对人畜危害较大的传染病及新发现的烈性传染病；被狂犬病或疑似狂犬病患，畜咬伤超过 8 天的猪。

3. 宰后检疫。宰后检验是生猪屠宰后，对其胴体、胴体分割后及各部位组织、器官，依照规程及有关规定进行疫病检验和卫生质量评定，发现和检出有害于人类、其它动物或公共卫生的肉和肉品，是生猪宰前检验的继续和补充。

宰后检疫主要包括：①头、蹄部检查。包括检查天然孔、皮肤、粘膜有无病变；摘除甲状腺；剖检左右两侧颌下淋巴结；与下颌骨平行切开左右两侧咬肌，暴露咬肌面积 2/3 以上，检查有无寄生虫；检查蹄冠部有无水泡、溃疡灶等。②胴体检查。包括皮肤、脂肪、肌肉、胸膜和腹膜有无病变和放血程度检查；腹股沟浅淋巴结检查；髂内淋巴结、髂外淋巴结和腹股沟深淋巴结检查；股前淋巴结（即髂下淋巴结）检查；摘除病变淋巴结；摘除两侧肾上腺；肾脏检查；腰肌检查；膈肌检查；内脏检查等。

4. 检疫结果处理。检疫结果分合格与不合格两种。检疫合格，在胴体上加盖检疫合格验讫印章。

检疫不合格的情况应分别情况做以下处理：①胴体、内脏、头、蹄及摘除的甲状腺、肾上腺、病变淋巴结，按 GB16548 的规定分别作出高温、化制、销毁的处理决定，加盖"高温"、"化制"、"销毁"印记，签发高温、化制、销毁处理通知书，监督货主按 GB16548 的规定进行无害化处理。采用深埋法销毁的，应选择远离居民住所、河流、水源地、畜禽场、道路等高燥地方作为掩埋点，用密闭容器运送，埋入距地面 1.5m 以下，并做好消毒工作。②宰后检出炭疽、口蹄疫、猪水泡病等恶性传染病，应责令停止屠宰，封锁现场，采取严格防范措施，并向当地政府动物防疫主管部门报告。③宰后检出疑似炭疽、口蹄疫、猪水泡病等病猪时，应停止屠宰，迅速将病料密封后送化验室检查。④宰后检出囊虫、旋毛虫等病猪时，按 GB16548 的规定予以处理。⑤宰后仅发现组织、器官有下列病变之一者，应将病变组织或器官作工业用或销毁。这些病变主要有：局部化脓、明显损伤、发炎、充血与出血、肿胀或水肿、病理性肥大或萎缩、钙化或机化灶、寄生虫结节、包囊或其他损害，以及有异常颜色、气味的等。

5. 检疫记录。检疫过程中和结束时，详细记录、登记生猪入场检查、宰前检疫和宰后检疫情况，分类保存收取的检疫证明和出具的检疫证明存根以及其他有关材料。

五、火腿标准

火腿是腌制或熏制的猪腿，又名"火肉"、"兰熏"，是世界上流行范围很广的一种肉制品。在我国，浙江金华、江西安福与云南宣威出产的火腿最有名。目前，我国已经颁布《火腿卫生国家标准》（2009 年 5 月 11 日国家质检总局发布）和《熏煮火腿国家标准》（2006 年 12 月 11 日国家质检总局发布）两项国家强制性标准。

（一）火腿卫生国家标准

《火腿卫生国家标准》的基本内容如下：

1. 适用范围。鲜猪肉后腿经过干腌、洗、晒、发酵（或不经洗、晒、发酵）加工制成的肉制品。

2. 引用标准。《火腿卫生国家标准》的引用标准包括：①GB 5009.33：食品中亚硝酸盐与硝盐的测定方法；②GB 5009.37：食用植物油卫生标准的分析方法。

3. 感官指标。依据该标准，一级火腿鲜度的感官特征为：①色泽：肌肉切面呈深玫瑰红色或桃红色，脂肪切面呈白色或微红色，有光泽；②组织状态：致密而结实，切面平整；③气味和煮熟尝味：具有火腿特有香味或香味平淡，无其他异味。二级火腿鲜度的感官特征为：①色泽：肌肉切面呈暗红色或深玫瑰红色，脂肪切面呈白色或淡黄色，光泽较差；②组织状态：较致密而稍软，切面平整；③气味和煮熟尝味：稍有酱味，豆豉味或酸味，尝味时允许有轻度酸味或涩味。

4. 理化指标。依据该标准，一级火腿鲜度的理化指标为：①过氧化值（meq/kg）≤20；②三甲胺 – 氮（mg/100g）≤1.3；③亚硝酸盐（mg/kg，以 $NaNo_2$ 计）≤20；二级火腿鲜度的理化指标为：①过氧化值（meq/kg）≤32；②三甲胺 – 氮（mg/100g）≤2.5；③亚硝酸盐（mg/kg，以 $NaNo_2$ 计）≤20。

（二）熏煮火腿标准

《熏煮火腿标准》属国家强制性标准，自 2007 年 6 月 1 日起实施。该标准的基本内容如下：

1. 适用范围。该《标准》适用于以检验、检疫合格畜、禽肉为主要原料，经分割、腌制后，加入辅料，再经滚揉、充填（或不充填）、蒸煮、烟熏（或不烟熏）、冷却、包装等工艺制作的火腿类熟肉制品。

2. 质量要求。熏煮火腿的质量要求为：①原辅料：猪肉应符合 GB 9959.1、GB 9959.2 的规定；牛肉应符合 GB/T 17283 的规定；禽肉应符合 GB 16896 的规定；其他原辅料应符合国家相应的标准规定。②感官指标：外观——标识清晰，外形良好，无污垢、无破损、无汁液；色泽——切片呈粉红色或玫瑰红色，颜色均匀一致，有光泽；组织形态——结构紧密，富有弹性，切片性能好，无汁液分离，无空洞，无异物；气味与口味——具有该产品独有的风味，肉香纯正浓郁，肉嫩爽口，咸淡适中，无异味。③理化指标：水分（%）≤65～75；脂肪（%）≤10；蛋白质（%）≥14；淀粉（%）≤15；亚硝酸盐（以 $NaNO_2$ 计 mg/kg）≤70；⑤微生物指标：菌落总数（cfu/g）≤30000；大肠菌群：（MPN/100g）≤90；⑤食品添加剂：食品添加剂的品种及其用量应符合 GB2760 的规定；⑥企业产品及生产卫生要求：应符合 GB2726、GB19303 的相应规定；⑦净含量及偏差：净含量应与标明量相符，偏差按国家技术监督局《定量包装商品计量监督管理办法》执行。

3. 标志、包装、运输、贮存要求。熏煮火腿的标志、包装、运输、贮存要求为：①标志：产品的食品标签应符合 GB7718 的要求；②包装：产品应用真空包装，其内包装材料应符合 GB9683 要求，外包装应符合 GB/T 6543 标准规定的纸箱，包装物应清洁卫生，封口牢固；③运输：运输工具必须清洁、卫生、无异味。运输过程中应避免日晒、雨淋；④贮存：产品贮存在通风、干燥、无异味的库房内，且不得与地面直接接触，保质期为 8 个月。

六、火腿肠标准

火腿肠是深受广大消费者欢迎的一种肉类食品。火腿肠最先起源于日本和欧美，进入中国的历史并不长。它是以鲜或冻畜、禽、鱼肉为主要原料，经腌制、搅拌、斩拌（或乳化）、灌入塑料肠衣，经高温杀菌，制成的肉类灌肠制品，其特点是肉质细腻、鲜嫩爽口、携带方便、食用简单、保质期长。

2006 年 12 月 11 日国家质检总局发布了《火腿肠标准》。该标准属国家强制性标准，自 2007 年 6 月 1 日起实施。该标准的基本内容如下：

1. 适用范围。该《标准》适用于以畜、禽、鱼肉为主要原料加工制成的猪肉肠、牛肉肠、鸡肉肠、鱼肉肠等高温杀菌香肠。

2. 质量要求。火腿肠的质量要求为：①原料和辅料：原料肉应符合 GB2707、GB2708、GB/T9959 的规定；淀粉应符合 GB/T8883 或 GB/T8885 的规定；食用盐应符合 GB5461 的规定；白砂糖应符合 GB317 的规定；味精应符合 GB/T8967 或 QB/T1500 的规定；亚硝酸钠应符合 GB1907 的规定；肠衣应符合 GB9681 的规定；其他辅料应符合相应的国家标准和行业标准的有关规定。②外观和感官要求：外观——肠体均匀饱满，无损伤，表面干净，密封良好，结扎牢固，肠衣的结扎部位无内容物；色泽——具有产品固有的色泽；质地——组织紧密，有弹性，切片良好，无软骨及其他杂物、无气孔；风味——咸淡适中，鲜香可口，具固有风味，无异味。③理化指标：《火腿肠》新标准根据蛋白质、淀粉和水分含量的不同把火腿肠分为四级，即特级、优级、普通级和无淀粉级。其中特级产品规定水分≤70%、蛋白质≥12%、淀粉≤6%；优级产品规定水分≤67%、蛋白质≥11%、淀粉≤8%；普通级产品规定水分≤64%、蛋白质≥10%、淀粉≤10%；无淀粉产品规定水分≤70%、蛋白质≥10%、淀粉≤1%。

七、鲜肉标准

鲜肉有生鲜肉和冷鲜肉之分。生鲜肉通常为凌晨宰杀，清早上市，不经过任何降温处理的鲜肉。冷鲜肉，又叫冷却肉，水鲜肉，是指严格执行兽医检疫制度，对屠宰后的畜胴体迅速进行冷却处理，使胴体温度以后腿肉中心为测量点在 24 小时内降为 0℃ ~4℃，并在后续加工、流通和销售过程中始终保持 0℃ ~4℃范围内的鲜肉。目前，我国卫生部颁布了《鲜（冻）畜肉卫生标准》和《鲜（冻）禽肉卫生标准》。

（一）鲜（冻）禽肉卫生标准

《鲜（冻）禽肉卫生标准》规定了家禽（鸡、鸭、鹅）肉的卫生要求和检验方法。

1. 适用范围。本标准适用于健康活禽宰杀、煺毛、净膛或半净膛后经兽医卫生检验合格的新鲜（未冷冻）或冷冻的家禽肉。

2. 卫生要求。《鲜（冻）禽肉卫生标准》从感官指标和理化指标两个方面对鲜（冻）禽肉的卫生标准作出了规定：①感官指标。眼球：眼球饱满、平坦或稍凹陷；色泽：皮肤有光泽，肌肉切面有光泽，并有该禽固有色泽；粘度：外表微干或微湿润、不粘手；弹性：有弹性，肌肉指压后的凹陷立即恢复；气味：具有该禽固有的气味；煮沸后肉汤：透明澄清、脂肪团聚于表面，具固有香味。②理化指标。挥发性盐基氮，mg/100g ≤20；汞（以 Hg 计，mg/kg）≤0.05；四环素（mg/kg）≤0.25。

（二）鲜（冻）畜肉卫生标准

《鲜（冻）畜肉卫生标准》规定了鲜冻畜肉的卫生要求和检验方法。

1. 适用范围。该《标准》适用于牲畜屠宰加工后，经兽医卫生检验合格的生鲜或冷冻畜肉。

2. 卫生要求。《鲜（冻）畜肉卫生标准》从指标要求、生产加工、包装、标识、储存与运输等方面对鲜冻畜肉的卫生标准进行了规定。其中：①指标要求：从原料上来讲，牲畜应是来自非疫区的健康牲畜，并持有产地兽医检疫证明；从感官指标上来讲，应当无异味、无酸败味；从理化指标上来讲，挥发性盐基氮(mg/100g) ≤15；铅(Pb)(mg/g) ≤0.2；无机砷(mg/g) ≤0.05；镉(Cd)(mg/g) ≤0.1；总汞(以 Hg 计,mg/g) ≤0.05。②储存：产品应储存在干燥、通风良好的场所。不得与有毒、有害、有异味、易挥发、易腐蚀的物品同处储存。③运输：运输产品时应避免日晒、雨淋。不得与有毒、有害、有异味或者影响产品质量的物品混装运输。

思考题

1. 谈谈你对我国乳业发展的认识。
2. 试评我国生猪屠宰与检疫制度。
3. 试评我国的火腿标准。
4. 试评我国的乳制品生产与销售制度。

第四编　特种产品、设备（施）安全法律制度

第十三章
特种设备安全法律制度

■ **内容提要**

　　特种设备是指涉及生命安全、危险性较大的锅炉、压力容器、压力管道、电梯、起重机械、客运索道、大型游乐设施和场（厂）内专用机动车辆。特种设备可分为承压类特种设备、机电类特种设备和其他类别的特种设备等三类。鉴于特种设备具有危险性和危害性的特点，世界各主要工业发达国家大都建立了完善的法律、法规体系，对其设计、制造、运输、安装、使用、检验、修理、改造包括所用材料、进出口等环节，进行严格的控制和管理，以保护本国公民的生命和财产安全。目前，我国《特种设备安全法》已经纳入全国人大的立法计划。该法在特种设备安全法律体系中居于基本法的位置，处于核心位置。本章以我国现行法律为蓝本，对特种设备的生产、制造、销售、保养、维修、使用等问题进行了介绍。

■ **学习重点**

　　特种设备的含义与分类；特种设备的维修与使用。

第一节　特种设备安全法律制度概述

一、特种设备的含义

　　特种设备是指涉及生命安全、危险性较大的锅炉、压力容器（含气瓶，下同）、压力管道、电梯、起重机械、客运索道、大型游乐设施和场（厂）内专用机动车辆。

特种设备可分为承压类特种设备、机电类特种设备和其他类别的特种设备等三类。

（一）承压类特种设备

承压类特种设备包括锅炉、压力容器（含气瓶）、压力管道等。

1. 锅炉。是指利用各种燃料、电或者其他能源，将所盛装的液体加热到一定的参数，并对外输出热能的设备，其范围规定为容积大于或者等于30L的承压蒸汽锅炉；出口水压大于或者等于0.1MPa（表压），且额定功率大于或者等于0.1MW的承压热水锅炉；有机热载体锅炉。

2. 压力容器。是指盛装气体或者液体，承载一定压力的密闭设备，其范围规定为最高工作压力大于或者等于0.1MPa（表压），且压力与容积的乘积大于或者等于2.5MPa·L的气体、液化气体和最高工作温度高于或者等于标准沸点的液体的固定式容器和移动式容器；盛装公称工作压力大于或者等于0.2MPa（表压），且压力与容积的乘积大于或者等于1.0MPa·L的气体、液化气体和标准沸点等于或者低于60℃液体的气瓶；氧舱等。

3. 压力管道。是指利用一定的压力，用于输送气体或者液体的管状设备，其范围规定为最高工作压力大于或者等于0.1MPa（表压）的气体、液化气体、蒸汽介质或者可燃、易爆、有毒、有腐蚀性、最高工作温度高于或者等于标准沸点的液体介质，且公称直径大于25mm的管道。

（二）机电类特种设备

机电类特种设备包括电梯、起重机械、客运索道、大型游乐设施等。

1. 电梯。是指动力驱动，利用沿刚性导轨运行的箱体或者沿固定线路运行的梯级（踏步），进行升降或者平行运送人、货物的机电设备，包括载人（货）电梯、自动扶梯、自动人行道等。

2. 起重机械。是指用于垂直升降或者垂直升降并水平移动重物的机电设备，其范围规定为额定起重量大于或者等于0.5t的升降机；额定起重量大于或者等于1t，且提升高度大于或者等于2m的起重机和承重形式固定的电动葫芦等。

3. 客运索道。是指动力驱动，利用柔性绳索牵引箱体等运载工具运送人员的机电设备，包括客运架空索道、客运缆车、客运拖牵索道等。

4. 大型游乐设施。是指用于经营目的，承载乘客游乐的设施，其范围规定为设计最大运行线速度大于或者等于2m/s，或者运行高度距地面高于或者等于2m的载人大型游乐设施。

（三）其他类别的特种设备

主要是指除道路交通、农用车辆以外仅在工厂厂区、旅游景区、游乐场所等特定区域使用的专用机动车辆。

二、特种设备安全立法

目前，具有中国特色的特种设备安全法体系已经基本形成。从体系结构上来讲，我国特种设备安全立法主要包括以下三个层面的内容：

（一）法律

我国特种设备安全立法从法律层面上来讲主要包括：

1. 安全生产法。为了加强安全生产监督管理，防止和减少生产安全事故，保障人民群众生命和财产安全，促进经济发展，2002 年 6 月 29 日第九届全国人民代表大会常务委员会第二十八次会议通过了《安全生产法》（2009 年 8 月 27 日第十一届全国人民代表大会常务委员会第十次会议修正）。该法是特种设备安全法的重要组成部分，对安全生产的基本原则、制度和措施，生产经营单位的安全生产保障，从业人员的权利和义务，安全生产的监督管理，生产安全事故的应急救援与调查处理，法律责任等问题作了具体规定，共 7 章 97 条。

2. 矿山安全法。为了保障矿山生产安全，防止矿山事故，保护矿山职工人身安全，促进采矿业的发展，1992 年 11 月 7 日第七届全国人民代表大会常务委员会第二十八次会议通过并颁布了《矿山安全法》（2009 年 8 月 27 日第十一届全国人民代表大会常务委员会第十次会议修正）。该法也是特种设备安全法的重要组成部分，对矿山建设的安全保障、矿山开采的安全保障、矿山企业的安全管理、矿山安全的监督和管理、矿山事故处理、法律责任等问题作了具体规定，共分 8 章 50 条。

3. 特种设备安全法。鉴于特种设备具有危险性和危害性的特点，世界各主要工业发达国家大都建立了完善的法律、法规体系，对其设计、制造、运输、安装、使用、检验、修理、改造包括所用材料、进出口等环节，进行严格的控制和管理，以保护本国公民的生命和财产安全。目前，我国《特种设备安全法》已经纳入全国人大的立法计划，调研、座谈、草案拟订、征求意见、汇报等工作正在紧张进行之中。该法在特种设备安全法律体系中居于基本法的位置，处于核心位置。

（二）行政法规

行政法规是特种设备安全立法的重要组成部分。目前，我国调整特种设备安全关系的行政法规主要包括：①2003 年 2 月 19 日国务院通过，2009 年 1 月 24 日国务院批准修改的《特种设备安全监察条例》是最基本的行政法规；②2007 年 3 月 28 日国务院通过的《生产安全事故报告和调查处理条例》；③国务院 2001 年 4 月 21 日公布的《国务院关于特大安全事故行政责任追究的规定》。

（三）部门规章

部门规章同样是特种设备安全立法的重要组成部分。目前，我国调整特种设备安全关系的部门规章主要包括：①2001年12月29日国家质量监督检验检疫总局通过、发布的《锅炉压力容器压力管道特种设备安全监察行政处罚规定》；②2002年7月1日国家质量监督检验检疫总局通过的《锅炉压力容器制造监督管理办法》；③2003年4月3日国家质量监督检验检疫总局通过的《气瓶安全监察规定》；④2000年6月27日经国家质量技术监督局通过的《特种设备质量监督与安全监察规定》；⑤2000年12月14日建设部、2001年1月3日国家质量技术监督局通过的《游乐园管理规定》；⑥2004年12月24日国家质量监督检验检疫总局通过2011年5月3日修订的《特种设备作业人员监督管理办法》；⑦2000年5月15日国家质量技术监督局发布的《小型和常压热水锅炉安全监察规定》；⑧1996年4月23日劳动部劳部通过的《压力管道安全管理与监察规定》；⑨2006年11月27日国家质量监督检验检疫总局通过的《起重机械安全监察规定》；⑩2009年5月26日国家质量监督检验检疫总局通过的《高耗能特种设备节能监督管理办法》；⑪2009年5月26日国家质量监督检验检疫总局通过的《特种设备事故报告和调查处理规定》。

第二节　特种设备的生产

一、特种设备生产的内涵

《特种设备安全监察条例》（以下简称《条例》）第二章对特种设备的生产进行了具体而明确的规定。根据该条例的规定，该章中的特种设备生产为广义的生产，具体包括特种设备的设计、制造、安装、改造和维修等活动。《条例》对特种设备生产的一般条件，具体特种设备设计、制造、安装、改造和维修的具体条件作出了规定。

二、特种设备生产的一般规定

根据《条例》的规定，特种设备生产的一般规定分为保障性规定和禁止性规定两类。

（一）保障性规定

特种设备生产的保障性规定包括以下内容：

1. 安全技术规范保障规定。安全技术规范保障是指特种设备生产单位，应当依照本条例规定以及国务院特种设备安全监督管理部门制定并公布的安全技术规范的要求，进行生产活动。一切生产过程均应当符合技术规范的要求，这是确保特种设备质量安全的首要条件。

2. 实验和测试保障规定。实验和测试保障是指按照安全技术规范的要求，应当进行型式试验的特种设备产品、部件或者试制特种设备新产品、新部件、新材料，必须进行型式试验和能效测试。

3. 出厂法定文件保障规定。出厂法定文件保障是指特种设备出厂时，应当附有安全技术规范要求的设计文件、产品质量合格证明、安装及使用维修说明、监督检验证明等文件。

（二）禁止性条件规定

特种设备生产的禁止性规定包括以下内容：

1. 不得生产不符合安全性能要求和能效指标的特种设备；

2. 不得生产国家产业政策明令淘汰的特种设备。

三、特种设备生产的具体规定

为保障特种设备的质量安全，保障使用单位和使用人的人身和财产安全，《条例》对特种设备的设计、制造、安装、维修作出了具体规定。

（一）特种设备设计的具体规定

关于特种设备的设计，根据《条例》的规定，我国仅要求压力容器的设计实行许可证制度。压力容器的设计单位应当经国务院特种设备安全监督管理部门许可，方可从事压力容器的设计活动。

根据《条例》第 11 条的规定，压力容器的设计单位应当具备下列条件：①有与压力容器设计相适应的设计人员、设计审核人员；②有与压力容器设计相适应的场所和设备；③有与压力容器设计相适应的健全的管理制度和责任制度。

（二）特种设备制造、安装、改造、维修的具体规定

《条例》从制造、安装、改造、维修等生产主体的设立条件、行政许可、生产要求等方面对特种设备的制造、安装、改造和维修进行了专门的规定。

1. 特种设备制造、安装、改造、维修者设立条件的具体规定。关于特种设备制造、安装、改造、维修者的设立条件，根据《条例》的规定，锅炉、压力容器、电梯、起重机械、客运索道、大型游乐设施及其安全附件、安全保护装置的制造、安装、改造单位，以及压力管道用管子、管件、阀门、法兰、补偿器、安全保护装置等的制造单位和场（厂）内专用机动车辆的制造、改造单位，应当具备下列条件：①有与特种设备制造、安装、改造相适应的专业技术人员和技术工人；②有与特种设备制造、安装、改造相适应的生产条件和检测手段；③有健全的质量管理制度和责任制度。

2. 特种设备制造、安装、改造、维修行政许可的具体规定。关于特种设备制造、安装、改造、维修的行政许可，根据《条例》的规定；①锅炉、压力容器、电梯、起重机械、客运索道、大型游乐设施及其安全附件、安全保护装置的制造、安装、改造单位，以及压力管道用管子、管件、阀门、法兰、补偿器、安全保护装置等的制造单位和场（厂）内专用机动车辆的制造、改造单位，应当经国务院特种设备安全监督管理部门许可，方可从事相应的活动。②锅炉、压力容器、电梯、起重机械、客运索道、大型游乐设施、场（厂）内专用机动车辆的维修单位，应当有与特种设备维修相适应的专业技术人员和技术工人以及必要的检测手段，并经省、自治区、直辖市特种设备安全监督管理部门许可，方可从事相应的维修活动。

3. 特种设备制造、安装、改造、维修等生产要求的具体规定。关于特种设备制造、安装、改造、维修等的生产要求，《条例》从以下几个方面进行了规定：①资格要求。特种设备的生产对生产者的资质、资格条件要求非常严格，所有特种设备的生产必须由专门的单位进行。如《特种设备安全监察条例》第17条第1、2款规定，锅炉、压力容器、起重机械、客运索道、大型游乐设施的安装、改造、维修以及场（厂）内专用机动车辆的改造、维修，必须由依照本条例取得许可的单位进行。电梯的安装、改造、维修，必须由电梯制造单位或者其通过合同委托、同意的依照《条例》取得许可的单位进行。电梯制造单位对电梯质量以及安全运行涉及的质量问题负责。②告知要求。特种设备的生产必须在国家安全监督管理部门的监管下进行，因此，《条例》第17条第3款规定，特种设备安装、改造、维修的施工单位应当在施工前将拟进行的特种设备安装、改造、维修情况书面告知直辖市或者设区的市的特种设备安全监督管理部门，告知后即可施工。③验收要求。验收是保障特种设备合格的重要措施，因此，《条例》第21条规定，锅炉、压力容器、压力管道元件、起重机械、大型游乐设施的制造过程和锅炉、压力容器、电梯、起重机械、客运索道、大型游乐设施的安装、改造、重大维修过程，必须经国务院特种设备安全监督管理部门核准的检验检测机构按照安全技术规范的要求进行监督检验；未经监督检验合格的不得出厂或者交付使用。

第三节　特种设备的使用

一、特种设备使用者

特种设备使用者即实际操作、搭乘、管理特种设备的人。特种设备使用者包括特种设备使用单位和特种设备使用个人两类。使用单位包括国家机关、政府部门、企事业单位、社会组织等；使用个人包括特种设备的作业人员和搭乘人员等。《条例》从单位和个人两个方面对特种设备的使用进行了的规定。

二、单位对特种设备的使用

《条例》从总体要求和具体要求两个方面对单位使用特种设备的情况进行了规定。

（一）总体要求

《条例》第 23 条对单位使用特种设备提出了总体要求，要求特种设备使用单位，应当严格执行《条例》和有关安全生产的法律、行政法规的规定，保证特种设备的安全使用。

（二）具体要求

《条例》在对单位使用特种设备提出了总体要求的同时，还对单位使用特种设备提出了若干具体要求。这些具体要求反应在如下基本制度中：

1. 核对制度。该制度要求特种设备使用单位应当使用符合安全技术规范要求的特种设备。特种设备投入使用前，使用单位应当核对其是否附有《条例》第 15 条规定的相关文件。

2. 登记制度。该制度要求特种设备在投入使用前或者投入使用后 30 日内，特种设备使用单位应当向直辖市或者设区的市的特种设备安全监督管理部门登记。登记标志应当置于或者附着于该特种设备的显著位置。

3. 档案制度。该制度要求特种设备使用单位应当建立特种设备安全技术档案。安全技术档案应当包括以下内容：①特种设备的设计文件、制造单位、产品质量合格证明、使用维护说明等文件以及安装技术文件和资料；②特种设备的定期检验和定期自行检查的记录；③特种设备的日常使用状况记录；④特种设备及其安全附件、安全保护装置、测量调控装置及有关附属仪器仪表的日常维护保养记录；⑤特种设备运行故障和事故记录；⑥高耗能特种设备的能效测试报告、能耗状况记录以及节能改造技术资料。

4. 维修保养制度。该制度要求：①特种设备使用单位应当对在用特种设备进行经常性日常维护保养，并定期自行检查。②特种设备使用单位对在用特种设备应当至少每月进行一次自行检查，并作出记录。特种设备使用单位在对在用特种设备进行自行检查和日常维护保养时发现异常情况的，应当及时处理。③特种设备使用单位应当对在用特种设备的安全附件、安全保护装置、测量调控装置及有关附属仪器仪表进行定期校验、检修，并作出记录。④锅炉使用单位应当按照安全技术规范的要求进行锅炉水（介）质处理，并接受特种设备检验检测机构实施的水（介）质处理定期检验。

5. 定期检验制度。该制度要求：①特种设备使用单位应当按照安全技术规范的定期检验要求，在安全检验合格有效期届满前 1 个月向特种设备检验检测机构提出定期检验要求；②检验检测机构接到定期检验要求后，应当按照安全技术规范的要求及时进行安全性能检验和能效测试；③经定期检验或者检验不合格的特种设备，不得继续使用；④特种设备出现故障或者发生异常情况，使用单位应当对其进行全面检查，消除事故隐患后，方可重新投入使用。

6. 注销制度。该制度要求特种设备存在严重事故隐患，无改造、维修价值，或者超过安全技术规范规定使用年限，特种设备使用单位应当及时予以报废，并应当向原登记的特种设备安全监督管理部门办理注销。

7. 安全专管员制度。该制度要求电梯、客运索道、大型游乐设施等为公众提供服务的特种设备运营使用单位，应当设置特种设备安全管理机构或者配备专职的安全管理人员；其他特种设备使用单位，应当根据情况设置特种设备安全管理机构或者配备专职、兼职的安全管理人员。

8. 安全检查制度。该制度要求客运索道、大型游乐设施的运营使用单位在客运索道、大型游乐设施每日投入使用前，应当进行试运行和例行安全检查，并对安全装置进行检查确认。

9. 应急制度。该制度要求客运索道、大型游乐设施的运营使用单位，应当结合本单位的实际情况，配备相应数量的营救装备和急救物品。

三、个人对特种设备的使用

《条例》从特种设备作业人员和搭载人员两个方面对个人使用特种设备的情况进行了规定。

（一）作业人员对特种设备的使用

关于特种设备作业人员对特种设备的使用，《条例》作出了如下规定：

1. 锅炉、压力容器、电梯、起重机械、客运索道、大型游乐设施、场（厂）内专用机动车辆的作业人员及其相关管理人员（以下统称特种设备作业人员），应当按照国家有关规定经特种设备安全监督管理部门考核合格，取得国家统一格式的特种作业人员证书，方可从事相应的作业或者管理工作。

2. 特种设备使用单位应当对特种设备作业人员进行特种设备安全、节能教育和培训，保证特种设备作业人员具备必要的特种设备安全、节能知识。

3. 特种设备作业人员在作业中应当严格执行特种设备的操作规程和有关的安全规章制度。

4. 特种设备作业人员在作业过程中发现事故隐患或者其他不安全因素，应当立即向现场安全管理人员和单位有关负责人报告。

（二）搭乘人员对特种设备的使用

关于搭乘人员对特种设备的使用，《条例》第36条作出了规定。该条规定，电梯、客运索道、大型游乐设施的乘客应当遵守使用安全注意事项的要求，服从有关工作人员的指挥。

第四节　特种设备的检验检测与监督检查

一、特种设备的检验检测

相对于普通商品的检验检测，特种设备的检验检测对检验检测机构、检验检测人员、检验检测技术和规范的要求更加严格，更加具体和细致。

（一）检验检测机构

特种设备的检验检测必须由专门的检验检测机构进行。《条例》第41条第1款规定："从事本条例规定的监督检验、定期检验、型式试验以及专门为特种设备生产、使用、检验检测提供无损检测服务的特种设备检验检测机构，应当经国务院特种设备安全监督管理部门核准。"同时，根据该《条例》第42条的规定，特种设备检验检测机构，应当具备下列条件：①有与所从事的检验检测工作相适应的检验检测人员；②有与所从事的检验检测工作相适应的检验检测仪器和设备；③有健全的检验检测管理制度、检验检测责任制度。

具备条件的检验检测机构经国务院特种设备安全监督管理部门核准，负责本单位一定范围内的特种设备定期检验、试验工作。

（二）检验检测人员

特种设备的检验检测必须由专业的检验检测人员进行，从事检验检测的人员必须持有资格证书。《条例》第44条第1款规定："从事本条例规定的监督检验、定期检验、型式试验和无损检测的特种设备检验检测人员应当经国务院特种设备安全监督管理部门组织考核合格，取得检验检测人员证书，方可从事检验检测工作。"

为保证检验检测的客观、公正，维护受检企业的合法权益，维护检验检测秩序，《条例》规定，检验检测人员从事检验检测工作，必须在特种设备检验检测机构执业，但不得同时在两个以上检验检测机构中执业。

（三）检验检测

特种设备的检验检测，一要遵循诚信原则和方便企业的原则，二要严格遵守安全技术规范。

1. 遵循诚信原则和方便企业的原则。诚实信用原则是市场经济活动的一项基本道德准则，是现代法治社会的一项基本法律原则。一般认为，诚实信用原则的基本含义是，当事人在市场活动中应讲信用，恪守诺言，诚实不欺，在追求自己利益的同时不损害他人和社会利益，要求民事主体在民事活动中维持双方的利益以及当事人利益与社会利益的平衡。具体到特种设备检验检测活动中，就要求检验检测机构和检验检测人员坚持中立立场，严格依法和依技术规范进行检验检测，客观公正，不受任何外来因素的影响，实事求是地出具检验检测证书，维护检验检测机构的权威，切实维护消费者的合法权益。

方便企业的原则就是要急企业所急，想企业所想，设身处地地为企业检验检测提供便利和方便。具体来讲，就是要求检验检测机构树立服务企业的思想，在被检材料的送递、费用的交纳、检验证书的领取等诸多环节和方面，都要考虑企业的成本、时间、效益，为特种设备生产、使用单位提供可靠、便捷的检验检测服务，决不能使检验检测成为或者变相成为企业发展的阻力和障碍。

2. 严格遵守安全技术规范。《条例》第43条第2款规定，特种设备检验检测工作应当符合安全技术规范的要求。检验检测安全技术规范应当结合被检测对象的实际情况，依照相关标准加以制定和实施。

（四）检验检测机构和检验检测人员的基本义务

为保证检验检测工作的客观公正，维护受检企业的合法权益，维护检验检测秩序，《条例》为检验检测机构和检验检测人员规定了如下几项基本义务。

1. 对涉及的被检验检测单位的商业秘密，负有保密义务。

2. 应当客观、公正、及时地出具检验检测结果、鉴定结论。检验检测结果、鉴定结论经检验检测人员签字后，由检验检测机构负责人签署。特种设备检验检测机构和检验检测人员对检验检测结果鉴定结论负责。

3. 不得从事特种设备的生产、销售，不得以其名义推荐或者监制、监销特种设备。

4. 发现严重事故隐患，应当及时告知特种设备使用单位，并立即向特种设备安全监督管理报告。

5. 不得利用检验检测工作故意刁难特种设备生产、使用单位。

二、特种设备的监督检查

特种设备的检验检测由专业的检验检测机构进行，同样，特种设备的监督检查也由专门的监督检查机构进行。

（一）特种设备监督检查机关

特种设备监督检查机关由国务院特种设备安全监督管理部门和省、自治区、直辖市等地方特种设备安全监督管理部门组成。

国家质检总局特种设备安全监察局是国务院特种设备安全监督管理部门，其基本职责是管理锅炉、压力容器、压力管道、电梯、起重机械、客运索道、大型游乐设施、场（厂）内专用机动车辆等特种设备的安全监察、监督工作；监督检查特种设备的设计、制造、安装、改造、维修、使用、检验检测和进出口；按规定权限组织调查处理特种设备事故并进行统计分析；监督管理特种设备检验检测机构和检验检测人员、作业人员的资质资格；监督检查高耗能特种设备节能标准的执行情况。

特种设备监督检查机关在监督检查过程中享有如下职权：

1. 向特种设备生产、使用单位和检验检测机构的法定代表人、主要负责人和其他有关人员调查、了解与涉嫌从事违反《条例》的生产、使用、检验检测有关的情况；

2. 查阅、复制特种设备生产、使用单位和检验检测机构的有关合同、发票、账簿以及其他有关资料；

3. 对有证据表明不符合安全技术规范要求的或者有其他严重事故隐患、能耗严重超标的特种设备，予以查封或者扣押。

（二）特种设备监督检查人员

特种设备安全监督管理部门的安全监察人员应当熟悉相关法律、法规、规章和安全技术规范，具有相应的专业知识和工作经验，并经国务院特种设备安全监督管理部门考核，取得特种设备安全监察人员证书。

（三）监督检查

《条例》对特种设备安全监督检查的范围、程序、结果等作了具体规定。

1. 监督检查的范围。特种设备的监督检查，从范围上来讲应当做到点与面的有机结合。从面上来讲，应当做到对特种设备的生产、使用活动，检验检测机构的检验检测活动进行全面的监督检查；从点上来讲，应当重点突出，有针对性，应当对学校、幼儿园以及车站、客运码头、商场、体育场馆、展览馆、公园等公众聚集场所的特种设备实施重点安全监察。

2. 监督检查的程序。关于监督检查的程序，《条例》第56条、第57条作了如下规定：①特种设备安全监督管理部门对特种设备生产、使用单位和检验检测机构实施安全监察时，应当有两名以上特种设备安全监察人员参加，并出示有效的特种设备安全监察人员证件；②特种设备安全监督管理部门对特种设备生产、使用单位和检验检测机构实施安全监察，应当对每次安全监察的内容、发现的问题及处理情况，作出记录，并由参加安全监察的特种设备安全监察人员和被检查单位的有关负责人签字后归档。被检查单位的有关负责人拒绝签字的，特种设备安全监察人员应当将情况记录在案。

为确保监督检查的客观、公平，维护企业的合法权益，《条例》规定，地方各级特种设备安全监督管理部门不得以任何形式进行地方保护和地区封锁，不得对已经依照《条例》规定在其他地方取得许可的特种设备生产单位重复进行许可，也不得要求对依照《条例》规定在其他地方检验检测合格的特种设备，重复进行检验检测。

3. 监督检查的结果。监督检查从结果上来讲有合格与不合格之分。对于不符合《条例》规定条件和安全技术规范要求的或者在用的特种设备存在事故隐患的或者发现重大违法行为或者严重事故隐患的：①实施许可、核准、登记的特种设备安全监督管理部门，不得对其许可、核准、登记；未依法取得许可、核准、登记的单位擅自从事特种设备的生产、使用或者检验检测活动的，特种设备安全监督管理部门应当予以取缔或者依法予以处理。已经取得许可、核准、登记的特种设备的生产、使用单位和检验检测机构，特种设备安全监督管理部门发现其不再符合本条例规定条件和安全技术规范要求的，应当依法撤销原许可、核准，登记；②特种设备安全监督管理部门应当以书面形式发出特种设备安全监察指令，责令有关单位及时采取措施，予以改正或者消除事故隐患，紧急情况下需要采取紧急处置措施的，应当随后补发书面通知；③特种设备安全监督管理部门应当在采取必要措施的同时，及时向上级特种设备安全监督管理部门报告。接到报告的特种设备安全监督管理部门应当采取必要措施，及时予以处理。

4. 特种设备安全状况的公布。公布特种设备安全状况是《条例》特有的一项法律制度。该制度的设立，既有利于社会公众知情权的实现，又有利于对特种设备生产、使用企业的监督，具有十分重要的法律意义和应用价值。《条例》要求国务院特种设备安全监督管理部门和省、自治区、直辖市特种设备安全监督管理部门应当定期向社会公布特种设备安全状况。公布特种设备安全状况，应当包括下列内容：①特种设备质量安全状况；②特种设备事故的情况、特点、原因分析、防范对策；③特种设备能效状况；④其他需要公布的情况。

第五节　违反特种设备安全监察条例的法律责任

一、违反特种设备安全监察条例法律责任的含义

违反特种设备安全监察条例的法律责任是指《条例》的规范主体违反该条例的规定而应承担的法律后果。违反特种设备安全监察条例的法律责任可分为

违反特种设备安全监察条例的民事责任、行政责任和刑事责任三类。

违反特种设备安全监察条例法律责任的责任主体与责任形式如下：

1. 责任主体。违反特种设备安全监察条例法律责任的责任主体是特定的，均与特种设备有关，具体包括特种设备的设计者、生产者、使用者、维修者、检测者和监督检查者。

2. 责任形式。违反特种设备安全监察条例法律责任的责任形式众多。其中民事责任形式主要是赔偿损失；行政责任形式主要有通报批评、责令限期改正、恢复原状、罚款、没收违法所得、吊销许可证或营业执照等；刑事责任形式主要有罚金、没收财产、有期徒刑、无期徒刑等。

二、违反特种设备安全监察条例的民事责任

违反特种设备安全监察条例的民事责任是指《条例》的规范主体违反该条例的规定而应当承担的民事法律后果。

《条例》仅规定了特种设备检验检测机构和检验检测人员的民事责任。该《条例》第93条第2款规定："特种设备检验检测机构和检验检测人员，出具虚假的检验检测结果、鉴定结论或者检验检测结果、鉴定结论严重失实，造成损害的，应当承担赔偿责任。"

三、违反特种设备安全监察条例的行政责任

违反特种设备安全监察条例的行政责任是指《条例》的规范主体违反该条例的规定而应当承担的行政法律后果。行政责任是违反特种设备安全监察条例法律责任的基本内容，在该责任体系中占有十分重要的地位。

（一）特种设备生产者的行政责任

《条例》对生产者承担的行政责任作了非常具体的规定。依其规定特种设备生产者的行政责任主要包括以下几类：

1. 违反行政许可制度的行政责任。《条例》规定，生产者有下列违反行政许可制度行为之一的应当承担行政责任：①未经许可，擅自从事压力容器设计活动的；②未经许可，擅自从事锅炉、压力容器、电梯、起重机械、客运索道、大型游乐设施、场（厂）内专用机动车辆及其安全附件、安全保护装置的制造、安装、改造以及压力管道元件的制造活动的；③未经许可，擅自从事锅炉、压力容器、电梯、起重机械、客运索道、大型游乐设施、场（厂）内专用机动车辆的维修或者日常维护保养的；④未经许可，擅自从事移动式压力容器或者气瓶充装活动的。

2. 违反检测制度的行政责任。《条例》规定，生产者有下列违反检测制度

行为之一的应当承担行政责任：①锅炉、气瓶、氧舱和客运索道、大型游乐设施以及高耗能特种设备的设计文件，未经国务院特种设备安全监督管理部门核准的检验检测机构鉴定，擅自用于制造的；②锅炉、压力容器、压力管道元件、起重机械、大型游乐设施的制造过程和锅炉、压力容器、电梯、起重机械、客运索道、大型游乐设施的安装、改造、重大维修过程，以及锅炉清洗过程，未经国务院特种设备安全监督管理部门核准的检验检测机构按照安全技术规范的要求进行监督检验的；③未经核准，擅自从事本条例所规定的监督检验、定期检验、型式试验以及无损检测等检验检测活动的。

3. 违反生产技术规范的行政责任。《条例》规定，生产者有下列违反生产技术规范制度行为之一的应当承担行政责任：①锅炉、气瓶、氧舱和客运索道、大型游乐设施以及高耗能特种设备的设计文件，未经国务院特种设备安全监督管理部门核准的检验检测机构鉴定，擅自用于制造的；②按照安全技术规范的要求应当进行型式试验的特种设备产品、部件或者试制特种设备新产品、新部件，未进行整机或者部件型式试验的；③特种设备出厂时，未按照安全技术规范的要求附有设计文件、产品质量合格证明、安装及使用维修说明、监督检验证明等文件的；④锅炉、压力容器、电梯、起重机械、客运索道、大型游乐设施的安装、改造、维修的施工单位以及场（厂）内专用机动车辆的改造、维修单位，在施工前未将拟进行的特种设备安装、改造、维修情况书面告知直辖市或者设区的市的特种设备安全监督管理部门即行施工的，或者在验收后30日内未将有关技术资料移交锅炉、压力容器、电梯、起重机械、客运索道、大型游乐设施的使用单位的；⑤锅炉、压力容器、压力管道元件、起重机械、大型游乐设施的制造过程和锅炉、压力容器、电梯、起重机械、客运索道、大型游乐设施的安装、改造、重大维修过程，以及锅炉清洗过程，未经国务院特种设备安全监督管理部门核准的检验检测机构按照安全技术规范的要求进行监督检验的。

4. 发生特种设备事故的行政责任。《条例》规定，发生特种设备事故，有下列情形之一的，单位和主要负责人应当承担行政责任：①特种设备使用单位的主要负责人在本单位发生特种设备事故时，不立即组织抢救或者在事故调查处理期间擅离职守或者逃匿的；②特种设备使用单位的主要负责人对特种设备事故隐瞒不报、谎报或者拖延不报的。

（二）特种设备使用者的行政责任

根据《条例》的规定，特种设备使用者的行政责任主要包括以下两项内容：

1. 电梯、客运索道、大型游乐设施的运营使用单位有下列情形之一的，应当依法承担相应的行政责任：①客运索道、大型游乐设施每日投入使用前，未进行试运行和例行安全检查，并对安全装置进行检查确认的；②未将电梯、客运索道、大型游乐设施的安全注意事项和警示标志置于易于为乘客注意的显著位置的。

2. 特种设备使用单位有下列情形之一的，应当依法承担相应的行政责任：①未依照《条例》规定设置特种设备安全管理机构或者配备专职、兼职的安全管理人员的；②从事特种设备作业的人员，未取得相应特种作业人员证书，上岗作业的；③未对特种设备作业人员进行特种设备安全教育和培训的。

（三）特种设备检测机构和检测人员的行政责任

《条例》对检测机构和检测人员的行政责任作了如下规定：

1. 特种设备检测机构的行政责任。根据《条例》的规定，特种设备检测机构有下列行为之一的，应当依法承担相应的行政责任：①聘用未经特种设备安全监督管理部门组织考核合格并取得检验检测人员证书的人员，从事相关检验检测工作的；②在进行特种设备检验检测中，发现严重事故隐患或者能耗严重超标，未及时告知特种设备使用单位，并立即向特种设备安全监督管理部门报告的；③出具虚假的检验检测结果、鉴定结论或者检验检测结果、鉴定结论严重失实的；④从事特种设备的生产、销售，或者以其名义推荐或者监制、监销特种设备的。

2. 特种设备检测人员的行政责任。根据《条例》的规定，特种设备检测人员有下列行为之一的，应当依法承担相应的行政责任：①出具虚假的检验检测结果、鉴定结论或者检验检测结果、鉴定结论严重失实的；②从事特种设备的生产、销售，或者以其名义推荐或者监制、监销特种设备的；③特种设备检验检测机构和检验检测人员利用检验检测工作故意刁难特种设备生产、使用单位；④检验检测人员从事检验检测工作，不在特种设备检验检测机构执业或者同时在两个以上检验检测机构中执业的。

（四）特种设备安全监督管理部门及其特种设备安全监察人员的行政责任

《条例》规定，特种设备安全监督管理部门及其特种设备安全监察人员，有下列违法行为之一的，应当依法承担相应的行政责任：

1. 不按照《条例》规定的条件和安全技术规范要求，实施许可、核准、登记的；

2. 发现未经许可、核准、登记擅自从事特种设备的生产、使用或者检验检测活动不予取缔或者不依法予以处理的；

3. 发现特种设备生产、使用单位不再具备《条例》规定的条件而不撤销其原许可，或者发现特种设备生产、使用违法行为不予查处的；

4. 发现特种设备检验检测机构不再具备《条例》规定的条件而不撤销其原

核准，或者对其出具虚假的检验检测结果、鉴定结论或者检验检测结果、鉴定结论严重失实的行为不予查处的；

5. 对依照《条例》规定在其他地方取得许可的特种设备生产单位重复进行许可，或者对依照《条例》规定在其他地方检验检测合格的特种设备，重复进行检验检测的；

6. 发现有违反《条例》和安全技术规范的行为或者在用的特种设备存在严重事故隐患，不立即处理的；

7. 发现重大的违法行为或者严重事故隐患，未及时向上级特种设备安全监督管理部门报告，或者接到报告的特种设备安全监督管理部门不立即处理的；

8. 迟报、漏报、瞒报或者谎报事故的；

9. 妨碍事故救援或者事故调查处理的。

四、违反特种设备安全监察条例的刑事责任

关于违反特种设备安全监察条例的刑事责任，《条例》作了详细的规定，涉及的刑法罪名主要有非法经营罪、生产和销售伪劣产品罪、重大责任事故罪、受贿罪、滥用职权罪、玩忽职守罪等。限于篇幅，本节仅介绍重大责任事故罪。

（一）重大责任事故

关于重大责任事故与一般责任的划分以及重大责任事故的等级，《条例》作出了如下规定：

1. 特别重大事故。《条例》第 61 条规定，有下列情形之一的，为特别重大事故：①特种设备事故造成 30 人以上死亡，或者 100 人以上重伤（包括急性工业中毒，下同），或者 1 亿元以上直接经济损失的；②600 兆瓦以上锅炉爆炸的；③压力容器、压力管道有毒介质泄漏，造成 15 万人以上转移的；④客运索道、大型游乐设施高空滞留 100 人以上并且时间在 48 小时以上的。

2. 重大事故。《条例》第 62 条规定，有下列情形之一的，为重大事故：①特种设备事故造成 10 人以上 30 人以下死亡，或者 50 人以上 100 人以下重伤，或者 5000 万元以上 1 亿元以下直接经济损失的；②600 兆瓦以上锅炉因安全故障中断运行 240 小时以上的；③压力容器、压力管道有毒介质泄漏，造成 5 万人以上 15 万人以下转移的；④客运索道、大型游乐设施高空滞留 100 人以上并且时间在 24 小时以上 48 小时以下的。

3. 较大事故。《条例》第 63 条规定，有下列情形之一的，为较大事故：①特种设备事故造成 3 人以上 10 人以下死亡，或者 10 人以上 50 人以下重伤，或者 1000 万元以上 5000 万元以下直接经济损失的；②锅炉、压力容器、压力管道爆炸的；③压力容器、压力管道有毒介质泄漏，造成 1 万人以上 5 万人以下转

移的；④起重机械整体倾覆的；⑤客运索道、大型游乐设施高空滞留人员 12 小时以上的。

4. 一般事故。《条例》第 64 条规定，有下列情形之一的，为一般事故：①特种设备事故造成 3 人以下死亡，或者 10 人以下重伤，或者 1 万元以上 1000 万元以下直接经济损失的；②压力容器、压力管道有毒介质泄漏，造成 500 人以上 1 万人以下转移的；③电梯轿厢滞留人员 2 小时以上的；④起重机械主要受力结构件折断或者起升机构坠落的；⑤客运索道高空滞留人员 3.5 小时以上 12 小时以下的；⑥大型游乐设施高空滞留人员 1 小时以上 12 小时以下的。

《条例》第 64 条同时规定，国务院特种设备安全监督管理部门可以对一般事故的其他情形做出补充规定。

（二）重大责任事故罪的含义

重大责任事故罪是指在生产、作业中违反有关安全管理的规定，因而发生重大伤亡事故或者造成其他严重后果，应当追究刑事责任的行为。其构成要件如下：

1. 犯罪主体。重大责任事故罪的犯罪主体包括单位主体和个人主体。单位主体是指特种设备的生产单位、检测单位；个人主体是指生产单位的负责人、检测人员、作业人员等。

2. 主观方面。重大责任事故罪的罪过形式是过失。这里的过失，是指应当预见到自己的行为可能发生重大伤亡事故或者造成其他严重后果，因为疏忽大意而没有预见或者已经预见而轻信能够避免，以致发生这种结果的主观心理状态。

3. 犯罪客体。重大责任事故罪的犯罪客体是工厂、矿山、林场、建筑企业或者其他企业、事业单位的生产安全。

4. 客观方面。重大责任事故罪的行为是在生产、作业中违反有关安全管理规定。这里的违反有关安全管理规定，是指违反有关生产安全的法律、法规、规章制度。因此，这种有关安全生产规定包括以下三种情形：①国家颁布的各种有关安全生产的法律、法规等规范性文件；②企业、事业单位及其上级管理机关制定的反映安全生产客观规律的各种规章制度，包括工艺技术、生产操作、技术监督、劳动保护、安全管理等方面的规程、规则、章程、条例、办法和制度；③虽无明文规定，但反映生产、科研、设计、施工的安全操作客观规律和要求，在实践中为职工所公认的行之有效的操作习惯和惯例等。

思考题

1. 谈谈你对我国特种设备（施）监督检查制度的认识。

2. 试评我国电梯生产、安装、维修、使用制度。

3. 试评我国《特种设备安全监察条例》。

4. 简析特种设备的检验检测制度。

第十四章
药品与医疗器械质量安全法律制度

■ **内容提要**

　　药品是指用于预防、治疗、诊断人的疾病，有目的地调节人的生理机能并规定有适应症或者功能主治、用法和用量的物质，包括中药材、中药饮片、中成药、化学原料药及其制剂、抗生素、生化药品、放射性药品、血清、疫苗、血液制品和诊断药品等；医疗器械是指单独或者组合使用于人体的仪器、设备、器具、材料或者其他物品。目前，《中华人民共和国药品管理法》和《医疗器械监督管理条例》是规范和调整药品、医疗器械生产、销售、使用和监督管理关系的基本法律规范。本章以《药品管理法》和《医疗器械监督管理条例》为蓝本对药品、药剂、医疗器械的生产、经营、使用等问题进行了介绍。

■ **学习重点**

　　药品的含义；医疗器械的含义；药品管理；医疗器械管理。

第一节　药品质量安全法律制度

一、药品及药品质量安全立法

　　药品是一种特殊的商品，对于人民群众的身体健康和生命安全意义重大。我国政府十分重视广大百姓的用药安全，重视药品质量的提高，重视运用法律手段管理药品以及药品的生产和销售。

（一）药品的含义

根据《中华人民共和国药品管理法》第102条的规定，药品是指用于预防、治疗、诊断人的疾病，有目的地调节人的生理机能并规定有适应症或者功能主治、用法和用量的物质，包括中药材、中药饮片、中成药、化学原料药及其制剂、抗生素、生化药品、放射性药品、血清、疫苗、血液制品和诊断药品等。

此外，《中华人民共和国药品管理法实施条例》对新药、处方药和非处方药进行了界定。其中：新药，是指未曾在中国境内上市销售的药品。处方药，是指凭执业医师和执业助理医师处方方可购买、调配和使用的药品。非处方药，是指由国务院药品监督管理部门公布的，不需要凭执业医师和执业助理医师处方，消费者可以自行判断、购买和使用的药品。

《麻醉药品和精神药品管理条例》对麻醉药品和精神药品进行了界定。根据该《条例》第3条规定，麻醉药品和精神药品，是指列入麻醉药品目录、精神药品目录（以下称目录）的药品和其他物质。精神药品分为第一类精神药品和第二类精神药品。目录由国务院药品监督管理部门会同国务院公安部门、国务院卫生主管部门制定、调整并公布。

（二）药品质量安全立法

为加强药品监督管理，保证药品质量，保障人体用药安全，维护人民身体健康和用药的合法权益，1984年9月20日第六届全国人民代表大会常务委员会第七次会议通过颁布了《中华人民共和国药品管理法》，第九届全国人民代表大会常务委员会第二十次会议又于2001年2月28日对该法进行了修订。《药品管理法》是专门规范药品研制、生产、经营、使用和监督管理的法律，是我国药品监督管理的基本法。《药品管理法》自1985年7月1日起实施以来，对于保证药品的质量，保障人民用药安全、有效，打击制售假药、劣药，发挥了重要作用。修订后的《药品管理法》共10章106条，分别对"药品生产企业管理"、"药品经营企业管理"、"医疗机构的药剂管理"、"药品管理"、"药品包装的管理"、"药品价格和广告的管理"、"药品监督"、"法律责任"等问题进行了规范。

为贯彻《药品管理法》的基本精神，落实《药品管理法》的基本任务，国务院发布了一系列调整药品质量关系的行政法规，如《中华人民共和国药品管理法实施条例》（2002年8月4日发布）、《麻醉药品和精神药品管理条例》（2005年8月3日发布）、《中药品种保护条例》（1992年10月14日发布）等。这些行政法规是我国药品管理法律体系的重要组成部分。与此同时，国家药品监督管理局等国务院部委也发布了一些行政规章，如《处方药与非处方药分类管理办法》（试行）（1999年6月18日发布）、《药品生产质量管理规范》（1992

年 12 月 28 日发布、2010 年 10 月 19 日修订)、《药品包装用材料、容器管理办法》(暂行)(已失效)(2000 年 4 月 29 日发布)、《药品行政保护条例实施细则》(2000 年 10 月 24 日发布)、《中药材生产质量管理规范(试行)》(2002 年 4 月 17 日发布)、《国家药品监督管理局行政复议暂行办法》(2002 年 8 月 5 日发布)、《药品监督行政处罚程序规定》(2003 年 4 月 28 日发布,2012 年 10 月 17 日修正)、《药品经营许可证管理办法》(2004 年 4 月 1 日发布)、《生物制品批签发管理办法》(2004 年 7 月 13 日发布)、《药品生产监督管理办法》(2004 年 8 月 5 日发布)、《国家食品药品监督管理局药品特别审批程序》(2005 年 11 月 18 日发布)、《进口药材管理办法(试行)》(2005 年 11 月 24 日发布)、《药品说明书和标签管理规定》(2006 年 3 月 15 日发布)、《药品流通监督管理办法》(2007 年 1 月 31 日发布)、《药品广告审查办法》(2007 年 3 月 13 日发布)、《药品注册管理办法》(2007 年 7 月 10 日发布)、《药品召回管理办法》(2007 年 12 月 10 日发布)、《药品生产质量管理规范》(2011 年 1 月 17 日发布)、《药品不良反应报告和监测管理办法》(2011 年 5 月 4 日发布) 等。这些行政规章也是我国药品管理法律体系的重要组成部分。

二、药品生产与经营企业的管理

生产环节和经营环节是药品质量安全管理的重要环节,《药品管理法》对药品生产企业的生产和经营企业的经营作出了具体的规定。

（一）药品生产企业的管理

药品是一种特殊的产品,药品生产企业也是一种特殊的企业。《药品管理法》要求药品生产企业必须具备法定条件,同时要领取药品生产许可证。

1. 药品生产企业的开办条件。根据《药品管理法》第 8 条的规定,开办药品生产企业,必须具备以下条件:①具有依法经过资格认定的药学技术人员、工程技术人员及相应的技术工人;②具有与其药品生产相适应的厂房、设施和卫生环境;③具有能对所生产药品进行质量管理和质量检验的机构、人员以及必要的仪器设备;④具有保证药品质量的规章制度。

值得注意的是,上述条件只是开办药品生产企业的必要条件,而不是充分条件。药品监督管理部门批准开办药品生产企业,除应考虑上述条件外,还应当考虑是否符合国家制定的药品行业发展规划和产业政策,防止重复建设。

2. 药品生产的行政许可。我国对药品生产活动实行许可证管理制度。《药品管理法》规定,开办药品生产企业,须经企业所在地省、自治区、直辖市人民政府药品监督管理部门批准并发给《药品生产许可证》,凭《药品生产许可证》到工商行政管理部门办理登记注册。无《药品生产许可证》的,不得生产药品。

《药品生产许可证》应当标明有效期和生产范围，到期重新审查发证。

3. 药品生产企业的生产要求。药品生产不同于普通产品的生产，因此，药品企业的生产必须遵守以下几个方面的规定：①质量管理规范方面的规定，即药品生产企业必须按照国务院药品监督管理部门依据《药品管理法》制定的《药品生产质量管理规范》组织生产。②生产工艺方面的规定，即除中药饮片的炮制外，药品必须按照国家药品标准和国务院药品监督管理部门批准的生产工艺进行生产，生产记录必须完整准确。③产品标准方面的规定，即中药饮片必须按照国家药品标准炮制；国家药品标准没有规定的，必须按照省、自治区、直辖市人民政府药品监督管理部门制定的炮制规范炮制。④医学方面的规定，即生产药品所需的原料、辅料，必须符合药用要求。⑤产品出厂方面的规定，即药品生产企业必须对其生产的药品进行质量检验；不符合国家药品标准或者不按照省、自治区、直辖市人民政府药品监督管理部门制定的中药饮片炮制规范炮制的，不得出厂。

（二）药品经营企业的管理

同药品生产企业一样，药品经营企业也是一种特殊的经营企业，《药品管理法》同样要求药品经营企业必须具备法定条件，同时要领取药品经营许可证。

1. 药品经营企业的开办条件。根据《药品管理法》第15条的规定，开办药品经营企业必须具备以下条件：①具有依法经过资格认定的药学技术人员；②具有与所经营药品相适应的营业场所、设备、仓储设施、卫生环境；③具有与所经营药品相适应的质量管理机构或者人员；④具有保证所经营药品质量的规章制度。

值得一提的是，上述条件只是开办药品经营企业的必要条件，而不是充分条件。药品监督管理部门批准开办药品经营企业，除应考虑上述条件外，还应当遵循合理布局和方便群众购药的原则。

2. 药品经营的行政许可。我国对药品经营活动实行许可证管理制度。《药品管理法》规定，开办药品批发企业，须经企业所在地省、自治区、直辖市人民政府药品监督管理部门批准并发给《药品经营许可证》；开办药品零售企业，须经企业所在地县级以上地方药品监督管理部门批准并发给《药品经营许可证》，凭《药品经营许可证》到工商行政管理部门办理登记注册。无《药品经营许可证》的，不得经营药品。《药品经营许可证》应当标明有效期和经营范围，到期重新审查发证。

3. 药品经营企业的经营要求。药品经营不同于普通产品的经营，因此，药品经营企业的经营必须遵守以下几个方面的规定：①质量管理规范方面的规定，即药品经营企业必须按照国务院药品监督管理部门依据《药品管理法》制定的

《药品经营质量管理规范》经营药品。②进货检查验收方面的规定，即药品经营企业购进药品，必须建立并执行进货检查验收制度，验明药品合格证明和其他标识；不符合规定要求的，不得购进。③药品销售方面的规定，即药品经营企业购销药品，必须有真实完整的购销记录。购销记录必须注明药品的通用名称、剂型、规格、批号、有效期、生产厂商、购（销）货单位、购（销）货数量、购销价格、购（销）货日期及国务院药品监督管理部门规定的其他内容。④使用告知方面的规定，即药品经营企业销售药品必须准确无误，并正确说明用法、用量和注意事项；调配处方必须经过核对，对处方所列药品不得擅自更改或者代用。对有配伍禁忌或者超剂量的处方，应当拒绝调配；必要时，经处方医师更正或者重新签字，方可调配。⑤药品保管方面的规定，即药品经营企业必须制定和执行药品保管制度，采取必要的冷藏、防冻、防潮、防虫、防鼠等措施，保证药品质量。药品入库和出库必须执行检查制度。

三、医疗机构的药剂管理

为医学和医疗的需要，医疗机构在特殊的情况下需要药剂的研制。这种药剂研制工作，既不同于药品的生产，也不同于药品的经营，因此，《药品管理法》对之作出了专门的规定。

（一）医疗机构药剂研制的条件

《药品管理法》从研制人员、物质条件和市场机会等三个方面对医疗机构药剂研制的条件作出了规定。

1. 研制人员条件。研制人员属医疗技术人员的范围，必须具备一定的技术条件。《药品管理法》规定，医疗机构参与药剂研制的人员必须是依法经过资格认定的药学技术人员。非药学技术人员不得直接从事药剂技术工作。

2. 物质保障条件。药剂研制既需要人员的支撑，也需要一定物质条件的支撑。对于药剂研制的物质硬件，《药品管理法》规定，医疗机构配制制剂，必须具有能够保证制剂质量的设施、管理制度、检验仪器和卫生条件。

3. 市场机会条件。医疗机构研制药剂，必须是本单位临床需要而市场上没有供应的品种。这是医疗机构进行药剂研制的市场机会条件。此条件的成就与否是医疗机构能否进行药剂研制的必要条件。

（二）医疗机构药剂研制的行政许可

我国对医疗机构药剂研制活动进行许可证管理。《药品管理法》第23条规定，医疗机构配制制剂，须经所在地省、自治区、直辖市人民政府卫生行政部门审核同意，由省、自治区、直辖市人民政府药品监督管理部门批准，发给《医疗机构制剂许可证》。无《医疗机构制剂许可证》的，不得配制制剂。

（三）医疗机构药剂研制的基本要求

《药品管理法》从以下几个方面对医疗机构药剂研制活动作出了要求：

1. 原料、原材料采购方面的要求。医疗机构购进药品，必须建立并执行进货检查验收制度，验明药品合格证明和其他标识；不符合规定要求的，不得购进和使用。

2. 配伍与调配方面的要求。医疗机构的药剂人员调配处方，必须经过核对，对处方所列药品不得擅自更改或者代用。对有配伍禁忌或者超剂量的处方，应当拒绝调配；必要时，经处方医师更正或者重新签字，方可调配。

3. 药剂保管方面的要求。医疗机构必须制定和执行药品保管制度，采取必要的冷藏、防冻、防潮、防虫、防鼠等措施，保证药品质量。

4. 药剂销售方面的要求。医疗机构配制的制剂，不得在市场上销售。

四、药品管理

我国对药品的管理主要包括以下几项基本法律制度：

（一）新药研制、生产管理制度

新药作为一种新产品，其药理、药性、疗效、毒副作用等都有待实践的检验。为了保障新药的质量安全，《药品管理法》对新药的研制与生产作出了严格的规定：

1. 新药的研制。研制新药，必须按照国务院药品监督管理部门的规定如实报送研制方法、质量指标、药理及毒理试验结果等有关资料和样品，经国务院药品监督管理部门批准后，方可进行临床试验。药物临床试验机构资格的认定办法，由国务院药品监督管理部门、国务院卫生行政部门共同制定。

在新药的研制过程中，研制机构应当严格按照新药研制规范进行新药研制，严格执行药物非临床研究质量管理规范、药物临床试验质量管理规范。

完成临床试验并通过审批的新药，由国务院药品监督管理部门批准，发给新药证书。

2. 新药的生产。生产新药必须经国务院药品监督管理部门批准，并发给药品批准文号；但是，生产没有实施批准文号管理的中药材和中药饮片除外。药品生产企业在取得药品批准文号后，方可生产该药品。

（二）药品标准管理制度

药品必须符合国家药品标准。我国的国家药品标准由国务院药品监督管理部门组织药典委员会，负责制定和修订。

目前，我国药品标准均为国家药品标准。所谓国家药品标准是指国家食品药品监督管理局颁布的《中华人民共和国药典》、药品注册标准和其它药品标准，其内容包括质量指标、检验方法以及生产工艺等技术要求。国家药品标准主要包括：①药典标准；②卫生部中药成方制剂 1～21 册；③卫生部化学、生化、抗生素药品第 1 分册；④卫生部药品标准（2 部）1～6 册；⑤卫生部药品标准藏药第 1 册、蒙药分册、维吾尔药分册；⑥新药转正标准 1～76 册；⑦国家药品标准化学药品地标升国标 1～16 册；⑧国家中成药标准汇编内科心系分册、内科肝胆分册、内科脾胃分册、内科气血津液分册、内科肺系（1）（2）分册、内科肾系分册、外科妇科分册、骨伤科分册、口腔肿瘤儿科分册、眼科耳鼻喉皮肤科分册、经络肢体脑系分册；⑨国家注册标准；⑩进口药品标准。

（三）麻醉药品与精神药品管理制度

为加强麻醉药品和精神药品的管理，保证麻醉药品和精神药品的合法、安全、合理使用，防止流入非法渠道，根据《药品管理法》和其他有关法律法规的规定，2005 年 7 月 26 日国务院通过了《麻醉药品和精神药品管理条例》。该条例从种植、生产、经营、使用、运输等方面对麻醉药品与精神药品进行监督和管理。

（四）中药品种保护制度

中药品种，是指由一个处方制成的某一剂型的中成药品种。我国实行中药品种保护制度。

为鼓励研究和创制中药新药，促进中药事业的发展，国务院于 1992 年 10 月 14 日发布了《中药品种保护条例》。该条例从中药保护品种申请、审批和中药保护品种监督管理两个方面对中药品种的保护进行了规范。

（五）处方药与非处方药分类管理制度

必须凭执业医师或执业助理医师处方才可调配、购买和使用的药品为处方药；不需要凭执业医师或执业助理医师处方即可自行判断、购买和使用的药品为非处方药。我国根据药品品种、规格、适应症、剂量及给药途径不同，对药品分别按处方药与非处方药进行管理，即实行处方药与非处方药分类管理制度。

为保障人民用药安全有效、使用方便，1999 年 6 月 18 日国家药品监督管理局发布了《处方药与非处方药分类管理办法（试行）》。该《办法》对处方药与非处方药的生产、销售和使用情况进行了规范。

（六）药品储备制度

我国国家医药储备制度建立于 20 世纪 70 年代。我国历来重视医药储备工作。多年来，国家医药储备在满足灾情、疫情及突发事故对药品和医疗器械的紧急需要方面发挥了重要作用，同时医药储备也为救死扶伤提供了坚实后盾，为保持社会稳定做出了贡献。

为完善药品储备制度，1997 年在中央统一政策、统一规划、统一组织实施的原则下，我国建立了中央与地方两级医药储备制度，实行动态管理、有偿使用。中央主要负责储备重大灾情、疫情及重大突发事故和战略储备所需的特种、专项药品及医疗器械；地方主要负责储备地区性或一般灾情、疫情及突发事故和地方常见病、多发病防治所需的药品和医疗器械。需紧急动用国家储备的药品和医疗器械时，原则上由地方储备负责供应，中央储备补充供应。

（七）进口药品管理制度

关于进口药品的管理，《药品管理法》作出了如下规定：①药品进口，须经国务院药品监督管理部门组织审查，经审查确认符合质量标准、安全有效的，方可批准进口，并发给进口药品注册证；②禁止进口疗效不确、不良反应大或者其他原因危害人体健康的药品；③药品必须从允许药品进口的口岸进口，并由进口药品的企业向口岸所在地药品监督管理部门登记备案；④国务院药品监督管理部门对已经批准生产或者进口的药品，应当组织调查；对疗效不确、不良反应大或者其他原因危害人体健康的药品，应当撤销批准文号或者进口药品注册证书。已被撤销批准文号或者进口药品注册证书的药品，不得生产或者进口、销售和使用；已经生产或者进口的，由当地药品监督管理部门监督销毁或者处理。

（八）假药、劣药禁限制度

我国《药品管理法》严禁生产销售假药和劣药。其中，有下列情形之一的，为假药：①药品所含成份与国家药品标准规定的成份不符的；②以非药品冒充药品或者以他种药品冒充此种药品的。有下列情形之一的药品，按假药论处：①国务院药品监督管理部门规定禁止使用的；②依照本法必须批准而未经批准生产、进口，或者依照本法必须检验而未经检验即销售的；③变质的；④被污染的；⑤使用依照本法必须取得批准文号而未取得批准文号的原料药生产的；⑥所标明的适应症或者功能主治超出规定范围的。

药品成份的含量不符合国家药品标准的，为劣药。有下列情形之一的药品，按劣药论处：①未标明有效期或者更改有效期的；②不注明或者更改生产批号的；③超过有效期的；④直接接触药品的包装材料和容器未经批准的；⑤擅自添加着色剂、防腐剂、香料、矫味剂及辅料的；⑥其他不符合药品标准规定的。

五、药品包装与药品广告的管理

药品的包装与广告对药品的质量和使用有着非常大的影响，因此，《药品管理法》对药品的包装与广告作出了专门的规定。

（一）药品包装的管理

《药品管理法》对药品的包装作出了下列规定：

1. 药品包装必须适合药品质量的要求，方便储存、运输和医疗使用。发运中药材必须有包装。在每件包装上，必须注明品名、产地、日期、调出单位，并附有质量合格的标志。

2. 药品包装必须按照规定印有或者贴有标签并附有说明书。标签或者说明书上必须注明药品的通用名称、成份、规格、生产企业、批准文号、产品批号、生产日期、有效期、适应症或者功能主治、用法、用量、禁忌、不良反应和注意事项。

3. 麻醉药品、精神药品、医疗用毒性药品、放射性药品、外用药品和非处方药的标签，必须印有规定的标志。

（二）药品广告的管理

《药品管理法》对药品的广告作出了下列规定：

1. 药品广告须经企业所在地省、自治区、直辖市人民政府药品监督管理部门批准，并发给药品广告批准文号；未取得药品广告批准文号的，不得发布。处方药可以在国务院卫生行政部门和国务院药品监督管理部门共同指定的医学、药学专业刊物上介绍，但不得在大众传播媒介发布广告或者以其他方式进行以公众为对象的广告宣传。

2. 药品广告的内容必须真实、合法，以国务院药品监督管理部门批准的说明书为准，不得含有虚假的内容。药品广告不得含有不科学的表示功效的断言或者保证；不得利用国家机关、医药科研单位、学术机构或者专家、学者、医师、患者的名义和形象作证明。

3. 非药品广告不得有涉及药品的宣传。

第二节　医疗器械质量安全法律制度

一、医疗器械的含义与分类

医疗器械既可看作是一种特殊的产品，也可看作是一种特殊的设备、设施，其内涵和分类都需要法律予以明确。

（一）医疗器械的含义

我国《医疗器械监督管理条例》第 3 条对医疗器械的定义是：单独或者组合使用于人体的仪器、设备、器具、材料或者其他物品，包括所需要的软件；其用于人体体表及体内的作用不是用药理学、免疫学或者代谢的手段获得，但是可能有这些手段参与并起一定的辅助作用；其使用旨在达到下列预期目的：①对疾病的预防、诊断、治疗、监护、缓解；②对损伤或者残疾的诊断、治疗、监护、缓解、补偿；③对解剖或者生理过程的研究、替代、调节；④妊娠控制。

（二）医疗器械的分类

《医疗器械监督管理条例》和《医疗器械分类规则》对医疗器械分类的判定依据、判定原则和具体内容做了具体规定。

1. 判定依据。医疗器械分类判定的依据有三：

（1）医疗器械结构特征。医疗器械的结构特征分为：有源医疗器械和无源医疗器械。

（2）医疗器械使用形式。根据不同的预期目的，将医疗器械归入一定的使用形式。其中：①无源器械的使用形式有：药液输送保存器械；改变血液、体液器械；医用敷料；外科器械；重复使用外科器械；一次性无菌器械；植入器械；避孕和计划生育器械；消毒清洁器械；护理器械、体外诊断试剂、其他无源接触或无源辅助器械等。②有源器械的使用形式有：能量治疗器械；诊断监护器械；输送体液器械；电离辐射器械；实验室仪器设备、医疗消毒设备；其他有源器械或有源辅助设备等。

（3）医疗器械使用状态。根据使用中对人体产生损伤的可能性、对医疗效果的影响，医疗器械使用状况可分为接触或进入人体器械和非接触人体器械，具体可分为：①接触或进入人体器械；②非接触人体器械。

2. 判定原则。实施医疗器械分类的判定原则应当考虑以下因素：①实施医疗器械分类，应根据分类判定表进行。②医疗器械分类判定主要依据其预期使用目的和作用进行。同一产品如果使用目的和作用方式不同，分类应该分别判定。③与其他医疗器械联合使用的医疗器械，应分别进行分类；医疗器械的附件分类应与其配套的主机分离，根据附件的情况单独分类。④作用于人体几个部位的医疗器械，根据风险高的使用形式、使用状态进行分类。⑤控制医疗器械功能的软件与该医疗器械按照同一类别进行分类。⑥如果一个医疗器械可以适用二个分类，应采取最高的分类。⑦监控或影响医疗器械主要功能的产品，其分类与被监控和影响器械的分类一致。⑧国家药品监督管理局根据工作需要，对需进行专门监督管理的医疗器械可以调整其分类。

3. 基本内容。依据分类判定依据和原则，医疗器械可以分为三类：

（1）通过常规管理足以保证其安全性、有效性的医疗器械。一般是指由市食品药品监督管理局来审批、发给注册证的。

（2）对其安全性、有效性应当加以控制的医疗器械。一般是指由省食品药品监督管理局来审批、发给注册证的。

（3）植入人体；用于支持、维持生命；对人体具有潜在危险，对其安全性、有效性必须严格控制的医疗器械。一般是指由国家食品药品监督管理局来审批、发给注册证的。以下医疗器械均属于第三类医疗器械：①所有植入人体的产品（不论使用何种生物材料）；②放射性治疗设备；③呼吸麻醉设备；④体外循环设备；⑤X 线 CT、MRI、超声 CT、正电子 CT、单光子 CT；⑥接触在体血液或返体血液的高分子材料的医疗用品，带介入治疗器具的超声显像设备视同植入人体产品；⑦氧治疗舱、婴儿培养箱视同生命支持产品；⑧心及血管内窥镜，有放射源的放射诊断器械视同潜在危险产品；⑨仿真型性辅助器具作为潜在危险的特例。

二、医疗器械质量安全立法

目前，我国调整医疗器械质量安全关系的法律规范主要包括《医疗器械监督管理条例》、《医疗器械分类规则》、《医疗器械标准管理办法（试行）》、《医疗器械注册管理办法》、《医疗器械召回管理办法（试行）》等。

（一）《医疗器械监督管理条例》

为了加强对医疗器械的监督管理，保证医疗器械的安全、有效，保障人体健康和生命安全，1999 年 12 月 28 日经国务院第 24 次常务会议通过、2000 年 1 月 4 日发布了《医疗器械监督管理条例》，自 2000 年 4 月 1 日起施行。该条例共分 6 章 48 条，对"医疗器械的管理"、"医疗器械生产、经营和使用"、"医疗器械的监督"等问题进行了规范。目前，该条例正在修订之中。新《条例》首次将医疗器械企业生产经营许可、生产质量、维护和检修、产品召回和退出、价格和广告等从生产到使用的全程纳入管理范围。

（二）《医疗器械分类规则》

为规范医疗器械分类，2000 年 2 月 17 日国家药品监督管理局局务会审议通过、2000 年 4 月 5 日发布了《医疗器械分类规则》。该规则共 10 条，自 2000 年 4 月 10 日起施行。该规则对医疗器械的含义、分类的判断依据、分类的判断原则、分类的监督管理、基本术语含义等问题进行了规范。

（三）《医疗器械标准管理办法（试行）》

为了加强医疗器械标准工作，保证医疗器械的安全、有效，根据《医疗器械监督管理条例》，2001 年 11 月 19 日国家药品监督管理局局务会审议通过、2002 年 1 月 4 日发布了《医疗器械标准管理办法（试行）》。该条例共 24 条，自 2002 年 5 月 1 日起施行。该条例对标准工作的管理机构和职能、国家标准和行业标准的制定和发布、注册产品标准的制定和审核、标准的实施与监督等问题进行了规范。

（四）《医疗器械注册管理办法》

为规范医疗器械的注册管理，保证医疗器械的安全、有效，根据《医疗器械监督管理条例》，2004 年 5 月 28 日国家食品药品监督管理局局务会审议通过、2004 年 8 月 9 日公布了《医疗器械注册管理办法》。该办法共 56 条，自公布之日起施行。该条例对"医疗器械注册检测"、"医疗器械临床试验"、"医疗器械注册申请与审批"、"医疗器械的重新注册"、"医疗器械注册证书的变更与补办"、"监督管理"等问题进行了规范。

（五）《医疗器械召回管理办法（试行）》

为加强对医疗器械的监督管理，保障人体健康和生命安全，根据《医疗器械监督管理条例》、《国务院关于加强食品等产品安全监督管理的特别规定》，2010 年 6 月 28 日卫生部部务会议审议通过、2011 年 5 月 20 日发布了《医疗器械召回管理办法（试行）》。该《办法》共 38 条，自 2011 年 7 月 1 日起施行。该办法对医疗器械缺陷的调查与评估、主动召回、责令召回、法律责任等问题进行了规范。

三、医疗器械的管理

为加强医疗器械的管理，《医疗器械监督管理条例》专设"医疗器械的管理"一章，对医疗器械管理的主体、原则、范围作了具体的规定。

（一）管理主体

关于医疗器械管理主体，《医疗器械监督管理条例》第 4 条规定，国务院药品监督管理部门负责全国的医疗器械监督管理工作。县级以上地方人民政府药品监督管理部门负责本行政区域内的医疗器械监督管理工作。国务院药品监督管理部门应当配合国务院经济综合管理部门，贯彻实施国家医疗器械产业政策。

国家食品药品监督管理局是国务院药品监督管理部门，其主要职责是：①制定药品、医疗器械、化妆品和消费环节食品安全监督管理的政策、规划并监督实施，参与起草相关法律法规和部门规章草案；②负责消费环节食品卫生许可和食品安全监督管理；③制定消费环节食品安全管理规范并监督实施，开展消费环节食品安全状况调查和监测工作，发布与消费环节食品安全监管有关的信息；④负责化妆品卫生许可、卫生监督管理和有关化妆品的审批工作；⑤负责药品、医疗器械行政监督和技术监督，负责制定药品和医疗器械研制、生产、流通、使用方面的质量管理规范并监督实施；⑥负责药品、医疗器械注册和监督管理，拟订国家药品、医疗器械标准并监督实施，组织开展药品不良反应和医疗器械不良事件监测，负责药品、医疗器械再评价和淘汰，参与制定国家基本药物目录，配合有关部门实施国家基本药物制度，组织实施处方药和非处方药分类管理制度；⑦负责制定中药、民族药监督管理规范并组织实施，拟订中药、民族药质量标准，组织制定中药材生产质量管理规范、中药饮片炮制规范并监督实施，组织实施中药品种保护制度；⑧监督管理药品、医疗器械质量安全，监督管理放射性药品、麻醉药品、毒性药品及精神药品，发布药品、医疗器械质量安全信息；⑨组织查处消费环节食品安全和药品、医疗器械、化妆品等的研制、生产、流通、使用方面的违法行为；⑩指导地方食品药品有关方面的监督管理、应急、稽查和信息化建设工作；⑪拟订并完善执业药师资格准入制度，指导监督执业药师注册工作；⑫开展与食品药品监督管理有关的国际交流与合作；⑬承办国务院及卫生部交办的其他事项。

（二）管理原则

《医疗器械监督管理条例》坚持区别对待，具体问题具体分析的指导思想，确立了医疗器械分类管理的基本原则。

分类管理，即按照医疗器械类别的不同，由级别不同的管理机关进行医疗器械生产、经营、使用的许可和注册。具体来讲，第一类是指通过常规管理足以保证其安全性、有效性的医疗器械，一般是指由市食品药品监督管理局来审批、发给注册证的；第二类是指对其安全性、有效性应当加以控制的医疗器械。一般是指由省食品药品监督管理局来审批、发给注册证的；第三类是指植入人体，用于支持、维持生命，对人体具有潜在危险，对其安全性、有效性必须严格控制的医疗器械。一般是指由国家食品药品监督管理局来审批、发给注册证的。

（三）医疗器械新产品的管理

医疗器械新产品，是指国内市场尚未出现过的或者安全性、有效性及产品机理未得到国内认可的全新的品种。我国鼓励研制医疗器械新产品。

关于医疗器械新产品的管理，主要内容包括以下两点：

1. 第二类、第三类医疗器械新产品的临床试用，应当按照国务院药品监督管理部门的规定，经批准后进行。

2. 完成临床试用并通过国务院药品监督管理部门组织专家评审的医疗器械新产品，由国务院药品监督管理部门批准，并发给新产品证书。

（四）产品生产注册证书的管理

我国对医疗器械实行产品生产注册制度。关于产品生产注册证书的审查、核准和颁布，《医疗器械监督管理条例》规定：不同类别的产品生产注册证书由不同级别的药品管理部门颁发。具体规定为：生产第一类医疗器械，由设区的市级人民政府药品监督管理部门审查批准，并发给产品生产注册证书；生产第二类医疗器械，由省、自治区、直辖市人民政府药品监督管理部门审查批准，并发给产品生产注册证书；生产第三类医疗器械，由国务院药品监督管理部门审查批准，并发给产品生产注册证书。

（五）临床验证的管理

医疗器械在投入市场前应进行临床试用。临床试用分为临床研究和临床验证两种方式。临床验证适用于某些临床机理成熟，并且已有国家（行业）产品标准或专用安全要求的医疗器械产品。

关于临床验证的管理，《医疗器械监督管理条例》作出了如下规定：

1. 生产第二类、第三类医疗器械，应当通过临床验证。

2. 省、自治区、直辖市人民政府药品监督管理部门负责审批本行政区域内的第二类医疗器械的临床试用或者临床验证。国务院药品监督管理部门负责审批第三类医疗器械的临床试用或者临床验证。

3. 临床试用或者临床验证应当在省级以上人民政府药品监督管理部门指定的医疗机构进行。医疗机构进行临床试用或者临床验证，应当符合国务院药品监督管理部门的规定。

4. 进行临床试用或者临床验证的医疗机构的资格，由国务院药品监督管理部门会同国务院卫生行政部门认定。

（六）医疗机构研制医疗器械的管理

医疗器械除了专门的生产企业生产之外，根据医疗的需要，医疗机构也需要自行研制、开发和生产一些医疗器械。为此，《医疗器械监督管理条例》对医疗机构研制医疗器械作出如下规定：

1. 医疗机构根据本单位的临床需要，可以研制医疗器械，在执业医师指导下在本单位使用。

2. 医疗机构研制的第二类医疗器械，应当报省级以上人民政府药品监督管理部门审查批准；医疗机构研制的第三类医疗器械，应当报国务院药品监督管理部门审查批准。

（七）进口医疗器械的管理

关于进口医疗器械，《医疗器械监督管理条例》规定，首次进口的医疗器械，进口单位应当提供该医疗器械的说明书、质量标准、检验方法等有关资料和样品以及出口国（地区）批准生产、销售的证明文件，经国务院药品监督管理部门审批注册，领取进口注册证书后，方可向海关申请办理进口手续。

（八）医疗器械注册的管理

医疗器械注册，是指依照法定程序，对拟上市销售、使用的医疗器械的安全性、有效性进行系统评价，以决定是否同意其销售、使用的过程。《医疗器械监督管理条例》十分重视医疗器械注册工作，规定：

1. 申报注册医疗器械，应当按照国务院药品监督管理部门的规定提交技术指标、检测报告和其它有关资料。设区的市级人民政府药品监督管理部门应当自受理申请之日起30个工作日内，作出是否给予注册的决定；不予注册的，应当书面说明理由。省、自治区、直辖市人民政府药品监督管理部门应当自受理申请之日起60个工作日内，作出是否给予注册的决定；不予注册的，应当书面说明理由。国务院药品监督管理部门应当自受理申请之日起90个工作日内，作出是否给予注册的决定；不予注册的，应当书面说明理由。

2. 医疗器械产品注册证书所列内容发生变化的，持证单位应当自发生变化之日起30日内，申请办理变更手续或者重新注册。

3. 医疗器械产品注册证书有效期4年。持证单位应当在产品注册证书有效期届满前6个月内，申请重新注册。连续停产2年以上的，产品生产注册证书自行失效。

（九）医疗器械标准、包装、标识管理

标准是衡量产品质量优劣的准绳，包装、标识是外在产品质量的重要表现，进而标准化制度、包装制度和标识制度也发展为重要的产品质量法制度。《医疗器械监督管理条例》秉承《产品质量法》的立法精神，重视医疗器械标准、包装、标识的管理。《医疗器械监督管理条例》关于医疗器械标准、包装、标识管理的具体规定如下：

1. 生产医疗器械，应当符合医疗器械国家标准；没有国家标准的，应当符合医疗器械行业标准。医疗器械国家标准由国务院标准化行政主管部门会同国务院药品监督管理部门制定。医疗器械行业标准由国务院药品监督管理部门制定。

2. 医疗器械的使用说明书、标签、包装应当符合国家有关标准或者规定。

3. 医疗器械及其外包装上应当按照国务院药品监督管理部门的规定，标明产品注册证书编号。

四、医疗器械的生产、经营与使用

《医疗器械监督管理条例》第三章主要从主体资格角度对医疗器械的生产、经营与使用作出了规定，目的是为了对医疗器械质量进行源头控制和保障。

（一）医疗器械的生产

医疗器械生产的资格条件分为一般条件和特殊条件。

关于一般条件，《医疗器械监督管理条例》第19条规定，医疗器械生产企业应当符合下列条件：①具有与其生产的医疗器械相适应的专业技术人员；②具有与其生产的医疗器械相适应的生产场地及环境；③具有与其生产的医疗器械相适应的生产设备；④具有对其生产的医疗器械产品进行质量检验的机构或者人员及检验设备。

关于特殊条件，因生产医疗器械类别的不同而不同。开办第一类医疗器械生产企业，应当向省、自治区、直辖市人民政府药品监督管理部门备案。开办第二类、第三类医疗器械生产企业，应当经省、自治区、直辖市人民政府药品监督管理部门审查批准，并发给《医疗器械生产企业许可证》。无《医疗器械生产企业许可证》的，工商行政管理部门不得发给营业执照。《医疗器械生产企业许可证》有效期5年，有效期届满应当重新审查发证。具体办法由国务院药品监督管理部门制定。

符合条件的医疗器械生产企业在取得医疗器械产品生产注册证书后，方可生产医疗器械。

（二）医疗器械的经营

经营医疗器械的资格条件与生产医疗器械的资格条件一样分为一般条件和特殊条件。

关于一般条件，《医疗器械监督管理条例》第23条规定，医疗器械经营企业应当符合下列条件：①具有与其经营的医疗器械相适应的经营场地及环境；②具有与其经营的医疗器械相适应的质量检验人员；③具有与其经营的医疗器械产品相适应的技术培训、维修等售后服务能力。

关于特殊条件，因经营医疗器械类别的不同而不同。开办第一类医疗器械经营企业，应当向省、自治区、直辖市人民政府药品监督管理部门备案。开办第二类、第三类医疗器械经营企业，应当经省、自治区、直辖市人民政府药品监督管理部门审查批准，并发给《医疗器械经营企业许可证》。无《医疗器械经营企业许可证》的，工商行政管理部门不得发给营业执照。《医疗器械经营企业许可证》有效期5年，有效期届满应当重新审查发证。具体办法由国务院药品监督管理部门制定。

（三）医疗器械的使用

关于医疗器械的使用，《医疗器械监督管理条例》第26条和第27条作出了规定，其基本内容包括：

1. 医疗器械经营企业和医疗机构应当从取得《医疗器械生产企业许可证》的生产企业或者取得《医疗器械经营企业许可证》的经营企业购进合格的医疗器械，并验明产品合格证明。该规定实际上是经营者进货检查验收制度在医疗器械领域的具体贯彻和落实。

2. 医疗器械经营企业不得经营未经注册、无合格证明、过期、失效或者淘汰的医疗器械。

3. 医疗机构不得使用未经注册、无合格证明、过期、失效或者淘汰的医疗器械。

4. 医疗机构对一次性使用的医疗器械不得重复使用；使用过的，应当按照国家有关规定销毁，并作记录。

上述 2、3、4 项规定实际上是产品经营者禁止性义务在医疗器械领域的具体贯彻和落实。

（四）法律责任

《医疗器械监督管理条例》第五章"罚则"规定了违反该条例规定生产、经营和使用医疗器械的法律责任。从责任形式上来讲，主要是行政责任和刑事责任。行政责任包括：责令停止生产、没收违法所得、罚款、吊销医疗器械生产企业许可证等；刑事责任主要是生产、销售不符合标准的医用器材罪。如该《条例》第 35 条规定："违反本条例规定，未取得医疗器械产品生产注册证书进行生产的，由县级以上人民政府药品监督管理部门责令停止生产，没收违法生产的产品和违法所得，违法所得 1 万元以上的，并处违法所得 3 倍以上 5 倍以下的罚款；没有违法所得或者违法所得不足 1 万元的，并处 1 万元以上 3 万元以下的罚款；情节严重的，由省、自治区、直辖市人民政府药品监督管理部门吊销其《医疗器械生产企业许可证》；构成犯罪的，依法追究刑事责任。"第 36 条也规定："违反本条例规定，未取得《医疗器械生产企业许可证》生产第二类、第三类医疗器械的，由县级以上人民政府药品监督管理部门责令停止生产，没收违法生产的产品和违法所得，违法所得 1 万元以上的，并处违法所得 3 倍以上 5 倍以下的罚款；没有违法所得或者违法所得不足 1 万元的，并处 1 万元以上 3 万元以下的罚款；构成犯罪的，依法追究刑事责任。"

五、医疗器械的监督

《医疗器械监督管理条例》从监督主体和监督制度两个方面对医疗器械的监督进行了规范，其目的是坚持预防为主的基本原则，防范医疗器械事故的发生。

（一）医疗器械的监督主体

医疗器械的监督主体包括行政监督主体和社会监督主体。

1. 行政监督主体。县级以上人民政府药品监督管理部门是医疗器械的行政监督主体。《医疗器械监督管理条例》第 29 条规定，县级以上人民政府药品监督管理部门设医疗器械监督员。医疗器械监督员对本行政区域内的医疗器械生产企业、经营企业和医疗机构进行监督、检查；必要时，可以按照国务院药品监督管理部门的规定抽取样品和索取有关资料，有关单位、人员不得拒绝和隐瞒。监督员对所取得的样品、资料负有保密义务。

2. 社会监督主体。医疗器械检测机构是医疗器械的社会监督主体。《医疗器械监督管理条例》第 30 条规定，国家对医疗器械检测机构实行资格认可制度。

经国务院药品监督管理部门会同国务院质量技术监督部门认可的检测机构，方可对医疗器械实施检测。医疗器械检测机构及其人员对被检测单位的技术资料负有保密义务，并不得从事或者参与同检测有关的医疗器械的研制、生产、经营和技术咨询等活动。

（二）医疗器械监督的基本制度

查封扣押事故产品及相关资料制度、撤销其产品注册证书制度、医疗器械广告审查制度是医疗器械监督的基本法律制度。

1. 查封扣押事故产品及相关资料制度。查封扣押不合格产品以及相关的财产、材料是市场管理主体的基本职权之一。通过查封扣押，能够有效地制止违法行为，也能够更好地保护消费者的合法权益，防止不安全事件的扩大。因此，《医疗器械监督管理条例》第 31 条规定，对已经造成医疗器械质量事故或者可能造成医疗器械质量事故的产品及有关资料，县级以上地方人民政府药品监督管理部门可以予以查封、扣押。这一规定使查封扣押制度成为医疗器械监督的一项基本法律制度。

2. 撤销其产品注册证书制度。医疗器械注册，是指依照法定程序，对拟上市销售、使用的医疗器械的安全性、有效性进行系统评价，以决定是否同意其销售、使用的过程。为规范医疗器械的注册管理，保证医疗器械的安全、有效，《医疗器械注册管理办法》第 6 条第 1 款规定："生产企业提出医疗器械注册申请，承担相应的法律义务，并在该申请获得批准后持有医疗器械注册证书。"立法者对"相应的法律义务"之内涵未予明确，但是，根据《产品质量法》的立法精神，我们有理由认为，此处的法律义务主要是品质保证义务。

注册申请人违反法律规定，不能保证医疗器械品质的，应当承担相应的法律责任。基于此，《医疗器械监督管理条例》第 32 条规定："对不能保证安全、有效的医疗器械，由省级以上人民政府药品监督管理部门撤销其产品注册证书。被撤销产品注册证书的医疗器械不得生产、销售和使用，已经生产或者进口的，由县级以上地方人民政府药品监督管理部门负责监督处理。"该条确立了医疗器械监督中的撤销其产品注册证书制度。

3. 医疗器械广告审查制度。为了规范广告活动，促进广告业的健康发展，保护消费者的合法权益，维护社会经济秩序，发挥广告在社会主义市场经济中的积极作用，1994 年 10 月 27 日第八届全国人民代表大会常务会议通过、颁布了《中华人民共和国广告法》。该法第 34 条规定，利用广播、电影、电视、报纸、期刊以及其他媒介发布药品、医疗器械、农药、兽药等商品的广告和法律、行政法规规定应当进行审查的其他广告，必须在发布前依照有关法律、行政法规由有关行政主管部门对广告内容进行审查；未经审查，不得发布。此条确立了医疗器械广告行政审查制度。

《医疗器械监督管理条例》重申了医疗器械行政审查制度。如该办法第34条规定："医疗器械广告应当经省级以上人民政府药品监督管理部门审查批准；未经批准的，不得刊登、播放、散发和张贴。医疗器械广告的内容应当以国务院药品监督管理部门或者省、自治区、直辖市人民政府药品监督管理部门批准的使用说明书为准。"

六、缺陷医疗器械的召回

缺陷医疗器械召回属缺陷产品召回的范畴，是一种特殊缺陷产品的召回，有其特殊性。

（一）含义

缺陷医疗器械是指医疗器械在正常使用情况下存在可能危及人体健康和生命安全的不合理的风险。而医疗器械召回，则是指医疗器械生产企业按照规定的程序对其已上市销售的存在缺陷的某一类别、型号或者批次的产品，采取警示、检查、修理、重新标签、修改并完善说明书、软件升级、替换、收回、销毁等方式消除缺陷的行为。

（二）主体

缺陷医疗器械召回主体可分为召回实施主体、召回协助主体和召回监督主体。

1. 召回实施主体。医疗器械生产企业是召回实施主体，是控制与消除产品缺陷的主体，应当对其生产的产品安全负责。

根据《医疗器械召回管理办法（试行）》的规定，医疗器械生产企业应当按照该《办法》的规定建立和完善医疗器械召回制度，收集医疗器械安全的相关信息，对可能存在缺陷的医疗器械进行调查、评估，及时召回存在缺陷的医疗器械。

2. 召回协助主体。医疗器械经营企业、使用单位是召回协助主体，应当协助医疗器械生产企业履行召回义务，按照召回计划的要求及时传达、反馈医疗器械召回信息，控制和收回存在缺陷的医疗器械。

根据《医疗器械召回管理办法（试行）》的规定，医疗器械经营企业、使用单位发现其经营、使用的医疗器械存在缺陷的，应当立即暂停销售或者使用该医疗器械，及时通知医疗器械生产企业或者供货商，并向所在地省、自治区、直辖市药品监督管理部门报告；使用单位为医疗机构的，还应当同时向所在地省、自治区、直辖市卫生行政部门报告。

3. 召回监督主体。中央和地方药品监督管理部门是召回监督主体，监督召回的实施。

根据《医疗器械召回管理办法（试行）》的规定，国家食品药品监督管理局和省、自治区、直辖市药品监督管理部门应当建立医疗器械召回信息通报和公开制度，及时向同级卫生行政部门通报相关信息，采取有效途径向社会公布存在缺陷的医疗器械信息和医疗器械召回的情况。

（三）查评

缺陷医疗器械危险性以及危害后果的调查与评估是召回的基础和前提，《医疗器械召回管理办法（试行）》设专章对调查与评估工作进行了规范。根据该规定，调查与评估的要点为：

1. 医疗器械生产企业应当按照规定及时将收集的医疗器械不良事件信息向药品监督管理部门报告，药品监督管理部门可以对医疗器械不良事件信息或者可能存在的缺陷进行分析和调查，医疗器械生产企业、经营企业、使用单位应当予以协助。

2. 对医疗器械缺陷进行评估的主要内容包括：①在使用医疗器械过程中是否发生过故障或者伤害；②在现有使用环境下是否会造成伤害，是否有科学文献、研究、相关试验或者验证能够解释伤害发生的原因；③伤害所涉及的地区范围和人群特点；④对人体健康造成的伤害程度；⑤伤害发生的概率；⑥发生伤害的短期和长期后果；⑦其他可能对人体造成伤害的因素。

3. 根据医疗器械缺陷的严重程度，医疗器械召回分为：①一级召回：使用该医疗器械可能或者已经引起严重健康危害的；②二级召回：使用该医疗器械可能或者已经引起暂时的或者可逆的健康危害的；③三级召回：使用该医疗器械引起危害的可能性较小但仍需要召回的。

（四）方式

缺陷医疗器械召回有主动召回和责令召回之分。

1. 主动召回。生产企业自主决定的缺陷医疗器械召回为主动召回。《医疗器械召回管理办法（试行）》第三章对主动召回进行了规范。

2. 责令召回。政府部门责令缺陷医疗器械生产企业召回的，为责令召回。《医疗器械召回管理办法（试行）》第四章对责令召回进行了规范。

（五）法律责任

缺陷医疗器械生产企业违反《医疗器械召回管理办法（试行）》的法律责任主要有以下几种：

1. 发现医疗器械存在缺陷而没有主动召回医疗器械的，责令召回医疗器械，并处应召回医疗器械货值金额3倍的罚款；造成严重后果的，由原发证部门吊销医疗器械产品注册证书，直至吊销《医疗器械生产企业许可证》。

2. 拒绝召回医疗器械的，处应召回医疗器械货值金额 3 倍的罚款；造成严重后果的，由原发证部门吊销医疗器械产品注册证书，直至吊销《医疗器械生产企业许可证》。

3. 有下列情形之一的，予以警告，责令限期改正，并处 3 万元以下罚款：①违反本办法第 15 条规定，未在规定时间内将召回医疗器械的决定通知到医疗器械经营企业、使用单位或者告知使用者的；②违反本办法第 18 条、第 23 条第 2 款、第 27 条第 2 款规定，未按照药品监督管理部门要求采取改正措施或者重新召回医疗器械的；③违反本办法第 21 条规定，未对召回医疗器械的处理做详细记录或者未向药品监督管理部门报告的。

4. 有下列情形之一的，予以警告，责令限期改正；逾期未改正的，处 3 万元以下罚款：①未按本办法规定建立医疗器械召回制度的；②拒绝协助药品监督管理部门开展调查的；③未按照本办法规定提交《医疗器械召回事件报告表》、调查评估报告和召回计划、医疗器械召回计划实施情况和总结报告的；④变更召回计划，未报药品监督管理部门备案的。

在缺陷医疗器械召回过程中，为了保护患者的合法权益，《医疗器械召回管理办法（试行）》作出了以下两项特别规定：

1. 召回的医疗器械已经植入人体的，医疗器械生产企业应当与医疗机构和患者共同协商，根据召回的不同原因，提出对患者的处理意见和应采取的预案措施。

2. 召回的医疗器械给患者造成损害的，患者可以向生产企业请求赔偿，也可以向医疗器械经营企业、使用单位请求赔偿。患者向医疗器械经营企业、使用单位请求赔偿的，医疗器械经营企业、使用单位赔偿后，有权向负有责任的生产企业追偿。

思考题

1. 何谓药品？药品和保健品有何区别？
2. 何谓医疗器械？目前，我国关于医疗器械分类的规定有哪些？
3. 试评我国药品生产、销售制度。
4. 试评我国缺陷医疗器械召回制度。

第十五章
保健食品与化妆品质量安全法律制度

■ **内容提要**

　　保健食品，是指声称并经依法批准具有特定保健功能的食品。化妆品，有普通用途化妆品和特殊用途化妆品之分。[1] 普通用途化妆品是指以涂擦、喷洒或者其他类似的方法，散布于人体表面任何部位（皮肤、毛发、指甲、口唇等），以达到清洁、消除不良气味、护肤、美容和修饰目的的日用化学工业产品；特殊用途化妆品是指用于育发、染发、烫发、脱毛、美乳、健美、除臭、祛斑、防晒的化妆品。目前我国规范保健品、化妆品生产、销售、使用的法律规范主要是《保健食品注册管理办法（试行）》和《化妆品卫生监督条例》。本章以此为蓝本对保健品、化妆品生产、销售、使用、监督管理等问题进行了介绍。

■ **学习重点**

　　保健品的含义；化妆品的含义；保健品的生产；化妆品的生产。

第一节　保健食品质量安全法律制度

一、保健食品与保健食品质量安全立法

　　保健食品，是指声称并经依法批准具有特定保健功能的食品。保健食品应

---

〔1〕　也有研究者将美容品与化妆品连用，并称美容化妆品。一般而言，美容品，是人们在日常生活中用来护肤、养颜及保健的各类产品，外延明显大于化妆品的外延。所以，我们认为，美容品和化妆品有严格的区别，不可将二者混为一谈。

当适宜于特定人群食用，具有调节机体功能，不以治疗疾病为目的，并且对人体不产生急性、亚急性或者慢性危害。

我国政府重视保健食品质量安全立法。目前，我国调整保健品质量安全关系的法律规范主要是《保健食品管理办法》和《保健食品注册管理办法（试行）》。

（一）《保健食品管理办法》

为加强保健食品的监督管理，保证保健食品质量，1996年3月15日卫生部根据《中华人民共和国食品卫生法》的有关规定，发布了《保健食品管理办法》。该《办法》共分6章35条，自1996年6月1日起实施。该《办法》从保健食品的审批、保健食品的生产经营、保健食品标签、说明书及广告宣传、保健食品的监督管理等方面对保健品质量安全进行了规范。

（二）《保健食品注册管理办法（试行）》

为规范保健食品的注册行为，保证保健食品的质量，保障人体食用安全，2005年4月30日国家食品药品监督管理局根据《中华人民共和国食品卫生法》、《中华人民共和国行政许可法》，发布了《保健食品注册管理办法（试行）》。该《办法》共9章105条，自2005年7月1日起实施。该办法从申请与审批（包括 产品注册申请与审批、变更申请与审批、技术转让产品注册申请与审批等），原料与辅料，标签与说明书，试验与检验，再注册，复审，法律责任等方面对食品注册进行了规范。

（三）《保健食品监督管理条例》

《食品安全法》是调整食品安全关系的基本法律规范。该法第51条第1款规定，"国家对声称具有特定保健功能的食品实行严格监管。有关监督管理部门应当依法履职，承担责任。具体管理办法由国务院规定"。根据《食品安全法》的规定，国务院加快了保健品监督管理行政法规的制定。目前，《保健食品监督管理条例》已经通过3、4稿的修订，有望在今年内出台。

二、保健食品产品注册管理

保健食品应当依法经过国家食品药品监督管理部门审批并取得产品注册证。取得产品注册证的保健食品应当使用国家食品监督管理部门规定的保健食品标志。根据《保健食品监督管理条例》（审议稿）的规定，保健食品产品注册管理制度主要包括以下内容：

（一）申请人

保健食品产品注册人均为非个人主体。其中：国产保健食品注册的申请人应当是在中国境内合法登记的法人或者其他组织。进口保健食品注册的申请人应当是境外合法的保健食品生产厂商。

（二）申请

申请人申请保健食品，其程序为：

1. 申请人申请保健食品注册之前，应当按照国家有关要求开展研制工作。

2. 申请保健食品注册的，应当按照国家食品药品监督管理部门的规定，向省、自治区、直辖市食品药品监督管理部门提出申请，报送产品的研发报告、配方、生产工艺、企业标准、标签、说明书、安全性及功能性评价材料等资料、样品，并提供相关证明文件。

申请进口保健食品注册的，应当向国家食品药品监督管理部门提出申请。

（三）抽样送检

省、自治区、直辖市食品药品监督管理部门应当在受理后 30 日内组织开展现场核查并抽样送检，提出意见后报国家食品药品监督管理部门。

（四）审核注册

国家食品药品监督管理部门对申请注册的保健食品的安全性、功能性及质量可控性等进行技术审评和行政审批，对产品说明书、企业标准进行审定后，对符合要求的，决定准予注册，发给产品注册证；对不符合要求的，决定不予注册并书面说明理由。

（五）注册证书的期限

保健食品产品注册证有效期为 5 年。有效期届满，需要继续生产或者进口的，申请人应当在有效期届满前 3 个月内申请再注册。有下列情形之一的，不予再注册：①未在规定时限内提出再注册申请的；②其功能不在公布的功能范围内的；③在产品注册证有效期内未生产销售的；④其他不符合国家有关规定的情形的。

三、保健食品生产经营管理

保健食品生产经营管理包括保健食品生产管理和保健食品经营管理两个方面的内容。

（一）保健食品生产管理

《保健食品监督管理条例（审议稿）》从保健食品企业的开办、生产规范、基本制度保障等方面对保健食品的生产进行了规范。

1. 保健食品生产企业的开办。开办保健食品生产企业，应当向所在地省、自治区、直辖市食品药品监督管理部门提出申请。拟新建保健食品生产企业，应当依法取得产品注册证，经检查符合《保健食品良好生产规范》要求，取得《保健食品生产许可证》，凭《保健食品生产许可证》到工商行政管理部门办理登记注册后，方可组织生产。《保健食品生产许可证》应当标明生产的保健食品品种。保健食品生产企业拟增加保健食品品种的，应当经《保健食品良好生产规范》检查合格后，在《保健食品生产许可证》上予以标明。

《保健食品生产许可证》有效期为 5 年。有效期届满，需要继续生产保健食品的，持证企业应当在许可证有效期届满前 30 日内，向原发证部门申请换发《保健食品生产许可证》。

2. 保健食品的生产要求。保健食品企业生产保健食品：①应当符合国家制定的《保健食品良好生产规范》要求；②应当按照食品安全国家标准、国家有关规定和国家食品药品监督管理部门批准的产品配方、生产工艺进行生产，生产记录应当完整准确；③应当对其产品标签、说明书内容的真实性负责，其标签、说明书内容应当与批准的内容一致。

（二）保健食品经营管理

《保健食品监督管理条例（审议稿）》在对保健食品生产企业的开办、生产作出规定的同时，也对保健食品经营企业的开办、经营作出了规定。

1. 保健食品经营企业的开办。开办保健食品批发企业，应当向省、自治区、直辖市食品药品监督管理部门提出申请；开办保健食品零售企业，应当向所在地县级食品药品监督管理部门提出申请。经检查符合《保健食品良好经营规范》要求的，发给《保健食品经营许可证》，凭《保健食品经营许可证》到工商行政管理部门办理登记注册。

《保健食品经营许可证》有效期为 5 年。有效期届满，需要继续经营保健食品的，持证企业应当在许可证有效期届满前 30 日内，向原发证部门申请换发《保健食品经营许可证》。

2. 保健食品经营的要求。保健食品经营：①应当符合《保健食品良好经营规范》的要求；②应当依照《食品安全法》第 39 条第 2 款的规定建立进货查验记录制度，应当如实记录保健食品的名称、规格、数量、生产批号、保质期、供货者名称及联系方式、进货日期等内容，或者保留载有上述信息的进货票据。记录、票据的保存期限不得少于 2 年。

（三）保健食品广告管理

《保健食品监督管理条例（审议稿）》对保健食品广告的管理作出了如下规定：

1. 食品广告的内容管理。对于食品广告的内容，《保健食品监督管理条例（审议稿）》遵循《广告法》的精神和要求，规定：保健食品广告应当真实合法，不得含有虚假、夸大的内容，不得涉及疾病预防、治疗功能。

2. 食品广告的程序管理。《保健食品监督管理条例（审议稿）》从申请人和审批机关两个方面对保健食品进行程序上的管理。①申请人。保健食品广告的申请人应当是具有合法资格的保健食品生产经营者。保健食品经营者作为申请人的，应当征得保健食品生产者的同意；②审批。保健食品广告应当经省、自治区、直辖市食品药品监督管理部门审查批准，并发给保健食品广告批准文号。未取得保健食品广告批准文号的，不得发布。

四、监督管理

《保健食品监督管理条例（审议稿）》对保健食品监督管理机关和监督管理机关的监管职权作了规定。

（一）监督管理机关

食品药品监督管理部门是保健食品的监督管理机关。其中：国家食品药品监督管理部门负责对上市后的保健食品组织实施安全性监测和评价，县级以上地方食品药品监督管理部门负责本行政区域内保健食品生产经营企业的监督检查工作。

（二）监管职权

食品药品监督管理部门依照《保健食品良好生产规范》和《保健食品良好经营规范》，对保健食品生产经营企业进行跟踪检查，并有权采取下列措施：①进入生产经营场所实施现场检查；②对生产经营的保健食品进行抽样检验；③查阅、复制有关合同、票据、账簿、生产记录、检验报告以及其他有关资料；④责令停止生产经营并召回不符合保健食品标准的产品；⑤查封、扣押假冒及有证据证明不符合保健食品标准的产品，违法使用的保健食品原料、食品添加剂、食品相关产品，以及用于违法生产经营或者被污染的工具、设备；⑥查封违法从事保健食品生产经营的场所。

有下列情形之一的，县级以上食品药品监督管理部门可以采取查封、扣押行政强制措施：①假冒保健食品产品注册证的；②保健食品不符合标准规定的或其中擅自添加其他成分的；③保健食品产品名称、标签、说明书内容与批准的内容不符，或者违反《条例》相关规定的；④标签、说明书或销售宣传材料涉及疾病预防、治疗功能的；⑤其他有证据证明可能危害人体健康的。

采取查封、扣押行政强制措施的，应当自采取行政强制措施之日起 7 日内作出是否立案的决定；需要检验的，应当自检验报告书发出之日起 15 日内作出是否立案的决定；不符合立案条件的，应当解除行政强制措施。

五、法律责任

违反《保健食品监督管理条例（审议稿）》的法律责任，基本上需依照

《食品安全法》的相关条款和规定予以追究，如第 47 条规定："有下列情形之一的，由食品药品监督管理部门依照《食品安全法》第 84 条的规定给予处罚：①生产经营假冒注册许可保健食品的；②未经许可从事保健食品生产经营活动的；③未经许可委托或者接受委托生产保健食品的。"第 48 条也规定："有下列情形之一的，由食品药品监督管理部门依照《食品安全法》第 85 条的规定给予处罚：①经营超过有效期的保健食品的；②生产销售不符合食品安全国家标准和备案的企业标准的保健食品的；③非法添加可能危害人体健康的物质的；④食品药品监督管理部门责令召回或停止生产经营，仍拒不召回或者停止生产经营的。"

但是，《保健食品监督管理条例（审议稿）》也规定监督管理机关有权直接依据《条例》的规定追究保健品生产经营者的法律责任，如《条例（审议稿）》第 51 条规定："保健食品生产经营企业的生产经营行为不符合《保健食品良好生产规范》和《保健食品良好经营规范》的，食品药品监督管理部门可以责令其限期整改，暂停生产经营，直至吊销《保健食品生产许可证》或者《保健食品经营许可证》。"第 53 条也规定："违反本条例规定，篡改经批准的保健食品广告内容的，由发给广告批准文号的食品药品监督管理部门撤销该品种的广告批准文号，1 年内不受理该企业的保健食品广告审批申请，并由工商行政管理部门依法进行处罚。"

第二节　化妆品质量安全法律制度

一、化妆品及其质量安全立法

化妆品是一种特殊的生活用品，用途广泛，不可或缺。改革开放以后，我国政府重视化妆品质量安全关系的法律调整。

（一）化妆品的含义及其分类

化妆品，有普通用途化妆品和特殊用途化妆品之分。普通用途化妆品是指以涂擦、喷洒或者其他类似的方法，散布于人体表面任何部位（皮肤、毛发、指甲、口唇等），以达到清洁、消除不良气味、护肤、美容和修饰目的的日用化学工业产品。普通化妆品包括以下几类：①发用类：包括洗发、护发、固发、美发、养发等化妆品；②护肤类：包括膏、霜、乳液、化妆用油、洗面奶等化妆品；③美容修饰类：包括胭脂、粉类、唇膏、指甲用化妆品、眼部用化妆品；④香水类：包括香水、化妆水类化妆品。

特殊用途化妆品是指用于育发、染发、烫发、脱毛、美乳、健美、除臭、祛斑、防晒的化妆品。其中：①育发化妆品是指有助于毛发生长、减少脱发和断发的化妆品；②染发化妆品是指具有改变头发颜色作用的化妆品；③烫发化妆品是指具有改变头发弯曲度，并维持相对稳定的化妆品；④脱毛化妆品是指具有减少、消除体毛作用的化妆品；⑤美乳化妆品是指有助于乳房健美的化妆品；⑥健美化妆品是指有助于使体形健美的化妆品；⑦除臭化妆品是指有助于消除腋臭的化妆品；⑧祛斑化妆品是指用于减轻皮肤表皮色素沉着的化妆品；⑨防晒化妆品是指具有吸收紫外线作用、减轻因日晒引起皮肤损伤功能的化妆品。

（二）化妆品质量安全立法

为加强化妆品的卫生监督，保证化妆品的卫生质量和使用安全，保障消费者健康，1989 年 11 月 13 日由卫生部发布了《化妆品卫生监督条例》。该条例是化妆品质量安全监督管理的一个基本法律依据。随后，根据该条例，卫生部又发布了《化妆品卫生监督条例实施细则》（1991 年）和《化妆品生产企业卫生规范》（2007 年）。与此同时，国家出入境检验检疫局发布了《进出口化妆品检验检疫监督管理办法》（2000）（已失效），国家质量监督检验检疫总局发布了《化妆品标识管理规定》（2007 年），国家工商行政管理总局发布了《化妆品广告管理办法》（1993 年）。这些法律规范是我国目前调整化妆品质量安全的基本法律规范。

从整体上来看，我国调整化妆品质量安全关系的法律规范是滞后和落后的。

1. 立法层级低，缺少专门性立法。化妆品关系到消费者的身体健康，具有一定的使用风险，是一种非常特殊的产品，因此，十分需要国家制定专门的、层级较高的法律规范予以规范和调整。但是，目前，我国调整化妆品质量安全关系的法律规范主要是卫生部、国家质检总局、国家工商行政管理总局、国家出入境检验检疫局等国务院部委依据职权发布的行政规章，国务院没有制定《化妆品监督管理条例》，全国人大也未制定《化妆品监督管理法》，层级低的不足暴露无遗。

2. 立法简单抽象，操作性差，应用价值不高。我国目前的《化妆品卫生监督条例》仅 35 条，内容简单、笼统，对化妆品的定义过于概括，很难适用；同时《条例》中也缺乏对化妆品卫生进行监督管理的法律制度，对标准化制度、风险监测与评估制度、缺陷产品召回制度、化妆品安全事故处置制度等均未作规定，所有这些也都暴露出该条例的不足与缺陷。

3. 监管职能交叉、混乱，缺乏统一的管理。在化妆品质量、卫生、安全监督管理过程中，我国目前施行的是化妆品卫生监督与质量监督并行的监管体制。化妆品质量监督由质检部门和工商部门负责，化妆品卫生监管由卫生部门和食品药品监督管理部门负责。一个生产化妆品的企业要同时获得卫生监督部门颁发的《化妆品生产卫生许可证》和质检部门颁发的《生产许可证》，生产特殊用途化妆品的还需要取得卫生监督管理部门的批准文件。除此之外，化妆品的标准既有卫生标准，也有质量标准。这种监管体制，既造成了监管资源、检验资源的浪费，也给企业生产造成了负担和不便。

因此，现行《化妆品卫生监督条例》的修订已经迫在眉睫。

二、化妆品生产的卫生监督

我国对化妆品生产企业的卫生监督实行卫生许可证制度。未取得《化妆品生产企业卫生许可证》的单位，不得从事化妆品生产。

（一）化妆品生产企业的卫生要求

化妆品生产企业必须符合下列卫生要求：①生产企业应当建在清洁区域内，与有毒、有害场所保持符合卫生要求的间距；②生产企业厂房的建筑应当坚固、清洁。车间内天花板、墙壁、地面应当采用光洁建筑材料，应当具有良好的采光（或照明），并应当具有防止和消除鼠害和其他有害昆虫及其孳生条件的设施和措施；③生产企业应当设有与产品品种、数量相适应的化妆品原料、加工、包装、贮存等厂房或场所；④生产车间应当有适合产品特点的相应的生产设施，工艺规程应当符合卫生要求；⑤生产企业必须具有能对所生产的化妆品进行微生物检验的仪器设备和检验人员。

（二）化妆品生产企业员工的卫生要求

直接从事化妆品生产的人员，必须每年进行健康检查，取得健康证后方可从事化妆品的生产活动。凡患有手癣、指甲癣、手部湿疹、发生于手部的银屑病或者鳞屑、渗出性皮肤病以及患有痢疾、伤寒、病毒性肝炎、活动性肺结核等传染病的人员，不得直接从事化妆品生产活动。

（三）化妆品生产的行政许可

我国对化妆品生产企业的卫生监督实行卫生许可证制度。《化妆品生产企业卫生许可证》由省、自治区、直辖市卫生行政部门批准并颁发。《化妆品生产企业卫生许可证》有效期4年，每两年复核1次。

（四）化妆品生产企业的生产要求

取得《化妆品生产企业卫生许可证》的生产企业在化妆品的生产过程中，应当遵守如下规定：

1. 生产化妆品所需的原料、辅料以及直接接触化妆品的容器和包装材料必须符合国家卫生标准。

2. 使用化妆品新原料[1]生产化妆品，必须经国务院卫生行政部门批准。

---

〔1〕　化妆品新原料是指在国内首次使用于化妆品生产的天然或人工原料。

3. 生产特殊用途的化妆品，必须经国务院卫生行政部门批准，取得批准文号后方可生产。

4. 生产企业在化妆品投放市场前，必须按照国家《化妆品卫生标准》对产品进行卫生质量检验，对质量合格的产品应当附有合格标记。未经检验或者不符合卫生标准的产品不得出厂。

5. 化妆品标签上应当注明产品名称、厂名，并注明生产企业卫生许可证编号；小包装或者说明书上应当注明生产日期和有效使用期限。特殊用途的化妆品，还应当注明批准文号。对可能引起不良反应的化妆品，说明书上应当注明使用方法、注意事项。化妆品标签、小包装或者说明书上不得注有适应症，不得宣传疗效，不得使用医疗术语。

三、化妆品经营的卫生监督

《化妆品卫生监督条例》从销售禁止、化妆品广告宣传、化妆品的进口与销售等方面对化妆品经营的卫生作出了规定。

（一）化妆品的销售禁止

化妆品经营单位和个人不得销售下列化妆品：①未取得《化妆品生产企业卫生许可证》的企业所生产的化妆品；②无质量合格标记的化妆品；③标签、小包装或者说明书不符合本条例第 12 条规定的化妆品；④未取得批准文号的特殊用途化妆品；⑤超过使用期限的化妆品。

（二）化妆品的广告宣传

化妆品的广告宣传不得有下列内容：

1. 化妆品名称、制法、效用或者性能有虚假夸大的；

2. 使用他人名义保证或以暗示方法使人误解其效用的；

3. 宣传医疗作用的。

（三）化妆品的进口与销售

《化妆品卫生监督条例》对化妆品的进口与销售作出了如下规定：

1. 首次进口的化妆品，进口单位必须提供该化妆品的说明书、质量标准、检验方法等有关资料和样品以及出口国（地区）批准生产的证明文件，经国务院卫生行政部门批准，方可签定进口合同。

2. 进口的化妆品，必须经国家商检部门检验；检验合格的，方准进口。个人自用进口的少量化妆品，按照海关规定办理进口手续。

四、化妆品卫生监督机构与职责

各级卫生行政部门是化妆品卫生的监督机构，行使化妆品卫生监督职责。

化妆品卫生监督员受同级卫生行政部门委托，具体行使化妆品监管职责。

（一）化妆品监督机构的职责

各级卫生行政部门是化妆品卫生的监督机构，行使化妆品卫生监督职责。国务院卫生行政部门的化妆品卫生监督主要职责是：①制定全国化妆品卫生监督工作的方针、政策，检查、指导全国化妆品卫生监督工作，组织经验交流；②组织研究、制定化妆品卫生标准；③审查化妆品新原料、特殊用途化妆品、进口化妆品的卫生质量和使用安全，批准化妆品新原料的使用、特殊用途化妆品的生产、化妆品的首次进口；④组织对国务院卫生行政部门认为的化妆品卫生重大案件的调查处理；⑤依照《条例》和本《实施细则》决定行政处罚。省、自治区、直辖市卫生行政部门的化妆品卫生监督主要职责是：①主管辖区内化妆品卫生监督工作，负责检查、指导地、市级卫生行政部门的化妆品卫生监督工作，组织经验交流；②对辖区内化妆品生产企业实施预防性卫生监督和发放《化妆品生产企业卫生许可证》；③初审特殊用途化妆品的卫生质量，负责非特殊用途化妆品的备案；④组织对省、自治区、直辖市卫生行政部门认为的辖区内化妆品卫生较大案件的调查处理。县级以上卫生行政部门依照《实施细则》第3条第1款第1项、第10条第2款、第28条第1款、第32条第5款的规定主管辖区内的化妆品卫生监督工作。

（二）化妆品卫生监督员制度

我国化妆品卫生监督实行化妆品卫生监督员制度。化妆品卫生监督员受同级卫生行政部门委托，具体行使化妆品监管职责。

根据《化妆品卫生监督条例实施细则》的规定，化妆品卫生监督员条件是：①政治思想好，遵纪守法，工作认真，秉公办事；②具有中专以上专业学历或具有医士以上技术职称，掌握化妆品卫生监督的有关法规和化妆品生产、经营和使用的卫生知识，有独立工作能力；③未患《条例》第7条规定疾病者。

化妆品卫生监督员守则为：①学习、掌握《化妆品卫生监督条例》及有关法规，掌握《化妆品卫生标准》及生产、经营和使用的卫生知识，不断提高政策水平和业务能力。②依法办事，忠于职守，礼貌待人，不得以权谋私、滥用职权、弄虚作假、出具伪证、索贿受贿。③执行任务时应着装整齐，佩戴"中国卫生监督"证章，出示监督证件。按照有关规定抽取样品和索取有关资料，并开具清单，认真如实填写记录。④严格执行请示报告制度。⑤对化妆品生产企业提供的保密的技术资料，应当承担保密责任。⑥不准在化妆品生产、经营单位兼职或任顾问，不准与化妆品生产、经营单位发生有碍公务的经济关系。

化妆品卫生监督员受同级卫生行政部门委托，行使下列职责：①参加新建、扩建、改建化妆品生产企业的选址和设计卫生审查及竣工验收；②对化妆品生产企业和经营单位进行卫生监督检查，索取有关资料，调查处理化妆品引起的危害健康事故；③对违反《条例》的单位和个人提出行政处罚建议。

五、法律责任

违反《化妆品卫生监督条例》的法律责任主要是行政责任，其责任形式主要有警告、限期改进、停产或停止经营化妆品、没收、罚款、吊销《化妆品生产企业卫生许可证》等。根据《化妆品卫生监督条例实施细则》的规定：

1. 有下列行为之一者，处以警告的处罚，并可同时责令其限期改进：①具有违反《条例》第6条规定的一项的行为者；②直接从事化妆品生产的人员患有《条例》第7条所列疾病之一，未调离者；③具有违反《条例》第13条第1款第2项、第3项规定之一的行为者；④涂改《化妆品生产企业卫生许可证》者；⑤涂改特殊用途化妆品批准文号者；⑥涂改进口化妆品卫生审查批件或批准文号者；⑦拒绝卫生监督者。

2. 有下列行为之一者，处以停产或停止经营化妆品30天以内的处罚，对经营者并可以处没收违法所得及违法所得2～3倍的罚款的处罚：①经警告处罚，责令限期改进后仍无改进者；②具有违反《条例》第6条规定的两项以上行为者；③具有违反《条例》第13条第1款第1项、第4项、第5项规定之一的行为者；④经营单位转让、伪造、倒卖特殊用途化妆品批准文号者。其中，对于违反《条例》第6条规定者的停产处罚，可以是不合格部分的停产。

3. 具有下列行为之一者，处以吊销《化妆品生产企业卫生许可证》的处罚：①经停产处罚后，仍无改进，确不具备化妆品生产卫生条件者；②转让、伪造、倒卖《化妆品生产企业卫生许可证》者。

4. 有下列行为之一者，处以没收违法所得及违法所得2～3倍的罚款的处罚，并可以撤消特殊用途化妆品批准文号或进口化妆品批准文号：①生产企业转让、伪造、倒卖特殊用途化妆品批准文号者；②转让、伪造、倒卖进口化妆品卫生审查批件或批准文号者。

思考题

1. 何谓保健品？其范围如何界定？
2. 何谓化妆品？如何区别化妆品和美容品？
3. 试评我国保健品生产、销售制度。
4. 试评我国化妆品生产、销售制度。